GOLDMANN
ARKANA

Buch

Wohin steuern wir? Was wird geschehen? Der uralte Kalender der Mayas sagt für das Jahr 2012 weltweite Veränderungen voraus. Dem Kalender zufolge bricht am 20. 12. 2012 ein neues Zeitalter an, mit der Chance auf mehr Frieden und Harmonie. Im Gegensatz zu unserem »künstlichen« Kalender, ist der Maya-Kalender an kosmische Zyklen angepasst, mit deren Hilfe die Mayas wichtige Ereignisse vorausbestimmen konnten. Sie kannten offenbar einen qualitativen Aspekt der Zeit und »Schwingungsqualitäten«, die ihr gesamtes religiöses und kulturelles Leben prägten. Möglicherweise haben die Mayas ihr Ende auch vorausgesehen bzw. -berechnet. Der holländische Dokumentarfilmer Wiek Lenssen berichtet von seiner Reise 1997 in das Amazonasgebiet zu einem von den Mayas initiierten Treffen von vierhundert indianischen Schamanen aus ganz Amerika, die zusammen-kamen, um gemeinsame Rituale zur »Heilung der Erde« und für den Frieden zu zelebrieren. Die zweite Reise im Jahr 2000 führte den Autor direkt nach Guatemala. Lenssen beschreibt seine ungewöhnlichen Begegnungen mit den Schamanen »Wandernder Wolf«, Don Julian und anderen, die ihn in ihr geheimes Wissen einweihten. Eine mit viel Gespür erzählte Schamanenreise, die Kulturen verbindet und universelles Bewusstsein weckt.

Autor

Wiek Lenssen, geb. 1964, ist Dokumentarfilmer und Autor. Nach dem Studium der Fotografie und Literaturwissenschaft widmete er sich intensiv der Dokumentation eingeborener Kulturen. Dabei lernte er u.a. auch die Mayas kennen, die ihn autorisierten, ihre Botschaften an die westliche Welt weiterzugeben. Wiek Lenssen lebt in Holland.

Weitere Informationen unter www.wieklenssenfilm.nl

Inhalt

Vorwort

Der holländische Filmemacher Wiek Lenssen ist auf der Suche nach einer höheren Wahrheit als der, die er in seiner bisherigen Sozialisation gefunden hat. Diese Suche treibt ihn fast in die Verzweiflung, derer es jedoch bedarf, damit etwas Neues passiert. Und dann passiert es auch – zwar nie genauso so, wie er es sich erdacht oder gewünscht hat, aber neu. Ein neuer Horizont tut sich ihm auf, sobald er südamerikanischen Boden betritt. Dort bekommt er Kontakt zu Indianern, die die ethnischen Nachfahren der Mayas sind. Er muss lernen, sich auf seine Intuition zu verlassen, er muss lernen, sich seinem Schicksal hinzugeben, egal, wie viel Angst, Kranksein, Unsicherheit und Ausweglosigkeit er erfährt. Da er dies alles überlebt, wird er offen für das Neue. Das Neue verlangt von ihm, sich von seinem bisherigen Glaubenssystem zu verabschieden, von seiner abendländischen Besserwisserei, seinem ständigen Zweifeln, seiner Wissenschaftshörigkeit. Er muss sein beschränktes, eindimensionales, materiell ausgerichtetes Bewusstsein überwinden, erst dann sieht er das Neue oder auch das Uralte.

Damit beantworten sich für ihn zwar nicht alle Fragen, die ihn bisher zum Suchenden gemacht haben – im Gegenteil, es entstehen noch mehr Fragen, die vielleicht noch schwerer zu beantworten sind als seine ersten Fragen. Aber diese neuen Fragen basieren bereits auf einer höheren Bewusstseinsstufe als die ersten, die ihn zum Aufbruch aus seiner Zivilisation drängten. Am Ende der Reise fragt er sich: Wenn es offenbar schon ein anderes Verständnis der Zeit gibt, was lehrt uns das?

Die Mayas waren Kosmopoliten

Wenn der Maya-Kalender die kosmischen Zyklen beschreibt, in denen sich Leben auf unserem Planeten abspielt, in Zeiträumen, die für unsere christliche Zeitrechnung unvorstellbar groß sind, was sagt uns das? Dr. Michael Köhlmann* ist einer, der mir dazu die Antworten geben konnte, vielleicht nicht so gefühlvoll wie ein Maya-Indianer, aber für uns Westler sehr viel tiefgründiger und bewusstseinserhellender als jeder, der die Maya-Kultur »nur« von innen erfahren hat. Dem Ruf der Mayas zu folgen, ist nicht verkehrt. Ihr kosmisches Wissen war sicherlich dem unseren weit überlegen. Schaut man sich an, was neueste physikalische Grundlagenforschung erkannt hat, dann muss man neidlos feststellen: Die Mayas wussten offenbar schon vor mehr als 2000 Jahren – ohne dass sie den Computer, das Hubbel-Teleskop oder Milliarden Dollars für die Erforschung des Weltraums zur Verfügung hatten –, wie er funktioniert. Was wussten sie?

Ein Kalender nach kosmischen Maßstäben

Der Maya-Forscher José Argüelles, den auch der Autor in diesem Buch trifft, plädiert in seiner Veröffentlichung *Time & The Technosphere – The Law of Time in Human Affairs* (2003) für die Einführung eines neuen Kalenders, der auf 13 Monaten mit jeweils 28 Tagen (Mondzyklus) basiert. Er bezeichnet unseren derzeitigen Kalender als künstlich, weil er nicht an kosmische Zyklen angepasst ist. Seiner Überzeugung nach sollte das ursprünglich in der Maya-Kultur verwendete Kalendersystem erneut Anwendung finden, damit die Menschheit sich in ihrer weiteren Entwicklung wieder mit den kosmischen zeitlichen

* Dr. Michael Köhlmann ist Referent für Global Scaling an der *SHP-Akademie* (www.shp-akademie.eu) und freier Mitarbeiter am *Institut für Raum-Energie-Forschung GmbH (IREF) i.m. Leonard Euler*, Wolfratshausen (www.globalscaling.de), dessen umfassenden und differenzierten Kenntnissen ich die Inspiration für meine Ausführungen verdanke.

Abläufen synchronisieren kann. Die Mayas entwickelten aus einer tiefgründigen Verbundenheit mit dem kosmischen Geschehen, das sich in einem komplizierten, religiösen System ausdrückte, erstaunliche Leistungen, insbesondere auf astronomischem und mathematischem Gebiet. Sie führten ein komplexes Zahlensystem ein, das in erster Linie der Berechnung kosmischer und irdischer Zeitzyklen diente. Der Zeitaspekt scheint deshalb ein dominierender Faktor der Maya-Kultur gewesen zu sein.

Zur Darstellung von Zahlen verwenden die Mayas ein Zahlensystem, das – im Gegensatz zu unserem Dezimalsystem – auf der Zahl 20 (Vigesimalsystem) basiert. Für die Zahl 20 existiert ein Symbol, welches zur Darstellung der Periode von 20 Tagen (Uinal) oder auch *der Vollendung einer Periode* dient. Insgesamt benötigt das Maya-Zahlensystem lediglich drei Symbole: Punkt, Strich und Null. Ihr Kalender besteht aus einem 20- und einem 13-Tage-Zyklus. Auf diese Weise entstand der 13 x 20 = 260-Tage-Zyklus.

Nach den Maya-Forschern Goodman/Martinez/Thompson begann der Maya-Kalender am 11. August 3114 v. Chr. Damit ergibt sich für das Ende dieses Zyklus das vielfach diskutierte Datum des 20. Dezember 2012. Geht man von der Richtigkeit dieser Berechnung aus, weil – wie Argüelles darlegt – in ihr viel Übereinstimmung mit dem geschichtlichen Ablauf der vergangenen 5000 Jahre zu finden ist, so bedeutet das nicht, dass der Maya-Kalender im Jahr 2012 »endet«, wie so oft behauptet wird. Vielmehr endet lediglich ein wichtiger, mächtiger Zyklus, und ein neuer beginnt.

Das Jahr 2012

In Anbetracht der gegenwärtigen, chaotischen und im Umbruch befindlichen Weltsituation wäre es durchaus denkbar, dass wir in Kürze einen gewissen Kulminationspunkt erreichen und ein neuer Zyklus mit anderen Qualitäten bevorsteht. Es geht dann ein Zyklus von 1.872.000 Tagen zu Ende. Dr. Michael Köhlmann hat auf vielseitige und tiefgründige Weise die Zyklen der Mayas analysiert, wodurch er uns das kosmische Bewusstsein der Mayas mehr und mehr offenbart, auch wenn vieles von dem, was sie uns hinterlassen haben, noch nicht durchschaubar ist. Nach unserem heutigen Verständnis waren die Mayas in ihrer gesamten Kosmologie stets bestrebt, das irdische Geschehnis in Einklang mit natürlichen, kosmischen Zyklen zu bringen. Für Dr. Köhlmann liegt es daher nahe, in ihren Zeitvorstellungen nach einer logarithmischen Skaleninvarianz zu suchen, die im Rahmen der *Global-Scaling-Theorie* natürliche Rhythmen charakterisiert.

Dr. Hartmut Müller* entdeckte 1982 die globale logarithmische Skaleninvarianz der Eigenschwingungen der Materie und vermutete als Ursache eine globale stehende Vakuumkompressionswelle. Die synchronen Eigenschwingungen des physikalischen Vakuums werden heute als »Melodie der Schöpfung« bezeichnet. Es handelt sich dabei um eine prinzipiell neue physikalische Erkenntnis, die belegt, dass selbst im energetischen Grundzustand alle Materie synchron schwingt. Als Folge wird zum Beispiel der Frequenzbereich elektromagnetischer Wellen auf der logarithmischen Geraden in gleichmäßige, zwei Einheiten breite Intervalle aufgeteilt, die von natürlichen Systemen bevorzugt werden. Diese Intervalle, das heißt die Knotenpunktbereiche, besitzen eine ausgeprägte Feinstruktur. Der Abstand der Knotenpunkte auf der globalen Welle beträgt drei Einheiten des natürlichen Logarithmus, das bedeutet, sie unterscheiden sich durch den Faktor e3, und das ergibt die Zahl 20.0855, die Basis für das Zahlensystem (Vigesimalsystem) der Mayas, aufgerundet auf den Faktor 20.

* Dr. Hartmut Müller ist der Begründer der Global-Scaling-Theorie. www.globalscaling.de

Mit Global Scaling die Mayas verstehen

Die Global-Scaling-Analyse der wichtigsten Zeitzyklen der Mayas zeigt, dass alle Zeiträume mit Knotenpunkten der globalen stehenden Welle korrespondieren. Man kann erkennen, dass die Subknoten n1, n3 in der Regel einen Wert von +3 oder −3 aufweisen, der die breiten Randbereiche eines Knotens kennzeichnet. Die Randbereiche werden von etablierten natürlichen Systemen bevorzugt, weil hier die ereignisreichen Fluktuationen des Knotens minimal sind.

Die Zeit- und Kalenderberechnungen der Mayas, insbesondere der Tzolkin-Zyklus, der den mesoamerikanischen Raum geprägt hat, stellen sicherlich eine besondere Form dar, die in anderen Weltkalendersystemen so nicht zu finden ist. Die meisten bekannten Kalender basieren primär auf den Sonne-Mond-Zyklen. Die Mayas kannten aber zum Beispiel auch den genauen Zyklus der unteren Venus-Konjunktion, das heißt den Zeitraum von 584 Tagen, nach dem Venus und Erde wieder in einer Linie vor der Sonne stehen. Die Mondphasen (synodischer Monat, 29,5 Tage) wurden abwechselnd zu 29 und 30 Tagen angegeben, da die Mayas keine Brüche verwendeten. Erwähnt wird auch ein 819-Tage-Zyklus, der sich aus der Multiplikation der heiligen Zahlen 7, 9 und 13 ergibt.

Es zeigt sich, dass die zunächst etwas exotisch anmutenden Maya-Zeitzyklen von 13 und 20 Tagen und insbesondere der 260-Tage-Zyklus durchaus in Einklang mit natürlichen, globalen Zyklen stehen. Der Tzolkin-Zyklus birgt offenbar noch weitere Geheimnisse. José Argüelles hat den Tzolkin in seinen Büchern eingehend analysiert. Er stellt ihn als harmonikales Modul mit inneren Strukturen dar, unter anderem mit dem 13–28-Zyklus. Er weist auch auf einen Zusammenhang mit dem genetischen Code hin. Die 64 Basissequenzen des genetischen Codes können in einem 8 x 8-Quadrat angeordnet werden, in dem jeder Basissequenz eine Zahl von 1 bis 64 zugeordnet wird. Werden die

Felder nun so angeordnet, wie es Benjamin Franklin in seinem magischen Quadrat angibt, ergeben die Quersummen der Zeilen, Spalten und Diagonalen (und noch eine große Anzahl weiterer geometrischer Kombinationen in dem Quadrat) immer die Summe von 260 oder die Anzahl der Tage des Tzolkin-Zyklus.

Im Rahmen der Global-Scaling-Theorie besteht ein direkter Zusammenhang zwischen dem genetischen Code, dem Aufbau des Periodensystems der chemischen Elemente, der Systematik der Elementarteilchen und den Eigenschwingungen des physikalischen Vakuums. Der genetische Code wiederum steht in Beziehung zu der alten chinesischen Weisheitslehre, dem *I Ging*. Nach Argüelles korrespondieren die 64 Hexagramme des I Ging mit der zentralen Matrix des Tzolkin-Moduls.

Mit dem Kosmos synchron

Es existiert offensichtlich eine innere Ordnung, welche die Zeitzyklen der Mayas, die globale stehende Welle, den genetischen Code und das I Ging miteinander verbindet. Möglicherweise stellt aber die globale stehende Welle selbst das eigentliche verbindende Element dar, denn sie determiniert alle Größenverhältnisse im Universum. Das Universum besitzt auf der logarithmischen Geraden der Größen eine Ausdehnung von 162 logarithmischen Einheiten (162 = 2 x 32 x 32, 2 und 32 sind Faktoren der Maya-Superzahl). Genau in der Mitte (81) befindet sich die DNA, der genetische Code. Die globale stehende Welle synchronisiert aber auch alle zeitlichen Abläufe im Universum, da auf einer stehenden Welle per se alles synchron verläuft – das heißt, das Universum schwingt synchron.

Argüelles hält das 13 : 20-Verhältnis des Tzolkin für einen universalen Faktor der zeitlichen Synchronisierung. Und er nimmt in diesem Zusammenhang auch Bezug auf den russischen Astrophysiker N. A. Kozyrev, dem der Nachweis gelang, dass Signale von Sternen und Galaxien nicht nur in Form von Licht mit der bekannten endlichen Ausbreitungsgeschwindigkeit, sondern auch verzögerungsfrei übertragen werden. Die globale Synchronizität konnte auch eindrucksvoll in den zahlreichen Experimenten des russischen Biophysikers S. E. Shnoll nachgewiesen werden.

Nach der Global-Scaling-Theorie verläuft die Zeit nicht linear, sondern wird in logarithmisch-hyperbolisch regelmäßigen Intervallen komprimiert und dekomprimiert. Die Ereignisdichte steigt und fällt somit in regelmäßigen, logarithmischen Zeitabständen. Die Ereignisdichte wird dabei durch die Dichte der aufeinander folgenden Knoten der stehenden Zeitwelle bestimmt. Wichtige Ereignisse können also nur zu bestimmten Zeitpunkten auftreten, die mit Knoten korrespondieren. Möglicherweise kannten die Mayas diese Zusammenhänge, denn ihr Zeitverständnis war geprägt von Zyklen, die im Einklang mit der globalen Zeitwelle stehen. Mit Hilfe dieser Zyklen versuchten sie, wichtige Ereignisse vorauszubestimmen.

Die Gesetze der Zeit sind auch die Gesetze der Zukunft

Möglicherweise wussten die Mayas darüber sehr viel mehr, als heute bekannt ist. Sie kannten offenbar einen qualitativen Aspekt der Zeit, der uns noch verborgen ist. Man könnte annehmen, dass sie in den Zyklen »Schwingungsqualitäten« sahen, die ihr gesamtes kulturelles und religiöses Leben prägten. Möglicherweise haben sie ihr Ende auch vorausgesehen bzw. vorausberechnet. Anhand der geometrischen Maße der Pyramiden konnte bereits gezeigt werden, dass das Wissen um Global Scaling schon in frühen Zeiten bekannt war. Der Maya-Kalender ist dafür ein weiteres Indiz. Es wird künftigen Forschungen vorbehalten sein, dies zu verifizieren. Gelingen kann dies nur in einer interdisziplinären Forschung, die frei ist von alten Dogmen und sich ohne Vorurteile einem neuen Bewusstsein öffnet, das nicht mehr an das lineare Denken gebunden ist.

Die Mayas gingen davon aus, dass die gegenwärtige Welt mehrmals erschaffen und wieder zerstört wurde. Es gibt dazu jedoch keine Zeitangaben. Für sie selbst war es mit der Gründung der ersten spanischen Stadt Mérida im Jahre 1542 zu Ende. In blutigen Schlachten wurde in kurzer Zeit ganz Yukatan von den Spaniern erobert – 470 Jahre vor dem Ende ihres eigenen Zyklus. *Wir* haben bis dahin nur noch ein paar Jahre.

Flexibilität ist gefragt

Die Herausforderung für diese kurze Zeit besteht darin, unsere Identität zu erweitern. Wir sind nicht in erster Linie Deutsche oder Holländer, Europäer und Weltbürger, sondern primär kosmische Wesen. Als kosmische Wesen haben wir uns bewusst nach kosmischen Gesetzen zu entwickeln. Wer sich darum bemüht, ist nicht mehr allein, sondern mit dem All-ein. Um das zu leben, müssen wir ein Gefühl für Schwingungen entwickeln. Jede Schwingung hat eine Kompressions- und Dekompressionsphase. Dies gilt nicht nur für die gewaltige kosmische Schwingung, die 2012 ihren Scheitelpunkt erreicht und dabei von der Kompressionsphase in die Dekompressionsphase umswitcht, sondern dieser Prozess spielt sich im gesamten Leben auf allen Ebenen ab. Um solche Schwingungsprozesse zu spüren, müssen wir uns sensibel dafür machen. Wir sind dadurch leichter in der Lage, etwas loszulassen, was sich nach universalen Gesetzen sowieso auflösen muss. Sich dagegen zu stemmen, bringt Leid mit sich. Sich flexibel zu erweisen, lässt einen jedoch auch im Jahr 2012 gut gelaunt durchs vermeintliche Chaos schreiten. So hat man das Bewusstsein, dass es in Wirklichkeit kein Chaos ist, sondern eine gewaltige und notwendige Weiterentwicklung unserer Evolution. Es wird spannend, dem Ruf der Mayas zu folgen.

Clemens Kuby, Sommer 2006

Brüder und Schwestern, die Zeit des Erwachens ist angebrochen. Wir haben uns hier zusammengefunden, um uns mit der Stärke der heiligen Traditionen, den Zeremonien und Ritualen, mit dem göttlichen Geist und Mutter Erde zu vereinen. Lasst uns gemeinsam unsere Aufgabe bewältigen. Lasst uns der Welt zurufen, dass wir alle eins sind, wie die Finger einer Hand. Wir haben denselben Ursprung und sind verschiedene Wege gegangen, aber wir werden alle von derselben Kraft geleitet. Wir Indianer konnten das Wissen und die heiligen Traditionen erhalten.

Jetzt ist es an der Zeit, dieses gemeinsame Wissen für eine gemeinsame Zukunft der gesamten Menschheit freizugeben. Lasst uns als Brüder und Schwestern auf diesem Planeten zusammenleben. Auf dass sie erwachen, auf dass sie alle erwachen. Kein einziges Volk, keine einzige Kultur, keine einzige Gruppe darf fehlen, denn es wird ein allgemeines Erwachen sein, das Glück und Frieden für alle bringen wird.

Wandernder Wolf, Maya-Schamane, 1997 in seiner Rede bei einer geheimen Zusammenkunft im Amazonasgebiet von über 400 Stammesältesten, Medizinmännern und -frauen aus verschiedenen Indianervölkern

Hinweis des Autors:

Die Prophezeiungen aus dem Maya-Kalender sind seit Jahrtausenden bekannt. Sie wurden entweder mündlich weitergegeben oder sind in zahlreichen Büchern der Mayas niedergeschrieben worden. Ein großer Teil ihrer Literatur ist bei der Verfolgung der Mayas vernichtet worden. Anderes gilt als verschollen bzw. wird von den Mayas ganz bewusst geheim gehalten. Darüber hinaus konnte vieles aus der Glyphenschrift der Mayas noch nicht entschlüsselt werden.

Durch die vielfältigen Übersetzungen der Prophezeiungen können die Formulierungen voneinander abweichen. Auch tauchen einige Inhalte manchmal ähnlich in den Schriften anderer spiritueller Traditionen auf – bezogen auf die jeweilige Kultur. Die in diesem Buch übernommenen Formulierungen der Prophezeiungen basieren auf Quellen, in die ich Einsicht hatte, bzw. werden so wiedergegeben, wie sie mir von den Maya-Schamanen persönlich überliefert wurden.

1
Fruchtwasser, Seerose, Meeresdrachen

IMOX (IMIX)

Imox ist die Kraft, die neues Leben gebärt,
neue Schöpfungen hervorbringt.
Imox lässt das Leben auf der Erde entstehen.
Der Tag aus dem Maya-Kalender, an dem Botschaften
aus der göttlichen Welt empfangen werden.

Wenn das Leben einer Fahrt über einen unbekannten Fluss gleichkommt, kann man selbst das Ziel vielleicht nicht sehen, der Fluss aber kennt es. Der Fluss weiß, wohin er fließt, denn er ist bereits von Anfang an mit dem Ziel verbunden ...

Ein erfülltes Leben bedeutet für die Mayas, dass es einem Menschen gelingt, dem eigenen Weg gemäß dem Zeichen jenes Tages zu folgen, an dem man geboren wurde. Je mehr erfüllte Leben es auf der Erde gibt, desto eher ist der Kosmos im Gleichgewicht. Die Maya-Priester sind diejenigen, »die die Tage zählen und mit den Bewegungen der Zeit vertraut sind«. Das ist ihre Aufgabe. Daher versuchen die Maya-Priester den Menschen zu helfen, ihren persönlichen Weg zu finden. Manche finden diesen

Weg erst nach vielen Jahren, wenn sie unerwartet erkranken und sich fragen, was geschehen ist. Dann gehen sie zu einem Maya-Priester, der gemeinsam mit ihnen den Tag der Geburt bespricht.

Im Frühling des Jahres 1997 konnte ich persönlich wenig Richtung in meinem Leben entdecken. Meine Karriere als Dokumentarfilmer machte keine Fortschritte. Eigentlich spielte ich schon seit längerem mit dem Gedanken, alles hinzuwerfen und eine ganz andere Richtung einzuschlagen, als eines Tages, Anfang Mai, plötzlich das Telefon klingelte, und eine mir völlig unbekannte Stimme mich bat, mit meiner Filmkamera nach Südamerika zu kommen. Das war der Beginn eines in jenem Augenblick für mich unvorstellbaren Abenteuers, das erst Jahre später auf den Pyramiden der Mayas enden sollte.

Aber lassen Sie mich am Anfang dieser Ereignisse beginnen, sozusagen an dem Tag, an dem die letzte Kurve im Fluss genommen und der Anlegesteig in der Ferne sichtbar wurde ...

An diesem Tag im Mai starrte ich aus dem Fenster des Gartenhäuschens, in dem sich mein Büro und mein 16-mm-Steenbeck-Montagetisch befanden. Mit dem Archivschrank voller Ordner mit Filmthemen, Adressen von Fernsehsendern, Fonds und Finanzierungsinstituten war mein kleines Arbeitszimmer so gut wie voll. In der niederländischen Limburger Provinz war dieser zum Gartenhaus umgebaute Bauwagen die Weltzentrale meiner Filmproduktionsfirma. Die Räder dieses Mobilheims hatte ich in die Erde eingegraben, an der langen Seite der Bude zwei alte Gartentüren eingesetzt. Und meine Frau Diana war auf die Idee gekommen, an der Vorderseite des Häuschens eine Veranda mit Reetdach anzubauen, sodass das Ganze einen exotischen, nahezu afrikanischen Anblick bot. Ich selbst bezeichnete das Häuschen manchmal als das ländlichste Filmstudio der Niederlande – mit einer wunderschönen Aussicht über unseren Garten, hinter dem sich weite Äcker, Spargelfelder und Wiesen mit grasenden Kühen erstreckten. Wir wussten, dass unsere Nachbarn mein Büro

heimlich »die Pommesbude« nannten – wegen des eisernen Ofen-
rohres, das ein paar Meter über das Dach hinausragte. Wahrscheinlich waren sie nicht die Einzigen, die diesen Schuppen –
gelinde gesagt – für einen merkwürdigen Arbeitsplatz hielten und
sich fragten, was in Gottes Namen ich dort anstellte. Das fragte
ich mich manchmal allerdings auch.

Das Gartenhäuschen stand auf dem Gelände unseres großen,
verwohnten alten Bauernhofs, auf dem ich mit meiner Frau und
unseren Kindern lebte, und den wir sehr billig mieten konnten,
da der Eigentümer keine Lust hatte, ihn vernünftig zu warten.
Samstags arbeitete ich als ehrenamtlicher Helfer für den Erhalt
von Naturschutzgebieten, und mit dem Holz, das ich als Gegen-
leistung mitnehmen durfte, heizten wir im Winter unser Haus,
das keine Zentralheizung hatte. Wir lebten von sehr wenig, und
ansonsten tat ich mein Bestes, am Rande der Gesellschaft zu bleiben, um mich nicht von dem materialistischen Getue um mich
herum verrückt machen zu lassen.

Eigentlich jagte ich einem unmöglichen Traum nach: um die
ganze Welt reisen, die Naturvölker der Erde besuchen, sie fotografieren, filmen und Reportagen über ihre Lebensweise und Le-
bensvision schreiben. Denn ich hatte die vage Vermutung, dass
wir im »entwickelten Westen« etwas Wesentliches übersahen.
Dass wir in unserer ständig zunehmenden Hast an etwas vorbei-
rannten – an einer bestimmten Essenz, an ruhigen, ausgegliche-
nen Worten, die aus der Erde kamen, an Einsichten, die nur in
Stille und tiefer Verbundenheit mit der Natur zu uns gelangen
konnten. Wie konnte ich das erklären? Wer wollte das in einer
Welt des Überflusses hören? Wer wollte hören, dass wir in einer
Zeit angelangt waren, in der diese Worte, die Einsichten aus alten Zeiten von lebenswichtiger Bedeutung für das Weiterbeste-
hen der Erde, der Menschheit waren? Wir hatten unser enges
Band mit der Erde verloren, und mit der fortschreitenden Vernichtung der ursprünglichen Kulturen zerschnitten wir unsere
letzten Verbindungen zu unserer Vergangenheit und zur Natur.

Wir waren nicht mehr »geerdet« und riskierten unsere Chance auf ein Überleben auf dieser Erde.

Etwas von diesem Wissen musste erhalten bleiben, gerettet werden, festgelegt auf Film, Foto, Papier. Das waren die vagen Gedanken und undeutlich formulierten Ziele, die meinen Lebenskurs bestimmten. Ich paddelte nach rechts und links, ohne mein Bötchen jedoch richtig auf Kurs zu bekommen. Und von dieser Suche, dieser Odyssee nach verschwindenden Kulturen, musste ich mich gleichzeitig auf die eine oder andere Weise am Leben halten, da ich nun einmal selbst nicht in der freien Natur lebte, sondern in einer kapitalistischen Wirtschaftsgesellschaft, die auf Hochtouren arbeitete.

Ein Idealist war ich, verflixt noch mal, ein Idealist und ein Nonkonformist. Und Idealisten führen nicht selten ein armseliges Dasein. In meinem Büro hingen noch – beinah greifbar wie unsichtbare, nicht materialisierte Teilchen Energie – die Worte aus einer Diskussion, die ich vor einer Stunde mit einem Freund geführt hatte, und die wie nervige Hintergrundmusik irgendwo in meinem Kopf nachhallten.

Dieser Freund war bildender Künstler. Er erhielt einen Auftrag nach dem anderen aus der Wirtschaft. »So kommt wenigstens Geld für die Dinge rein, die ich wirklich machen möchte.« Ich wusste, dass er so hart für seine Aufträge arbeiten musste, dass für Letzteres gar keine Zeit blieb. Wir hatten diese Diskussion häufiger. Beide lebten wir gerade den Teil der Wahrheit, mit dem der andere nicht leben konnte.

Ich suchte nach Worten, um ihn nicht zu verletzen, aber gleichzeitig meine Existenzgrundlage und Überzeugungen aufrechtzuerhalten, und dachte: »Vielleicht hast du Recht. Aber wie vermeidest du, dass du dich selbst korrumpierst? Und wie kann ich meine Glaubwürdigkeit erhalten? Was ich einerseits mit meinen Filmen sagen möchte, ist, dass das Ruder herumgerissen werden muss, dass wir herausfinden müssen, wie wir unser Band mit der Natur wiederherstellen können. Wie kann ich dann gleichzeitig daran mitarbeiten, das System instand zu halten und zu bewerben, das doch die Grundlage für die grenzenlose Zerstörung der Natur ist? Wie kann ich denn wirklich auf eine Veränderung hoffen, wenn ich mich in dieser Angelegenheit selbst völlig schizophren verhalte?«

Ich wusste, dass ich mit solchen Worten die Diskussion gegen ihn gewinnen konnte, aber etwas hielt mich davor zurück, sie auszusprechen. Die Wahrheit war, dass ich Mitleid mit diesem Freund hatte; ich fühlte, dass er mich tief in seinem Herzen um meine Entschlossenheit in meinen Entscheidungen beneidete. Ich fühlte, dass er neidisch darauf war, dass meine Frau mich darin unterstützte, während seine schreiend weggelaufen war. Als Künstler hielt ich ihm einen Spiegel vor, in den er lieber nicht hineinsah. Gleichzeitig half mir die Tatsache, dass ich Recht hatte, kein Stück weiter. Denn mehr als die Hälfte meiner Projekte kam aufgrund ständigen Geldmangels nicht in Gang.

Wie kompliziert das Leben doch manchmal war. Neben dem Fenster war eine seltene Grasmücke mit dem Bau eines Nestes beschäftigt. Eigentlich merkwürdig, dass so ein besonderes Tier einen so normalen Namen bekommen hatte. Das ständige An- und Abfliegen des Vogels vor dem Fenster unterbrach immer wieder mein Starren, allerdings nur kurz, dann verfiel ich wieder in tiefes Grübeln darüber, woher ich im Namen des Himmels einen neuen Impuls für meine Tätigkeit als Filmemacher bekommen sollte. Es mussten in absehbarer Zeit neue Projekte starten oder mein letzter Film müsste wenigstens von einem Fernsehsender gekauft werden.

Auch mein Plan, einen Film über den Schamanismus zu drehen, hatte bislang noch keine magischen Flügel bekommen. Der Film sollte ein Doppelporträt eines traditionellen Schamanen in einer traditionellen Kultur irgendwo in Sibirien oder der Mongolei und eines »modernen« Schamanen in den Niederlanden in Gestalt eines alternativen Heilers werden. Auf diese Weise sollte gezeigt werden, wie ein uraltes Phänomen wie der Schamanismus in einer modernen rationellen und verstädterten Gesellschaft langsam wieder Form bekam.

Durch die Entkirchlichung und die Säkularisierung, meiner Ansicht nach aber auch durch den ständig zunehmenden Materialismus und das Ausgehöhltsein der Konsumgesellschaft, waren viele Menschen genau wie ich auf der Suche nach neuen Formen der Sinngebung im Leben, nach der einen existenziellen Antwort auf die Frage, die viele Generationen vor uns bereits beschäftigt hat: Warum bin ich hier? Wozu ist der Mensch eigentlich auf der Erde? Um zu konsumieren? Im Nachhinein glaube ich, dass ich mit diesen Fragen den Himmel in Bewegung brachte, dass ich damit genau die Konturen der Wirklichkeit schuf, die sich mir bald eröffnen sollte. Denn wer suchet, der findet ...

Wenn man mit den irrationellen Seiten des Lebens konfrontiert wird, hört man schon mal: »Ja, ja, es gibt mehr zwischen Himmel und Erde.« Aber die meisten Menschen belassen es bei diesen Worten. Wenige unternehmen danach noch einen Versuch, herauszufinden, *was* dort denn noch alles sein könnte. Ich war an einem Punkt in meinem Leben angelangt, an dem ich bereit war, in allen Ecken und Winkeln nach einer zufrieden stellenden Antwort zu suchen, da diese vielleicht eine Akzeptanz der Wirklichkeit im Allgemeinen bedeuten könnte – und darüber hinaus eine Akzeptanz *meiner* Existenz hier auf der Erde im Besonderen. Und irgendwo lag vielleicht in der Antwort auch der Weg, der uns zurück zur Natur führen konnte. Barg der Schamanismus die Antwort? Die Überzeugung, dass alles in Wirklichkeit durch Geistesstärke, durch Bewusstsein beseelt ist?

Aus dieser Fragestellung heraus – und zur Vorbereitung auf meinen Film – hatte ich mit einer persönlichen Untersuchung über die Wirkung von schamanistischen Heilungsritualen begonnen, bei der ich mich selbst als Versuchskaninchen sah. Denn eine wichtige Art und Weise, auf die man wirklich Einsicht in das bekommen kann, was es »mehr« zwischen Himmel und Erde gibt, ist meiner Meinung nach vor allem persönliche *Erfahrung*. Es gibt unglaublich viele anthropologische Studien über Naturvölker, die lediglich die Oberfläche von schamanistischen Ritualen beschreiben. Man kann Bücher darüber lesen, Filme darüber sehen und stundenlange Diskussionen über die Frage führen, ob es nun eine unsichtbare Wirklichkeit um uns herum gibt oder nicht, aber für eine endgültige Antwort auf diese Frage muss man zu einem bestimmten Zeitpunkt eben doch die persönliche Erfahrung nutzen.

Eigentlich versteckte sich weit hinter dieser Art experimenteller Untersuchung meinerseits noch eine andere Frage, eine andere Suche: die Suche nach Gott. Gibt es Gott nun eigentlich oder nicht? Und wenn ja, wie bekomme ich dafür Beweise? Nicht in Form eines wissenschaftlichen Beweises, aber im Sinne eines persönlichen Beweises, durch persönliche Erfahrung. Mittlerweile war ich fast allergisch gegen das Wort »Gott« geworden, da es für mich Bilder von leeren, bedeutungslosen Ritualen hervorrief und von nichts sagenden, viel zu dicken Priestern und Pastoren, die ein unerträgliches Idiom führten. Daher blieb die Frage nach der Existenz Gottes meist hinter der Frage versteckt, ob eine magische Wirklichkeit neben der uns gewohnten besteht oder nicht, ob es ein Leben nach dem Tod gibt, ob Reinkarnation möglich ist oder nicht.

Getrieben durch Neugier – und wer weiß, was sonst noch – begann ich, gemeinsam mit meiner Frau regelmäßig an Sitzungen eines niederländischen, paranormalen Heilers teilzunehmen, der sich als Klangschalentherapeut bezeichnete und auf den ich später noch zurückkommen werde. Er arbeitete mit Trancetechniken, die in schamanistischen Kulturen eine große Rolle spielen, da man in diesem Zustand in der Lage ist, die andere »Wirklichkeit« zu betreten. Zu meiner Überraschung wurden dabei auf emotionalem Niveau Schichten in meiner Seele berührt, die ich jahrelang vor mir verborgen gehalten hatte, aber die durch die raffinierten Klänge und Schwingungen fast von selbst an die Oberfläche glitten.

Wie alles in der Materie sind auch wir schließlich Schwingung, und wir bestehen zu neunzig Prozent aus Wasser. Und ganz nach den uralten Kalenderprophezeiungen der Maya-Indianer (von denen ich damals noch nie etwas gehört hatte, denn ich dachte, dass die Mayas vor rund tausend Jahren auf mysteriöse Art und Weise vom Erdboden verschwunden waren) begannen gegen Ende des 20. Jahrhunderts überhaupt immer mehr Menschen sich zu *erinnern;* es schien, als ob die Fesseln der alten Religionen in den sechziger und siebziger Jahren abgeschüttelt worden wären und der geisttötende Materialismus der achtziger Jahre bei vielen soeben den Impuls in Gang gebracht hätte, wieder auf die Suche nach dem Sinn des Lebens zu gehen. Darüber wurde in den Medien allerdings kaum berichtet – außer in besonders negativen Zusammenhängen. Ängstlich hielten die öffentlich-rechtlichen Sender an den ideologischen Prinzipien fest, aus denen sie entstanden waren. Ein Film über persönliche Experimente mit dem Übernatürlichen ging ihnen daher auch viel zu weit. Ich war jetzt ein Jahr lang mit der Suche nach Möglichkeiten für meinen Film beschäftigt gewesen, war aber diesem noch keinen Schritt näher gekommen.

Irgendwann hatte ich dann dem Klangschalentherapeuten von meinen Plänen erzählt, einen Film über einen »modernen« und einen traditionellen Schamanen zu drehen. Lächelnd hatte er zugestimmt, dass dieser Film teilweise von ihm handeln dürfte. Einst hatte ihm jemand vorhergesagt, erzählte er, dass er noch einmal etwas mit einem Film zu tun bekommen würde. Ich hatte überrascht gegrinst und gefragt, ob ihm auch gesagt worden war, ob es ein erfolgreicher Film werden würde. Daraufhin hatte der Heiler ein sehr ernstes Gesicht gemacht und dann nachdenklich genickt: »Er wird viel in der Welt bewegen.«

Ein prächtiger schwarzer Schmetterling, der auf dem Fensterglas landete, holte mich aus meinen Gedanken. Schon wieder ein seltener Gast aus dem Tierreich. Fasziniert beobachtete ich dieses wunderschöne Insekt eine Weile. Die Raupe, die zum Schmetterling wird, die Farbe dieses Tieres: In einer schamanistischen Kultur würde all dies sofort eine magisch-symbolische Erklärung bekommen und als ein Vorzeichen einer persönlichen Transformation gedeutet werden. In einer magischen Welt hing alles miteinander zusammen, hatte alles eine Bedeutung und kam für jeden alles zum rechten Zeitpunkt.

Aus einer Laune heraus beschloss ich, die Nummer des Süddeutschen Rundfunks anzurufen. Vor einiger Zeit hatte ich ihnen eine Videokopie meines letzten Films über einen Asmat-Papua geschickt, der tief im Urwald von Westpapua auf ganz eigene Weise seinen Kampf gegen die Vernichtung des Regenwaldes und seiner Kultur führte. In den Niederlanden hatte sich kein einziger Sender für dieses Thema interessiert. Das Fällen von Urwäldern war schon wieder ein »Unthema« geworden – die Umwelt war schließlich nicht mehr »in« oder vielleicht war den gefestigten Interessen nicht länger mit einer andauernden Aufmerksamkeit für dieses Problem gedient. Daher bestand das Problem nicht mehr, für die Medien nicht und damit auch nicht mehr für das Publikum. Mit viel Mühe hatte ich den Film doch noch machen können – und schickte ihn nun in die ganze Welt in der Hoffnung, dass er von ausländischen Sendern gekauft und gesendet würde.

Warum ich jetzt plötzlich auf die zündende Idee kam, beim Süddeutschen Rundfunk nachzuhaken, wie die Dinge standen, ist mir noch immer ein Rätsel. Es ist eines der Geheimnisse des Irrgartens, in den uns das Universum platziert hat. Ohne nachzudenken und ganz zufällig unternehmen wir häufig die relevantesten Schritte, um unserem Leben die richtige Wendung zu geben. Nur – wie lernt man, ohne nachzudenken, sozusagen »aus Versehen« das Richtige zu tun? Sobald man sich darauf konzentriert, stellt man jedoch fest, dass es nicht funktioniert, weil man das Ganze dann viel zu sehr mit seinem Willen steuern möchte.

Das Telefon klingelte einige Male, ehe abgehoben wurde. Der Ansprechpartner meldete sich mit einer sympathischen Stimme, aber mit einer schlechten Nachricht. Obwohl die Redaktion den Film sehr interessant fand, gab es dafür leider keinen Sendeplatz. Der Fernsehsender hatte soeben eine ehrgeizige Dokumentarreihe über die großen Weltreligionen entwickelt; mein Film passte leider nicht in die Thematik. Ich beschloss, mein Glück auf andere Art und Weise zu versuchen, und sagte: »Ich vertiefe mich seit einiger Zeit in den Schamanismus, der ja eigentlich die Grundlage aller großen Religionen ist. Ich bin inzwischen mit dem Schreiben eines Szenarios zu diesem Thema beschäftigt. Könnte das nicht in eine solche Reihe passen?«

Auf der anderen Seite blieb es kurz still. »Wir haben gerade einen Film über Schamanen gesendet. Einen Film von Michael Tauchert, das ist ein deutscher Cineast, der in Kolumbien lebt. Er hat mehrere Filme über Schamanen gemacht. Kennen Sie ihn oder seine Filme zufällig?«

Ich antwortete verneinend. Das Gespräch endete, ich spürte, es würde nichts Positives mehr bringen. Nachdem mir versprochen wurde, dass ich meine Videokopie zurückbekam, legten wir auf. Seufzend starrte ich wieder aus dem Fenster und trank meinen Kaffee. Der Schmetterling war verschwunden, und ich sah, wie die Grasmücke wieder herbeiflog, mit einigen Zweigen in ihrem kleinen spitzen Schnabel. Wenigstens sie war fleißig beim Nestbau. Auch ich musste für mein Nest sorgen. Vor zwei Wochen war unser zweiter Sohn geboren worden. Wenn mein Filmprojekt über Schamanismus nicht noch diesen Sommer in Gang kam, würde ich notgedrungen nach anderer Arbeit suchen müssen. Plötzlich klingelte das Telefon. Ich hob ab. Jemand begann in deutscher Sprache zu sprechen.

»Hier ist Michael Tauchert. Ich hörte, dass Sie einen Film über Schamanismus machen möchten. Stimmt das?«

Ich antwortete bejahend, überrascht. Denn soeben erst hatte ich ja von diesem Mann erfahren.

»Hören Sie. Ich bin jetzt in Frankfurt, aber ich fliege in zwei Wochen wieder zurück nach Kolumbien, wo ich wohne. Nächsten Monat, am 19. Juni, kommen aus dem gesamten amerikanischen Kontinent rund vierhundert indianische Schamanen nach Kolumbien. Sie werden tief im Amazonasgebiet zusammenkommen, um gemeinsam Rituale für die Heilung der Erde durchzuführen. Offenbar wurde diese Zusammenkunft in einem der uralten Maya-Texte, den *Codices*, vorhergesagt.«

Die Stimme sprach weiter: »Das sind Vorhersagen über riesige Veränderungen in der Welt, die in nicht allzu ferner Zeit stattfinden werden. Für die Indianerstämme, die kommen werden, ist diese Zusammenkunft eine äußerst sakrale Angelegenheit. Sie möchten absolut nicht, dass es da vor Presse wimmelt. Daher haben sie mich gebeten, mit einer Videokamera eine Reportage zu machen. Es darf nur ein Kamerateam anwesend sein, und ich kann noch Hilfe gebrauchen. Würden Sie mir dabei helfen wollen?«

Überrascht nahm ich den Hörer von meinem Ohr und sah ihn an. Was für ein Gespräch war dies?

»Hallo, hallo, sind Sie noch da?«, hörte ich. Die Grasmücke flatterte wieder weg. Schnell drückte ich den Hörer wieder an mein Ohr.

»Ich bin noch da. Ich bin etwas überrascht, aber das scheint mir eine fantastisch interessante Sache.«

Der Mann brummte zustimmend.

»Hören Sie, es ist wichtig, dass Sie sich gegenüber den *Indigenas* auf vollkommen solidarische Art und Weise verhalten. Sie möchten, dass der Grund für diese Zusammenkunft in der ganzen Welt bekannt wird, aber sie möchten nicht, dass damit falsch umgegangen wird. Die meisten Indianer haben sehr schlechte Erfahrungen mit den Medien. Ich kenne die Menschen dieser Organisation, sie kennen mich, und sie vertrauen mir. Das Videomaterial muss im Nachhinein der Organisation *Sendama* zur Verfügung gestellt werden, aber wir dürfen selbst auch einen

Film daraus zusammenstellen. ARTE hat Interesse an dieser Idee und vorläufig rund 20.000 Euro zugesagt. Aber das ist viel zu wenig. Versuchen Sie, all Ihre Kontakte in der Filmwelt dazu zu bewegen, noch einen Teil des Projekts mitzufinanzieren. Sie müssen Ihre eigene Reise nach Kolumbien selbst bezahlen und eine Betacam-Videokamera mitnehmen.«

Michael Tauchert gab mir seine Telefon- und Faxnummer in Deutschland sowie in Cartagena, Kolumbien. Er legte auf, nachdem er mir versprochen hatte, mir noch ein Fax mit der offiziellen Einladung zu schicken.

Noch immer verdattert legte ich auf. Kolumbien ... eine große Zusammenkunft im Amazonas-Wald ... alte Maya-Texte über große Veränderungen in der Welt ...

Das stimmte fast genau mit den Angaben in einem Buch überein, das ich vor noch nicht allzu langer Zeit gelesen hatte: *Die Prophezeiungen von Celestine*. Darin war ebenfalls die Rede von geheimnisvollen, uralten indianischen Dokumenten, die plötzlich aufgetaucht waren und wichtige Botschaften für unsere heutige Zeit enthielten. Aber das Buch war erfunden, Fiktion. Diese Zusammenkunft allerdings sollte tatsächlich stattfinden, nächsten Monat schon ...

In diesem Augenblick begann das Fax zu summen, und es rollte ein Stück Papier heraus. Aus den wenigen Worten Spanisch, die ich verstehen konnte, entnahm ich, dass dies die Einladung für die Zusammenkunft war. Zum Glück folgte ein zweites Blatt mit einer englischen Übersetzung. Gespannt las ich:

Fundación Sendama, Organisator der zweiten Zusammenkunft einheimischer Ältesten und Priester Amerikas, Kolumbien 1997.

»Die Völker im Zentrum müssen den Adler des Nordens mit dem Kondor des Südens vereinen. Wir werden uns vereinigen mit unseren Brüdern, denn wir sind wie die Finger einer Hand.«

Wenn jemand einfach Dinge an sich nimmt, ohne Zustimmung zu erbitten, ist das schädlich.

Alles hat einen Geist, jedes Ding hat seinen eigenen Atem. Man muss
rituelles Wissen nutzen, um die entsprechende Vergütung für etwas zu
zahlen. Es ist wichtig, das zu wissen und zu begreifen.

(Gedanken eines Arhuaco)

Im November 1995 vereinigten sich auf Einladung des Rats des Ältesten und Priesters Wacatel Utiw (Wandernder Wolf), offiziell genannt Don Cirilo Alejandro Perez Oxlaj, in Guatemala viele Älteste und einheimische Priester, die die ursprünglichen Bewohner des Kontinents vertraten.

Die Einladung folgte dem geschriebenen Aufruf in den Maya-Codices, die unsere Zeit als eine Zeit des Erwachens Amerikas beschreibt, eine Zeit, in der die sakralen Traditionen ans Licht kommen werden, die fünf Jahrhunderte lang verborgen gewesen sind, eine Zeit, in der der Mensch sich wieder mit dem großen Vater, mit Mutter Erde und mit seinem wahren Geist verbindet, in der die Schlange sich erhebt und der Kondor und der Adler einander umarmen.

Die Teilnehmer der ersten großen Zusammenkunft der einheimischen Ältesten und Priester von Amerika zogen an den zeremoniellen Stellen der Ahnen vorbei. Auf diese Art und Weise lebten die heiligen Traditionen wieder auf. Sie meditierten und sprachen mit ihren Wakas im Namen aller Stämme Amerikas und äußerten ihr heiliges Wissen. »Vereinigt wie die fünf Finger einer Hand.« Im zeremoniellen Zentrum von Saculew, auf der Spitze der Pyramide von Quetzalcoatl, bildeten die anwesenden Ältesten, die älter als 52 Jahre waren, auf zeremonielle Weise den Consejo de Ancianos de America, den Rat der ursprünglichen Ältesten von Amerika. Auf dieselbe Art und Weise wurde der Consejo de Sacerdotes, der Rat der Medizinmänner und Medizinfrauen, und der Consejo de Ser Puentes, der Brückenmenschen, gebildet: Das sind Personen, die unabhängig von ihrer Rasse für die Verbindung zwischen den westlichen und den einheimischen Gemeinschaften sorgen.

Es folgte eine kurze Erläuterung zu der Organisation *Sendama*, die die Aufgabe übernommen hatte, eine zweite große Zusammenkunft in Kolumbien zu organisieren. Dann ging es weiter in der Einladung:

Während dieser Veranstaltung werden die folgenden Themen behandelt:

- *Zeremonien, heilige Traditionen und Prophezeiungen, die die Kulturen des Kontinents vereinen*
- *Wissen des Geistes oder schamanistisches Wissen als eine Alternative für die Probleme der modernen Zeit*
- *Auf traditionelle Weise versuchen, das Gleichgewicht von Mutter Erde wieder herzustellen für die Notwendigkeit des Überlebens des Planeten und seiner Bewohner.*

Unten stand das Datum: 19. bis 30. Juni 1997. Darunter noch:

Nur mit der Hilfe der Kulturen, die Mutter Erde verteidigen, kann der Weg zu Frieden und Harmonie wiederhergestellt werden.

Ich muss zugeben, dass meine Hand ziemlich zitterte, nachdem ich diesen Text gelesen hatte. Auf eine merkwürdige Art und Weise kam etwas in mein Leben, das die Antwort beinhaltete, nach der ich lange gesucht hatte, auf einer Suche, mit der ich – vielleicht damals noch unbewusst – rund fünfzehn Jahre zuvor begonnen hatte ...

2
Zauberer, Magier, Schamane

I'X (IX)

I'X ist der Kenner der richtigen Zeit.

I'X ist auch die Kraft, den eigenen Willen

in Übereinstimmung mit der göttlichen Welt zu bringen.

I'X kennt die Stille der Nicht-Zeit, die Zeitlosigkeit,

aus der alles geschaffen werden kann.

Viele indianische Kulturen sprechen in diesem Zusammenhang über *den Weg, El Camino*. Für jeden Menschen gibt es einen Weg durch sein Leben, der der richtige ist. Für jeden Menschen ist dieser Weg anders. Es ist der rote Faden, dem wir, wenn wir ihn einmal gefunden haben, folgen müssen. Dieser Weg führt uns zu Einsichten, die wichtig für die Entwicklung unserer Seele, unseres Bewusstseins sind. Alle anderen, schwarzen Fäden sind Irrwege, auf denen wir über unglaublich viele Probleme immer wieder zu diesem einen, wahren Weg zurückgeführt werden.

All diese Probleme sind Ereignisse, die uns immer wieder, in unterschiedlicher Wiederholung, heimsuchen, bis wir sie alle durchlebt haben und den wahren Weg wählen. Wenn wir die

Dinge rein rationell betrachten, sind wir geneigt, »solche Vorkommnisse« mit dem Wort »Zufall« abzutun. Bei einer magischen Sichtweise auf die Welt ist es dagegen die unsichtbare Wirklichkeit um uns herum, die Welt der Geister und höheren, göttlichen Mächte, die sich vielleicht mit sehr viel Vergnügen (in meinem Fall ganz bestimmt) damit ständig beschäftigt.

Das Lästige bei der Suche nach dem eigenen Weg – wenn man beispielsweise keinen Maya-Priester kennt, der einem dabei helfen könnte – ist vielleicht die Tatsache, dass man meist erst im Nachhinein erkennen kann, warum bestimmte Ereignisse zu einem bestimmten Zeitpunkt stattgefunden haben. Das Leben folgt niemals einer ordentlichen, rationalen Linie; es rutscht und schlittert von einem Ereignis zum nächsten. Auf der einen Seite steht alles mehr oder weniger fest, auf der anderen Seite reagiert das Leben auf die Dinge, die man durch das eigene Handeln selbst ins Leben ruft – so bleibt die Wirklichkeit widerspenstig, schwer zu durchschauen oder vorherzusagen. Aber vielleicht kann man, wenn man eine Reihe wichtiger Knoten miteinander verbindet, die Linie in eine Richtung weiterziehen und sich daran festhalten. Irgendwann wird man dann am Ziel ankommen, das hoffe ich zumindest. Denn was ist schon sicher in dieser Welt?

So können scheinbar unbedeutende Vorfälle im Rückblick betrachtet die eigene Lebensrichtung bestimmt haben: Man verpasst einen Bus oder Zug, findet eine Visitenkarte oder verursacht einen Unfall. Im Nachhinein meine ich mich erinnern zu können, welche Ereignisse zuerst als Wegweiser auf meinem Weg auftauchten.

Vor rund zwanzig Jahren litt meine damalige Freundin und jetzige Frau Diana seit beinah zwei Jahren unter heftigen Migräneattacken, die sie alle zehn Tage zwangen, mindestens einen Tag im Bett zu liegen, um die starken Schmerzen in ihrem Kopf ertragen zu können. Ihr Leidensweg zu Hausärzten und anderen medizinischen Spezialisten hatte ihr lediglich den Rat eingebracht, dass sie lernen müsse, mit der Migräne zu leben, da es keine Heilung gab. Die einzige Lösung – wie so häufig in gefestigten medizinischen Kreisen – war, ein Leben lang starke, betäubende Schmerzmittel einzunehmen. Die fürchterliche Migräne war zu stark, als dass Diana mit ihr leben konnte, daher hatte sie aus Verzweiflung eine Odyssee durch die so genannten »alternativen« Kreise begonnen.

Nach einer Reihe missglückter Therapien sehr unterschiedlicher Art kam sie schließlich zu einem Magnetiseur. Seine Behandlungsmethode war recht einfach: Diana betrat das kleine Büro mit den weißen leeren Wänden, wo er sich am Schreibtisch sitzend ihre Beschwerde anhörte. Danach erläuterte er ihr, woher die Kopfschmerzen kamen. Anschließend magnetisierte er Diana mit seinen Händen auf simple Art und Weise, indem er wenige Zentimeter vom Körper entfernt streichende Bewegungen machte. Das war alles. Die Behandlung wiederholte er dreimal – genug, um Diana für immer von ihrer Migräne zu befreien.

Diana hatte damals gerade ihren letzten Termin bei diesem Magnetiseur gehabt. Ich holte sie mit dem Auto ab und lauschte ihrem Bericht. Er hatte ihr erklärt, dass sie für die Auren, die Energien anderer Menschen, sehr offen war, dass sie schnell die Spannung von Menschen um sie herum aufnahm, da sie dafür sehr empfänglich war, und ihr einige Ratschläge gegeben, wie sie in Zukunft damit besser umgehen konnte. »Und er hat noch eine Information bekommen – von der ›anderen Seite‹. Aber er sagte, dass sie nicht für mich bestimmt sei, sondern für dich. Er sagte: ›Sag deinem Freund, dass er tun muss, was er selbst wirklich will, sonst kann er niemals glücklich werden‹.«

Ich fühlte, wie sich meine Nackenhaare aufrichteten. Ein Schaudern zog durch meinen Körper, ich fühlte, dass diese Worte direkt in mein Herz eindrangen. Ich war Anfang zwanzig und kämpfte mit der Frage, welche Berufswahl ich treffen sollte. Eigentlich konnte ich mich als vorherbestimmter Nachfolger im Wirtschaftsprüfungsbüro meines Vaters ins gemachte Nest setzen. Ich stand unter starkem Druck, da mein Gefühl mir etwas anderes sagte: Ich sehnte mich nach Freiheit, nach Reisen und Abenteuer.

»Sagte er das?«

»Das sagte er. Er sagte, dass er eine Information bekommen habe, die nicht für mich bestimmt ist, dass es etwas Merkwürdiges war, und dass er den Eindruck hatte, dass diese Worte für dich bestimmt seien.« Ich war fast gerührt bei dem Gedanken, dass jemand oder etwas auf der »anderen Seite« scheinbar Mitleid mit mir hatte, obwohl ich nicht einmal wirklich davon überzeugt war, dass es jemanden auf dieser anderen Seite gab. Es schien in jedem Falle die richtige Antwort auf das Dilemma, in dem ich steckte.

Innerhalb weniger Wochen vereinbarte ich selbst einen Termin bei dem Magnetiseur. Verlegen erzählte ich ihm von meinen Plänen, die Welt der einheimischen Völker fotografieren zu wollen und damit die Wünsche und Pläne, die meine Eltern für mich hatten, zurückzuweisen. Halb erwartete ich (hoffte vielleicht auch), dass er mir raten würde, zunächst die erforderlichen Erfahrungen zu sammeln und mir eine finanzielle Grundlage und Sicherheit zu verschaffen, ehe ich in die weite Welt zog. Aber er blieb nach meinen Worten einige Zeit still. Abwartend betrachtete ich den Mann.

»Weißt du«, sagte er, »als du das gerade sagtest, bekam ich ein so glückliches Gefühl in meinem Innern. Du musst das machen. Du musst tun, was du tief in deinem Innern als deine Aufgabe fühlst. Und das wird dir sehr viel und dich sehr weit bringen. Damit wirst du sehr erfolgreich.« Und obwohl ich noch immer berechtigte Zweifel haben konnte, ob ich in meiner Entscheidung berücksichtigen sollte, dass jemand anders sich sehr glücklich gefühlt hatte, gab dieses Gespräch doch den Ausschlag. Das war das erste Mal, dass ich mich von Botschaften von der anderen Seite leiten ließ.

Neben diesen Erfahrungen aus nächster Nähe war ich beeindruckt von der Behandlungsmethode dieses paranormalen Heilers. Es entstand eine Idee in mir, irgendwann einmal einen Film oder eine Reportage zu machen, bei der ich die paranormalen Heiler unserer modernen Kultur mit den Schamanen einer traditionellen Kultur vergleichen wollte. Rund zehn Jahre hatte ich in meinem Kopf den Titel dieses Films: »Schamanen des Westens«.

Dieser Heiler und seine Methode hatten allerdings sehr wenig mit einem tanzenden, singenden, ekstatischen und beinah psychotischen herumspringenden Schamanen gemeinsam. Es war fast lächerlich. Dieser simple Rosenzüchter hatte nur ein paar Handbewegungen gemacht. Vollkommen irrational. Aber gerade in dieser Irrationalität versteckte sich die Gemeinsamkeit mit dem Schamanismus. Vor diesem Ereignis hatte ich mir eigentlich noch nie eine klare Meinung über paranormale oder metaphysische Dinge gebildet oder beispielsweise über die Frage, ob es nach dem Tod noch etwas gäbe. Selbst lebte ich ja, was hatte ich also mit dem Tod zu tun?

Obwohl ich von dem, wie Dianas Heilung zustande kam, nicht überzeugt war, konnte ich das Resultat auch nicht leugnen. Sagen wir mal, dass dies einen der ersten Risse in meiner bis dahin gehandhabten Überzeugung bildete, dass die Wirklichkeit sich ausschließlich gemäß rational erklärbaren Naturgesetzen vollzieht.

Wie ich auf den Begriff »Schamanismus« kam, weiß ich nicht mehr genau. Ich las in jener Zeit ein Buch von Elizabeth Marshall mit dem Titel *Die Frau des Jägers* (München 1997), eine spannende Geschichte über einen Schamanen irgendwo in der sibirischen Tundra. Das Wort »Schamane« nistete sich irgendwo in meiner Seele ein, so als ob etwas hereinkam, das auf irgendeine Art und Weise zu mir gehörte, ohne dass ich genau beschreiben konnte, was ein Schamane eigentlich war. Das Wort enthielt ein Stück einer bestimmten Form von Heimweh nach der Urzeit, einem Urverlangen nach einer Art des Lebens von vor sehr langer Zeit.

Dieses Urverlangen entfachte in mir eine Sehnsucht, von hier fortzugehen, auf die Suche nach traditionellen Kulturen zu gehen, nach Völkern, die noch völlig in und von der Natur lebten. Auf die Suche nach einer Spur der Wiedererkennung, des Begreifens, warum ich in der modernen Gesellschaft so schwer Fuß fassen konnte. Große, langfristige Projekte zu unternehmen, um Fotos, Filme und Geschichten über diese Kulturen zu machen, wurde für mich ein Mittel, aus meiner eigenen Kultur zu entfliehen, die mich einengte und mich festfahren und weglaufen ließ, am liebsten an möglichst weit entfernte und primitive Orte der Welt. Das Wort »Schamane« war dabei vielleicht der Katalysator oder besser gesagt das fehlende Glied zwischen meinem scheinbar ziellosen Leben und meinem Schicksal.

»Lasst uns wieder gemeinsame Wege gehen und für den Frieden in der Welt zusammenarbeiten. Wir nähern uns dem Jahr Null. Im letzten Zyklus 12 Baktun, 13 Ahau endet unser Vierter Sonnenzyklus, und dann beginnt die neue Zeit. Dieser Zeitpunkt ist bereits sehr nah ... Im Dezember des Jahres 2012 endet der Zyklus. Wir Mayas wissen dies, da wir die Hüter der Zeit sind.«

Im Laufe der Jahre entwickelte sich dieser Traum immer weiter in mir, und ich begann, den geträumten Weg zu begehen. Vielleicht habe ich in einem früheren Leben als Papua oder als Indianer gelebt und damals diesen zukünftigen Traumpfad bereits gewoben? Wer kann das wissen ... Obwohl ich im Westen geboren und aufgewachsen war, begriff ich die westliche Kultur nicht, begriff nicht, wie die Menschen um mich herum lebten, häufig nur mit dem Zweck, Geld und schöne Dinge anzuhäufen. Ich fühlte jedes Mal eine tiefe Trauer und Wut über das Schicksal derjenigen, die noch in und mit der Natur lebten und die das Feld räumen mussten, wenn die Gier nach Rohstoffen auch ihr Stückchen unberührter Natur verschluckt hatte. Und ich fühlte auch Scham, da ich wusste, dass ich selbst Teil der Kultur war, die diese Vernichtung erst ermöglichte. Es fühlte sich so an, als ob in dieser Gesellschaft etwas Fundamentales verloren gegangen war. Wir hatten die Magie und die Mystik vertrieben – jetzt, da die Menschen abends nicht mehr miteinander um das Feuer hockten, um in die Sterne zu schauen. Meinen Traum, mich in diese Welt, in diese Existenz zu vertiefen, versuchte ich festzuhalten.

Der Traum ließ mich häufig reisen, zum Beispiel nach Neuguinea, wo ich nach meiner Begegnung mit den Papuas nicht mehr in die Zivilisation zurückkehren wollte. Aber nach einiger Zeit merkten meine Frau und ich, dass wir auch dort nicht zu Hause waren, da wir trotz des intensiven Zusammenlebens mit diesen prächtigen Menschen doch immer Außenstehende blieben, die aus unerklärlichen Gründen ihren Clan verlassen hatten, weit weg von ihrer Familie gegangen waren. Für einen Papua ist die Familie das Wichtigste auf der Welt.

Ich begriff, dass ich Gefahr lief, zu keiner Welt mehr zu gehören, hatte das Gefühl, auf beiden Seiten außerhalb zu stehen. Außerdem wollte meine Frau, die ebenso wie ich bald dreißig wurde, ihren eigenen Clan gründen.

Das Schicksal griff ein: Ich bekam Typhus, und wir kehrten gezwungenermaßen zurück in die westliche Zivilisation. Und ich lernte eine bittere Lektion über die Dankbarkeit für die Entwicklung der modernen Medizin, die mich im Endstadium der Krankheit von der Schwelle des Todes zurückholte. Ich begriff nun umso besser, dass es keinen Sinn hatte, immer wieder aus meiner eigenen Kultur flüchten zu wollen, das Leben der Naturvölker ausschließlich zu romantisieren, denn ich war inzwischen häufig genug auch mit den negativen Seiten ihrer Existenz konfrontiert worden. Es hatte auch keinen Sinn, alles, was im Westen jemals erreicht worden war, ständig zu verurteilen. Ich war deshalb zu dem Verständnis gekommen, dass ich versuchen musste, die beiden Welten zueinander zu bringen. Sowohl in der Außenwelt als auch in mir selbst musste ich eine Brücke zwischen dem alten und dem neuen Menschen bauen. Dies wurde für mich die Richtlinie meines Lebens, an der ich – trotz der fragilen Grundlage, die dafür in gesellschaftlicher Hinsicht bestand – verzweifelt festzuhalten versuchte.

Um den Unsicherheiten zu entfliehen, die mein Lebenswandel in materieller Hinsicht mit sich gebracht hatte, suchte ich – seit meinen Erfahrungen mit dem Magnetiseur – häufiger Hellseher und Astrologen auf, die mir allesamt erzählten, dass auf mich große Dinge warteten, wenn ich nur den Mut hätte, meinen Traum zu leben. Ich würde sogar ein großes Maß an Wohlstand dadurch erreichen, etwas, wovon ich mir überhaupt keine Vorstellung machen konnte. Die untereinander häufig übereinstimmenden Vorhersagen von verschiedenen Paragnosten brachten mir allerdings niemals Ruhe oder Sicherheit, da mein Verstand stets ein gewisses Maß an Zweifel hegte. Ich bekam vielleicht Hinweise, aber keine tatsächlichen Beweise. Die Problematik in meinem Leben änderte sich nicht; ich entwickelte mich zwar in Richtung meines Traums, aber langsam, viel zu langsam nach meinem Geschmack, und nur mit äußerster Kraftanstrengung. Je älter ich wurde, desto mehr zweifelte ich und desto mehr bekam die rationale Seite in mir die Oberhand. Unter anderem auch deshalb, weil immer mehr Verantwortung auf mir lastete.

Ein Astrologe beschrieb mein Geburtssternbild wie folgt: Gespaltenheit war mein Hauptkennzeichen. Ich war ein Zwilling, ein Schmetterling. Zwillinge sind häufig extrem rational und neigen zur Oberflächlichkeit. Bei mir wurde dies durch meinen Aszendenten kompensiert: die kunstsinnige, ausgleichende Waage, die Harmonie sucht. Es wohnten daher zwei Seelen in mir, die eine sehr rational, die andere eher intuitiv. Die beiden gerieten immer häufiger miteinander in Streit, in einen Streit zwischen meiner linken und meiner rechten Gehirnhälfte, zwischen Ratio und Gefühl. Und mein Waage-Aspekt wog jedes Argument genau ab in dem Versuch, die Angelegenheit, das heißt, mein Universum, ins Gleichgewicht zu bringen.

Ich war also vom Augenblick meiner Geburt an schon dafür vorherbestimmt, buchstäblich alles anzuzweifeln. Diese Beschreibung stimmte so exakt, dass ich darum gleichzeitig an dem Nutzen und der Wahrheit der Astrologie im Allgemeinen zweifeln konnte ... Und vielleicht kam dadurch all dies auf meinen Lebensweg, so als ob das Universum sagen wollte: »Ja, du rühmst jetzt in den höchsten Tönen die Mystik des Lebens, die irrationalen Muster, die das Leben gestalten, das Leben in und mit den unsichtbaren Kräften in der Natur, du solltest das aber einmal selbst in der Praxis testen. Wie tief steckt diese Überzeugung nun wirklich in dir? Inwieweit sind diese Dinge, die du so wichtig findest, in dir selbst, in deinem Wesen, begründet? Inwieweit bist du bereit, darauf zu vertrauen, auch wenn dein Leben damit in Gefahr gerät?« Vielleicht wurde es wirklich Zeit, die Theorie in der Praxis zu testen.

Und so entspann sich der rote Faden vor mir. Generell lässt sich dazu sagen: Der Weg, den wir einschlagen möchten, wird sich vor uns auftun, aber häufig ist es nicht mehr als ein sehr verschwommener Pfad, den wir nur zögerlich betreten. Denn es ist die uralte Seele der Welt, die auf diese Art und Weise unseren Willen und unsere Entschlossenheit herausfordern möchte.

An jenem Tag im Mai, als ich die Einladung zum Schamanentreffen vollständig gelesen hatte, zitterte meine Hand vermutlich deshalb ein wenig, weil es schien, als ob die vielen Vorhersagen zu meinem persönlichen Weg die Worte ins Leben gerufen hätten, die ich dort las. Es schien eine Art Beweis der tatsächlichen Existenz einer unsichtbaren Wirklichkeit zu sein, die ich gesucht hatte. Ein Beweis, dass es in dieser Welt keinen Zufall gibt ...

3
Wind, Luft, Atem

IQ' (IK)

Iq' ist der Geist des Windes,
manchmal ruhelos von Idee zu Idee schwebend.
Es ist der Atem des großen Geistes.

Mit der Einladung der indianischen Organisation *Sendama* schienen alle Linien aus meinem Leben auf magische Weise an einem Punkt zusammengekommen zu sein. Ein kleines Stück aus dem großen Plan des Universums hatte sich losgerissen; in einer Ecke des Kosmos war eine Kräuselung entstanden, eine Schwingung, die scheinbar bei mir ankommen musste und die mich auf einmal mit einer maßlosen Energie erfüllte, als ich begriff, dass ich eine ganze Menge Vorbereitungen für die Reise zu treffen hatte.

Der Vergleich mit dem Buch *Die Prophezeiungen von Celestine* drängte sich mir erneut auf. In diesem Roman reiste die Hauptperson ebenfalls nach Südamerika, nachdem sie von sehr alten indianischen Dokumenten erfahren hatte, die plötzlich aufgetaucht waren. In diesen uralten Dokumenten wurden neun Einsichten über die Wirklichkeit beschrieben, die sehr stark auf unsere heutige Zeit zutrafen. In der menschlichen Kultur würde ein neues spirituelles Erwachen stattfinden, dank einer kritischen Masse von Individuen, die ihr Leben als eine spirituelle Entfaltung begreifen, als eine Reise, in der sie sich durch geheimnisvolle Zufälle leiten lassen. Es folgte eine Beschreibung darüber, wie man dem Zufall ständig zu Hilfe kommt, wenn man seinem wahren Weg folgt.

Das Phänomen des sinnvollen Zufalls wurde von dem Tiefenpsychologen Carl Gustav Jung als »Synchronizität« bezeichnet. Es war ein Phänomen, mit dem ich in der Vergangenheit schon ziemlich viel zu tun gehabt hatte. Alles ist Zufall in dieser Welt – oder nichts. Die eine Überlegung geht von einem ausschließlich gegenständlichen Universum aus, die andere schließt – in welcher Form auch immer – die Metaphysik in das Leben ein.

Zwei Jahre zuvor war ich zu den Papuas zurückgekehrt, nach Irian Jaya, um einen Film im Asmatgebiet zu drehen, einem gigantischen Gezeitensumpf an der Südküste Neuguineas. Wer weiß: Vielleicht war diese abenteuerliche Reise durch die Geisterwelt ja auf meinen Weg gelegt worden, als eine Art ultimativer Test, eine Art Zulassungsprüfung, um zu sehen, inwieweit ich aus dem richtigen Holz für die bevorstehende Kraftprobe geschnitzt war: die Zusammenkunft der Indianerstämme im Amazonasgebiet.

Und so landete ich in Asmat. Diese Gegend in einem entlegenen Winkel der Erde ist ein sehr schwierig zugänglicher, wabernder Mangrovenwald. Ich wollte dort einen Film über einen Papua drehen, einen Asmat-Holzschnitzer. Mit seinen Werken versuchte er, seinem Volk die Vernichtung der Papua-Kultur und des Regenwaldes, in dem die Papuas lebten, bewusst zu machen. Dieser Papua hatte vor einem Jahr während einer Geisterfeier den Namen und den Geist eines verstorbenen Ahnen empfangen, der Zeit seines Lebens als Stammeshaupt ein berüchtigter Kopfjäger gewesen war. Ich sah darin eine schöne Geschichte, wie dieser ehemalige Häuptling jetzt in einem neuen Körper kämpfte, aber dieses Mal nicht mehr als Kopfjäger, sondern als Künstler, der sich für den Erhalt des Regenwaldes und das Überleben seiner

Kultur einsetzte. Die Geschichte sollte in das magische Weltbild der Asmat-Papuas eingebettet werden. Aber in den endlosen Flutwäldern von Asmat gab es keine Elektrizität, geschweige denn ein Telefon oder Fax.

Mit diesem Film begann ich eine völlig unmögliche Mission. Ich hatte eine Liste von etwa zwanzig Unwägbarkeiten, die – wenn auch nur eine Kleinigkeit schief gehen würde – das ganze Projekt zunichte machen konnten. Neben den unsicheren Fortbewegungsmöglichkeiten war außerdem das Risiko groß, dass ich an der Grenze zurückgewiesen werden würde, denn ich stand aufgrund kritischer Artikel über die indonesische Regierung wahrscheinlich auf der schwarzen Liste. »Mission impossible« also.

Aber ich wurde von einem tiefen Verlangen angetrieben, das stärker als mein Verstand war, der mir sagte, dass das, was ich tun wollte, ein sinnloses Unterfangen sei. Mein erster Sohn war gerade vier Monate alt. Und als ich so ganz allein durch die Zollkontrolle auf Schiphol stiefelte und in das Flugzeug einstieg, fragte ich mich: »Was tue ich hier eigentlich?« Ich wusste selbst nicht, was mich antrieb, aber es fühlte sich an, als ob ich in völliger Dunkelheit aus einem Flugzeug springen würde in der Hoffnung, sanft zu landen.

Es sind gerade solche Umstände, in denen die geheimnisvollen Einflüsse des Universums am ehesten spürbar werden. Denn unter diesen Umständen wird endlich unser Wille ausgeschaltet; unser eigenes Ich kapituliert. In der stockfinstren Nacht sind wir gezwungen, uns vollkommen den Ereignissen auszuliefern.

Und das tat ich. Durch wahnsinnig »zufällige« Umstände gelang es mir immer wieder, meinem Ziel einen Schritt näher zu kommen und die zwanzig Unmöglichkeiten eine nach der anderen von meiner Liste streichen zu können. Innerhalb von exakt sechs Wochen war ich wieder zurück mit einem prächtigen Film über das Leben von Rufus Saati, Holzschnitzer und Asmat-Papua. Es war alles so unglaublich gut gelaufen, dass ich sehr stark das Gefühl bekam, unterwegs ständig von höheren Mächten begleitet worden zu sein. Und allmählich gewann ich die Überzeugung, dass Zufall in unserer Wirklichkeit nicht existiert.

Häufig war meine Frau übrigens diejenige, die mir einen Schritt auf dem spirituellen Wege voraus war. Ich Tölpel brauchte meist mehr Zeit, um meinem Verstand das Schweigen aufzuerlegen und einfach erst die Erfahrung einzugehen, um dann erneut tief darüber nachzudenken. Meist schwächte meine rationale Hälfte dann die irrationalen kleinen Wunder wieder ab, die ich erlebte, zum Beispiel indem ich schlussfolgerte, dass das alles schließlich auch einfach reiner Zufall hätte sein können. Der Verstand ist sehr gut darin, fortwährend das Wunder der Existenz zu entkräften: Man braucht nur zu sehen, wie unsere Wissenschaftler, die die Wirklichkeit primär mit ihrem Verstand sehen, das ständig zu tun versuchen.

Auch meine rationale Hälfte will sich nicht so einfach geschlagen geben und sucht zuerst nach irdischen Erklärungen. Vielleicht ist es das, was in der Bibel als die Vertreibung aus dem Paradies beschrieben ist: Das Naschen vom Baum der Erkenntnis war der Augenblick, in dem der Mensch begann, seinen Verstand zu entwickeln und nicht mehr intuitiv der Natur zu vertrauen, dem Kosmos, der für alles sorgte. Ich merkte, dass ich in Zeiten, in denen ich völlig intuitiv lebte und völlig darauf vertraute, dass alles von selbst gut gehen würde, ganz entspannt lebte – auf dem Höhepunkt des Glücks. Bis mein Verstand sich fragte, ob wirklich alles gut gehen würde, worauf sich tiefe Abgründe in meinem Geist öffneten und ich der Verzweiflung nahe sein konnte. Der eine Daseinszustand konnte tagelang andauern und dann plötzlich in den anderen umschlagen. Es ist wahr, was ein alter Taoist einst zu mir sagte: dass wir immer in der Mitte leben, die linke und rechte Gehirnhälfte im Gleichgewicht halten müssen, da wir sonst ein Spielball unserer Gefühle und des Lebens werden, das ständig Späße mit uns treibt. Aber wie schwierig war das für mich!

Da die vielen wunderlichen, zufälligen Ereignisse dieser Zeit schon wieder eine Weile hinter mir lagen, begann meine rationelle Hälfte wieder erneut mit dem Bau eines vollkommen logischen Universums. Daher führte ich wieder einmal meinen inneren Kampf, als Diana eines Abends zu mir sagte: »Nächste Woche kommt ein Schamane nach Venlo.« Nun geschieht es nicht jeden Tag, dass ein Schamane in die nächstgelegene Stadt kommt, also wurde ich sofort neugierig. In Gedanken war ich immer häufiger bei meinem Filmplan über die Schamanen des Westens. Glücklicherweise meldete ich mich ohne viel nachzudenken gemeinsam mit ihr zu einem Abendworkshop an. Der Schamane erwies sich zu meiner Enttäuschung als ein ganz normaler Niederländer. Ich fand es eigentlich etwas anmaßend, sich selbst ein solches Prädikat zu verleihen. Meist war dies ein Ehrentitel, den man in traditionellen Stämmen von der Gemeinschaft erhielt.

Aber als ich mich auf den Boden gelegt und den zarten Klängen der Klangschalen und dem prächtigen Obertongesang dieses »Schamanen« ausgeliefert hatte, ließ ich meine Skepsis fahren. In meinem Innern trieb ich schon nach wenigen Augenblicken fort in einen warmen klaren Ursee, meine Arme und Beine begannen, sich in alle Himmelsrichtungen auszustrecken, mein Körper wurde immer größer, bis er sich im Wasser in Tausenden von Luftblasen auflöste und ich schließlich nur noch Welle war – Brandung, in einer wunderbaren, endlosen und uralten Bewegung mitwiegend mit dem Rhythmus des Lebens. Ich *wurde* das Meer, ich wurde Wasser, und ich fühlte mich entspannter als je zuvor. Danach saß ich in einem Zelt auf einer weiten Grasebene, hörte, wie in der Ferne der Regen über die Ebene heranrauschte und über meinem Kopf gegen die Zeltplane schlug, um sich anschließend wieder in der Ferne zu verlieren. Es erschien der Kopf eines uralten Schamanen vor meinem geistigen Auge, mit einer fellgefütterten Mütze, an der an beiden Seiten zwei Hörner abstanden.

All dies waren lebensechte Erfahrungen, so als ob ich wach träumen würde. Als ich wieder zu mir kam, konnte ich nur völlig ruhig und etwas benommen um mich schauen. Dies war der Beginn einer emotionalen Reise zu den verborgenen Stellen meines Geistes, meines Unterbewusstseins, die ich ab sofort jeden ersten Samstag des Monats während der Klangschalensitzungen weiter vertiefte. Eines Tages suchte ich den Klangschalentherapeuten in seinem Haus auf, um mit ihm über meine Filmpläne zu sprechen. Ich fragte ihn dabei, wie er auf die Idee gekommen war, sich selbst als Schamanen zu bezeichnen.

Er erzählte mir seine Lebensgeschichte: »Ich hatte fünfmal eine schwere Psychose, war in einer Anstalt. Die Geister und Wesen aus der Geisterwelt, die ich um mich herum sah, die Stimmen, die ich um mich herum hörte, und die Botschaften, die mir ständig aus jener Welt vermittelt wurden, machten mich verrückt. Ich konnte nicht damit umgehen und wurde psychotisch. In einer Psychose gerät man in die unsichtbare Welt, die für ›normale‹ Menschen nicht sichtbar ist; in die Welt des Geistes, die wirklich um uns herum besteht und in der alles möglich ist. Was damals alles mit mir geschah, wünsche ich niemandem: Meine Haut wurde von einem haarigen Wesen mit scharfen Klauen von meinen Knochen geschabt, ich wurde lebendig gekocht, gegessen und wieder ausgespuckt. Das waren lebensechte Erfahrungen für mich. Diese Zustände haben sich fünfmal wiederholt, und bei diesen Gelegenheiten wurde ich jedes Mal mit starken Medikamenten behandelt.

Aber beim vierten Mal ließ ich die Medikamente stehen, um selbst meinen Weg zu finden. Es gelang mir, aus eigener Kraft aus der Psychose herauszukommen. Und beim letzten Mal kannte ich den Weg zurück. Von dem Augenblick an nannte ich mich selbst Schamane, da Schamanen in einer traditionellen Kultur häufig psychotische Figuren sind, die eine vergleichbare Krise durchlebt haben. Nur werden sie in ihrer Kultur nicht in einer Anstalt eingesperrt, sondern müssen alleine in den Urwald, auf den Berg, um dort ihren Kampf mit der Geisterwelt zu kämpfen. Wenn sie dies überleben, kommen sie mit dem Wissen über alle Krankheiten, die einen Menschen treffen können, zurück in die Gemeinschaft. Sie können dann heilend tätig sein.«

»Deine Psychosen waren also deine Ausbildung, deine Einweihung?«

»So könnte man es nennen. Ich bin danach bei jemandem in die Lehre gegangen, der auch mit Klangschalen und Obertongesang arbeitete. Er hat mir weitergeholfen, wie ich mit meiner ›Verrücktheit‹ umgehen sollte. Wegen der Ähnlichkeiten mit meiner Entwicklung bezeichne ich mich als Schamane.«

Ich nickte, das war eine interessante Information für meinen Film. Draußen schneite es, es war Januar. Ich fragte: »Du bist doch hellsehend? Kannst du mir dann nicht kurz sagen, wann wir mit diesem Film anfangen?«

Jacques, der Klangschalentherapeut, lachte über meine pseudoernste Frage und wurde dann ernst: »Juni«, sagte er, »im Juni geschieht etwas.« Ich zuckte mit den Schultern. Das mussten wir erst einmal abwarten: Es schien mir unmöglich, dass der Film dann schon genügend finanzielle Unterstützung haben würde.

Auf meine Frage, wie er den Schamanismus definieren würde, antwortete er: »Die Welt, alle Gegenstände, Tiere, Pflanzen und Steine, alles besitzt eine Seele. Alles hat ein Bewusstsein. Wenn man sich mit diesem Bewusstsein verbindet, kann man Informationen bekommen. Die Welt, die wir kennen, ist von einer unsichtbaren Welt umgeben, der Welt des Geistes, aus der alles und jeder kommt und in die alles und jeder nach dem Tod zurückkehrt. Man könnte sie auch als die *ursächliche* Welt bezeichnen: Aus dieser unsichtbaren Wirklichkeit entstehen die Ereignisse in unserer Wirklichkeit. Das ist die Welt der verirrten Geister verstorbener Seelen, der Geistwesen, der Halbgötter und der Götter. Das ist die Welt, die ungeformt und nicht in Materie existiert, aus der aber unsere materielle Welt entsteht. Es ist das Universum, das parallel zu unserem besteht und in das wir nach unserem Tod zurückkehren. Ein Schamane reist zwischen diesen beiden Welten hin und her, um die Ursache bestimmter Ereignisse in unserer Wirklichkeit herauszufinden.«

Wir fantasierten über die Orte, an denen wir traditionelle Schamanen als Gegenpol zu den Schamanen des Westens finden könnten. Er hatte Freunde, die häufiger in Tuva, dem Altai-Gebirge in Sibirien und in der Mongolei zu Besuch bei Schamanen gewesen waren. Da mich die Mongolei immer schon fasziniert hatte, beschloss ich, mich für diesen Teil der Vorbereitungen auf dieses Land zu konzentrieren.

Zufällig wohnte der Botschafter der Mongolei nicht weit von mir. Sein Haus stand in meinem Geburtsort, fünf Kilometer entfernt. Allerdings schien dieser Mensch etwas merkwürdig zu sein: Er wohnte nämlich in einem ganz normalen Reihenhaus. Ein riesiger Stein vor seiner Haustür verkündete, dass er ein direkter Nachfahre von Dschingis Khan sei. Am Giebel seines Reihenhauses hing ein gigantisches Hirschgeweih, so wie es bei den Yurts (eine Art Zelt) in seinem Land üblich war. Eigentlich glaubten die Menschen in der Umgebung nicht ganz, dass er wirklich Botschafter war. Warum sollte so jemand in einem ganz normalen Reihenhaus in einem kleinen Dorf in der niederländischen Provinz Nordlimburg wohnen? Ich wusste, dass ein Fotografenkollege einst mit ihm durch die Mongolei, sein Geburtsland, gereist war. Ich erkundigte mich bei diesem Fotografen, ob der Botschafter mir eventuell bei der Suche nach einem guten Schamanen in der Mongolei behilflich sein könnte. Halb hatte ich erwartet, dass er mir lachend widersprechen würde, aber er berichtete mir von seinen durchweg positiven Erfahrungen mit diesem Botschafter, der von seinen mongolischen Landsleuten und dortigen hohen Würdenträgern sehr geschätzt wurde und auch ein besonderes Interesse für Schamanismus hatte.

Ich bedankte mich bei meinem Kollegen. Als ich Jacques*, dem Klangschalentherapeuten, erzählte, dass ich diesen Mann treffen wollte, wurde er neugierig und wollte mitkommen. Also rief ich den Botschafter an, erzählte die Geschichte, die ich verfilmen wollte, und fragte, ob ich gemeinsam mit diesem niederländischen Schamanen zu Besuch kommen dürfe.

»Du darfst kommen, aber den Idioten lass mal zu Hause. Ich will keine Idioten in meinem Haus.«

Erstaunt über seine grobe Antwort erwiderte ich, dass dieser Mann auf mich keinen idiotischen Eindruck gemacht habe.

»Hör zu, ich bin ein sehr nüchterner Mann. Wenn du mehr über Schamanen wissen möchtest, komm vorbei. Ich habe aber keine Lust, lauter Verrückte zu Besuch zu bekommen, die sich einfach so Schamane nennen.«

Dieses Gespräch machte mich noch neugieriger auf meinen Besuch bei ihm. Schließlich stand ich vor dem großen Stein bei seinem Haus. Unten war eingraviert: Dschingis Khan, oben stand sein eigener Name: Dschero Khan, Prinz der Mongolei, Diplomat von Taiwan. Eine niederländische Frau öffnete die Tür, und als ich nach dem Botschafter fragte, hörte ich schon eine grelle Stimme, die aus dem Haus rief: »Komm nur herein. Du bist willkommen.«

Ich betrat das Haus, das mit Ziegenschädeln, Krummschwertern, einem echten Bogen mit Pfeilen, Fotos von einem sehr kräftig gebauten Orientalen – auf den meisten Bildern in orientalischer zeremonieller Kleidung seines Herkunftslandes – verziert war. Auf manchen Bildern war er mit Würdenträgern abgelichtet – und ich erkannte den Dalai Lama.

Der Botschafter erwies sich als ein sehr kräftiger Mann, fast ebenso breit wie hoch. Trotz seines Alters von fünfundsiebzig Jahren hatte er rabenschwarze Haare und einen langen schwar-

* Name geändert

48

zen Bart. Er hatte die typischen Augen eines Mongolen, die mit durchdringendem, klarem Blick in die Welt schauten. Fürwahr die Augen eines Kämpfers. Er saß in einem Bademantel an einem langen Tisch. »Komm nur herein, achte nicht auf mich, ich sitze hier noch halb nackt.«

Ich musste lachen, nannte meinen Namen und den Grund meines Besuchs. Er nickte und schüttelte anschließend seinen Kopf.

»Du musst nicht in die Mongolei reisen, das wäre umsonst. In der Mongolei gibt es keine echten Schamanen mehr. Die sind alle vom Kommunismus verdorben. Es gibt übrigens nur noch sehr wenige echte Schamanen auf der Welt. Um ein großer Schamane sein zu können, muss man in der Natur leben, klares Wasser trinken und reine Nahrung zu sich nehmen. Das gibt es beinah nicht mehr.«

»Ich bin Chi-Kung-Meister, zehnter Dan. In meiner ersten Unterrichtsstunde erzähle ich immer, dass man mit Chi-Kung seine Energie so zu beherrschen lernt, dass man jemand anderen umwerfen kann, einfach indem man seine Energie auf ihn richtet. In China gibt es nationale Meisterschaften, bei denen diese Technik vorgeführt wird. Wenn ich dies in meiner ersten Stunde hier im Westen erzähle, weiß ich sofort, dass sich jemand skeptisch meldet und sagt: ›Ich bin da nicht Ihrer Meinung.‹ Wenn ich weiter erzähle, dass es gut zwanzig Jahre dauern kann, bis man so weit ist, dass man seine Energie auf diese Art und Weise konzentrieren kann, ist der Skeptiker am Ende des Tages meist verschwunden, weil er meint: Es ist ihm an einem Nachmittag nicht gelungen, also geht es nicht.«

Ich musste lachen, in mancher Hinsicht war ich einer Meinung mit ihm. Als ich mich verabschiedete, hielt er mich an der Tür noch kurz auf: »Wie gesagt, du musst nicht in die Mongolei reisen. Geh nach Nepal oder Tibet. Ich habe Bekannte, mit denen ich dich in Kontakt bringen kann. Aber der Schamanismus, Junge, höre auf mich, es stimmt alles. Sei vorsichtig.«

Ich bedankte mich noch einmal. Seine letzten Worte hallten noch lange durch meinen Kopf. Prinzen, Schamanen – in was für einer Welt war ich eigentlich mit meinen Filmplänen gelandet?

All dies spielte sich nur wenige Wochen zuvor ab, ehe ich die Einladung aus Südamerika erhielt. Eine Woche, nachdem ich bei dem Prinzen der Mongolei zu Besuch gewesen war, klingelte das Telefon: Es war der Botschafter. Mit seiner typischen, schrillen Stimme schrie er fast in den Hörer: »Du interessierst dich doch für Schamanismus? Komm dann Mittwochabend vorbei, dann führe ich ein schamanistisches Ritual durch. Es ist hier nämlich etwas passiert. Als ich ein paar Tage weg war, wurde bei mir eingebrochen. Der Einbrecher hat eines meiner Schwerter mitgenommen. Normalerweise wäre mir das egal, aber dies war ein seltenes Kris aus Indonesien, das ich nach meinem Tode an meinen Nachfolger vererben soll. Ich werde ein Ritual vornehmen, das den Dieb tötet, aber ehe er stirbt, wird er wissen, dass er mir das Kris zurückbringen muss.«

Ich schwieg. Wie sollte ich reagieren?

»Hallo, bist du noch da?«, klang es laut aus dem Hörer.

»Ich weiß nicht, ob ... Wenn Sie sagen, dass Sie ein Ritual vornehmen möchten, um jemanden sterben zu lassen, bin ich mir nicht sicher, ob ich dabei sein möchte.«

»Ach, Quatsch, das sage ich nur so. Er wird sich nur elend fühlen, sehr krank sein. Aber durch seine Krankheit wird er wissen, dass er das Kris zurückbringen muss. Und wenn er es nicht zurückbringt, ja, dann kann er daran sterben. Aber mach dir keine Sorgen, der Dieb wird es zurückbringen. Wenn du kommst, nimm deine Kamera mit, dann darfst du alles filmen. Und nimm diesen Freund, deinen Schamanen, auch mit, es wird ihn stärken.«

Ich rief Jacques an und erzählte ihm die ganze Geschichte. Ich hatte gedacht, dass er abweisend reagieren würde, da sich dies ziemlich nach der dunklen Seite der magischen Welt anhörte.

Aber zu meiner Überraschung war er neugierig. Als wir am Mittwochabend in das Haus des Botschafters eingelassen wurden, sah dieses völlig verändert aus. Es erinnerte an einen orientalischen Tempel. Auf dem Boden saßen etwa 20 Menschen, vorwiegend Männer, wenige Frauen. Überall an den Wänden brannten unzählige Kerzen, und am Ende des Zimmers stand ein Altar, auf dem Hunderte rituelle Gegenstände aufgestellt waren. Das Auffälligste waren eine aufgeschnittene Schlangenhaut, die um den gesamten Altar drapiert war, und ein menschlicher Schädel, der inmitten der Gegenstände auf einer Kristallschale thronte.

Neben dem Altar saß der Mongole, dieses Mal nicht im Bademantel, sondern in seiner traditionellen Seidentracht, so wie mongolische Kaiser häufig in Büchern abgebildet werden. Auf seinem Kopf trug er eine Fellmütze, an der an den Seiten zwei Hörner abstanden ... Die Metamorphose war perfekt. Er schien plötzlich jemand aus einer völlig anderen Kultur zu sein, jemand von hoher Herkunft in vollem Ornat. Mir kam es vor, als wenn ich acht Jahrhunderte in der Zeit zurückreiste, in die Zeit, als die Mongolen einen großen Teil der Welt beherrschten. Der Stuhl, auf dem er saß, hatte eine sehr hohe Rückenlehne, die mindestens dreißig Zentimeter über seiner Mütze endete. An den beiden gedrechselten Enden dieser Rückenlehne steckten Ziegenschädel.

Der Prinz der Mongolei ergriff das Wort: »Heute werde ich ein Ritual ausführen. Wie ihr wisst, hat ein Dieb hier in diesem Haus einen heiligen Gegenstand gestohlen. Ich werde gleich ein paar magische Formeln sprechen und einige Symbole zeichnen, das ist alles. Dann weiß der Dieb, dass er das Kris zurückbringen muss. Er kann es hier in den Briefkasten stecken. Für ihn kommt jedoch jede Hilfe zu spät: Er wird sterben. Es ist seine eigene Schuld. Ich tue dies alles ohne Gefühl, ich tue dies nicht aus Wut, sondern weil sonst eine heilige Balance aus dem Gleichgewicht gerät.«

»Also doch ...«, dachte ich und fühlte mich unbehaglich. Ich hatte eine Fotokamera mitgenommen, zweifelte aber, ob in diesem Zimmer genügend Licht war für ein Foto.

»Hier auf diesem Altar stehen die vielen Gegenstände, die mir in diesem Leben Kraft gegeben haben. Hier steht der Kopf des ersten Japaners, dem ich in einem Kampf den Kopf abschlug.« Jetzt winkte er in meine Richtung. »Du kannst gleich Fotos von mir machen, nach diesem Ritual. Ich will jetzt erst deinen Freund bitten, nach vorne zu kommen, um mir bei diesem Ritual zu helfen.«

Der Klangschalentherapeut ging nach vorne, ihm wurde ein Spiegel in die Hände gedrückt.

»In diesem Spiegel wird gleich das Gesicht des Diebes erscheinen, er wird dann wissen, was er tun muss. Dieser Mann fühlt jetzt, dass etwas geschieht. Fühlst du es?«

Jacques lächelte ihn an und antwortete: »Ich spüre sehr viel Energie. Es fühlt sich alles sehr gut an.«

Der Botschafter sprach einige Worte in einer mir unbekannten Sprache und gestikulierte in die Luft. Insgesamt dauerte das ganze Ritual vielleicht zwei Minuten. »So«, sagte er danach, »jetzt wird alles wieder in Ordnung kommen. Du kannst mich jetzt fotografieren.«

Ich machte einige Fotos von ihm, wie er auf seinem hohen Stuhl saß. Obwohl es ein beeindruckendes Bild war, ihn wie einen echten mongolischen Würdenträger dort sitzen zu sehen, hatte sein Ritual mich nicht wirklich beeindruckt. Wir tranken zum Abschluss noch eine Tasse Tee, und bevor wir gingen, griff er meinen Arm und sagte: »So, jetzt weißt du auch, dass Schamanen nicht nur freundliche Leute sind.«

Vielleicht sollte das eine Warnung für mich sein. Ich war neugierig, wie Jacques das Ganze empfunden hatte. Sobald wir auf der Straße waren, fragte ich ihn.

»Was hältst du selber davon?«, stellte er eine Gegenfrage.

»Überhaupt nichts«, antwortete ich. »Ich weiß nicht, was ich davon halten soll. Meiner Meinung nach war das alles Humbug.«

Der Klangschalentherapeut schüttelte den Kopf. »Ich spürte sehr viel Energie! Als ich den Spiegel festhielt, wurde ich regelrecht in den Boden gezogen. Das fühlte sich sehr gut an.«

Es überraschte mich, dass dieser Mann so etwas über ein Ritual sagen konnte, das in meinen Augen einen Beigeschmack von schwarzer Magie hatte. Aber ich hatte zu viele positive Erfahrungen mit ihm erlebt, als dass ich dieser Diskrepanz viel Bedeutung beimessen wollte. Vielleicht betrachtete ich das Ganze mit meiner christlichen Brille von Gut und Böse. Vielleicht war dies nach den taoistischen Vorstellungen des Mongolen tatsächlich die richtige Art und Weise, in spirituellem Sinn ein Gleichgewicht wieder herzustellen. Ich hoffte nur für den Dieb, dass das Ritual nicht funktionieren würde, da ich nach meinem irdischen Verständnis der Meinung war, dass die Strafe in keinem Verhältnis zu seiner Tat stand.

Meine Erfahrungen mit Jacques im Besonderen und schamanistischen Sitzungen im Allgemeinen waren bis zu diesem Zeitpunkt ausnahmslos sehr positiv gewesen. Den sanften Klängen gelang es, die unterschiedlichsten Emotionen und den in den letzten Ecken meines Körpers versteckten Kummer und Schmerz zu lösen und an die Oberfläche zu bringen.

Meine Frau war seit Beginn dieser Klangschalensitzungen schwanger gewesen; im neunten Monat hatten wir an der letzten Sitzung teilgenommen. Und nach der Geburt unseres zweiten Sohnes wandten wir uns häufiger an den Therapeuten, da unser Sohn ein Schreibaby und sehr ängstlich war, sobald er den Körper seiner Mutter nicht mehr spürte. Durch die Klangschalen beruhigte er sich; Jacques zufolge war er eine ganz alte Seele, die Angst hatte, noch einmal zu reinkarnieren, die Angst vor den Menschen bekommen hatte, nach allem, was ihr in ihrem letzten Leben angetan worden war und die so schnell wie möglich dorthin zurückwollte, woher sie vor ihrer Geburt gekommen war. Unser Sohn habe das zweite Gesicht, würde sehr besondere Fähigkeiten besitzen, wie so viele Kinder, deren Seelen in dieser Zeit reinkarnierten, um der Menschheit bei dem Übergang zu einer neuen Zeit zu helfen.

Wann immer Jacques uns besuchte, brachte er Geschenke mit. Er beherrschte die Kunst des Gebens: Er verteilte nicht nur materielle Geschenke rechts und links, durch seine ständige Hilfsbereitschaft und seinen altruistischen Einsatz für andere hatten wir inzwischen ein Vertrauensverhältnis zu ihm aufgebaut. Wir vertrauten ihm völlig, auch weil viele seiner Vorhersagen auf die eine oder andere Art und Weise wahr wurden.

An einem bestimmten Tag aber gelang es einem Naturheiler in unserer Nachbarschaft, mich vollends zu überzeugen. In der Dachkammer, in dem er seine Behandlungspraxis hatte, brachte er mich mit meiner eigenen Stärke in Kontakt. Während er etwa fünf Meter hinter mir stand, fühlte ich plötzlich, wie eine geheimnisvolle Kraft durch mich hindurchzufließen begann – und zwar von einem Punkt unter meinem Rückgrat aus nach oben. Ich wurde am Boden festgesaugt und stand wie ein Block Granit. Ich fühlte, wie ich stark wie ein Urmensch wurde, dass nichts und niemand mich umwerfen könnte. Jetzt erst begriff ich, was mit dem Wort »Energie« gemeint war, wie ungemein stark die Lebensenergie oder kosmische Energie (oder wie man sie auch immer bezeichnen möchte) ist, die es überall in unserem Universum gibt. Ich war mit der Energie des Lebens selbst verbunden, sie strömte in mir und gab mir ein herrliches, starkes und vollkommenes Gefühl. Ich fühlte mich, als sei eine Pyramide um mich herum gebaut, eine Pyramide aus Urkraft. Die Basis lag stabil zu meinen Füßen, und mein Kopf steckte in der Spitze dieser Pyramide. Dieser Zustand hielt etwa fünf, sechs Minuten an. Es war eine überwältigende, lebensechte Erfahrung, auf die ich später noch häufig zurückgreifen konnte, wenn ich Kraft brauchte, um auch weiterhin dem zu vertrauen, was es zwischen Himmel und Erde gibt.

Das Fax aus Südamerika kam also zu einem Zeitpunkt, an dem wir völlig von der Magie des Lebens gebannt waren. Es war in jeder Hinsicht eine magische Zeit, voller intensiver Erfahrungen.

Der Halleysche Komet stand nachts direkt über unserem Bauernhaus, in dem unser besonderes, neugeborenes Kind schlief. Am Tag der Geburt waren Diana und ich noch über den Hof zu dem breiten Bach gegangen, der zweihundert Meter hinter unserem Hof durch die Wiesen floss. In den riesigen Eichen, die am Bach wuchsen, hatte plötzlich eine Eule sehr laut gekrächzt, und ich sagte, dass es ungewöhnlich sei, tagsüber eine Eule rufen zu hören. Irgendwie schien uns diese Eule mit dem Kind verbunden zu sein, das geboren werden sollte – als Totemtier der Weisheit und der Rätselhaftigkeit. Wir wollten das Kind »mit Helm« auf die Welt kommen lassen, das bedeutet, dass die Hebamme die Fruchtblase nicht kurz vor der Geburt öffnen sollte, da viele Schamanen auf diese Art und Weise zur Welt kamen, ehe sich die moderne Medizin damit befasste.

Die Fruchtblase sollte Schutz vor dem Verlust allerlei außersinnlicher Fähigkeiten bieten, aber sie platzte dennoch auf natürliche Weise kurz vor der Geburt. Noch nie aber habe ich ein Neugeborenes mit einem solchen Blick gesehen, der älter war als das Leben selbst. Wenn man in die Augen unseres Sohnes sah, kam es einem so vor, als ob ein 1.000 Jahre alter kleiner Mann in seiner Wiege läge. Er war ein ungewöhnlich liebes Kind, aber in den auf die Geburt folgenden Wochen wurden Besucher häufig unangenehm von dem eindringlichen Blick überrascht, den unser Sohn von seiner Wiege aus plötzlich auf den Besucher werfen konnte: einem Blick, der einem durch Mark und Bein ging, so als ob ihre Seele völlig transparent vor ihm läge. Er mochte andere Menschen nicht, er vertraute ausschließlich seiner Mutter. Es waren schwere Zeiten, vor allem für meine Frau. Und es würde für sie nicht leichter werden, wenn ich sie jetzt alleine lassen musste, um nach Kolumbien zu reisen.

Als ich Jacques von der indianischen Zusammenkunft im Amazonas erzählte, bekam er nach eigener Aussage das Gefühl, dass er dabei sein müsste. Ich zweifelte kurz, da ich selbst noch mehr oder weniger ein Außenstehender für die Organisation war und nicht genau wusste, wie sie auf die Ankunft eines weiteren Außenstehenden reagieren würden, den sie nicht kannten. Aber die Vorstellung, zu zweit nach Kolumbien zu reisen statt alleine, begrüßte ich. Daher sagte ich zu, es in jedem Falle vorzuschlagen. Es schien mir ohnehin praktisch, bei diesem Sprung in die Dunkelheit einen Hellseher bei mir zu haben, der hier und da ein Licht leuchten sah.

Insgesamt würde ich knapp fünftausend Euro für die Reise benötigen, und die hatte ich nicht auf dem Konto. Ich bemühte mich daher, von allen Seiten an Geld zu kommen und verschiedene Medien für diese große Zusammenkunft zu interessieren. Aber kein Fernsehsender hatte Interesse. Ich konnte am Telefon die Gereiztheit des Mitarbeiters der Nachrichtensendung fast spüren, als er mürrisch sagte, dass sie sich nur für echte Fakten interessierten, und was habe überhaupt die westliche Welt in Gottes Namen damit zu tun? Nur ein Magazin zum Thema Dritte Welt äußerte sich vorsichtig, eventuell an der Zusammenkunft interessiert zu sein, allerdings mit der Frage, ob ich zumindest »etwas zynisch« über diese so genannten Vorhersagen schreiben könnte.

Aber zum Glück bekam ich recht schnell eine Zusage für die Förderung der Reisekosten, die Miete der Filmausrüstung und den Aufenthalt, sodass ich die Flugtickets buchen konnte. Inzwischen hatte die letzte Maiwoche begonnen, in drei Wochen würden die Indianer in Kolumbien ankommen, und in zwei Wochen musste ich abreisen.

Am letzten Abend des Maimonats saßen wir in unserem Garten vor meinem Büro. Wir hatten ein Lagerfeuer unter der großen Eiche angezündet, wie wir es öfter machen. Freunde, die uns besuchten, kamen an solchen Abenden mit uns häufiger zu dem Schluss, das man im Leben eigentlich nicht viel mehr brauchte als ein gemütliches Feuer und Freunde, mit denen man diese Erfahrung teilen konnte.

Der Abend senkte sich, der Halleysche Komet stand bereits klar mit seinem hellen Schweif an dem immer dunkler werdenden blauen Himmel. Diana trug unser Baby in einem Tuch um ihren Hals, die einzige Art und Weise, auf die sie vermeiden konnte, dass es weinte. Wir betrachteten den riesigen Kometen am Himmel. In früheren Zeiten hätte dieses Phänomen bei den Menschen als ein starkes Omen gegolten, ein Vorzeichen für sich ankündigende große Veränderungen in der Welt. Aber heute schauen die meisten Menschen um diese Uhrzeit fern. Besorgt sah ich zu unserem jüngsten Sohn hinüber: Es war eine schwierige Zeit, um Haus und Hof zu verlassen. Welche Ironie es doch ist, dass dasjenige, um das man das Universum jahrelang gebeten hat, meist zum ungünstigsten Zeitpunkt kommt. Als wenn es so geplant wäre.

> »Und so haben wir ein Feuer entzündet ...
> Auf dass sie weiter gehen,
> dass sie es weitertragen.«

Trotzdem hatte Diana keine Bedenken gegen meine Reise nach Kolumbien geäußert. Ebenso wie ich sah sie die Reise als die Erfüllung eines lang gehegten Traumes, als ein unvermeidliches Ereignis, das eben so sein musste. In all den Jahren hatte sie mich stets bedingungslos darin unterstützt, meinen großen Traum zu verwirklichen. Ich fragte mich gleichzeitig, welcher Fügung des Schicksals ich es eigentlich zu verdanken hatte, dass ich scheinbar für diese große Aufgabe ausgewählt worden war. Denn wenn es keinen Zufall gab – was in meinen Augen immer wahrscheinlicher wurde – dann war dies doch so. Ja, offensichtlich, aber warum ich? Ich, der eigentlich über so gut wie keine paranormalen Fähigkeiten verfügte? Vielleicht, weil ich mich jahrelang mit aller Kraft für die Rechte der Papuas in Indonesien eingesetzt hatte?

Oder kam diese Aufgabe noch aus meinem vorigen Leben? Ich wusste es nicht, ich fand lediglich, dass alles viel besser zu meinen Überzeugungen und meiner abenteuerlichen Art passte, als ich es mir jemals hätte vorstellen können ...

Beide machten wir uns daher auch keine großen Sorgen um eine unversehrte Rückkehr, trotz der Tatsache, dass Kolumbien ein lebensgefährliches Land war, vor allem für Weiße, die dort regelmäßig von Guerilla-Armeen oder Drogenbanden entführt wurden. Ich holte tief Atem. Dieser Maiabend schien ein perfekter Frühjahrsabend, voller Vorahnungen der spannenden Ereignisse, die auf uns warteten. Plötzlich klingelte das Fax in meinem Büro, und ein Brief von Michael Tauchert rollte heraus:

Hallo Wiek,

leider habe ich schlechte Nachrichten, zumindest was meine Teilnahme an dem Projekt betrifft. Zunächst einmal hat ARTE sich aus dem Projekt zurückgezogen, sodass ich keine finanzielle Grundlage mehr habe, etwas tun zu können. Überdies bin ich durch familiäre Umstände dazu gezwungen, nach Deutschland zurückzukehren. Meine Mutter hatte einen Herzanfall. Ich habe deine Briefe mit meiner Empfehlung an die Organisation Sendama übergeben, alles dir zu überlassen, falls du das noch möchtest. Ich werde noch an der Pressekonferenz der Indianer am 20. Juni in Bogotá teilnehmen. Ich hoffe, dich dort treffen zu können. Vielleicht können wir bei einer anderen Gelegenheit in der Zukunft noch einmal zusammenarbeiten.

Für die weitere Abwicklung kannst du am besten direkt Kontakt aufnehmen mit Francesco Quilroga von Fundacion Sendama.

Herzlichen Gruß,
Michael Tauchert

Die Heiterkeit und die magische Atmosphäre des Frühlings-
abends waren augenblicklich dahin. Ich spürte, wie sich eine
leichte Nervosität meldete: Ich war jetzt also ganz allein! Von
Jacques einmal abgesehen. Aber es gab noch etwas, das für ein
unangenehmes Gefühl in meiner Magengrube sorgte: Bislang waren die Kontakte alle über Michael verlaufen. Wie würden die
Indianer reagieren, wenn nun ein ihnen völlig unbekannter Filmemacher seine Rolle übernehmen würde? Ich beschloss, sofort
mit der in dem Brief genannten Person Kontakt aufzunehmen. In
Kolumbien war es schließlich acht Stunden früher, das Büro der
Stiftung würde wahrscheinlich geöffnet sein.

Die Telefonverbindung mit dem Büro in Südamerika war
schlecht. Ich hatte eine Frau am Hörer, die ziemlich schlecht Englisch sprach. Ich verstand, dass Francesco Quilroga nicht anwesend war. Nach all dem Knacken und Sausen in der Leitung hörte
ich die Frau plötzlich glasklar, als sie mir erzählte, dass die Flugzeuge von Bogotá ins Amazonasgebiet komplett ausgebucht seien
und es darum keinen Platz mehr für uns gäbe, sodass wir besser
zu Hause bleiben sollten. Fassungslos hörte ich, wie sie die Verbindung unterbrach. Der Traum drohte vorüber zu sein, ehe er
richtig begonnen hatte. Ich war wie gelähmt. Es war inzwischen
einige Stunden später geworden, fast Mitternacht. Es konnte
doch nicht wahr sein, dass gerade jetzt, da ich alles für die Reise
geregelt hatte, den Flug, die Filmausrüstung, die Finanzen, alles
umsonst gewesen sein sollte? Warum? Wenn es keinen Zufall
gab, was war dann der Grund hierfür gewesen?

Ich beschloss, noch einmal in Bogotá anzurufen. Dieselbe Frau
hob ab. Ich erfuhr, dass Francesco Quilroga inzwischen anwesend
sei, hörte, wie sie mit ihm sprach und wie im barschen Ton geant-
wortet wurde. Dann sagte sie: »Es tut Mr. Quilroga Leid, er ist
derjenige, der die Flüge organisiert, die alle Teilnehmer von Bogotá in das Amazonasgebiet bringen. Uns stehen drei Militärflugzeuge zur Verfügung, aber die sind alle voll besetzt. Es tut uns
Leid, aber es ist besser, wenn Sie gar nicht hierher kommen.«

»Aber ... wenn ich nun versuche, selbst einen Flug in das Amazonasgebiet zu regeln? Ist das keine Möglichkeit?«

»Das ist sehr schwierig. Es gibt dort nur eine militärische Landebahn, denn das Gebiet liegt mitten im Guerillagebiet. Es ist wirklich besser für Sie, wenn Sie auf die Reise hierher verzichten.«

In dieser Nacht träumte ich, dass einige uralte, mit Federn geschmückte indianische Medizinmänner sich aus der Tapete an der Schlafzimmermauer lösten und schweigend neben meinem Bett auf mich niederschauten, die Arme vor der Brust gekreuzt, als ob sie mich mit ihren unergründlichen Blicken abschätzen wollten.

Am nächsten Morgen weckte mich Jacques, den ich abends zuvor noch über die missliche Entwicklung informiert hatte, schon früh mit seinem Anruf. Er hatte nicht geschlafen, sondern war die ganze Nacht deshalb mit Ritualen beschäftigt gewesen. »Es ist, wie ich dachte. Einige Medizinmänner möchten verhindern, dass wir in das Amazonasgebiet reisen, da sie nicht möchten, dass das, was dort geschieht, in der Welt bekannt wird. Es gibt dort sehr viele Gegenkräfte. Es ist alles noch viel umfangreicher als dies, aber das erzähle ich dir ein anderes Mal. Das Wichtigste ist, dass wir trotzdem reisen müssen. Du musst darauf vertrauen, dass wir alle Hilfe von der anderen Seite bekommen werden, aber es wird schwierig werden. Wir müssen dort mit sehr viel Widerstand rechnen, vor allem auch von Seiten der spirituellen Mächte.

Du weißt überhaupt nicht, in welcher Welt du da gelandet bist, wie die Schamanen dir alles Mögliche in den Weg stellen können, wovon du keine Ahnung hast. Darum ist es gut, dass ich bei dir sein werde, um dir die Hinweise aus der unsichtbaren Welt zu vermitteln. Aber darum musst du auch genau das tun, was dir gesagt wird. Kannst du darauf vertrauen? Was meinst du?«

Ich zuckte mit den Schultern. Hatte ich eine andere Wahl? Überdies klang all das unglaublich geheimnisvoll, spannend und aufregend. War ich ein Abenteurer oder nicht? Also sagte ich: »Wir fliegen! Ich werde die Tickets nicht stornieren, aber die Filmausrüstung macht mir Sorgen. Ich weiß nicht, wie meine Finanziers reagieren werden, wenn ich all das Geld ausgebe und wir schließlich mit leeren Händen zurückkommen. Vielleicht kann ich besser in Bogotá auf die Suche nach einer professionellen Videokamera gehen.«

Natürlich: Der Künstler in mir bedauerte es sehr, dass kein Riesenbudget zur Verfügung stand. Denn zu gern hätte ich meinen großen Traum erfüllt, einmal einen Dokumentarfilm als echten Kinofilm zu drehen. Doch leider gab es dafür keine Möglichkeit. Und ich musste froh sein, anschließend mit Videomaterial arbeiten zu können. Uns blieb noch eine Woche, bevor wir abreisen sollten. Aber das Abenteuer war jetzt ein Stück unsicherer geworden. Von Zeit zu Zeit rief Jacques mich an, um mir Tipps zu geben oder mich über den aktuellen Stand der Dinge zu informieren, der ihm aus der spirituellen Welt zugetragen worden war.

Einen der Hinweise, die Jacques mir gab, hielt ich jedoch nicht ein, so sehr mein Herz sich auch danach sehnte, es zu tun. Er sagte: »Ich habe gerade erfahren, dass du doch deine Ausrüstung mit in das Amazonasgebiet mitnehmen musst. Filmmaterial, 16-mm-Filmmaterial für insgesamt vier Stunden, das wird genug sein. Eine Kamera brauchst du nicht mitzunehmen, im Amazonasgebiet wird eine Kamera für dich bereitgestellt sein.«

Ich zweifelte kurz, da das Ganze viel Geld kosten würde, nämlich viele tausend Euro, mit dem Risiko, dass ich auf dem unbelichteten Material sitzen blieb. Also verzichtete ich.

»Ich halte es für besser, erst vor Ort zu gucken, ob wir überhaupt mitdürfen. Erst dann treffe ich Entscheidungen, die viel Geld kosten.«

Jacques knurrte etwas Unverständliches und legte auf. Ich musste manchmal über die Masse von Hinweisen lachen, die ich in der letzten Zeit von ihm bekam, häufig zu unmöglichen Tageszeiten, manchmal mitten in der Nacht. Mal hatte er dies, mal hatte er das aus der anderen Welt gehört, das wichtig für das Gelingen unseres riskanten Unternehmens sein sollte: zum Beispiel einen Brief an den Prinzen der Mongolei zu schreiben, um ihn zu bitten, uns in spiritueller Hinsicht beizustehen und uns Kraft für dieses Unternehmen zu schicken, das auf mich immer riskanter, immer absurder, aber auch immer abenteuerlicher wirkte ...

Schließlich kam der Tag, an dem wir endlich nach Kolumbien abreisen sollten. Im Taxi zum Flughafen fragte der Fahrer, wohin wir fliegen würden. Als ich ihm erzählte, dass wir in das Amazonasgebiet reisten, da dort rund vierhundert indianische Schamanen zusammenkommen sollten, um gemeinsam Rituale für die Heilung der Erde vorzunehmen, drehte er sich zu mir um und sagte sehr ernsthaft: »Das, was dort geschehen wird, ist sehr wichtig, wissen Sie das?«

Das Flugzeug bewegte sich Richtung Startbahn, und von dem Augenblick an, an dem sich die Räder von der Startbahn lösten, veränderte sich nach und nach das Verhältnis zwischen mir und dem Schamanen, der neben mir saß.

4
Licht, Morgendämmerung

AQ'AB'AL (AKBAL)

Aq'ab'al ist das üppige Reich der Traumwelt
Aq'ab'al ist die Kraft der Finsternis.

Der lange Flug von Amsterdam nach Kolumbien hatte mich zer-
mürbt – im Gegensatz zu meinem Reisepartner, der größtenteils
geschlafen hatte. Es war mir aufgefallen, dass Jacques, wenn er
nicht schlief, ständig allerlei private Dinge über sich erzählte.
Über seine Familie, seine Vergangenheit, seine Entwicklung zum
Therapeuten. Wie ihm als Zwölfjährigem lange Zeit und auf er-
niedrigende Art und Weise körperlich und geistig Gewalt durch
einen Erwachsenen angetan worden war und wie dies dazu geführt hatte, dass er immer wieder in »die andere Welt« flüchtete,
indem sein Geist seinen Körper verließ. So hatte der Kontakt mit
der anderen Wirklichkeit bei ihm begonnen. Später hatten diese
Erfahrungen ihn »verrückt« gemacht.

In den langen Gängen der kolumbianischen Zollkontrolle hingen steinerne Schilder mit alten indianischen Darstellungen, die
mir aztekisch vorkamen. Durch diese Darstellungen wurde mir
langsam bewusst, dass wir uns nun wirklich auf südamerikani-
schem Boden befanden, und zwar in einem der unsichersten Län-

der der Welt. Jacques hatte von einem Bekannten einer seiner Klienten erzählt, der ein Hotel in Bogotá hat und uns am Flughafen abholen würde. Durch meine vielen Reisen war ich zwar daran gewöhnt, mich in fremden Ländern zurechtzufinden, aber in einer Stadt wie Bogotá, mitten in der Nacht, war ich doch froh, dass jemand uns in Empfang nehmen würde. Wir sprachen beide kein Wort Spanisch, und ich kannte die Geschichten über Taxifahrer in Bogotá, die Touristen in dunkle Gassen mitnahmen, wo einige Handlanger bereits warteten, um sie zu überfallen.

Bogotá war eine lebensgefährliche, gewalttätige Stadt, in der an jeder Straßenecke etwas passieren konnte. In den allerärmsten Teil der Stadt durfte man als Weißer überhaupt nicht geraten. Wer einen Ring trug, lief Gefahr, dass ihm der Finger abgeschnitten wurde, sodass der Ring gestohlen werden konnte. In Südbogotá wurden Jugendliche für unmenschliche paramilitärische Gruppen angeworben. Eine Art Beitrittsexamen zu dieser Art von Banden bestand aus der Exekution eines völlig willkürlichen Autofahrers, der zufällig vor einer roten Ampel in der Stadt wartete.

In diesem gewalttätigen Land bekämpften drei große Guerillaarmeen einander und die Militärs, die das Land de facto leiteten. Das Gebiet, in das wir reisen wollten, war die Domäne der FARC, der größten Guerillabewegung Kolumbiens. Daneben gab es noch zahllose Privatarmeen, die die steinreichen Drogenbarone schützen mussten, da diese für Guerillos begehrte Entführungsobjekte im Austausch gegen Waffen darstellten. Zu guter Letzt gab es die gefürchteten paramilitärischen Gruppen, die die Bevölkerung terrorisierten, wenn diese zu enge Kontakte mit den marxistischen Guerillabewegungen des Landes pflegte. Und in diesem Land wollten die indianischen Medizinmänner und Medizinfrauen in einer Woche für Rituale zur Heilung der Erde zusammenkommen ...

Als wir uns der Zollkontrolle näherten, blieb Jacques auf einmal totenstill im Gang stehen. Sein Gesicht war leichenblass geworden.

»Jacques, was ist los?«, fragte ich besorgt. Jacques schüttelte kurz seinen Kopf und lächelte mich unsicher an. »Nichts. Ich hatte gerade die Wahnvorstellung, dass ich ermordet werden würde. Es ist schon wieder vorbei.«

Ein Gefühl des Unbehagens beschlich mich. Was sollte das jetzt? War dies eine Wahnvorstellung oder eine hellseherische Wahrnehmung? Er hatte es selbst eindeutig als Wahnvorstellung bezeichnet, aber es war nicht gerade beruhigend, dass ihm dies gerade in dem Augenblick widerfuhr, in dem wir erstmals Fuß auf kolumbianischen Boden setzen sollten.

Auf der Straße vor der Ankunftshalle wurde der Bürgersteig von großen gelben Halogenlampen hell ausgeleuchtet, aber von dem Hoteleigentümer war nichts zu sehen. Zahlreiche Taxifahrer drängten sich hinter der Absperrung, winkten wild mit ihren Armen, um unsere Aufmerksamkeit auf sich zu ziehen. Ich musste kurz ein Gefühl der Panik unterdrücken, da wir alle beide keine Adresse eines anderen Hotels kannten. Ich wollte gerade mit verschiedenen Taxifahrern verhandeln, als Jacques auf einmal rief: »He, komm hierher. Dies ist ein vertrauenswürdiger Fahrer. Komm, wir gehen.«

Der junge Fahrer kümmerte sich um unser Gepäck, ich nahm auf dem Rücksitz Platz, und kurz darauf fuhren wir über die halb kaputten Straßen einer dunklen, trüben Stadt. »Woher willst du wissen, dass wir diesem Fahrer vertrauen können?«, fragte ich meinen Reisebegleiter, der sich überhaupt nicht darüber zu sorgen schien, wo wir hinkommen würden.

»Weil er sagt, dass er Christobal heißt. St. Christophorus ist der Schutzheilige der Reisenden. Mach dir keine Sorgen, er bringt uns zu einem hervorragenden und sicheren Hotel.«

Was ich von der düsteren Umgebung erkennen konnte, gab mir nicht wirklich das Gefühl, dass hier die besten Hotels der Stadt zu finden waren. Weiße, kaputte Mauern spiegelten im

Vorbeifahren hier und da trübe das Licht der vereinzelten Straßenlampen, deren schwarze Stromkabel die Ecken einiger dunkler Gassen miteinander verbanden. Dann kamen wir auf eine breitere Straße, und schließlich hielt der Fahrer vor einem beleuchteten Aushängeschild, auf dem die Buchstaben »Hotel Lourdes« zu lesen waren.

Triumphierend lachend sah mein Reisebegleiter sich nach mir um. »Siehst du? Hotel Lourdes. Hier sind wir sicher.«

Mit einem etwas unsicheren Lächeln sah ich ihn an. Reisten wir etwa unter dem Schutz allerlei katholischer spiritueller Symbole? Ich fühlte, dass die beiden Seelen meines Wesens wieder einmal miteinander im Streit waren. Natürlich, wenn die Welt keine willkürliche Konstruktion war, sondern eine Wirklichkeit, die in Wirklichkeit »Schein« ist; die im Prinzip ausschließlich und sehr gewissenhaft für uns entworfen wurde, um unser Bewusstsein, unsere Seele durch allerlei Erfahrungen zu entwickeln; eine Wirklichkeit, die wir vielleicht ständig durch unsere Gedanken und unser Handeln ins Leben riefen – ja, dann war es vorstellbar, dass alle uns umgebenden Äußerungen dieser Wirklichkeit tatsächlich auch codierte Botschaften für uns enthielten; dass sich aus allen Dingen und Ereignissen um uns herum symbolische Bedeutungen ableiten ließen, aus denen wir Lektionen ziehen konnten.

Faszinierend, so zu reisen, in einem komplett codierten Universum. Als ob man die Schleier hinter der materiellen Welt lüften konnte, um zu sehen, wie die Dinge um einen herum angeordnet sind – und aus welchem Grund, mit welcher Bedeutung. Aufregend auch, eine Art Lebenskunst eigentlich. Aber meiner rationalen Hälfte ging es zu weit, um dieser Kunst – wie Jacques es scheinbar jetzt tat – mein Leben anzuvertrauen, vor allem in unsicheren Situationen, die sogar gefährlich werden konnten. Ich würde mich nicht trauen, mich bei der Wahl eines Hotels mitten in der Nacht in dieser gefährlichen, unbekannten Stadt davon leiten zu lassen.

Aber das Hotel sah eigentlich prima aus, zumindest nicht heruntergekommen. Also schleppte ich unsere Koffer ins Foyer, wo wir die Schlüssel für unser gemeinsames Zimmer erhielten. Beim Öffnen unserer Hoteltür in der fünften Etage wies Jacques mich auf die Zimmernummer hin. »Nr. 506. Numerologisch gesehen ist das zusammen 11, zwei mal die eins, eine karmische Zahl. Du und ich haben hier scheinbar noch einiges miteinander auszuarbeiten.« Dabei sah er mich geheimnisvoll lächelnd an. Ich zuckte mit den Schultern. Wie konnte ich ahnen, dass er in Bezug auf das Letztere den Nagel auf den Kopf traf?

Im Zimmer hing über den drei Einzelbetten, die fast das ganze Zimmer in Beschlag nahmen, ein Porträt der heiligen Jungfrau. »Ach, Maria ist auch da. Jetzt können wir ganz bestimmt ruhig schlafen«, trug ich leicht ironisch mein Scherflein bei. Wir beschlossen, das mittlere Bett freizuhalten. So schnell wie möglich kroch ich in meines, es war inzwischen schon zwei Uhr nachts geworden. Morgen früh wollten wir zu dem Büro der indianischen Organisation gehen, um herauszufinden, ob wir willkommen waren. Es versprach also, ein spannender Tag zu werden.

Meine Nachtruhe dauerte allerdings nicht lang. Drei Stunden später wurde ich schon wieder von den sanften Klängen tibetischer Klangschalen geweckt. Jacques hatte seine vier bleischweren Koffer ausgepackt und seine Sammlung Klangschalen auf dem mittleren Bett ausgebreitet. Leise sang er, seine Stimme stieg und fiel, nahm an Lautstärke zu und wieder ab. Überrascht blinzelte ich ins Zimmer. Der Wecker zeigte fünf Uhr an.

»Bist du nicht müde?« Während er weitersang, schüttelte er seinen Kopf. Ich machte mir ein bisschen Sorgen, ob das Zimmer wohl ausreichend schalldicht war und er die anderen Gäste nicht wecken würde, aber er spielte unbeirrbar weiter. Mit seinem nasalen Timbre weckte er geistig in mir weitläufige Grasebenen, verlassene Urwälder und Pfahlhüttendörfer in sandigen Windungen eines Flusses. Ich sah, wie ich aus einem Kanu an Land trat, vor vielen Leben, auf meinen Schultern ein totes Reh.

Zwei Stunden später stieg ich trotz der kurzen Nachtruhe doch einigermaßen ausgeruht aus dem Bett. Vielleicht konnten wir unten schon Frühstück bekommen und uns auf den Besuch bei der Stiftung vorbereiten.

Wir nahmen wieder ein Taxi und fuhren jetzt bei Tageslicht durch Bogotá, auf der Suche nach dem Büro von *Sendama*. Die Straßen waren überfüllt mit Latinos, Weiße sah man nicht. Beim Frühstück hatte Jacques mir erzählt, dass er während seiner Klangschalensitzung verschiedene Botschaften aus der anderen Dimension empfangen hatte. Es wäre am besten, wenn ich bei diesem Besuch nicht allzu viel reden, sondern ihm das Wort überlassen würde. Ich war es nicht gewohnt, Dinge, die für mich wichtig waren, anderen zu überlassen, schon gar nicht, wenn ich auf Reisen war. Sollte ich seinen Rat annehmen? Ich beschloss, es den Ereignissen zu überlassen.

Wir nahmen zunächst einen kurzen Umweg zu einem großen Einkaufszentrum, da Jacques unbedingt noch einige Geschenke für die Organisation kaufen wollte. »Spiegelchen und Perlen«, scherzte er. In den geschäftigen Straßen fühlte ich mich nicht wohl. Ich war häufiger in unsicheren Gegenden gewesen, aber noch nie in einem so extremen Land wie Kolumbien. Ich wusste, dass es wegen der vielen Entführungen fast keine weißen Touristen mehr im Land gab, und ich unterdrückte meine Neigung, mich ständig danach umzuschauen, ob nicht hinter uns unvermutet ein Auto mit aufspringenden Türen anhalten würde. Mein Reisebegleiter litt unter dieser Art Straßenangst scheinbar nicht. Unbekümmert schwang er seine langen Beine über das Trottoir. Ich dachte, dass ich sehr froh wäre, wenn wir von den Indianern akzeptiert werden würden, auch wenn das vielleicht ein falsches Gefühl der Geborgenheit in einem Land wie diesem vermitteln würde. Im Moment fühlte es sich so an, als ob wir im Voraus unerwünscht in einem ohnehin nicht sehr einladenden Land waren.

In dem vier Etagen zählenden überdachten Zentrum überraschten mich die vielen Buchhandlungen, die vor Werken über Spiritualität, Reiki, Schamanismus und allerhand esoterischen Themen geradezu überquollen. Darüber hinaus konnte man zwischen den verschiedenen Geschäften plötzlich einen Raum finden, in dem Chakrakurse, Meditationskurse oder andere Formen der spirituellen Entwicklung angeboten wurden. Selbst hier, sozusagen am anderen Ende der Welt, in einem gewalttätigen und armen Land wie Kolumbien, schienen die Menschen von einer Welle neuer Einsichten und der Suche nach neuen Wahrheiten berührt zu sein. Das gab mir ein Gefühl der Hoffnung. War dies das Erwachen, das in der Einladung der Indianer erwähnt worden war? Jacques kaufte einige besondere Steine in einem New-Age-Laden als Geschenk, und kurze Zeit später saßen wir wieder im Taxi, diesmal auf dem Weg zur Stiftung der Indianer.

Irgendwo in einem chaotischen Viertel stand in großen Buchstaben auf einem Schild hinter einem Eisenzaun das Wort SENDAMA. Im Haus trafen wir eine blonde Frau an, die sich als Lilian vorstellte. Es war die Frau, mit der ich am Telefon gesprochen hatte. In ihrem armseligen, unordentlichen Büro stand eine Wiege mit ihrer wenige Wochen alten Tochter, die sie während des Gesprächs ab und zu auf den Arm nahm, wenn diese sich mit leisen Tönen in die Konversation einmischen wollte. Die Frau sah uns unsicher an und meinte: »Warum seid ihr nur gekommen? Ich hatte doch gesagt, dass es keinen Platz mehr in den Flugzeugen gibt!« Ich wollte antworten, aber Jacques ergriff wieder das Wort: »Wir möchten selbst ein Flugzeug organisieren.«

Die Frau schüttelte ihren Kopf. »Das geht nicht. Die Start- und Landebahn liegt bei Araraquara, Sie haben keine Ahnung, was für ein Gebiet das ist. Die Startbahn ist in den Händen der Armee, aber die Guerilla ist überall im umliegenden Gebiet. Es ist fast nicht möglich, allein dorthin zu kommen. Von Araraquara ist es übrigens noch ein ganzes Stück durch den Urwald bis zu dem Ort, an dem die Rituale stattfinden. Wir haben von der Armee drei Flugzeuge zur Verfügung bekommen, und die sind alle voll. Sie hätten wirklich besser nicht kommen sollen.«

Ich fühlte, dass nun ich diese Frau davon überzeugen musste, dass es wichtig sei, dieses Maya-Treffen in der Welt bekannt zu machen, schließlich hatte die Organisation ja selbst einen Filmemacher gewünscht: »Sie müssen verstehen, dass sehr viele Menschen in Europa den Botschaften, die die Indianer in diesem Augenblick für uns haben, sehr offen gegenüberstehen«, mischte ich mich ein. »Ich selbst habe mich mein ganzes Leben lang mit dem fantastischen Wissen eingeborener Völker beschäftigt. Es ist unglaublich wichtig, dass ...«

Das Baby in den Armen der Frau begann zu weinen. Im Büro nebenan klingelte schrill das Telefon. Jemand lief durch den Flur und rief etwas im Vorbeigehen, worauf Lilian nickte.

Lilian sprach mit einigen beruhigenden Worten auf die Kleine ein.

»Es ist sehr wichtig, dass all das gefilmt wird, um ...«

Das Baby weinte nun lauter. Die Frau stand auf, um kleine Runden durch das Büro zu drehen, und wiegte das Baby dabei vorsichtig hin und her in ihren Armen. »Ja, um ...?«

»Eh, es ist sehr wichtig für ... die Welt.« Das Baby übertönte mit seinem Schreien jetzt meine Stimme. Lilian ergriff das Wort: »Es tut mir Leid, dass ich Sie enttäuschen muss. Ich kann darüber ohnehin nicht entscheiden. Morgen ist Francesco wieder hier, vielleicht können Sie dann zurückkommen? Aber ich möchte Ihnen keine Hoffnung machen. Er war sehr deutlich in dieser Sache.« Ich fühlte, wie die Verzweiflung in mir aufstieg, als wir das Büro verließen, und wünschte, ich wäre zu Hause geblieben.

Im Hotel Lourdes angekommen, ließ ich mich auf mein Bett fallen. Die Reise, der Schlafmangel der vergangenen Nacht und die erneute Zurückweisung hatten mich plötzlich todmüde gemacht.

»Ich glaube«, begann Jacques, »dass du keine Ahnung hast, wie wichtig dieses Meeting ist.«

Ich musste mich bemühen, meine aufkommende Gereiztheit zu unterdrücken. Jacques hatte seit unserer Abreise eine Neigung entwickelt, mich ständig zurechtzuweisen. Aber ich hatte keine Lust, ihm wie ein Jünger brav zu folgen. Ich stützte mich auf meine Ellenbogen. »Jacques, ich weiß, wie wichtig dies alles ist. Aber wir sind nicht willkommen, das hast du doch gehört. Die Flugzeuge sind voll!«

Jacques schüttelte seinen Kopf. »Es steht zu viel auf dem Spiel, und das meine ich vor allem in spiritueller Hinsicht. Es ist nämlich so, dass mit diesem Treffen einige indianische Vorhersagen in Erfüllung gehen können, die bereits vor langer Zeit bei verschiedenen Indianervölkern bekannt geworden sind. Es war nicht ohne Grund, dass der Zufall uns zusammengeführt hat und dass du mich schließlich hierher mitnehmen musstest. Dies ist etwas, das ich bereits vor Jahren gespürt habe und das ich in meiner tiefsten Psychose habe kommen sehen. Wir müssen dies zusammen angehen, wir müssen versuchen, hier mit heiler Haut herauszukommen.«

Was meinte er mit den Worten, dass ich ihn hierher hatte mitnehmen müssen? Er hatte sich doch selbst angeboten? Der Klangschalentherapeut sah mich jetzt fröhlich lachend an. »Du bist müde. Warum bleibst du nicht ruhig liegen, während ich dir eine Behandlung gebe?«

Lieber wollte ich direkt schlafen, aber dennoch stimmte ich zu, und kurze Zeit später vibrierten die süßen Klänge der Schalen wieder durch das Zimmer. Ich fühlte, wie ich in eine unsichtbare Decke aus weicher, herrlich entspannender Energie eingepackt wurde. Die Ermüdungen der Reise glitten von mir ab. Ganz in der Ferne hörte ich, wie die monotone Stimme meines Mitbewohners zu sprechen begann.

»Es ist heute der 17. Juni des Jahres 1997. Wir sind jetzt in Kolumbien angekommen, um zum Großen Treffen zugelassen zu werden. Ich begrüße die Geister meiner Ahnen und meine Helfer von der anderen Seite. Ich sehe, dass sie jetzt gekommen sind, um mir bei dieser Aufgabe zu helfen. Ich bin ein Gesandter der Weißen Bruderschaft. Die Prophezeiungen gehen in Erfüllung, und ich nehme die Aufgabe wahr, für die ich auf die Erde gekommen bin.«

Meine Trägheit verschwand allmählich, während ich seinen Worten lauschte. Wovon sprach er nur? Jacques hatte die Augen geschlossen und ließ ab und an eine seiner Klangschalen leise tönen.

»Für dich ist dies ein großer Test, um zu lernen, der rätselhaften Wirkung des Universums zu vertrauen. Denn du hast eine völlig unausgeglichene Energie. Hast du gemerkt, wie Lilian vorhin reagierte, als du versuchtest, sie davon zu überzeugen, wie wichtig es sei, dass du bei diesem Treffen dabei bist? Sie schloss sich dir gegenüber völlig ab. Sie hat nämlich andere Dinge im Kopf, als zuzuhören, wie wichtig das alles für *dich* ist. Für die Indianer ist das nämlich gar nicht wichtig, nur für dich selbst. Du möchtest gerne einen Film machen. Das ist für dich wichtig, aber den Indianern ist das egal. Sie haben andere Probleme, mit denen sie kämpfen.«

Ich schnappte kurz nach Luft vor Wut, aber dann musste ich im Stillen zugeben, dass er Recht hatte. Ich rieb mir die Augen und starrte in die Risse in der weißen Zimmerdecke. Wer sagte eigentlich, dass die Indianer unbedingt einen Film benötigten? Und war mein Motiv, hierher zu kommen, wirklich nur der Wunsch, den Indianern zu helfen? Oder war dies nicht auch ein einzigartiges Filmthema für mich? Ich wurde etwas ruhiger und seufzte: Manchmal war es schwer, sich selbst gegenüber ganz ehrlich zu sein.

»Diese Reise hat weit reichende Konsequenzen für dein weiteres Leben, ich möchte, dass du dir darüber im Klaren bist. Wenn du dies gut zu Ende bringst, wird das viel Erfolg für dich bedeuten und wird es dir und deiner Familie darüber hinaus sehr viel helfen. Dann bekommst du die Gelegenheit, all deine Träume wahr zu machen. Du kannst jetzt auch nach Hause gehen, dann hast du schon direkt verloren. Du bekommst eine einzigartige Chance, die nicht vielen Menschen gegeben wird. Aber der Schlüssel liegt im Vertrauen. Du musst dem Universum vertrauen, du musst vertrauen, dass die paranormale Welt wirklich existiert. Denn das glaubst du nur halb, oder mal wohl und mal nicht. Du denkst viel zu viel nach, immer nur denken und denken und denken ...«

Ich spürte wieder, wie müde ich war. Ich konnte nur noch dieser Stimme zuhören, ab und zu gefolgt von dem vibrierenden Ton der Klangschalen, die Jacques vorsichtig berührte. Ich fühlte, wie ich langsam abzutauchen begann in eine rosa Wolke, die meinen Körper zu umgeben schien.

»Immer nur denken, immer nur mit dem Kopf arbeiten, das ist für einen Menschen nicht gut. Der Mensch kann das Universum niemals völlig mit seinem Verstand begreifen, sondern nur mit dem Herzen. Verstehe das und vertraue einfach, sei nicht so eigensinnig.«

Mit geschlossenen Augen und monotoner Stimme fuhr er fort, zu betonen, wie wichtig es für mich sei, durch diesen Prozess zu gehen – und ich hatte inzwischen keine Kraft mehr, zu protestieren. Ich hörte unter anderem, dass mein jüngster Sohn eines Tages ein großer Schamane sein würde und auch, dass ich meine kleine Familie verlieren würde, wenn ich jetzt nicht weitermachte ... Ich wurde fast verrückt bei diesem Gedanken, spürte, wie die Angst meine Kehle zuschnürte und wie seine Worte wie ein Messer in mir stecken blieben. Ich begriff plötzlich, dass ich ja gar nicht mehr die Wahl hatte, nach Hause zu gehen, denn ich würde ja immerzu die Sorge haben müssen, dass die Voraussagen eintreffen könnten!

Jacques' langsame, schleppende Stimme fuhr fort: »Also machen wir weiter, wir bleiben hier, du wirst sehen, dass wir schließlich doch in das Amazonasgebiet kommen. Aber wir müssen noch viele Schwierigkeiten überwinden. Die größten Schwierigkeiten werden in dir selbst stecken, in deinem Unwillen, dich ganz hinzugeben. Na gut, ich ... oh ...« Jacques schwieg kurz, als ob er zuhören würde. Dann kicherte er, öffnete plötzlich seine Augen und sah mich unvermittelt direkt an. »Ich höre jetzt, dass *ich* wahrscheinlich in einem der Flugzeuge sitzen werde, du aber auf eigene Faust dorthin kommen musst. Dass du doch selbst ein Flugzeug organisieren musst, um nach Araraquara zu kommen ...«

Er sah mich recht triumphierend an, und ich fühlte mich unwohl unter seinem Blick. Fühlte er, wie meine Unruhe stieg bei dem Gedanken, mich dort in dem gefährlichen Gebiet ganz allein zurechtfinden zu müssen? Ich fand ihn auf einmal überhaupt nicht mehr sympathisch, mit seinem hochmütigen Grinsen unter seinem großen Schnurrbart und seiner unerschütterlichen Sicherheit, während ich mich so vollkommen unsicher fühlte. Wo war der freundliche, gefühlvolle Therapeut geblieben, der immer für andere da war, und für den keine Mühe zu groß schien, wenn er nur anderen helfen konnte?

Langsam, aber sicher wurde mir klar, dass sich das Ganze zu einem echten Dilemma für mich entwickelte. Denn immer, wenn ich an den hellseherischen Fähigkeiten meines Reisebegleiters zu zweifeln begann, fragte ich mich, ob dies nun wieder meine typische Art war, einen Mangel an intuitivem Vertrauen ins Universum zu kompensieren – oder ob die Worte dieses Mannes mir – eigentlich zum ersten Mal, seit ich ihn kennen gelernt hatte – wirklich unehrlich schienen. Ob auf irgendeine Art und Weise ein Machtkampf zwischen uns entstanden war, wer auf dieser Reise nun eigentlich die Richtung bestimmte, und ob er mich ständig auf spirituellem Weg zu manipulieren versuchte ...

Jacques öffnete seine Augen und lächelte nun übers ganze Gesicht: »Ich habe ein Geschenk für dich.« Er wühlte in seiner Tasche und förderte zu meiner Überraschung einige nagelneue Kleidungsstücke zutage, darunter eine kostspielige grüne Lederjacke. »Habe ich in Amsterdam gekauft. Alles für dich. Zieh mal an.« Ich fühlte mich überrumpelt, schüttelte verwundert meinen Kopf und bedauerte sofort meine unfreundlichen Gedanken über ihn.

»Warum hast du das für mich gekauft?«

Und Jacques sagte lachend: »Hör zu, wir müssen in Kürze vor dem Eingeborenenrat erscheinen, ob du das nun glaubst oder nicht. Sie werden entscheiden, ob wir mitdürfen, und dann müssen wir einen guten Eindruck machen. Bei den Indianern ist es sehr wichtig, dass man gepflegt auftritt, als Zeichen des Respekts vor dem Gegenüber. Und – verzeih mir – aber sieh dich einmal an: Du achtest nie darauf, wie du aussiehst.« Die Kleidungsstücke waren tatsächlich *alle* grün, ich trug eigentlich nie diese Farbe. Doch sie passten perfekt und standen mir überraschenderweise sogar hervorragend. Selbst hätte ich diese Stücke allerdings niemals ausgesucht. Es fühlte sich so an, als ob dieser Stil gar nicht zu mir passen würde, als ob da jemand anderes stünde.

»Fantastisch!«, nickte Jacques erfreut. »Komm, wir gehen zur niederländischen Botschaft. Vielleicht kann man uns dort helfen, nach Araraquara zu kommen.«

Die Botschaft in Bogotá befand sich in der siebten Etage eines sehr hohen Gebäudes. Wie bei allen wichtigen Gebäuden in der Stadt standen auch hier zwei Wachposten mit automatischen Gewehren vor der Tür, um zu vermeiden, dass ungebetene Gäste eindrangen. Der Schalterangestellte, der uns zu seinem Büro führte, war ein junger, nervöser Mann, der erst seit wenigen Wochen in Kolumbien arbeitete. Vielleicht kam seine nervöse Haltung daher, denn er hatte uns direkt nach der Ankunft gefragt, was wir um Gottes Willen in einem Land wie Kolumbien suchten. »Es kommen fast nie Touristen hierher, es ist hier nicht sicher.« Nachdem ich ihm erklärt hatte, dass wir an einem Film arbeiteten und Möglichkeiten suchten, nach Araraquara zu reisen, führte er uns zum Büro des Botschafters. Seine Nervosität wirkte ansteckend auf mich.

Der niederländische Botschafter war ein freundlicher Mann, der fleißig Pfeife rauchte. Zum Glück war er deutlich ruhiger als sein junger Mitarbeiter, obwohl auch er uns in Bezug auf unsere Sicherheit bei unseren Plänen nicht beruhigen konnte. Er hatte eine Karte von Kolumbien auf seinem Schreibtisch ausgebreitet und zeigte mit dem Stiel seiner Pfeife mitten in eine weite grüne Fläche, auf der es kaum Ortsnamen gab und kein einziger Weg eingezeichnet war. »Das ist die Landebahn bei Araraquara. Der Ort liegt mitten in Amazonien, der südlichsten Provinz von Kolumbien. Ganz in der Nähe vom Putamayo, einem großen Seitenarm des Amazonas. Das Gebiet ist im Kriegszustand, die Armee kämpft gegen die Rebellenorganisation FARC. Persönlich möchte ich Ihnen sehr davon abraten, dorthin zu reisen.«

»Warum reisen Sie nicht mit uns? Die Indianer empfinden es vielleicht als Ehre, einen niederländischen Botschafter in ihrer Mitte zu haben«, schlug Jacques vor. Der Botschafter zog an seiner Pfeife und schüttelte seinen Kopf. »Wir müssen nächste Woche im Rahmen einer anderen Aufgabe in den Osten des Landes. Sie können versuchen, ein Privatflugzeug zu chartern, aber ich kann Ihnen nicht sagen, ob Ihnen das so kurzfristig gelingen wird. Wenn Sie erst einmal in dem Gebiet angekommen sind, rate ich Ihnen, soweit wie möglich beieinander oder in einer Gruppe zu bleiben. Laufen Sie nicht allein umher, das vergrößert die Gefahr einer Entführung erheblich.«

»Was tut man am besten, wenn man entführt wird?«, fragte ich.

»Arbeiten Sie in jedem Falle mit. Ihre Daten sind bei uns jetzt bekannt. Häufig wird im Falle einer Entführung von Ausländern Kontakt mit der Botschaft aufgenommen, um über uns von den Familienangehörigen Lösegeld zu verlangen. Wir können die Familien dann auf dem Laufenden halten.«

»Aber wenn ich Sie wäre, ginge ich überhaupt nicht dorthin.

Es ist dort sehr gefährlich. Bogotá ist auch nicht sicher«, mischte sich der junge Mitarbeiter in das Gespräch ein. Ich fühlte, wie erneut ein unangenehmes Gefühl den Raum dicht unter meinem Herzen einnahm. Ich sah keine Möglichkeit, innerhalb weniger Tage eine Transportmöglichkeit zu diesem Ort im Amazonasgebiet zu bekommen, wo die Rituale stattfinden sollten.

Im Taxi zurück befand ich mich in einem heftigen Zwiespalt, was ich tun sollte. Jacques grinste schon wieder. Sein ewiges Grinsen, wenn ich mich unsicher fühlte, ging mir immer mehr auf die Nerven. »Der Mitarbeiter von der Botschaft ist unglaublich ängstlich. Er ist gerade erst hier und sehr unsicher über den Zustand dieses Landes. Was gerade geschah, oder was du geschehen ließest, war, dass deine Aura sich völlig mit seiner mischte. Das kommt daher, dass du dich nicht gut vor ihm verschließen konntest, da du überhaupt nicht konzentriert warst.«

Jacques machte mir klar, dass ich nicht im Jetzt lebte und immer schon mit morgen und übermorgen beschäftigt war, mich darum aber überhaupt nicht zu kümmern brauchte. Und plötzlich fühlte ich, wie ich ein Stück ruhiger wurde. Er hatte Recht. Ich brauchte mir noch keine Sorgen zu machen, noch keine Entscheidung zu fällen. Ich würde selbst sehen, ob es gelingen würde oder nicht. Dann flog ich eben wieder nach Hause. Ich konnte schließlich nicht mehr, als mein Bestes tun, und wenn es so sein sollte, dann sollte es eben so sein. Ich musste dem Zufall vertrauen.

»Jetzt ist es Zeit zu erwachen,
das Werk zu vollenden.«

Zurück im Hotel überreichte Jacques mir eine Telefonnummer mit der Bitte, ob ich diese Nummer anrufen könnte. Er hatte kurz vor seiner Abreise von einem anderen Klienten den Namen und die Telefonnummer von einer niederländischen jungen Frau bekommen, die in Bogotá im Jugendamt arbeitete. Vielleicht konnte sie uns irgendwie helfen. Ich rief an und bekam eine Maria-Christina ans Telefon. Ich erzählte ihr den Grund für unsere Reise und fragte, ob wir sie treffen könnten. Wir verabredeten, dass sie in anderthalb Stunden in unser Hotel kommen würde, um gemeinsam in der Stadt etwas zu essen.

»Was für ein Dilemma, Jacques. Ich weiß wirklich nicht, wie ich in das Amazonasgebiet kommen soll. Ein Flugzeug zu chartern ist viel zu teuer.«

Jacques nippte an seinem Kaffee und wischte mit dem Handrücken den Mund ab. Seine Stimme klang ziemlich irritiert. »Mann, hör auf! Das habe ich dir schon öfter gesagt. Du brauchst nichts zu tun. Du brauchst es nur geschehen zu lassen.«

»Können wir dein Universum einmal außer Betracht lassen? Lassen wir uns die Angelegenheit doch mal von einer irdischen Perspektive aus betrachten. Du hast viel leichter reden als ich. Ich habe für diese Reise rund fünftausend Euro von Finanziers locker gemacht, und die wollen dafür etwas sehen. Wenn ich mit leeren Händen nach Hause komme, weiß ich nicht, wie diese Menschen darauf reagieren.« Und dabei dachte ich noch nicht einmal an den eventuellen Verlust meiner Familie, wie er ihn im Vorbeigehen angedroht hatte, der aber im Stillen ständig in mir stach wie der Stachel einer Biene, der nicht herausfallen wollte.

Jacques schüttelte seinen Kopf: »Aber du kannst das Universum nicht außer Betracht lassen. Darum dreht es sich in dieser Sache für dich schließlich dauernd: um das Vertrauen, deinen Glauben an alles, deine wahre Überzeugung in Bezug auf diese Materie. Es geht um die Art und Weise, wie du im Leben stehst, versteh doch. Das Universum, alle unsichtbaren Kräfte, die Einfluss auf dein Leben haben, kannst du nicht nach Lust und Laune in Betracht ziehen oder nicht, wie ein Pragmatiker oder Opportunist. So funktioniert das nicht, niemals. Was du gibst, bekommst du zurück. Wenn du in Angst lebst, lebst du in der Hölle. Lebst du im Vertrauen, brauchst du dir über nichts Sorgen zu machen und lebst im Himmel. Der Mensch hat immer einen freien Willen, der ist heilig im Kosmos. Es ist *deine* Wahl, wie du im Leben stehen willst. Entscheide dich zwischen Hölle und Himmel, deine Gedanken kreieren deine eigene Wirklichkeit.«

Wütend schweig ich. Warum steckte immer ein Kern von Wahrheit in dem, was er sagte? Aber warum war es niemals etwas Greifbares, nie konkret?

»Hör zu«, fuhr Jacques fort, »morgen, nachdem wir bei *Sendama* waren, kannst du vielleicht besser kurz vorher in die Stadt gehen. Ich möchte eine Zeremonie vorbereiten, die ich in unserem Hotelzimmer ausführen werde. Ich benötige noch ein paar Dinge, unter anderem Myrrhe, die habe ich vor unserer Abreise nirgendwo finden können. Während du diese Dinge holst, bereite ich inzwischen in unserem Hotelzimmer die Zeremonie vor.«

Jetzt fühlte ich wirklich eine Art Widerspenstigkeit in mir aufkommen. Was glaubte er eigentlich, wer er war? Hatte er nicht gerade etwas über den freien Willen gesagt? Es gefiel mir nicht, dass er immer mehr die Regie übernahm. Und jetzt wurde ich wie ein Laufbursche zum Einkaufen in die Stadt geschickt.

»Ich habe keine Ahnung, wo ich hier in dieser Stadt nach Myrrhe suchen sollte. Überhaupt, wenn du das so dringend brauchst, kannst du es besser selbst suchen. Du weißt viel besser, was du für deine Zeremonie brauchst, als ich.« Jacques schwieg kurz, als ob er verblüfft durch die deutliche Abweisung in meiner Stimme sei. Mich hatte sie eigentlich auch überrascht, scheinbar steckte meine Wut tiefer, als ich dachte. Er blieb aber freundlich.

»Na ja, ich hatte nur gedacht, ich würde ein Ritual ausführen, um dir zu helfen, in das Amazonasgebiet zu kommen. Vielleicht könntest du zusammen mit dieser Maria-Christina gehen. Ich habe außerdem die Vorstellung, dass du morgen in der Stadt etwas finden wirst, einen Gegenstand oder einen heiligen Ort oder so etwas, und dass das sehr wichtig ist, um dir Kraft zu geben.«

Da war es wieder. Immer das Dilemma, ob er nun ehrlich mit seinen hellseherischen Äußerungen war oder ob dies seine Art war, mich ständig nach seiner Pfeife tanzen zu lassen. Auf einmal sah ich uns beide hier sitzen – mich selbst in diesen prächtigen teuren Kleidungsstücken, die er für mich gekauft hatte und die mir einfach nicht angenehm saßen, und er in einer verknitterten Jacke, T-Shirt und Jeans. Mit lauter Stimme rief ich aus: »Verdammt noch mal, ich glaube, du manipulierst mich die ganze Zeit. Hier, sieh nur, wie du selbst aussiehst, mit deiner schäbigen Jacke, und ich muss unbedingt diesen grünen Aufzug anziehen. Ich habe langsam genug davon. Such doch selbst nach deinen verdammten Zutaten. Ich glaube nicht mehr an deine so genannten hellseherischen therapeutischen Äußerungen.«

Ich sah, wie er bei jedem Wort, das ich sagte, verdattert zusammenzuckte. Dadurch wurde ich etwas ruhiger. Zu meiner Überraschung sah ich plötzlich Tränen in seinen Augen, aber ich erlaubte es mir nicht, nun plötzlich Mitleid mit ihm zu bekommen, weil ich ihn offenbar verletzt hatte. »Ich gehe nach Hause«, sagte ich auf einmal, selbstsicher und in ruhigem, aber entschlossenen Ton. »Ich reise zurück zu meiner Familie. Was du tust, musst du selber wissen. Mir ist der ganze Firlefanz egal. Warum auch, was tue ich hier eigentlich? Ich gehe nach Hause, aus, Schluss, vorbei.«

Jacques starrte mich schweigend an. Er sah niedergeschlagen aus. Ich holte tief Atem.

»Nein, ich fliege *nicht* nach Hause. Ich ziehe diese Klamotten aus und ziehe meine eigenen Sachen wieder an. Und dann gehe ich morgen zu *Sendama*, um zu hören, was dieser Francesco zu sagen hat. Aber dann ist es verdammt noch mal wenigstens meine *eigene* Entscheidung.«

Zu meiner Überraschung fing Jacques an zu lachen. »Sehr gut, sehr gut«, hörte ich ihn sagen.

Eine Stunde nach diesem Ausbruch stand eine südamerikanische junge Frau mit pechschwarzem Haar an der Rezeption des Hotels und stellte sich als Maria-Christina vor. Sie war von kolumbianischer Herkunft, eine Mischung aus kreolischem, indianischem und spanischem Blut, war aber als Fünfjährige von niederländischen Eltern adoptiert worden und in den Niederlanden aufgewachsen. Sie hatte sich nie mit Kolumbien beschäftigt, aber nach ihrem Spanischstudium war sie, ohne es wirklich darauf anzulegen, in Kolumbien gelandet, wo sie für *Defensa de Los Niños* arbeitete.

Trotz des Konflikts von soeben wurde es ein sehr entspannter, fröhlicher Abend in einem Restaurant, das wie eine traditionelle Hazienda aussah. Und obwohl wir schon in der vorhergehenden Nacht so wenig geschlafen hatten, wurde es sehr spät, weit nach Mitternacht, ehe Christina uns mit dem Taxi wieder am Hotel Lourdes absetzte. Sie versprach, dass sie mir morgen, nachdem wir bei *Sendama* gewesen waren, helfen würde, eine Bank zu finden, um einige Reiseschecks zu wechseln. Ich war insgeheim froh über ihre Gesellschaft, schon um nicht ständig ausschließlich in der Begleitung meines Mitreisenden sein zu müssen.

Ich schlief schnell ein, wurde aber nach einer knappen Stunde wach, weil ich im Dunkeln ein paar Mal jemanden meinen Namen rufen hörte. Es war Jacques. Ich schaltete die Nachttischlampe an und erschrak, als ich sein Gesicht sah. Es war aschfahl und völlig schweißgebadet. Er stöhnte leise, während er seine Augen fast völlig zugekniffen hielt. Durch die kleinen Spalte sah ich lediglich, dass sich seine Pupillen bewegten und mich suchten.

»Hast du das kleine Tonbandgerät in deiner Tasche?«, fragte er.

Ich nickte verwundert. »Schalte es an. Es geschieht jetzt etwas, das mir häufiger passiert. Eine Entität möchte in mich eindringen, um durch mich zu sprechen. Nimm es auf, auf Band, denn ich kann mich nach so einer Session nicht an viel erinnern.«

Die Kassette lief noch nicht, als er plötzlich mit einer fremden, schrillen Stimme zu sprechen begann. Es klang wie eine Frauenstimme. Ich schaltete den Kopfhörer ein und drückte auf die Aufnahmetaste.

»Wir sind Chaim. Ich bin gekommen ... um Jacques als Sprachrohr zu dir zu nutzen. Das tun wir häufiger, wenn wir nicht zu der Person vordringen können, die wir eigentlich erreichen wollen. Und Jacques eignet sich sehr gut dafür, er ist ein sehr gutes Medium, weil er sich nicht widersetzt, sondern mit ... uns mitarbeitet. Das tust du nicht. Du stehst dir ständig selbst im Weg. Du wurdest für eine ... sehr besondere Aufgabe ausgewählt, aber du bist dir ständig selbst im Weg, und damit ... gefährdest du die Aufgabe und dich selbst unnötig.«

Während des Sprechens machte Jacques immer wieder eine Pause, und manchmal stimmte die Betonung seiner Sätze nicht. Es schien, als ob der Sprecher dann noch nicht wusste, wie er (oder sie) die Sätze beenden würde. Die völlige Wiedergabe dieser Session würde den Rahmen dieses Buches sprengen, deshalb beschränke ich mich auf die wichtigsten Informationen, die die heisere, gejagte Stimme von sich gab.

Ich erfuhr, dass die höheren Mächte mir Jacques zur Seite gestellt hätten, ich aber nicht auf ihn hören wolle; dass Jacques schon viele Leben gehabt habe und zur Weißen Bruderschaft gehöre. Er habe gelebt als Johannes der Täufer, Tutanchamun, und es ging auch um den Tod von Quetzalcoatl, den großen spirituellen Lehrer der Indianer, der als Weißer mit Bart zurückkehren würde, und dass die Zeit jetzt angebrochen sei.

»Diese Zusammenkunft, diese Erfüllung der alten indianischen Prophezeiung wird am Amazonas stattfinden. Jacques hatte Recht, als er sagte, dass ... dunkle Mächte zugange sind, die verhindern möchten, dass das geschieht. Eine dieser dunklen Mächte arbeitet in dir, in deinem ständigen Zweifel an der Wahrheit ... sie will dich immer wieder deinen eigenen Weg gehen lassen. Dieser Zweifel an spirituellen Wahrheiten gehört zu dir, du hast ... ihn bereits früher in anderen Leben durchlebt, und es hat dir ein großes Karma beschert, das du in diesem Leben in diesen entscheidenden Momenten einlösen darfst. Denn du warst einst Judas Ischariot, der Christus verraten hat. Und jetzt könntest du mit deinen ewigen Zweifeln wieder dasselbe tun und dafür sorgen, dass Jacques doch nicht zu der Zusammenkunft im Amazonasgebiet kommt.

Aber so weit lassen wir es nicht kommen, das werden wir ... vermeiden. Du musst verstehen, dass das, was Jacques dir sagt, nicht von ihm kommt, sondern aus einer anderen Quelle, aus unserer. Die Medizinmänner haben ... dich auserwählt, um Jacques hierher zu bringen. Das war kein Zufall, du musst verstehen, dass der Zufall dich jetzt ... nicht im Stich lassen wird. Du musst verstehen, dass wir nur das Beste mit dir vorhaben. Arbeite mit uns, dann wird alles gut werden. Denn du bist auch eine gefühlvolle Seele, du willst auch das Beste für die Erde und die Menschen. Und du darfst später hierüber einen sehr guten Film machen, der die Herren ... die Herzen vieler für die Dinge öffnen wird, die kommen werden. Es wird dir von Nutzen sein, aber sei jetzt vorsichtig. Höre gut auf Jacques und folge seinen Anweisungen ... genau. Das wollen wir dir sagen.«

Am Ende der Session erhielt ich noch die genaue Instruktion, all die Dinge zu besorgen, die für das Ritual gebraucht würden. Insbesondere die Myrrhe dürfe nicht fehlen ...

Das Tonband lief und nahm alles auf. Es fühlte sich so an, als ob mir eine alte Tante den Kopf waschen würde. Ich hatte das unbestimmte Gefühl, dass irgendetwas nicht stimmte, aber ich kam nicht dahinter, was. Vielleicht hätte ich dem Gedanken nachgegeben, der sich mir aufdrängte, dass auch dies wieder eine der Manipulationen meines Reisebegleiters sein könnte, wenn ich nicht gleichzeitig im Kopfhörer die leise lateinamerikanische Hintergrundmusik gehört hätte. Es klang so, als ob ein Radiosender lief, und das befremdete mich vielleicht noch am meisten, denn das Radio im Hotelzimmer war ausgeschaltet. Woher kam also diese Musik? Fing das Mikrofon vielleicht Radiowellen auf? War das möglich? Ich wusste es nicht, hatte so etwas auch noch nie gehört; aber ich muss ehrlich gestehen, dass ich mich wegen dieser Musik nicht traute, einfach das Tonbandgerät auszuschalten und Jacques zu sagen, dass er aufhören solle.

Die Geschichte setzte sich über Stunden fort. Ich benötigte fast drei Tonbänder. Als die Stimme aufhörte zu sprechen, lag Jacques nun wieder still da, suchte nach seiner Armbanduhr und fragte in ganz normalem Ton: »Wie spät ist es jetzt?«, wonach er sich umdrehte und einschlief. Der Wecker zeigte halb fünf, sodass ich noch drei Stunden vor dem Frühstück schlafen konnte.

Francesco Quilroga war nicht im Büro von *Sendama*, Lilian wohl. Ich fragte sie, ob ich zumindest eine Akkreditierung für die große Pressekonferenz bekommen könnte, die die Indianer am Freitagabend veranstalten würden. Dann könnte ich zumindest darüber berichten, sodass ich nicht ganz umsonst nach Kolumbien gekommen war. Lilian sagte uns, dass sie das nicht entscheiden könne, aber dass Francesco gemeint habe, dass wir heute Abend vorbeikommen sollten, dann würden einige Mitglieder des Eingeborenenrates anwesend sein. Alle Entscheidungen würden von den indianischen Ältesten getroffen, und das müsste ich respektieren.

Ich freute mich, Maria-Christina wieder zu sehen. Es wurde auch Zeit, ein paar Dollar zu tauschen, aber wir würden ordentlich suchen müssen, um eine Bank zu finden, die wechseln konnte. »Der Filmemacher und der Schamane ... das klingt wie der Titel eines Buches«, sagte Maria-Christina, als wir durch die Stadt spazierten. Sie wollte gerne Schriftstellerin werden.

»Ja. Was hältst du von Jacques? Glaubst du, dass da etwas dran ist am Schamanismus?«

»Ich habe halbindianische Eltern, ich habe indianisches Blut, also, ja, irgendwo bin ich offen für diese Dinge. Jacques macht einen netten Eindruck, oder?«

»Ja, ja.« Ich bemühte mich, nicht zu zögerlich zu antworten. »Was hältst du von dem Grund, aus dem wir hier sind?«

»Wahnsinn! Ich bin neidisch. Ich wünschte, ich könnte mit euch an den Amazonas gehen. Ich muss selbst irgendwo in der Ecke geboren sein.«

»Hast du nie nach deinen Eltern gesucht?«

»Nein. Merkwürdigerweise habe ich danach überhaupt kein Bedürfnis. Hier ist die BIC-Bank, hier wechseln sie bestimmt Travellerschecks.«

Nachdem wir in dem pompösen Gebäude voller Marmor tatsächlich die Schecks eingetauscht hatten, bummelten wir durch die Altstadt Bogotás. Plötzlich zog mich Maria-Christina am Ärmel mit sich. »Komm mal mit zu der alten Kirche dort. Ich möchte dir etwas Merkwürdiges zeigen.«

Auf einem Platz stand eine prächtige, Jahrhunderte alte katholische Kirche. Wir gingen durch die riesigen Bögen der Eingangstür hinein. Maria-Christina legte einen Finger auf ihre Lippen: »Pssst. Im Moment ist Gottesdienst. Wir müssen leise sein.«

Wir gingen zu einem der Seitenschiffe der gewaltigen Kirche. Dort befand sich ein ziemlich dunkler, halb offener Raum, in dem eine Absperrung stand. Hinter dieser Absperrung stand eine Statue von Christus am Kreuz im Scheinwerferlicht. Das Licht beleuchtete geheimnisvoll die langen Haare, die vom Kopf der Figur bis fast auf den Boden hingen. Die Haare waren deutlich in einer geraden Linie an der Unterseite geschnitten.

»Ein merkwürdiger Anblick, was?«, flüsterte Maria-Christina. »Es wird behauptet, dass alle paar Monate die Haare geschnitten werden, da sie noch immer weiterwachsen.«

Es sah tatsächlich merkwürdig aus, und während ich die Figur betrachtete, wurde ich auf einmal völlig ruhig. Dieser Ort fühlte sich sehr angenehm an, es schien, als könnte ich den Boden unter meinen Füßen sehr deutlich spüren. Es schien sogar, als ob etwas aus dem Boden in meine Füße strömen würde, es fühlte sich angenehm und erfrischend an. Plötzlich erinnerte ich mich an das, was Jacques gestern einmal zu mir gesagt hatte, etwas über einen heiligen Ort, der mir Kraft geben würde.

Ich drehte mich um und winkte Maria-Christina. »Komm«, sagte ich, »wir müssen noch etwas kaufen, ehe ich es vergesse.«

»Was denn?«, fragte sie überrascht.

»Myrrhe«, antwortete ich, während ich die Kirche verließ und den mit Menschen gefüllten Platz betrat.

Wir kamen erst einige Stunden später wieder zurück in das Hotel Lourdes, da wir in der Stadt noch gegessen hatten. Während der Mahlzeit hatten wir über die Zusammenkunft im Amazonasgebiet gesprochen. »Glaubst du an Zufall, Christina?«, fragte ich, als wir fast mit dem Essen fertig waren. Maria-Christina zuckte mit den Schultern. »Ehrlich gesagt habe ich mich mit dieser Frage noch nicht so häufig beschäftigt.«

Ich nahm einen Happen Essen und sprach nachdenklich kauend weiter: »Es gibt eine Auffassung, die davon ausgeht, dass die Wirklichkeit für uns so strukturiert oder prädestiniert ist, dass unsere Seelen hier auf der Erde wichtige Lektionen daraus ziehen können. Oder vielleicht ist es noch komplizierter: dass wir *selbst* die Wirklichkeit um uns herum *durch unsere Gedanken* kreieren, um auf dem Niveau der Seele ein höheres Bewusstsein zu entwickeln. In dieser Auffassung gibt es keinen Zufall. Und das Wunderbare ist, dass die Welt, die du für deine Seelenentwicklung träumst, parallel zu der Welt verläuft, die ich für meine Entwicklung träume. Dass all die Welten, die sich all die Menschen um uns herum ausdenken, sich auf irgendeine Weise mit der von dir und mir kreuzen, alle aber dennoch separat dazu gedacht sind, jeden Menschen individuell zu erheben, jeden auf seinem eigenen Entwicklungsniveau, auf dem er sich in dem Augenblick befindet. Das ist meiner Meinung nach schon eine ganz schöne

Aufgabe, denn jedes Ereignis hat dann ständig für jeden seine eigene Bedeutung.

Wir schaffen also eine bestimmte Gleichzeitigkeit in einer vielschichtigen Wirklichkeit, die für jeden gleich ist und doch wieder bedeutend anders. Das erscheint mir ziemlich kompliziert. Es scheint, als ob wir alle an einem dreidimensionalen Gemälde arbeiten und jeder am Rand nach ganz eigenen Vorstellungen malt. Wenn dann alle in der Mitte angekommen sind, zeigt sich, dass jedes Detail des Gemäldes zum andern passt. Das Verrückte ist, dass wir als Maler das eigentlich *völlig normal* finden.

Aber jetzt kommt das, was das Ganze *noch* komplizierter macht, das Komplizierteste von allem: Die Wirklichkeit als solche steht fest, und doch ist sie *veränderlich*. Wenn ich in einem bestimmten Moment den Sinn eines bestimmten Ereignisses begreife, durchlebt habe, brauche ich diese Erfahrung nicht noch einmal zu machen, und damit kann ich ein mögliches Ereignis in der Zukunft verändern. Ich kann sogar mein ganzes Leben durch die Entwicklung meines Bewusstseins verändern, sogar so weit, dass ich nicht mehr auf der Erde zu reinkarnieren brauche und beispielsweise die zwanzig Leben, die noch vor mir liegen, überschlagen kann.

Aber wie sieht es dann mit dem Gemälde aus? Passt noch alles zueinander? Wie ist es mit den Ereignissen, die ich noch auf der Erde kreieren sollte und aus denen andere auch wieder lernen sollten? Stell dir vor, ich wäre in meinem nächsten Leben ein General, der einen Krieg anzettelt: Gibt es den Krieg dann oder nicht? Oder gibt es ein Universum, in dem es diesen Krieg gibt, neben einem Universum, in dem es diesen Krieg nicht gibt, oder ist es so, dass ...«

Ich unterbrach meinen Vortrag, da Maria-Christina anfing zu lachen. »Ich kann dir überhaupt nicht mehr folgen. Ich glaube, du machst ganz schön komplizierte Filme.«

»Nein, das ist halb so wild. Aber was meinst du?«

»Ich glaube, du denkst sehr viel nach.«

»Ich glaube, uns wird in unserer westlichen Kultur nicht mehr gelehrt, selbst über diese Fragen nachzudenken. Bis vor kurzem machte das die Kirche für uns, heute folgen die meisten Menschen brav den gefestigten Meinungen der Wissenschaft, um vor allem ernst genommen zu werden. Aber diese Wissenschaft kann die Antwort auf solche Fragen nicht finden, sie will sie häufig noch nicht einmal stellen. Darum interessiere ich mich für den Schamanismus. Du kannst das als eine persönliche Untersuchung darüber sehen, was die Wirklichkeit nun wirklich ist. Eine heilige Suche, die Suche nach dem Heiligen Gral.«

»Und, hast du ihn schon gefunden?«

»Ich verstehe immer weniger. Aber ich habe in jedem Fall das Gefühl, mir einige meiner künftigen Reinkarnationen zu ersparen, wenn ich dieses Unternehmen hier in Kolumbien zu einem guten Ende bringe.«

Maria-Christina lachte wieder und sagte nach einer kurzen Stille: »Ich denke, dass das Leben so ein großes Mysterium ist, dass man es mit dem Verstand nicht begreifen kann.«

»So etwas sagt Jacques auch. Das Universum kann nicht mit dem Verstand begriffen werden, nur mit dem Herzen.«

Christina nahm ihr Glas Wasser und trank. Als sie es wieder zurückstellte, fragte sie: »Betrachtet Jacques die Wirklichkeit auch so?«

Ich schaute mich im Lokal um. An der Mauer gegenüber hing ein Gemälde des Letzten Abendmahls. Jesus brach das Brot und verteilte es an seine Jünger. Ich wies auf das Gemälde: »Wenn Jacques jetzt bei uns sitzen würde, würde er in diesem Gemälde eine Bedeutung erkennen, zum Beispiel, dass dies unser letztes Essen sein könnte, bevor ich ihn verrate.«

»Du ihn verraten? Wieso solltest du ihn verraten?«

Ich schüttelte den Kopf. »Das geht alles viel zu weit. Hör zu, manchmal geht er mir auf die Nerven. Für ihn steht absolut fest, dass es keinen ›Zufall‹ gibt, und das setzt er bis ins Absurde fort. Er sieht scheinbar ständig symbolische Bedeutungen um sich herum, in Objekten, Ereignissen und Worten, die von anderen ausgesprochen werden, und vertraut dann völlig auf seine Wahrnehmung. Wenn wir uns einer Situation nähern, die verdächtig aussieht, sieht er in der Straße ein Reklameposter der nationalen Biermarke hängen, du weißt schon, den Adler mit der Schlange in den Krallen, und dann weiß er, dass uns gerade in dieser Straße eine wichtige Lektion erwartet. Denn der ›Adler, der die Schlange greift‹ ist ein altägyptisches Symbol für die spirituelle Erhebung des Menschen. Und das ist nur ein Beispiel.«

»Du musst hier in Bogotá allerdings sehr gut aufpassen, worauf du dich einlässt.«

»Das meine ich ja, das macht es gerade so schwierig. Er verlangt von mir, dass ich ihm klaglos in allem folge, weil er die Dinge hinter den Dingen sieht, aber ich nicht, verstehst du?«

Christina nickte nachdenklich. Ich dachte auf einmal an Jacques und an das Ritual, das er im Hotelzimmer durchführen wollte. »Wir werden nicht mehr lange hier sitzen können. Jacques wartet auf uns.«

»Ist Jacques deiner Meinung nach ein echter Schamane?«

»Das weiß ich nicht. Er hat in der Vergangenheit sehr häufig Recht gehabt. Vielleicht musst du selbst erfahren, wie oder was er genau ist, um dir ein Urteil bilden zu können.«

Im Gang zu unserem Hotelzimmer klang uns Jacques' Obertongesang bereits entgegen. Maria-Christina sah mich fragend an. »Das ist seine Art und Weise, sich in Trance zu singen. Die Dinge, die wir bei uns haben, sind für ein Ritual, das er im Hotelzimmer durchführen möchte.«

Jacques war wütend, als wir ankamen, versuchte aber, das vor Christina zu verbergen. Als sie kurz den Raum verließ, fauchte er mich an: »Wo warst du so lange? Du bist viel zu spät. Weißt du nicht, dass die Zeit, zu der ein Ritual durchgeführt wird, auch wichtig sein kann?« Er hatte im Zimmer allerlei Vorkehrungen für das Ritual getroffen: vor dem Zimmerspiegel stand eine

Buddha-Figur, davor brannten drei Kerzen, von meinem Einkauf kamen noch Weihrauchstäbchen, grüne Äpfel und indianischer Salbei dazu, und auf einem der Betten lag eine Seidendecke mit einem großen, undefinierbaren Gegenstand darunter, aus dessen Mitte etwas phallusartig nach oben ragte.

»Und die Myrrhe? Hast du die Myrrhe?«, fragte Jacques mit gerunzelter Stirn.

»Wir konnten in der Stadt keine Myrrhe finden«, antwortete Christina für mich.

»Okay, egal, lasst uns anfangen.«

Und dann begann er mit seiner Zeremonie, die von einer seiner großen Handtrommeln begleitet wurde, in der viele kleine, sich und hin und her bewegende Kugeln in das beruhigende Geräusch des Ozeans mündeten. Jacques' langsame, leidend klingende Worte verkündeten, dass nun die Gegenkräfte besiegt werden und die in ihm wohnende Christusenergie frei werden müsse. Und wieder erfuhren wir, dass er Tutanchamun gewesen sei, und – dabei sah er in meine Richtung – dass ich dabei war, als nach seiner Vergiftung sein Grab geschlossen wurde.

»Du warst dabei, als mein Grab geschlossen wurde. Du warst auch dabei, als es wieder geöffnet wurde, denn du warst der Engländer, der durch den Fluch des Pharaos gestorben ist. Die Entdeckung des Grabes von Tutanchamun war weltweit eine Sensation in den Zwanzigerjahren dieses Jahrhunderts. Du hattest zu wenig Verständnis von den großen Kräften aus der spirituellen Welt und zu wenig Ehrfurcht vor Ritualen. Du ließest das Grab ohne Rituale öffnen, und darum lernst du in diesem Leben, wie wichtig Rituale sind, wenn man in Übereinstimmung mit der spirituellen Welt handeln will. In den folgenden Leben lernst du immer, wonach du in einem vorigen Leben gestrebt hast, aber was du nicht erreicht hast.

Und ich darf in diesem Leben die spirituelle Energie von Tutanchamun wieder weiter in die Welt tragen. Beim Öffnen des Grabes ist bereits ein Teil dieser Energie aus dem alten ägyptischen Reich in die Welt gekommen, die unter anderem den Weg für meine Wiedergeburt frei machte. Seit dieser Zeit haben die spirituellen Gesellschaften in der ganzen Welt sich sehr weit entwickelt. Das spirituelle Wissen des alten Ägyptens ist eng mit dem Wissen der Mayas verbunden, es stammt noch aus der Zeit vor der großen Sintflut. Dieses Wissen hat sich auf beiden Kontinenten ausgebreitet. Am Ende des Zeitalters der Fische kommt es nun in voller Entfaltung zurück in die Welt. Die Menschheit beginnt, sich an das Wissen zu erinnern, und allmählich erhalten wir wieder Einsicht in die wirkliche Konstruktion des Lebens, des Universums.«

Christina und ich erfuhren auch, dass wir mit unserer Anwesenheit das männliche und weibliche Prinzip des Yin und Yang symbolisierten. Dann wurde der Buddha auf den Phallus gesetzt, der sich noch immer triumphierend unter dem Tuch erhob. Und mit dieser Tat, verkündete Jacques, würde er auf symbolische Weise tibetisches, ägyptisches und indianisches Wissen, also den Osten mit dem Westen verbinden. Denn eigentlich seien die Maya-Indianer ein tibetisches Volk. Mithilfe der Klangschalen würden sie wieder mit ihrem Ursprung verbunden. »Du«, sagte er, »bist vom Universum auserwählt, die wichtigen Ereignisse dieser Tage festzuhalten. Du darfst jetzt Fotos von diesem Ritual machen und sehen, ob du sie später in deinem Film verwenden willst.«

Das Tuch wurde gelüftet, und allerlei rituelle Gegenstände kamen zum Vorschein: Kreuze, ein Holzmesser, Gedenkbildchen von Verstorbenen, Vogelfedern ... und in der Mitte stand eine Flasche Branntwein. Jacques hatte mir erklärt, dass dies seine Medizin für seine Leber sein, die ihm nach heftigen Trance-Sessions manchmal zu schaffen machte. Mit einem vagen Gefühl, dass ich schon wieder von ihm zu etwas »aufgefordert« wurde, zu dem ich grundsätzlich eigentlich nicht geneigt war, nahm ich meinen Fotoapparat aus meiner Tasche und machte einige Bilder. Es schien mir alles ein wenig skurril. Ich konnte mir absolut nicht vorstellen, dass ich diese Bilder jemals in meinem Film brauchen würde, aber ich beschloss, nicht mehr alles diskutieren zu wollen.

Ich fühlte, wie ich unter dem Einfluss der chaotischen und unsicheren Stadt immer mehr zu seinem Werkzeug wurde, aufgrund des sehr wenigen Schlafs und der merkwürdigen Situationen, die ich auf dieser Reise bereits mit ihm erlebt hatte. Aber ich wusste nicht, was ich von der Tatsache halten sollte, in meinen früheren Leben nacheinander Grabwächter, Judas Ischariot und ein britischer Grabschänder gewesen zu sein. Welche Äußerungen über die spirituelle Wirklichkeit waren wahr, und welche nicht? Ich wusste es nicht mehr. Doch ich hatte mir vorgenommen, diesem Weg einfach bis zum Ende zu folgen, mit all meinen Zweifeln, um festzustellen, wohin er mich führen würde.

Wir machten uns erneut auf den Weg zu Sendama, und das Taxi schob sich durch die viel befahrenen Straßen von Bogotá, es war Hauptverkehrszeit. Es würde nicht mehr lange dauern, ehe es plötzlich dunkel werden würde in dieser Stadt. Irgendwann stand der Verkehr still. Fast automatisch verschloss ich die Autotür von innen. Christina hatte uns diesen Rat gegeben, da stillstehende Autos an den Ampeln häufig das Opfer bewaffneter Räuber wurden, die einfach die Türen aufrissen.

Wir standen gegenüber von einem großen Schaufenster, in dem eine in schrillen Farben bemalte Holzschnitzerei von einem Meter Höhe eine bekannte biblische Szene darstellte. Der Kreuzweg, Christus vor dem Kreuz. Sein blutiges Haupt mit der Dornenkrone war sehr realistisch dunkelrot gefärbt. Sollte ich wirklich diese Schuld auf mich geladen haben ...? Ich war in diesem Leben sicher wankelmütig genug, damit wurde ich schließlich in den vergangenen Tagen ständig konfrontiert. Aber was hatte ich dann doch für ein merkwürdiges Karma in mein Leben gerufen?

Nach dem Gesetz des Karmas müssen wir alle Fehler, die wir auf der Erde in einem irdischen Leben machen, irgendwann wieder gutmachen; auf diese Weise verurteilen wir uns selbst zur ständigen Wiedergeburt. Sollte diese Tat des Verrats von Christus im Verhältnis zu der Erstellung eines Films über indianische Prophezeiungen stehen? Und die Öffnung des Grabs von Tutanchamun? Wer weiß, in kosmischer Perspektive vielleicht, ich hatte davon leider nicht so viel Ahnung. Dachte Jacques etwa, dass ich die Fotos von heute Nachmittag in einem Film benutzen würde? Dachte er vielleicht, dass dieser Film von *ihm* handeln würde? War es das, worauf er abzielte? Wollte er mich dazu benutzen, sodass dieser Film letzten Endes von *ihm* handeln würde?

Mir schwante ein fürchterliches Dilemma. Wenn ich diesen Film nicht machte, würde dies dann wieder eine karmische Tat von so hoher Bedeutung sein, die mich wieder zu vielen folgenden Leben verurteilen würde? Schnell schob ich diesen Gedanken von mir. Ach, das konnte doch nicht wahr sein. Ich hatte mir eine reinkarnierte Christus-Figur doch etwas liebevoller vorgestellt. Ich dachte an meine Frau und meine Kinder und wünschte mir, dass ich bei ihnen und niemals in diesem komplizierten Abenteuer hier in Südamerika gelandet wäre. Der blutende Christus schob sich aus dem Bild, als das Taxi wieder anfuhr. Vielleicht würde mir mein Schicksal heute Abend klarer werden. Was es auch sein würde, ich beschloss, es einfach auf mich zukommen zu lassen, nichts mehr zu tun, um die Menschen von der Bedeutung meiner Anwesenheit überzeugen zu wollen.

Als wir endlich nervös ankamen, saßen bei Sendama in dem ansonsten dunklen Büro Lilian und zwei Männer. Einer von ihnen war eindeutig ein Latino, der andere sah aus wie eine Kopie von Lenin, er hatte sogar die blassgelbe Haut. Sie stellten sich als Francesco und Mario vor, beide waren Kolumbianer, die für die Stiftung arbeiteten. Die eingeborenen Ältesten hatten ihnen aufgetragen, dass sie die Angelegenheit erledigen sollten. An ihren Gesichtern war nichts abzulesen, während sie uns fragten, warum wir dennoch hierher gekommen seien, wohl wissend, dass die Flugzeuge voll waren. Jacques ergriff das Wort. Zu meiner

Überraschung folgten keine hochtrabenden Worte über Schamanen und indianische Prophezeiungen, die in Erfüllung gehen würden, sondern nur der mit heiserer Stimme ausgesprochene Wunsch, an dieser Erfahrung teilhaben zu dürfen.

Anschließend richteten sich die Blicke prüfend auf mich. Ich wollte etwas sagen, wusste aber nicht, was. Mir saß ein Frosch im Hals, und statt etwas zu sagen stiegen mir plötzlich Tränen in die Augen, was für jedermann deutlich sichtbar sein musste. Verwirrt über diesen plötzlichen Emotionsausbruch schaute ich von einem zum andern und bemerkte, dass sich ihr Ausdruck in Wohlwollen gewandelt hatte. Ziemlich heiser erzählte ich ihnen endlich, dass ich mein ganzes Leben eingeborenen Völkern gewidmet hatte und dass ich nach dem überraschenden Anruf des deutschen Filmemachers einfach davon ausgegangen sei, dass dies zu meinem Weg, meinem Traum, gehören würde. »Ich verstehe, dass es keinen Platz mehr gibt, aber ich wäre in jedem Falle gerne bei der Pressekonferenz morgen Abend dabei.«

Ich sah, wie alle drei nickten, und spürte, wie mich eine ungeheure Erleichterung durchströmte, als Francesco das Wort ergriff. Ich wusste jetzt, dass ich zumindest nicht ganz umsonst gekommen war. »Wir wussten nicht genau, wer kommen würde. Als Michael sagte, dass er Ersatz gefunden habe, wussten wir nicht, ob wir diesem Mann vertrauen konnten. Aber jetzt haben wir euch gesehen und erlebt, wie viel ihr dafür übrig habt, um zu kommen: Ihr seid willkommen.« Er nickte Jacques zu. »Wir werden für euch eine Teilnahmekarte erstellen lassen. Aufgrund eures Hintergrundes zählt ihr zu den ›Sacerdotes‹, den Priestern, die im Amazonasgebiet anwesend sein werden.«

Es drang noch nicht ganz zu mir durch, was er nun genau damit meinte. »Also haben Sie für mich eine Pressekarte für morgen Abend?«

Francesco schüttelte den Kopf. »Dass die Flugzeuge voll sind, ist nicht wahr. Es sind Hercules-Flugzeuge, Güterflugzeuge der Armee, und ihr könnt noch ganz normal mit der ganzen Gruppe mitfliegen. Du bekommst von uns eine Karte als Participante/Ser Puente, als Teilnehmer und Brückenperson. Du darfst allerdings keine Kamera mit in das Amazonasgebiet mitnehmen. Dort gibt es bereits einen Kameramann mit Ausrüstung, Juan Bauer aus Guatemala. Er hat auch während der ersten großen Zusammenkunft in Guatemala gefilmt. Es scheint uns besser zu sein, dass du die Rituale dort persönlich erlebst, damit du in deinem Film von dir aus erzählen kannst, worum es geht. Du bekommst nach der Zusammenkunft alle Bilder, die aufgenommen werden. Daraus kannst du dann selbst einen Film zusammenstellen.«

Erst jetzt begann ich zu begreifen: Ich würde ganz einfach mit in das Amazonasgebiet fliegen können! Eine enorme Erleichterung setzte ein, und ich fühlte gleichzeitig, wie wirr ich im Kopf war und wie müde. Es sollte wieder spät werden, ehe wir in das Hotel Lourdes zurückkehrten. Aber ich würde jetzt ganz bestimmt mit einem anderen Gefühl einschlafen, dem Gefühl, dass alle Anspannungen und Mühen nicht umsonst gewesen waren.

5
Saat, Mais

K'AT (KAN)

K´at pflanzt die Saat der Träume.
K´at ist der kosmische Samen.

Im Hotel Lourdes angekommen, befand ich mich in Feierstimmung. Ich fühlte mich nach den vielen Spannungen sehr versöhnungsbereit meinem Reisepartner gegenüber: Alles in allem hatte er doch schlussendlich wieder Recht gehabt. Sobald ich alles über Bord geworfen und beschlossen hatte, gelassen zu schweigen, war es geglückt. Morgen im Laufe des Tages würden die indianischen Abgesandten sich im Hotel Tequendama treffen, einem der teuersten Hotels der Stadt. In einem der großen Säle sollte eine Pressekonferenz mit den indianischen Anwesenden stattfinden, vertreten durch den Rat der Ältesten der ursprünglichen Völker der amerikanischen Staaten. Der Innenminister Kolumbiens würde seine Aufwartung machen.

Dass ich selbst keine Filmaufnahmen machen durfte, war schade, aber ich tröstete mich damit, dass ich meine Fotokamera hatte und mein Tonband, sodass ich zwischen den Ritualen vielleicht noch die Gelegenheit bekam, einen Bericht für ein niederländisches Monatsmagazin zu erstellen.

Ich wollte gerade erleichtert zu Bett gehen, als ich sah, dass mein Zimmergenosse erneut bleich und recht verschwitzt aussah. Ein beklemmendes Gefühl schnürte mir die Kehle zu. Es würde doch nicht wieder so eine stundenlange Sitzung mit dieser herrischen Tante von der anderen Seite folgen? Wie viele Stunden hatte ich jetzt insgesamt geschlafen, seit wir die Niederlande verlassen hatten? Durchschnittlich zwei bis drei Stunden pro Nacht. Wenn das so weiterging, würde ich völlig erledigt im Amazonasgebiet ankommen. Und Jacques bat mich tatsächlich wieder, das Tonband vorzubereiten, weil jetzt wichtige Informationen für die Reise folgen könnten.

Nachdem er sich auf sein Bett gelegt hatte, begann durch seinen Mund wieder die gejagte, hohe weibliche Stimme zu sprechen. Ich installierte schnell das Tonband. »Chaim ist zurückgekehrt, um das Wort ... an euch zu richten. Jetzt hast du gesehen, wie ... es funktioniert, oder? Ja, das ist für dich das Schwerste von allem, deine eigenen Wünsche, Verlangen ... und deine Dickköpfigkeit über Bord zu werfen und dich leiten zu lassen, in dem Vertrauen, dass wir die besten Absichten mit euch haben.« Es folgte wieder eine lange Geschichte über Ägypten, Tutanchamun, über Jacques und die Bedeutung des Gelingens dieser Reise, aber diesmal ohne Musik.

Allerdings seien die gegnerischen Kräfte noch nicht besiegt, weil – ja, zum Teil auch, weil ja immer noch die Myrrhe fehle. Auch Francesco, der Azteke – und immer noch an Menschenopfern beteiligt – sei ein Mann, der verhindern wolle, dass wir in das Amazonasgebiet kämen. Aber Jacques würde die Klänge Tibets in den Urwald tragen, und diese Klänge würden in Kürze in die ganze Welt schwärmen, die Herzen der Menschen berühren und die Indianer wieder mit ihrem Ursprung verbinden. Und ich, Wiek, würde dies alles auf Film festhalten. Ich hätte großes Glück, dass ich das alles erleben dürfe ... und die wichtige Aufgabe, es weiterzugeben. Deshalb solle ich mich morgen noch einmal aufmachen, um in der Stadt nach Myrrhe zu suchen. Es folgte dann erneut eine Geschichte über die Prophezeiungen der Hopi-Indianer und den Mythos der Zwillingsbrüder, von denen der eine, der weiße, am Ende des Vierten Zeitalters zurückkehren würde.

Als die Stimme verstummte, zeigte der Wecker auf halb drei. Zum x-ten Mal hintereinander konnte ich nur wenige Stunden schlafen, denn am nächsten Morgen mussten wir bis 10.00 Uhr in das Hotel Tequendama umziehen, in das wir jetzt als Teilnehmer des Meetings eingecheckt waren.

Gegen Mittag füllte sich langsam die schicke Lobby des Hotels Tequendama mit immer bunteren Paradiesvögeln. Mal gehüllt in ihre zeremonielle Tracht, mit Federn und allem Drum und Dran, mal äußerst ärmlich gekleidet, kamen nach und nach immer mehr Indianer aus allen Himmelsrichtungen des Kontinents an.

Ein schmächtiger, gedrungener Indianer mit dunkel funkelnden Augen und tiefen Furchen im Gesicht trug einen prächtigen Schmuck aus den bunten Federn des Aras, der großen Papageienart im Amazonasgebiet. Kurz danach erschienen drei Indianer mit dunkler Haut und langen schwarzen Haaren, die alle drei weiße Ponchos aus grober Wolle trugen. Sie sahen recht wild aus und schienen den Wald regelrecht mit in das Hotel zu bringen. Die braune Erde schien noch an ihren bloßen verhornten Fußsohlen zu kleben, die in schwarzledernen Latschen mit Zehenschlaufen steckten.

Die Pikkolos und das übrige Personal des eleganten Hotels wechselten die Gesichtsfarbe und rannten aufgeregt in ihren mit goldenen Borten abgesetzten teuren Livrees und feuerroten Hosen durcheinander. Natürlich kamen selten Gäste dieses Schlags in dieses sündhaft teure Haus. Die allgemeine Atmosphäre war ausgelassen. Richtig fröhlich wurde es, als ein mexikanischer Huichol-Schamane mit klingenden Arm- und Knöchelketten zu tanzen und laut zu singen begann, wobei er seine Kalebassen schwungvoll im Rhythmus seines heiseren Gesangs schüttelte. Was für ein prächtiger Klang war das! Er füllte widerhallend die große Empfangshalle und prallte gegen die dort aufgestellten blauen Ledersofas. Auf einem dieser Sofas hatten Christina und ich Platz genommen, um diese hereinströmenden »Exoten« aus nächster Nähe miterleben zu können. An den Gesichtern der Menschen versuchte ich zu erraten, woher sie kamen, von welchem Stamm sie abstammen könnten.

»Denn in dieser Zeit, 12 Baktun, 13 Ahau,
das ist die heutige Zeit, kehren die Vorfahren und
die weisen Menschen zurück. In der Stunde, in der
sie zurückkehren, werden sie die Berge wie Wüsten
vorfinden, werden sie ihre Kinder in Verwirrung
unter der Gewaltherrschaft finden,
werden sie ihre Städte in Verwüstung finden,
werden sie das Wasser verschmutzt finden.«

Ich sah Besucher, die ich als Inuit aus Kanada zu identifizieren glaubte. Andere Medizinmänner verrieten ihre nordamerikanische Herkunft eher durch ihre großen Cowboyhüte, schweren Stiefel und Jeans, als mit typisch indianischer Kleidung. Aber ihre eindrucksvollen, gebräunten Häupter verleugneten niemals das indianische Blut: die schräg stehenden Augen, die typische Hakennase oder das Haar, das in einem langen grauen Pferdeschwanz über die Jeansjacke hing. Die Farbpalette wurde durch die Maya-Frauen aus Mittelamerika noch bunter, die in ihren prächtigen, vielfarbig gewebten Gewändern so selbstverständlich umherliefen, als ob sie täglich in solchen Hotels zu Gast waren. Einige der Gäste hatten sich mit Trommeln oder Gesang dem Huichol-Indianer angeschlossen. Ich sah einige Latinos im schicken Anzug an einem großen Tisch in einer Ecke des Raumes, die ab und zu neugierige Blicke über die Schulter warfen und aufgeregt miteinander sprachen.

Maria-Christina konnte mir mitteilen, dass die Wald-Indianer in den weißen Ponchos wahrscheinlich aus Kolumbien selbst stammten, aus der Sierra Nevada, und dass sie zu dem Volk der Kogis gehörten, einem Volk, das aus sehr stolzen Menschen bestand und sich im Allgemeinen von der westlichen Kultur fern hielt. Das sah man ihnen an: Durch ihre Haltung schien es, als ob sie einen Respektkreis von drei Metern um sich herum schufen, aus dem sie freimütig und ohne eine Spur von Verlegenheit mit unbestimmtem Blick in den Raum sahen. Ein beeindruckender alter Indianer mit langem, silbergrauen Haar und sanftmütigen, überraschend hellblauen Augen winkte uns lächelnd zu. Ich winkte schwach zurück, mein Herz schien überzulaufen bei all dieser maßvollen Freude und Fröhlichkeit, die mich bei der Aussicht überkam, dass diese bunte Mischung schon bald meine besondere Reisegesellschaft auf dem Weg zum Amazonas sein würde. In mir war keine Spur von Müdigkeit mehr.

Aus den Augenwinkeln sah ich, wie Jacques den Raum betrat. Zu meiner Überraschung kam er nicht direkt auf uns zu und achtete kaum auf das geschäftige Treiben in der Empfangshalle. Er zielte direkt auf Francesco ab, mit dem er breit grinsend einige Worte wechselte. Ich beobachtete, wie er dabei den anderen durchdringend ansah. Dann ging er und verschwand aus dem Blickfeld. Schade, dass er an der Freude des Empfangs nicht teilhaben wollte. Es schien, als sei er mit anderen Dingen beschäftigt. Ich dachte an die nächtliche Sitzung, daran, was die Stimme über Francesco gesagt hatte. Eigentlich fand ich ihn nicht unsympathisch, er war auch sichtlich erleichtert, da jetzt ein großer Teil der Gäste angekommen war und eine unbeschwerte Stimmung herrschte.

Über die breite Marmortreppe im Kolonialstil schwebte ich geradezu in mein Zimmer. Wie sehr war mein Gefühl über diese Reise doch in kurzer Zeit umgeschlagen! Ich hatte jetzt unglaubliche Lust, in das Amazonasgebiet zu reisen; es sah ganz danach aus, als würde es eine besonders abenteuerliche Erfahrung werden. Ich beschloss, mir um nichts mehr allzu große Sorgen zu machen; und was die Gegenkräfte anging, würde das schon von selbst in Ordnung kommen.

Ich fühlte mich vom Universum getragen. Ja, alles war wahr, die unsichtbaren Kräfte, die mich von Anfang an hierher geführt hatten, würden mir auch weiter auf meinem Weg helfen. Ich brauchte mir keine Sorgen zu machen, nur mit dem Strom zu schwimmen, der von selbst da unten irgendwo tief im Urwald münden würde. Wie fantastisch das Leben doch manchmal sein konnte! Aus den Lautsprechern, die in den Hotelfluren für leise Muzak sorgten, klang ein bekannter Popsong aus den sechziger Jahren: »You're a child of the Universe«. Ja ja, wenn man schon mal über Synchronizität nachdenkt ...

In dem sehr großzügig bemessenen, hellen Hotelzimmer ließ ich mich lächelnd auf mein Bett fallen, neben Jacques, der konzentriert auf dem Boden zwischen einigen Klangschalen saß und sang. »Fantastisch, Jacques«, unterbrach ich seinen Gesang. Er schaute auf, als ob er erst jetzt bemerkte, dass ich das Zimmer betreten hatte, und legte den Stock weg, mit dem er die Klangschalen berührt hatte. »Fantastisch, was für eine Reise. Was für eine prächtige Gesellschaft unten in der Empfangshalle. Das wird eine Zusammenkunft! Und mir wird auf einmal klar, dass ich selbst gar nichts zu tun brauche. Die Filmaufnahmen werden gemacht, ich bekomme sie alle hinterher. Ich habe eigentlich eine tolle Woche Urlaub im Amazonasgebiet.«

Jacques lächelte über meine Begeisterung. Sobald ich flach auf dem Rücken in meinem Bett lag, spürte ich die wenigen Stunden Schlaf der vergangenen Woche. Ich nahm mir vor, ein paar Stunden aufzuholen und schloss die Augen. Meine Arme hatte ich etwas abgewinkelt neben meinem Körper liegen. Ich hörte, wie auch Jacques sich in sein Bett auf der anderen Seite des Zimmers legte. Ich fühlte, wie ich in eine dösige Leere absackte, als ich plötzlich eine leichte Wellenbewegung gegen meine Handflächen wahrnahm. Es fühlte sich so an, als ob ein unsichtbarer Druck auf meine Handflächen ausgeübt wurde, als ob sich in meinen beiden halb geöffneten Händen ein wirbelnder, strudelnder Ball Energie bewegen würde. Nach und nach entwickelte sich das Gefühl zu einem tosenden Strom. In beiden Händen neben meinem Körper schien sich ein Energiestrahl zu bewegen, zwei Energiebündel, die aus einem bestimmten Ort im Zimmer hinter meinen Füßen kamen.

Überrascht öffnete ich meine Augen, um diesen Punkt zu suchen, und bemerkte, dass auf dem Kreuzpunkt der zwei unsichtbaren Strahlen die Buddha-Figur stand, die während des Rituals vom Vortag verwendet worden war. Während der Stadtlärm durch das offene Fenster hereindrang und die weiße Gardine ab und zu in das Zimmer wehte, fühlte ich, wie diese Energie immer festere Form anzunehmen und immer deutlicher pulsierend über meine Handflächen in meinen Körper zu strömen schien. Ich wurde komplett aufgeladen, eine enorme Vitalität und eine merkwürdige Art von Wollust rauschten durch meine Adern. Ich schaute neben mich und sah, dass Jacques eingeschlafen war. Zu meiner Überraschung ließ die Energie selbst mein Geschlechtsteil nicht unbeeinflusst. Die Energie strömte weiter, mein ganzer Körper war auf eine beinah sexuelle Art gereizt und umgeben von einem pulsierenden, aufregenden Lebensstrahl, der aus dem Buddha zu kommen schien. Bewegungslos ließ ich mich vollströmen.

Jetzt erschienen Bilder vor meinem inneren Auge, Bilder von kopulierenden Unterkörpern, das dunkle Dreieck eines weiblichen Unterkörpers machte stoßende, eindeutige Bewegungen in meine Richtung. Es schien mir fast, als würde ich davon verschluckt. Reine sexuelle Energie pulsierte in mir und um mich herum und schien den Raum zu füllen, der Lebensrhythmus des Kosmos selbst, der auf Schamanentrommeln geschlagen wurde, die fast hörbar in meinem Kopf hallten. Während ich mich fragte, was hier geschah, wollte ich gleichzeitig aber absolut nichts unternehmen, das zu einer Unterbrechung führen könnte, wollte mich nicht bewegen, meine Hände nicht schließen. Ab und zu blinzelte ich durch die Wimpern zu dem Buddha, der in scheinbar unbewegter Ruhe weiterhin die vitale Energie ausstrahlte.

Ich denke, dass dieser Zustand insgesamt vielleicht eine Stunde dauerte. Dann ebbte die Energie plötzlich ab. Überrascht setzte ich mich auf und starrte den Buddha an, der mit noch genau demselben unerschütterlichen Gesichtsausdruck aus seinen halb geschlossenen Lidern auf einen unbestimmten Punkt etwas rechts von mir zu schauen schien. Meine Müdigkeit war komplett verschwunden, ich fühlte mich energiegeladen und stark, viel zu vital, um im Bett liegen zu bleiben. Ich schüttelte kurz den Kopf, wie um wieder in die Realität zu gelangen. Es war eine unerklärliche, aber besonders angenehme Erfahrung gewesen. Ich beschloss, meine Schuhe anzuziehen und wieder in die Lobby zu gehen, als Jacques sich im Schlaf zu bewegen begann und ich ihn murmeln hörte: »Ich denke, dass es doch wichtig ist, dass du noch mal nach der Myrrhe suchst«, wonach er sich auf die andere Seite drehte und weiterschlief.

Ja, das konnte ich tatsächlich tun. Ich würde unten in der Hotellobby bei den besonderen Hotelgästen nachfragen, ob ein Schamane darunter war, der vielleicht Myrrhe bei sich hatte. Die Möglichkeit bestand, da es für viele Medizinmänner und -frauen eine sakrale Pflanze war.

In der Lobby saß, neben dem Huichol-Indianer, der zuvor gesungen hatte, ein dicker Amerikaner mit einer altmodischen Brille mit schwarzer Fassung. Sein Äußeres erinnerte mich an einen Missionar. Die wissen sicher, wo es Myrrhe gibt, dachte ich. Um sie herum standen und saßen einige weitere Indianer. Durch die

Erfahrung von soeben fühlte ich mich, als wenn ich einen Schleier im Kopf hätte, so als ob ich nicht mehr klar denken, mich nur noch fantastisch fühlen konnte. Ich fühlte mich, als wenn ich es mit der ganzen Welt problemlos aufnehmen könnte. Ich ging auf den Mann zu.

»*Excuse me, Sir, are you a missionary?*«, hörte ich mich selbst fragen.

Der Mann sah auf und antwortete mit lauter, barscher Stimme: »*Yes, I am a missionary. Why?*«

»Ich suche nach Myrrhe für ein Ritual im Amazonasgebiet. Es ist allerdings sehr schwierig, hier in Bogotá Myrrhe zu finden.«

»Das macht nichts«, mischte sich einer der Medizinmänner in das Gespräch ein, »wenn die Absicht im Ritual ist, reicht das aus.«

Das hätte mir eine Botschaft und eine Warnung sein müssen. Ich hörte aber nicht hin, getrieben durch ein plötzlich emsiges Verlangen, den Wunsch aus der Geisterwelt zu erfüllen. Der dicke Mann mit der schwarz geränderten Brille stand auf und hielt mich an der Schulter fest.

»Warum dachtest du, dass ich ein Missionar sei?«, fragte er.

Ich zog die Schulter hoch, auf der das schwere Gewicht seines Armes drückte.

»*I don't know, Sir, just a thought.*«

»Ich bin kein Missionar, *but let me help you.* Ich werde dafür sorgen, dass du deine Myrrhe findest.«

Mit seinen Armen führte er mich in Richtung eines kleinen, breitschultrigen, etwa 60 Jahre alten Mannes in einem mausgrauen Nadelstreifenanzug. Der Mann hatte einen breiten eckigen Kopf, dem der Hals zu fehlen schien. Er hatte dicke schwarze Augenbrauen, und in seinem kurzen Nacken war das schwarzgraue Stoppelhaar rasiert. Durch seinen hohen breiten Rücken sah es so aus, als wenn er einen Buckel hätte. Der »Missionar« hielt vor diesem Mann an.

»Das ist der beste Taxifahrer Kolumbiens. Er kennt Bogotá wie seine Westentasche. Er wird dir helfen, die Myrrhe zu finden. Aber pass auf, denn *dies ist der Teufel.*«

Ich drückte die kräftige, ausgestreckte Hand des Teufels mir gegenüber. Obwohl ich eigentlich keine Lust hatte, die Sicherheit dieses Hotels noch einmal zu verlassen, um nicht zu riskieren, dass vor der Abreise in das Amazonasgebiet etwas dazwischenkommen könnte, war es scheinbar doch Sinn der Sache, dass ich mit dem Teufel losziehen sollte, um Myrrhe zu suchen. War dies nicht wirklich eine symbolische Einlösung eines alten Karmas?

»*Follow me, Sir*«, sprach der breitschultrige Taxifahrer. Beim Verlassen des Hotels wurde mir klar, dass ich vielleicht die Pressekonferenz verpassen würde. Aber gut, ich hatte ja den Rest der Woche im Amazonasgebiet, um meine Geschichte zusammenzustellen. Es war noch hell, als wir auf die Straße zu seinem Taxi gingen, aber es sollte schnell dunkel werden.

Der Taxifahrer hielt an jedem Lädchen, das wie eine Drogerie aussah, um nach Myrrhe zu fragen. Meist ging ich mit ihm, und die Antwort war immer nein. Nach jedem vergeblichen Versuch klang es aus dem Munde des Taxifahrers: »*Impossible, Sir, to find myrrh in Bogotá.*« Nach dieser Äußerung fuhren wir immer weiter in die Stadt hinein. Es war inzwischen dunkel geworden, die Geschäfte würden in wenigen Stunden schließen. Ich beschloss, die Fahrt geduldig zu ertragen: Wenn wir ohne Myrrhe zurückkehrten, hatte ich schließlich mein Bestes gegeben. Ich bat allerdings im Stillen, dass meine Befürchtung sich nicht bewahrheiten würde, bei dieser Suche zu guter Letzt vielleicht sogar noch im lebensgefährlichen Südbogotá zu landen. Allerdings war auch der euphorische Rausch von vorhin noch nicht ganz aus meinem Kopf verschwunden; insgeheim genoss ich also die spannende Fahrt mit diesem freundlichen Teufel.

Nach weiteren zwei Stunden Fahrens und fruchtlosen Fragens in den Geschäften sah der Taxifahrer mich von der Seite an und sagte: »Die meisten Geschäfte in diesem Teil der Stadt sind jetzt geschlossen. Ich kenne allerdings noch einen Stadtteil, in dem die Geschäfte bis Mitternacht geöffnet sind. Aber seien Sie vorsichtig, Sir. Das ist ein sehr armes Viertel von Bogotá, dort wohnen nur sehr arme Menschen. Sie müssen immer ganz nah bei mir bleiben, Sir.«

In den kaum beleuchteten Straßen des nächtlichen Bogotás sah ich auf einem Wegweiser, wohin wir jetzt fuhren: »Südbogotá«. Wo ein Leben weniger wert war als eine Zigarette. Mein Herz schlug mir in der Kehle – dann fügte ich mich. Nun begann ich klar die Symbolik hinter diesen Ereignissen zu sehen: Der Teufel würde mich in die Unterwelt mitnehmen. Vielleicht musste ich dort mein Ego für die Fehler opfern, die ich in meinen vorigen Leben begangen hatte. Irgendwo tief in meinem noch immer nicht klaren Kopf hatte ich die Vorstellung, dass ich all dies für meine Familie tat. Es sei so. Ich musste die Myrrhe finden, das war scheinbar sehr wichtig für das Gelingen des Rituals. Wenn ich hier wieder herauskam, würde ich von allen Sünden befreit sein.

Während ich mich in den vergangenen Tagen schon ziemlich unbehaglich in Bogotá gefühlt hatte, überfiel mich jetzt buchstäblich ein Gefühl der Platzangst, als wir in die dunklen Straßen von Südbogotá einbogen. Auf unbefestigten Wegen ging es voran. Im hin und her schaukelnden Licht der Taxischeinwerfer tauchten ab und zu spukähnliche Gestalten auf, die mitten auf der Fahrbahn gingen. In einer anderen Straße bewegten sich rechts und links Massen von Menschen in armseligster Kleidung. Mir schien, das war der Hades, die Unterwelt ... Wenn der Fahrer an irgendeinem Kiosk hielt, um nach der Myrrhe zu fragen, heftete ich mich voller Angst an seine Fersen. Allein im Auto wollte ich nicht bleiben. Und immer wieder hieß es: *Impossible, Sir, no myrrh in Bogotá.* Und weiter ging's, endlos immer weiter in die nächsten Straßen, der Taxifahrer ließ nichts unversucht. »Lass dies in Gottes Namen der letzte Laden sein, den er kennt«, wünschte ich irgendwann. Denn ich selbst wollte die Entscheidung nicht treffen, zurückzukehren.

Noch aber war diese Irrfahrt nicht zu Ende. Einmal, als der Fahrer blitzschnell wieder in einem Laden verschwunden war, blieb ich ungewollt im Auto zurück. Ich verschloss alle Türen per Knopfdruck und verfluchte mich insgeheim. Wenn jetzt jemand hier in dieses Taxi schauen und einen Weißen darin sehen würde, dann ... Mein Kopf wurde langsam klarer, und ich fragte mich: Was machte ich hier in Gottes Namen? Was tat ich um Mitternacht am Samstagabend in Südbogotá? Wie dumm war ich gewesen? Als ein paar Männer vorbeikamen, musste ich die Neigung bezwingen, unter das Armaturenbrett zu kriechen – das würde noch mehr auffallen. Ich musste hier weg! Aber wo blieb der Fahrer? War dies das Spiel? War dies die Falle, die Jacques mir hatte stellen wollen? War dies das Spiel der bösen Mächte, die im Voraus verhindern wollten, dass ein Film über die spirituellen Botschaften der Indianer entstand? Ein Spiel, bei dem ich hier in Südbogotá ermordet werden würde?

»Ruhig bleiben, behalte deine Gedanken unter Kontrolle«, sagte ich mir leise. »Du schaffst das. Du schaffst das.« Eine Gruppe Männer kam auf das Taxi zu. Sie sprachen nicht. Ich hielt die Luft an, aber die Gruppe lief einfach am Taxi vorbei und bog in eine der dunklen Gassen ein.

Als der Fahrer endlich – mir schien, nach Stunden – zurückkam, und sein schwerer Körper auf den Sitz neben mir sackte, hieß es wieder: »*Impossible, Sir, no myrrh in Bogotá.*« Wir fuhren weiter durch die dunklen, buckligen Straßen. Unterwegs sah ich eine Gruppe Menschen, die mit erhobenen Händen von Leuten mit Gewehren unter Kontrolle gehalten wurden. Irgendwo brach ein Mann in ein Geschäft ein ... Was für eine Stadt. Ich war sehr froh, als wir auf eine befestigte Straße Richtung Hotel einbogen.

Als wir dort ankamen, fragte mich der Taxifahrer nach meiner Zimmernummer. Er wollte mit Freunden Karten spielen und dort noch einmal nachfragen. Ich bedankte mich bei dem Mann und gab ihm ein sehr anständiges Trinkgeld. »Für so viel Geld werde ich morgen auch noch suchen, Sir«, sagte er, »ich kann es Ihnen immer noch ins Amazonasgebiet nachschicken lassen.« Ich nickte, warf die Tür zu und ging ins Hotel. So etwas darf ich nie mehr, *nie mehr* geschehen lassen, sagte ich mir.

In dem plüschigen Gang schräg gegenüber von dem Zimmer, das Jacques und ich teilten, schlief ein Mann auf einer Couch mit einer Zeitung über seinem Gesicht. Ich klopfte an meine Zimmertür. Jacques würde sicher da sein.

»Herein?«, erklang ein schwaches, sehr ängstliches Stimmchen. Ich öffnete die Tür mit meinem Schlüssel, und das Erste, das ich sah, war Jacques, der in regelrechter Todesangst zusammengekauert auf dem Bett saß. Als er mich hereinkommen sah, sprang er auf. »Mach sofort die Tür zu. Da liegt jemand im Flur. Schließe in Gottes Namen sofort die Tür ab!«

Überrascht schloss ich die Tür und drehte den Schlüssel um. Was war nur los mit Jacques? Warum war er so ängstlich?

»Du hättest niemals fortgehen und mich alleine lassen dürfen. Sie hätten mich hier ermorden können!« Jacques zitterte am ganzen Körper. »Dies ist der letzte Abend, an dem sie mich noch stoppen können. Verstehst du nicht, dass die Gegenkräfte jetzt alles daran setzen werden, um mich zurückzuhalten?«

Jacques schaute jetzt zum Fenster. Die Gardinen aus goldfarbenem Stoff waren noch offen. Aufgeregt zeigte er zum Fenster. »Zieh die Gardinen zu. Sie könnten auf dem Dach sitzen. Wir sind hier in Kolumbien, hier schießen sie einfach durchs Fenster. In den Gardinen ist Gold. Gold beschützt.«

»Ganz ruhig, Jacques, niemand wird auf uns schießen. Was ist passiert?«

»Wo warst du in Gottes Namen die ganze Zeit?«

Ich erzählte ihm, dass ich gerade aus Südbogotá zurückkam,

dass ich mein Leben für die blöde Myrrhe riskiert hatte, die er unbedingt in seinem Ritual einsetzen wollte.

»Du hättest niemals so dumm sein dürfen, dorthin zu gehen! Es ist überhaupt nicht wichtig, ob die Myrrhe in dem Ritual ist oder nicht. Wenn die Intention der Myrrhe da ist, reicht das schon aus.«

Zum ersten Mal fühlte ich, dass ich nun die Kontrolle über die Situation besaß, und nicht Jacques. Es war klar, dass er sich in einem enormen Angstwahn befand. Als er sich ein wenig beruhigt hatte, berichtete er mir, dass in meiner Abwesenheit jemand an seine Tür geklopft habe, er aber nicht geöffnet hatte, weil ihm der Name unbekannt war, der ihm zugerufen wurde. Der Sache sei auf jeden Fall nicht zu trauen gewesen. Irgendwann hätte dann das Telefon geklingelt, und er hätte wegen einer offenen Rechnung eines Getränks nach unten zur Rezeption kommen sollen. »Erdbeersaft«, stammelte Jacques, »ich hatte gar keinen bestellt! Erdbeersaft – mein Blut! Den wollten sie mit mir abrechnen.«

»Jesus«, rutschte es mir heraus. Dieser Jacques war total verrückt. In meinem Kopf war jeglicher Schleier verschwunden. Ich fühlte mich auf einmal vollkommen nüchtern, mit beiden Beinen fest auf dem Boden und in der Lage, nun die Führung zu übernehmen. Ich war der Meinung, dass mein Reisebegleiter mit seinen Gedanken über Gegenkräfte viel zu weit ging und überlegte, was ich jetzt mit ihm tun sollte. Da klingelte das Hoteltelefon. Wer rief uns mitten in der Nacht an?

»Nicht abheben!«, rief Jacques, »lass den Hörer liegen!«

Nach kurzem Zögern nahm ich trotzdem ab und fühlte, wie Jacques neben mir fast explodierte. Es war der Taxifahrer. »*Impossible, Sir, to find myrrh in Bogotá*«, verkündete er. Er habe noch einmal Freunde gefragt, aber sie wüssten auch nichts.

Jacques war immer noch außer sich, und gerade wollte ich ihn mit einer Geste besänftigen, als ich sah, dass sein Blick auf einen meiner Koffer fiel, die ich für unsere Reise ins Amazonasgebiet vorbereitet hatte. Aus dem Koffer hing der Riemen einer meiner Fotokameras. In dem Koffer befanden sich außerdem noch mein Mini-Reportagetonbandgerät und mein Mikrofon sowie ein Belichtungsmesser und mein zweiter Fotoapparat. Auf einmal sah ich die Angst aus Jacques' Augen verschwinden und Wut auftauchen.

»Du! Du hast deinen Koffer voll mit Kameras! Du denkst immer noch nur daran, deine Reportage sicherzustellen. Nach allem, was passiert ist, nach allem, was die Leute von der Stiftung zu dir gesagt haben, überlegst du immer noch, wie du deine Geschichte hier machen kannst. Verdammt, Mann, denk doch mal nach! Was glaubst du, was geschieht, wenn du im Amazonasgebiet auf einmal deinen Koffer aufmachst und sie sehen, was du – entgegen allen Absprachen – alles mitgeschmuggelt hast?«

Verdutzt betrachtete ich den Koffer. Ich hatte noch gar nicht darüber nachgedacht, aber es könnte wirklich falsch ausgelegt werden.

»Es ist der Sinn der Sache, dass du die Rituale mitmachst. Das ist viel wichtiger als dieses Magazin, für das du schreiben sollst.«

Ich spürte, dass das starke Gefühl, das ich soeben noch hatte, wie Schnee in der Sonne schmolz. Und gleichzeitig merkte ich, wie Jacques immer stärker wurde, wie er immer mehr sein altes Selbstvertrauen wiederfand. Ich spürte sehr deutlich, dass dies alles in meinem Körper geschah. »Verdammt«, dachte ich im Stillen, »dieser Jacques pfuscht in meinem Energiefeld herum. Er stiehlt mir die Energie, er saugt mich völlig aus, um selbst dadurch stark zu werden. Er erdet sich über mich.«

Geschah das nicht schon die ganze Reise lang? Möglich war es. Ich setzte mich auf mein Bett, jetzt todmüde, und schaute zu meinem Reisepartner hoch. Mit wem war ich hier eigentlich unterwegs? Jacques hatte das Telefon vom Nachtschränkchen genommen und hielt mir den Hörer vor das Gesicht. »Ruf Maria-Christina an. Sag ihr, dass sie diesen Koffer holen soll. Hörst du mich? Dieser Koffer kann absolut nicht mit an den Amazonas. Es klebt eine sehr negative Energie an diesem Koffer. Und morgen ist keine Zeit mehr. Christina muss ihn jetzt holen.«

Ich schüttelte den Kopf. »Es ist zwei Uhr nachts, Jacques. Ich rufe jetzt niemanden mehr an.«

Mit einem Rums legte Jacques den Hörer wieder auf die Gabel. »Dann bringen wir den Koffer jetzt weg zum Hotel Lourdes.« Jacques begann, meinen Koffer zu schließen. Ich sah ihn fragend an.

»Warum zum Hotel Lourdes? Wir können ihn hier doch auch unten an der Rezeption abgeben?«

»Den Leuten vertraue ich nicht. Komm, wenn du nicht mitgehst, bringe ich ihn alleine weg.«

Ich runzelte die Stirn. Das war doch zu verrückt. Aber wie auch immer – ich konnte Jacques in diesem Zustand nicht alleine lassen und fügte mich. »Okay, bringen wir in Gottes Namen den Koffer weg.«

Unten in der Lobby angekommen, sahen wir Francesco an der Rezeption, den Mann, der angeblich zu den Gegenkräften gehörte. Was machte er hier so spät …? Ich hatte Mühe, mit Jacques Schritt zu halten, der den schweren Koffer durch die Drehtür schob, aber plötzlich stehen blieb, und dann auf dem Absatz kehrtmachte. Er bedeutete mir zornig, dass nun ich mit dem Koffer weitergehen sollte. Durch das Scheibenglas erkannte ich im grellen Neonlicht vor dem Hotel die Silhouetten von schwer bewaffneten Männern, deren Maschinengewehre lose über ihre Schultern hingen. Ich verstand nur Bahnhof: Selbst vertraute der gnädige Herr der Lage nicht, aber mich wollte er in die unsichere Situation schicken?

In diesem Augenblick verschwand bei mir der letzte Rest des Glaubens an die wahrhafte, gute Seite dieses Schamanen. Hatte ich bislang Zweifel in Bezug auf die Frage verspürt, ob Jacques mit seinen hellseherischen Aktivitäten nicht vielleicht letzten Endes doch nur das Beste mit mir vorhatte – diese Tat war für mich der überdeutliche Beweis, dass dieser Mann nicht astrein war. Ich konnte ihm absolut nicht mehr vertrauen. Abwartend blieb ich stehen, während ich meinen schweren Koffer abstellte.

»Warum stehen die bewaffneten Männer da auf der Straße?«, hörte ich Jacques Francesco fragen. Francesco lächelte: »Bewachung«, antwortete er, »um zu vermeiden, dass Räuber in das Hotel eindringen.« Jacques schien beruhigt, denn mit geschwindem Schritt lief er nun aus dem Hotel, um ein Taxi anzuhalten. Gegen drei Uhr waren wir im Hotel Lourdes, und gegen vier Uhr morgens wieder zurück. Wir hatten so gut wie kein Wort mehr miteinander gesprochen. So schnell ich konnte, kroch ich in mein Bett, um die ganze Situation zu überdenken.

Wer war dieser Mann eigentlich? Wenn ich alles zusammenzählte, war es diesem Klangschalentherapeuten recht gut gelungen, sich an mich zu hängen. Aber was war seine Triebfeder? Allerlei Gedanken spukten mir durch den Kopf. Ich war mit einem Psychopathen auf Reisen, der mich unterwegs ermorden wollte – in Kolumbien würde kein Hahn danach krähen ... oder war er mitgekommen, um die Zusammenkunft zu stören? War nicht Francesco, sondern *er selbst* eine der dunklen Mächte, die vermeiden wollten, dass die Zusammenkunft Erfolg hatte, damit das vor vielen Jahrhunderten vorhergesagte Ziel dieser Zusammenkunft nicht erreicht werden würde, nämlich die Genesung der Erde? War es das? Aber war ich dann nicht wirklich mit dem reinkarnierten Teufel unterwegs? Dem Teufel, der die Menschheit in der Welt gefangen halten wollte, wie sie jetzt war, oder der Welt, wie die Mächte des Bösen sie wollten: eine Welt wie hier in Kolumbien?

Im Dunkeln neben mir hörte ich Jacques regelmäßig atmen. Der Teufel schlief. Meine Müdigkeit besiegte meine Grübelei. Trotz allem schlief auch ich ein.

Die alten, klappernden, typisch südamerikanischen Busse, die die Indianer und ihre Gäste zum Militärflughafen bringen sollten, qualmten auf dem Platz vor dem Hotel. Zwischen den Koffer schleppenden Menschen sah ich durch die sonnenbeschienenen Rauchschwaden auch Jacques spazieren. Er hatte sich seit Beginn der Reise nicht mehr rasiert und inzwischen einen ziemlichen Bart bekommen. Ein Weißer mit einem Bart. Quetzalcoatl, wer's glaubt ... Ich saß auf einer Betonmauer vor dem Hotel. In dem frühen, angenehmen Sonnenlicht, in dieser fröhlichen Atmosphäre aufgeregter Erwartung vor der Reise, konnte ich mit mehr Ruhe auf die Ereignisse der vergangenen, hektischen Nacht zurückblicken. Und ganz deutlich entstand in meinem Kopf auf einmal das Wort »Psychose«. Ich schlug mir mit der flachen Hand an die Stirn: Das war passiert, natürlich. Jacques war, nachdem ich ihn allein gelassen hatte, in eine Angstpsychose gekommen, hatte komplett den Boden unter den Füßen verloren und seine Nerven. Warum hatte ich das gestern Abend nicht direkt gesehen?

Nun, ich hatte auch keine Erfahrung mit Psychosen, hatte immer die Vorstellung gehabt, dass man so etwas sofort sehen könnte, an dem Blick einer Person oder an der Art und Weise, auf die sie sich verhielt. Jacques setzte sich neben mich. Auch er schien nun sehr ruhig und betrachtete wohlwollend die Szenerie.

»Weißt du, Jacques, ich glaube nicht, dass uns hier jemand ermorden will. Ich glaube nicht einmal, dass uns jemand zurückhalten will. Lass uns diese Reise genießen. Ich denke, dass sie fantastisch wird.« Jacques nickte. Das Verhältnis zwischen uns hatte sich wieder gebessert, vor allem, da ich wusste, dass er unter dem Einfluss einer Psychose gehandelt hatte: Er war völlig außer Kontrolle gewesen. Ich versprach mir insgeheim, auf ihn aufzupassen, damit es nicht noch einmal so weit kommen würde. Die Busfahrer hupten laut: Die Indianer, rund 400 plus 100 Brückenmenschen, nahmen in den Bussen Platz, die nun klappernd zum Militärflughafen abfuhren.

Die riesigen plumpen Hercules-Flugzeuge, die die kolumbianische Armee zur Verfügung gestellt hatte, waren so alt, dass ich durch die Spalten im Gehäuse die blaue Luft sehen konnte. Eine der »Kisten« war viel zu spät gekommen; außerdem hatten die Wartungsteams noch einige Mängel festgestellt, die erst noch repariert werden mussten. Die kolumbianische Regierung fühlte sich nach eigener Aussage sehr verantwortlich für ihre besonderen Gäste und wollte daher kein Risiko eingehen. Es verwunderte mich, dass die Regierung eines solchen Landes eine derartige Haltung gegenüber der indianischen Kultur einnahm. Grundsätzlich ging es hier eher rassistisch zu, aber, wie jemand von *Sendama* meinte, wusste auch die Regierung inzwischen nicht mehr, wie es mit all der Gewalt im Land weitergehen sollte. Es gab auch in diesen Kreisen Menschen, die stark an das Ziel dieser Zusammenkunft glaubten. Der offizielle Regierungsfunktionär allerdings hatte sich gestern auf der Pressekonferenz durch einen Brief vertreten lassen, wie ich später hörte. Mit dem Engagement der Regierung hielt es sich in meinen Augen also doch noch in Grenzen.

Gemeinsam mit Jacques saß ich im letzten Flugzeug. Es war präzise darauf geachtet worden, dass keine ungeladenen Gäste mitfliegen konnten. An den beiden Seiten im riesigen Bauch der Hercules waren für die Passagiere kleine Klappstühle aus Stoff befestigt. In der Mitte waren zwei weitere Reihen Klappstühlchen über die gesamte Länge angebracht. Die Passagiere saßen hier mit dem Rücken zueinander. Manche derer, die sich gegenüber saßen, lächelten einander zu, andere blickten neutral drein, und einige schauten sehr ängstlich geradeaus. Es waren viele Indianer dabei, die zum ersten oder zweiten Mal in ihrem Leben flogen und Todesangst ausstanden – und in diesen gammeligen, bockenden Kisten war das mehr als vorstellbar. Aus den tiefsten Urwäldern waren Menschen gekommen, die zum ersten Mal in ihrem Leben eine so große Reise unternahmen. Später hörte ich, dass ein alter Indianer aus Französisch-Guyana alles, was er besaß und hatte sammeln können, verkauft hatte, um zu der Zusammenkunft reisen zu können. Er war leider zu spät angekommen: Die Flugzeuge waren schon abgeflogen.

Ich selbst stand neben den Soldaten gegen den gigantischen Berg Gepäck gelehnt, der am Ende des Rumpfes gelagert und mit Riemen festgezurrt war. Als einer der wenigen hatte ich dadurch Aussicht aus einem der kleinen runden Fenster, die auf fast zwei Metern Höhe in der Seitenwand angebracht waren. Wann immer das brüllende Flugzeug in eine Schräglage kam, konnte ich unter den Nebelfeldern einen weitläufigen grünen Ozean liegen sehen: den Amazonas. Wir waren etwa anderthalb Stunden über diese grüne Ebene geflogen, als die Maschine auf einmal sehr stark in eine Kurve ging und durch die Wolken hindurch die Biegung eines breiten gelben Flusses sichtbar wurde. Es schien fast, als ob das Flugzeug schon so niedrig flog, dass einer der Flügel fast das Wasser berührte. Kurz darauf sah ich zwischen den hohen Bäumen des südkolumbianischen Dschungels einen Streifen freigeschlagenen Urwald: die Landebahn von Araraquara.

Der Lärm im Flugzeug nahm gleichmäßig zu mit der Unruhe, die die Landung bei einigen Passagieren verursachte. Die Maschine wackelte ein paar Mal heftig. Ich sah, wie einer der Schamanen leichenblass seine Trommel zum Vorschein holte und in einem beständigen Rhythmus zu trommeln begann, wie um sich selbst zu beruhigen. Mit einem ohrenbetäubenden Lärm landete das plumpe Flugzeug auf der Landebahn im Regenwald. Sofort nach der Landung wurde es bullenheiß in der Kiste. Schweiß strömte mir über den Körper. Als sich die Klappe an der Rückseite hinter dem Gepäck öffnete, sah ich in der Ferne die hohen Bäume des Urwalds. Irgendwo dahinten würden die Rituale stattfinden. Als die Klappe zur Gänze geöffnet war, sah ich Soldaten mit Maschinengewehren auf der Schulter, die sich dem Flugzeug näherten. Rund um die Landebahn waren Mäuerchen aus Sandsäcken gebaut, wie kleine Forts. Oben auf diesen Forts waren großkalibrige Maschinengewehre positioniert, mit einem oder zwei Soldaten bemannt, deren Silhouetten sich vor den Wolken in einem ansonsten blauen Himmel abhoben. Das war also Araraquara.

Von hier aus würden wir mit der ganzen Gruppe zum Fluss gehen. Im Bauch des Flugzeugs waren alle dabei, aufzustehen und die drückende Hitze im Rumpf zu verlassen. In dem Gewühl sah ich Jacques, der unbeweglich nach draußen starrte, während ihm die Tränen über die Wangen liefen. Als wir über die Landebahn zum Waldrand gingen, begann es auf einmal heftig zu regnen. Einige Maya-Indianer trugen auf dem Kopf eine traditionelle Marimba, eine indianische Art des Xylophons aus Holz. Die Marimba war halb in einen Karton verpackt, der durch den plötzlichen heftigen Regen durchnässt wurde und riss. Auch die Kleider der Teilnehmer waren in kürzester Zeit durchnässt.

Am Ende der Landebahn am Waldrand standen einige Holzhütten, unter denen sich auch ein Vorratsladen befand. Eine große Gruppe Soldaten stand vor dem großen vergitterten Fenster, um Fleisch oder Fisch in Dosen, Zigaretten oder hochprozentigen Alkohol zu verkaufen. Ein Mann mit einem großen Hut band sein Pferd an der Holzveranda fest, um sich zu der Gruppe Soldaten zu gesellen. In diesem abgelegenen Gebiet musste das plötzliche Auftauchen unserer vom Regen triefenden Gruppe wirklich seltsam aussehen. Jacques, ich und noch ein paar andere waren die Letzten, die an den Hütten ankamen. Hinter den Hütten verlief ein breiter Waldweg, über den die Gruppen vor uns die wenigen Kilometer zum Fluss bereits zurückgelegt hatten. Von dort aus wurden sie in kleineren Gruppen abgeholt, um mit dem Boot zu dem Indianerdorf in den Dschungel gebracht zu werden, wo die Rituale abgehalten werden sollten.

6
Erde, Erdkraft
NO'J (CABAN)

No'j ist »das, was bewegt«.

No'j lässt wachsen, indem es den Dingen

ihren rechten Platz zuerkennt.

Die Erde roch intensiv und dampfte nebelig, als die Sonne wieder schien. Die Geräusche klangen hier gedämpft. Sie erstickten in den Bäumen, in der Natur, und die ruhige Stille war eine Erleichterung nach der Woche im lauten Bogotá. Irgendwie war dieser Ort enorm beruhigend, es schien, als ob meine Füße besser mit der Erde in Kontakt waren als in Bogotá, als ob die Erdenergie direkt in meine Füße strömte.

In einer der nächtlichen Sitzungen hatte die fremde Stimme über Araraquara gesprochen. Die Erde war ein lebender Organismus, der ebenso wie der Mensch bestimmte energetische Kraftpunkte besaß. Araraquara sollte sich der Stimme zufolge ganz in der Nähe des Basis-Chakra der Erde befinden. Und dieser wichtige Kraftpunkt war nun der erste, den die Indianer mit ihren gemeinschaftlichen Ritualen heilen wollten. Die nächste Zusammenkunft sollte ein Jahr später in Neumexiko sein. Auf diese Weise wollten die Medizinmänner in einer Spiralform rund um die Mitte des Kontinents ihre gemeinschaftlichen Rituale

durchführen, wie eine Schlange, die sich über den Kontinent aus-
rollt. In jenem Jahr sollte diese Gegend jedoch von einem gewaltigen Erdbeben erschüttert werden. War das die Folge des Aus-
rollens der Schlange, davon, dass die Kundalini-Energie der Erde
geweckt wurde? Wir stellten unsere Koffer auf einen kleinen Gepäckwagen aus Eisen, auf dem schon die Taschen und Koffer der
übrigen Teilnehmer standen. Skeptisch schaute ich auf die kleinen Räder des Karrens und auf den moddrigen Weg voller
Schlaglöcher und Unebenheiten. Es schien mir ein ordentliches
Stück Arbeit, diese Karre voller schwerer Koffer über diesen Weg
zum Fluss zu schieben.

Das allerdings war die Aufgabe von Francesco, der wieder
einmal nervös lachend mit einer Gruppe Männer auf einer Veranda saß und schwatzte. Ich erkannte außerdem den dicken
»Missionar«, der ein grünes Armeecape übergeworfen hatte und
eine Flasche Whisky zum Mund führte. Er schien aus Mexiko zu
stammen und war mit dem Huichol-Indianer gereist, dem Medizinmann, der im Hotel Tequendama so laut gesungen hatte und
»Chapo« genannt wurde. Jacques schleppte seine vier wirklich
bleischweren Koffer voll tibetischer Klangschalen zum Gepäckwagen.

»Sollen wir nicht ein paar Koffer selbst tragen?«, schlug ich
vor. Er schüttelte den Kopf. »Francesco hat es uns so schwer gemacht, hierher zu kommen, lass ihn selbst jetzt auch mal ein bisschen schwitzen.«

In ständigem Strom zogen Teilnehmer über den Sandweg in
Richtung Fluss. Nach einer Stunde Pause entschlossen wir uns,
ihnen zu folgen. Zum Glück hatte ich meine festen Bergschuhe
an und keine flachen Schuhe, wie Jacques sie trug. Der nasse
Lehm machte den Weg rutschig, vor allem, als dieser ab und zu
ordentlich bergab führte. Triumphierend dachte ich, dass Jacques
doch nicht alles vorhergesehen hatte, als ich ihn beinah ausrut-
schen sah und hinter mir laut fluchen hörte.

Zwischen den Bäumen am Rande des Weges konnte man hin

und wieder über den hügeligen Dschungel sehen. Das kannte ich aus Neuguinea, freute mich richtig und genoss die Wanderung. In einer scharfen Kurve begegnete uns plötzlich eine Gruppe Soldaten der kolumbianischen Armee. Einer von ihnen zog einen Stier an einem Lederriemen hinter sich her, während die übrigen aus der Gruppe dem Tier gelegentlich einen heftigen Stoß mit dem Gewehrkolben gaben. Der Stier blutete stark aus dem Hals. Offenbar hatte einer der Soldaten mit einer Machete zugeschlagen. Plötzlich fiel das Tier um und blieb am Wegesrand liegen. Blut spritzte auf den schlammigen Weg. Wir versuchten, in möglichst großem Bogen um das verletzte Tier herumzugehen. Ich sah, dass Jacques leichenblass geworden war und sich ängstlich während des Gehens gegen die Bergwand drückte, so als ob er in dem Berg verschwinden wollte. Als wir vorbei waren, überholte uns kurz danach der dicke Mexikaner. Er sah sich lachend nach der Szene um. »Der hat offenbar keine Lust, heute Abend das Abendessen zu sein.«

»Hast du das gesehen? Ein blutender Stier«, hörte ich Jacques murmeln, »ein blutender Stier, das Symbol für den großen Schamanen ...« Das schwerfällige Tier war endlich wieder aufgestanden und setzte den Weg bis zu seinem Ende fort. Und die Soldaten fuhren fort, es mit der Rückseite ihrer Gewehre zu schlagen.

Wir kamen jetzt in ein Dorf, das zu meiner Überraschung aus weißen Steinhäusern bestand. Auf einem Hügel etwas außerhalb des Dorfes war eine katholische Kirche zu sehen. Lahaye hieß der Ort, er lag direkt am Fluss. Von hier wurden die Teilnehmer stromabwärts gefahren, in den Dschungel zur indianischen Niederlassung, die Aduche genannt wird.

Wir beschlossen, in der trägen Nachmittagshitze auf einem kleinen Platz in der Mitte des Dorfes zu warten, bis eines der flachen Boote uns schließlich abholen würde. Nach einigen Stunden kam ein schnaufender Francesco mit drei weiteren Männern vorbei – hinter dem quietschenden Gepäckwagen voller Koffer. Als er uns sah, verzog er sein verschwitztes Gesicht zu einem breiten Grinsen. Er hievte die schweren Koffer von Jacques vom Gepäckwagen und stellte sie vor ihm auf den Boden, während er uns lachend umarmte. Sein T-Shirt war vom Schweiß durchnässt.

»*This is your responsibility now*«, sagte er mit seinem typischen nervösen Lachen, während er mit seiner Hand eine abwehrend winkende Bewegung in Richtung der bleischweren Koffer machte. Eigentlich fand ich Francesco recht sympathisch. Jacques lächelte herablassend, holte seine Handtrommel zum Vorschein und begann, leise zu trommeln. Der Gepäckwagen entfernte sich laut quietschend und knackend. Kurze Zeit später waren wir wieder allein, während Jacques zu singen begann. Einer der Medizinmänner, die ich aus dem Hotel Tequendama erkannte, setzte sich zu uns und betrachtete Jacques und seine Trommel, ohne ein Wort zu sagen. Der Mann schielte ganz anständig und hatte nur wenige Zähne im Mund, die grün von den Blättern waren, auf denen er kaute. Wahrscheinlich kaute er Cocablätter, so wie ich es mehrere Menschen hier hatte tun sehen.

Jacques holte eine weiße Feder zum Vorschein und band sie dem Mann um das Handgelenk. Er machte eine schenkende Geste dazu. »*Für dich*«, sagte er und trommelte weiter. Der Medizinmann streckte beide Handflächen vor, als ob er unsere Energie abtasten wollte. Dann grinste er, nickte und stand auf, um uns wieder allein zu lassen.

Der Himmel begann sich schon rot zu färben, als wir endlich an der Reihe waren. Am hinteren Ende des flachen Bootes befand sich ein kurzer Tunnel aus schwarzem Plastik. Darunter wurden die Koffer der Teilnehmer verstaut, selbst mussten wir vorne im Boot Platz nehmen. Es waren allerdings nicht mehr besonders viele Koffer. Es kam mir so vor, als wären die meisten Mitfahrer Indianer aus der näheren Umgebung, die ebenfalls zur Zusammenkunft wollten. Beim Einladen der Koffer bekam ich ein ungutes Gefühl: Ich hatte meinen eigenen Koffer bis jetzt noch nicht gesehen und war davon ausgegangen, dass er noch bei dem Rest stand. Aber wo war er jetzt? Mich beschlich das Gefühl, dass etwas mit meinem Koffer passiert war und dass dies für mich eine Lehre sein sollte. Ich wehrte den Gedanken ab. Nur meine Kleidung, ein Moskitonetz und meine Zahnbürste waren in dem kleinen Koffer, sonst keine wertvollen Gegenstände. Er würde wohl von selbst wieder auftauchen.

Jacques sah sich in dem Boot um und schien zufrieden mit dem, was er sah. »Der Medizinmann von eben ist schon weg zum Indianerdorf, mit meiner weißen Feder. Jetzt wissen sie, dass ich komme. Sie werden uns herzlich empfangen.« Nun ja, das würden wir schon sehen. Ich zweifelte noch immer ziemlich an der Rückkehr von Quetzalcoatl und dem weißen Bruder von der anderen Seite des Ozeans. Dafür stimmte irgendetwas einfach nicht an der Person Jacques'.

Ich genoss intensiv die prächtige rote Widerspiegelung des Sonnenlichts auf dem Fluss, und als wir abfuhren, durchströmte mich ein abenteuerliches Glücksgefühl, weil ich dies in meinem Leben erleben durfte. Zwischen ein paar freundlich lächelnden Indianerfrauen sitzend, sah es ganz danach aus, als würde es eine wunderschöne Fahrt werden, und ich war neugierig, wie das Ziel aussehen würde – da hinten, irgendwo im Dschungel. Die ersten Sterne waren aufgegangen, und ein leuchtender Stern funkelte in diesem Abendlicht schon so hell, dass er eine Art Dreieck zu bilden schien, einen Punkt, dessen Strahlung sich ein Stück ausdehnte. Er sah aus wie die gestickten Handarbeiten, die früher bei einer Tante von mir in der Bauernküche hingen. Das Auge Gottes, das uns wohlwollend im Blick hatte, während wir die breite Biegung des Flusses durchquerten und die letzten Häuser aus dem Blickfeld verschwanden. Der Stern schien uns lange und fröhlich nachzuschauen.

Der Urwald lag recht dunkel und geheimnisvoll zu beiden fernen Ufern des breiten Flusses. Lachende Gesichter, glänzende Augen, die Indianer um uns herum murmelten leise in der Abendstimmung, der Wind strich warm durch unsere Haare. Als wir in einen kleinen Nebenfluss einbogen, wurde es ziemlich schummrig im Boot, und der Himmel über uns färbte sich immer dunkler. Wie in einem Traum drangen die geheimnisvollen Geräusche des Urwalds zu mir durch, wenn der Motor kurz ausgeschaltet wurde, um ein paar untiefe Stellen zu passieren oder einen auf dem Wasser treibenden Ast zu umfahren. Die Stimmen klangen in der Abendstille gedämpft. Wir kamen sehr langsam vorwärts, manchmal streiften die Äste beinah unsere Köpfe, dann wurde der Fluss wieder etwas breiter. Jacques hatte noch immer seine Trommel bei sich, und als es völlig dunkel wurde, fing er an, rhythmisch zu trommeln.

Über uns erschien wie ein leuchtender Wegweiser die Milchstraße. Mein Gott, wie wunderbar! Was für ein Licht verbreitete der reich besäte Sternenhimmel hier zwischen den dunklen Silhouetten der Bäume! Pechschwarz war der Urwald, aber über uns funkelten die Sterne, als ob sie es nur für uns täten, als ob ihnen dieses Boot auf dem Weg zu unserer sakralen Zusammenkunft für die Einsegnung eines neuen Zeitalters auf der Erde gefiele. Das Zeitalter des Wassermanns.

Jacques' Trommeln sorgte für Stimmung im Boot, einige Indianer begannen leise zu singen. Der Streifen sichtbarer Sterne über unseren Köpfen verbreitete und verengte sich, je nachdem wie der Urwald sich hoch über unseren Köpfen öffnete und schloss.

»Sieh nur, das Kreuz des Südens«, rief Jacques plötzlich. Ich sah nach oben, und direkt über uns – genau in dem schmalen Streifen, der jetzt sichtbar war – erschien das magische Kreuz der Sterne. Es sah so aus, als könne man sie direkt vom Himmel pflücken, so nah waren sie. Es war beinahe so, als wenn ein gigantisches Christuskreuz direkt vor unseren Gesichtern hing, wie ein symbolisches Zeichen aus der Welt der Nacht. »Das Christentum geht auch mit ins Wassermannzeitalter. Trotz allem ist seine Philosophie der Liebe und des Mitleids auch bei dieser Zusammenkunft vertreten. Viele Indianer haben ihre alte Religion mit Elementen aus dem Christentum vermengt. Sieh nur, der mittlere Stern fehlt. Das Leiden ist verschwunden«, sagte Jacques aufgeregt.

Und tatsächlich: Das Kreuz bestand nicht aus fünf Sternen, sondern aus vier. War das immer so gewesen? Ich wusste es nicht, das Kreuz des Südens ist schließlich nur auf der südlichen Halbkugel sichtbar.

Jacques veränderte mit seiner Trommel fortwährend den Rhythmus: eins, eins, eins, eins, dann eins-zwei, eins-zwei, eins-zwei, dann eins-zwei-drei, eins-zwei-drei und so weiter. »Fantastisch«, hörte ich ihn rufen, »ich sehe immer wieder andere Sterngruppen auftauchen, die den Rhythmus angeben. Guck, fünf klare Sterne. Der Kosmos selbst gibt den Rhythmus an. Der Kosmos reagiert auf mein Trommeln.« Jacques' Worte drangen kaum zu mir durch, ich staunte mit offenem Mund und spürte, wie ich immer mehr von der Sternenpracht über mir, der warmen Nacht, dem schwülen Morastgeruch und der außergewöhnlichen Atmosphäre in diesem Boot verzaubert wurde. Dies war eine magische Reise, alles war in dieser magischen Existenz möglich, wirklich alles.

»Einst wird der Adler in der Nacht so hoch fliegen, dass er auf dem Mond landet. Dann kommt Blut auf den Mond, und das wird der Beginn des großen Erwachens sein.«

»Sechs«, hörte ich Jacques jetzt rufen, und er passte seinen Rhythmus an. Dann kamen wir in eine etwas offenere Lagune, in der die Sterne die Möglichkeit hatten, sich im Wasser vor uns zu spiegeln. Und ich bekam eine Gänsehaut, als sich plötzlich in der Mitte der Lagune ein schwarzer Schatten erhob, der sich hoch über den Bäumen vor dem Sternenhimmel abzeichnete. Wieder ein Kreuz, aber dieses Mal ein riesiges, schwarzes Kreuz.

»Sieh nur, da steht ein Kreuz, ein schwarzes Kreuz«, schrie ich Jacques über das Getrommel hinweg zu. Wurde ich jetzt komplett verrückt? Dann drehte sich das Boot, und ich sah, dass mein »Kreuz« nur aus einem einsamen Baum mit dicken Ästen zur Seite hin bestand. Mit klopfendem Herzen setzte ich mich wieder hin. »Zehn«, rief Jacques. Und kurze Zeit später: »Jetzt sehe ich elf Sterne.« Ich verstand nicht, was er so alles sah, aber mir war es recht, und ich begann, seinen Rhythmus gegen den Bootsrand mitzutrommeln. Die Magie dieser Fahrt verzauberte mich. Jacques zählte bis zwanzig und beendete seine Trommel-session.

Wie lange waren wir jetzt schon in diesem dunklen Urwald unterwegs? Ich wusste es nicht mehr, hatte jedes Zeitgefühl verloren, wenn der tuckernde Motor zum x-ten Mal ausging und das Boot geräuschlos vorantrieb. Nun entstand Bewegung im Boot. Einige Passagiere riefen etwas, und schließlich sah ich, was die Aufregung verursacht hatte: ein Feuer. Es flackerte zwischen den Bäumen und kam immer näher. Jetzt erklangen Rufe aus dem dunklen Wald, die durch einen unregelmäßigen Stimmenchor aus unserem Boot beantwortet wurden. Kurze Zeit später fuhr das Boot über Sand, und wir gingen einer nach dem anderen an Land.

Im Feuerschein standen ein paar Menschen, die uns vorsichtig über einige Baumstämme halfen, die über einen Abgrund gelegt waren. Wie tief, das konnte ich im Dunkeln nicht erkennen. »Mein Koffer«, erkundigte ich mich sofort. »Ich habe meinen Koffer nicht gesehen.« Der Mann im Dunkel neben mir sagte, dass im Dorf alle Koffer in einer Hütte beieinander standen. Wahrscheinlich sei er dabei.

Über einen stockdunklen Weg folgte ich der Person vor mir, ohne zu wissen, wohin wir überhaupt gingen. Irgendwo vorn sah ich ein Licht flackern, dort musste ein großes Feuer brennen. Nun wurden auch die Umrisse von Hütten mit Reetdächern sichtbar, und plötzlich standen wir zwischen den Holzpfählen eines langen, offenen Raums unter einem Reetdach, der von vielen Kerzen behaglich beleuchtet wurde, die auf zwei Reihen langer Holztische gestellt waren. Links und rechts von mir saßen die Indianer, die meisten in ihre zeremonielle, traditionelle Tracht gekleidet, manche mit Federn auf dem Kopf. Es schien, als seien wir Hunderte Jahre in die Vergangenheit gereist.

Ich wurde ein wenig verlegen, als wir uns der Schlange anschlossen, die in der Mitte zwischen den beiden mit Tellern gedeckten Tischen vor den großen Kochtöpfen auf dem Feuer wartete. Gemütlich schwätzten die Medizinmänner und -frauen, die indianischen Ältesten aus Hunderten verschiedener Stämme, mit glänzenden Augen miteinander. Später hörte ich die Namen der Stämme, die ihre Vertreter geschickt hatten. Aus Kanada waren unter anderem Cree und Dene angereist. Aus den Vereinigten Staaten kamen Apachen, Comanchen, Navajos, Cherokee, Hopis und Nahuas. Aus Mexiko und Guatemala Mayas, Zapoteken, Azteken und Huichol-Indianer, aus Südamerika Quechuas, Huaronees, Aymaras, Arhuacos, Kogis und Jivaro – ja, es schien sogar eine Medizinfrau hier zu sein, die die allerletzte Vertreterin ihres Stammes war. Aus den entlegensten Winkeln und Ecken dieses riesigen Kontinents waren sie nun endlich in diesem dunklen Dschungel gelandet.

Noch ein wenig scheu angesichts dieses prächtigen, exotischen Schauspiels sah ich mich um zu Jacques, der sich inzwischen auch einen Teller genommen hatte. Zu meiner Überraschung schaute er etwas verärgert und verständnislos drein. »Ich glaube, die veräppeln uns hier«, sagte er verdrießlich.

»Was hast du denn erwartet? Dass sie uns auf einen Schild heben und ins Dorf tragen würden?«, fragte ich ihn.

»Na, lass uns etwas essen«, war seine mürrische Antwort. Ich reagierte nicht mehr auf ihn, hatte aber vage das Gefühl, dass das Universum ihm einen Streich spielte. Die Reihe schob sich langsam zwischen den Tischen vorwärts, ich bestaunte immer noch die vielen Kulturen, die hier versammelt waren. Neben mir hörte ich plötzlich einen Pueblo-Indianer – oder zumindest jemanden, der meiner Ansicht nach so aussah – mit einem unverfälschten nordamerikanischen Akzent zu seinem Tischnachbarn sagen: »Well, es ging um die Zusammenkunft des roten, des schwarzen, des gelben und des weißen Bruders. *But where the hell is the White Brother?*« Meine Nackenhaare sträubten sich. Dieser Mann sprach von der Hopi-Prophezeiung, genau der, über die ich gelesen hatte und über die Jacques oder die Stimme ebenfalls gesprochen hatte. Konnte es denn doch wahr sein, konnte Jacques wirklich die legendäre Figur aus seinen Prophezeiungen sein?

Ich beugte mich zu dem Mann hinüber, tippte ihm auf die Schulter und zeigte hinter mich. »*Excuse me, Sir*, ich hörte Sie über den weißen Bruder sprechen. Kann *er* vielleicht Ihr weißer Bruder sein?« Der Pueblo-Indianer sah mich kurz mit großen, erstaunten Augen an. Dann kippte er beinah hintenüber vor Lachen. Unsicher sah ich den Rest der Gesellschaft an, der wohl nicht gehört hatte, was ich gesagt hatte, und fügte mich schnell wieder in die Reihe ein. Jacques stand jetzt vor mir und drehte sich zu mir um. Auch er hatte nicht gehört, was ich zu dem Pueblo-Indianer gesagt hatte. Mit erstaunter Stimme sagte er: »Ich bekomme den Eindruck, dass wir nicht ernst genommen werden. Ich habe ganz stark das Gefühl, dass ich jetzt wohin gehen muss.« Er stellte seinen Teller auf den Tisch neben ihm und verließ die Reihe. Überrascht folgte ich ihm mit meinen Blicken. Er winkte mir, dass ich ihm folgen sollte. Wo wollte er jetzt schon wieder hin?

Wir schlichen fort von dem flackernd beleuchteten Schutzdach in die Dunkelheit, als Jacques nach ein paar Metern plötzlich anhielt. Vor uns stand eine runde, indianische Hütte mit Reetdach. Durch die großen Spalten in der Holzwand war deutlich zu sehen, dass in der Hütte zwei Kerzen brannten. Über den Kerzen hingen zwei schneeweiße Hängematten, die eine hing etwas höher als die andere. Das Ganze sah beinah feierlich aus.

»Siehst du, das ist unsere Hütte«, sagte Jacques triumphierend. »Das ist die Überraschung. Ich meine mich erinnern zu können, dass an der anderen Seite die Tür ist.« Bevor ich auf seine Worte reagieren konnte, war Jacques schon um die Hütte gegangen. Dort war tatsächlich eine Tür, aber es standen schräggestellte Balken davor, als ob sie verbarrikadiert sei. Ich war völlig perplex, weil er gewusst hatte, dass sich dahinter eine Tür befand. Jacques begann, einen Balken nach dem anderen wegzunehmen. »Lass das«, zischte ich erschrocken, »du weißt nicht, wofür diese Balken sind.« Womöglich hatten wir gleich ein ganzes Dorf wütender Indianer am Hals. »Aber ich habe das starke Gefühl, dass ich diese Pfähle wegnehmen muss. Dass dies meine Hütte ist, die ich einst in einem früheren Leben bewohnt habe.«

Der letzte Pfahl war weg, die Tür war nun eindeutig sichtbar. Jacques zog an der Tür, doch sie bewegte sich keinen Millimeter. »Sie haben sie zugenagelt, Jacques. Lass uns gehen, es gefällt mir nicht, dass du an dieser Hütte hantierst.« Ohne auf meine Worte zu hören, zog er heftig an der Tür. Mit einem lauten Krachen löste sich plötzlich ein Brett. »Jacques!«

Nun war er selbst auch erschrocken. »Ja, ähm, okay, lass uns ... lass uns erst mal was essen.«

Jacques war offensichtlich immer noch der Meinung, dass dies sein großer Triumph sei – die Rückkehr des Zwillingsbruders aus der indianischen Legende. Ich war neugierig, wie dies weitergehen würde, konnte aber eine gewisse Schadenfreude nicht unterdrücken, als ich sein bedrücktes Gesicht sah. Ich glaubte langsam ein wenig zu verstehen, welches Spiel hier mit seinem Ego gespielt wurde.

Nach dem Essen wurde es Zeit, unseren Schlafplatz zu suchen. Dafür hätte ich nun sehr gerne meinen Koffer gefunden, denn meine stinkende, verschwitzte Kleidung war ziemlich mit Modder beschmutzt. Damit wollte ich nicht gerne in einer Hängematte schlafen. Außerdem hätte ich sonst überhaupt keine saubere Kleidung bei mir. Durch die Anstrengungen der Reise, den nächtelangen Schlafmangel und all die fremden Eindrücke und Ereignisse fühlte ich mich aber auf eine merkwürdige Art und Weise entspannt, ja, geradezu high. Häufiger fing ich ohne Grund an zu kichern, und die Ereignisse schienen einander nicht mehr logisch zu folgen, sondern überlappten sich wie in einem Traum. Ich verspürte ein eigenartiges Gefühl der Leichtigkeit im Kopf. Eine sehr merkwürdige Erfahrung – als ob ich auf einem angenehmen Trip wäre. Ab und zu schien es, als ob ich die Wirklichkeit betrachten würde, ohne selbst ein Teil davon zu sein, als ob ein lebensechter Film in drei Dimensionen vor meinen Augen projiziert würde, während ich danebenstand.

Der Vollmond war inzwischen aufgegangen und tauchte den großen offenen Platz inmitten des Dorfes in ein samtiges, märchenhaftes Licht. Ich bemerkte, dass Jacques auf dem dunklen Weg, der mitten durch das Dörfchen führte, mit einem Mädchen sprach, das auch für *Sendama* arbeitete. Wir hatten von ihr jeder eine Hängematte bekommen, und sie hatte sich als Angela vorgestellt. Jacques zeigte auf die Hütte, die er fast abgerissen hatte, und ich hörte ihn auf Englisch fragen, von wem diese Hütte sei. Die sei vom Häuptling des Dorfes – und der kam nun gerade an.

Mich überfiel ein hemmungsloses Kichern, das scheinbar ansteckend wirkte, da das Mädchen ebenfalls zu kichern begann. Der Häuptling erzählte, dass einst ein Weißer in der Hütte gewohnt hatte, der gegangen war. Ich hörte Jacques sagen: »Das ist meine Hütte. Ich möchte in der Hütte schlafen«, und brach nun in lautes Lachen aus. Das Mädchen schaute ebenfalls lachend von einem zum anderen, sie verstand überhaupt nichts mehr. Und der Häuptling verstand zum Glück kein Englisch. Ich zog Jacques am Ärmel mit mir: »Komm, wir finden schon einen Schlafplatz.« Und ich torkelte vorwärts, als ob ich mich außerhalb von Zeit und Raum befände.

Einige hundert Meter weiter holte Angela mich plötzlich ein und sagte: »Wiek, wir haben deinen Koffer gefunden. Hier, in diesem Schuppen.« Da stand ich nun und sah zu, wie Angela mit ihrer Taschenlampe einen Koffer ausleuchtete, der tatsächlich meinem sehr glich. Aber er war es nicht. Erneut hatte ich ganz eindringlich das Gefühl, dass mit meinem Koffer etwas nicht in Ordnung sei, als ob das Verschwinden meines Koffers etwas zu bedeuten hätte. »Das ist nicht mein Koffer«, antwortete ich ihr lachend. Ich fühlte mich wie betrunken. Was für ein merkwürdiger Abend war dies ... Erlebte ich das alles wirklich?

»Doch, das ist dein Koffer«, hörte ich Angelas Stimme laut. Die Stimme schien in der Dunkelheit unerwartet nah, vielleicht sprach sie direkt neben meinem Ohr. Ich machte einen Schritt rückwärts und stolperte über einen großen, schweren Koffer, der hinter mir stand. Als Angela nun ihre Taschenlampe auf diesen Koffer richtete, dachte ich, ich würde verrückt, dachte, dass ich in einem völlig verwirrenden Traum gelandet wäre. Dieser Koffer hatte nämlich eine ganz ungewöhnliche Form: Oben war er rund, an der unteren Seite gerade. Aber diesen merkwürdig geformten Koffer erkannte ich! Ich hatte ihn früher selbst gehabt, in genau demselben Schwarz. Es war ein Koffer für eine große professionelle Videokamera. Ich hörte wieder die Worte von Jacques, vor unserer Abreise: »Im Amazonasgebiet wird eine Kamera für dich sein.«

»Wiek, I think this is your suitcase«, sagte Angela noch einmal, und es schien mir, dass ich endlich die wahre Bedeutung hinter ihren Worten erraten konnte – die Botschaft, die der Kosmos in diesem Satz verborgen hatte. Vielleicht war ich selbst in diesem Augenblick leicht psychotisch, ich weiß es nicht. Aber plötzlich dachte ich, dass ich mitten in einem kosmischen Witz gelandet sei, in dem allerlei Schauspieler daran arbeiteten, eine Kulisse für mich zu errichten – mit verschiedenen unerwarteten Zutaten, die alle etwas Erkennbares für mich besaßen und alle ihre eigene symbolische Bildsprache in sich trugen, um mich schließlich zu überraschen, indem sie mir eine Filmkamera übergaben und riefen: »*Surprise, surprise*, jetzt darfst du filmen, denn wir haben hier alle auf dich gewartet und dies alles für dich vorbereitet.« Ähnlich wie Jacques, der erwartete, als der endlich heimgekehrte weiße Bruder auf den Schultern durch das Camp getragen zu werden. Vielleicht war *ich* ja der weiße Bruder, der endlich heimgekommen war, um einen Film über die alten Weisheiten seines Volkes zu machen? Wie merkwürdig und lächerlich hatte das Universum dies alles doch zusammengebastelt.

Na gut, ich beschloss, den Koffer zu öffnen. »Hier drin befindet sich natürlich Film«, hörte ich mich sagen, »hier drin ist ein 16-mm-Film, und dann muss noch irgendwo eine 16-mm-Filmkamera für mich sein, weil ich dies alles filmen darf.« Meine Hände tasteten im Koffer herum. Sie griffen in eine dunkle Leere. Kein Film, nur ein Haufen Zettel! Erschrocken zog ich meine Hände zurück, als mir klar wurde, dass ich im Koffer eines anderen schnüffelte. Es war, als käme ich wieder etwas zu mir. »Nein, nein, ich glaube doch nicht, dass dies mein Koffer ist«, murmelte ich. Verlegen wegen meiner komischen Gedanken stand ich auf und machte, dass ich wegkam.

Nachdem wir mit unseren Hängematten durch den dunklen Wald geirrt waren, standen wir schließlich in einem großen Schlafraum, der von zahlreichen Kerzen beleuchtet wurde. Es handelte sich um eine offene Hütte, gut fünfzig Meter lang und zwanzig Meter breit, die aus kräftigen Baumstämmen gebaut und mit Reetdach bedeckt war. Überall hatten die Indianer und die übrigen Gäste ihre Hängematten an den dicken Pfählen aufgehängt. Nachdem auch wir unsere Hängematten befestigt hatten, sahen wir uns ein wenig um. Bei unserer Rückkehr mussten wir feststellen, dass unsere Matten von zwei weißen, europäisch aussehenden Frauen in langen weißen Gewändern in Beschlag genommen waren.

Eine von ihnen hatte ihr unglaublich langes Haar zu einem prächtigen langen Pferdeschwanz gebunden, der fast bis auf den Boden hing. Kleid und Frisur gaben ihr ein alt-gallisches Aussehen: Sie wirkte wie aus einem Comic von Asterix und Obelix. Und da ich ja ohnehin schon das Gefühl hatte, mich in einem Comic zu befinden, musste ich schon wieder lachen, als Jacques die beiden anschnauzte. Die Damen gaben uns lachend zu verstehen, dass wir uns neue Hängematten suchen sollten. Also stolperten wir im Dunkeln wieder los, bis wir schließlich mit zwei neuen Hängematten zurückkehrten. Jacques' Augen standen auf Sturm, als er sich auf den Boden setzte, um seiner Wut freien Lauf zu lassen.

»Was für ein Stall! Sieh dir an, wie sie uns hier empfangen, in einem Stall!«, sagte er mit hörbarer Enttäuschung in der Stimme. Noch immer war er nicht von seinem Thron gestürzt. Heimlich hielt ich das Ganze für einen fantastischen Witz; ich hoffte, dass er es eines Tages auch so sehen könnte. Meiner Meinung nach ging es in der Prophezeiung gar nicht um einen weißen Bruder, sie beschränkte sich nicht auf die physische Rückkehr an einen physischen Ort, sondern galt für jeden, der auf irgendeine Art und Weise damit beschäftigt war, Zugang zur indianischen Kultur zu suchen; etwas, was die Weißen fünf Jahrhunderte lang versäumt hatten, bis es beinah so schien, als ob die indianischen Kulturen ganz vom Erdboden verschwunden seien. Ich grinste über Jacques' bestürzten Blick, zog meine schmutzigen, durchweichten Kleider aus und schlug die Hängematte um meinen nackten Körper.

»Komm mit, Jacques, ich gehe schwimmen. Es wird uns gut tun.«

Das Mondlicht glitzerte in der Lagune, in der wir mit dem Boot angekommen waren. Wir ließen uns in das kühle Wasser gleiten, ohne uns um mögliche Piranhas oder Anakonda-Schlangen zu sorgen. Was für eine Nacht! Ich fühlte mich ein wenig erleichtert, dass die hellseherischen Erkenntnisse meines Reisepartners offenbar doch nicht alle der Wirklichkeit entsprachen. Es erlöste mich von einer Menge quälender Bemerkungen der vergangenen Woche über mein persönliches Leben. Insgesamt schien dies doch eine sehr aufreibende Woche zu werden.

Das klamme Morgengrauen zögerte noch kurz hinter den Baumspitzen. Da erklang in der Wildnis, die das Dorf umgab, das uralte eintönige Lied des Mapuche-Schamanen aus Chile. Die letzten Geräusche der Nacht vermischten sich mit dem rhythmischen Kratzen einer Kürbisrassel und dem energischen Gesang dieses Schamanen. So wurde der erste Morgen in Aduche begrüßt, dem indianischen Weiler, der als Begegnungsstätte ausgewählt worden war. Die Hängematten um mich herum begannen hier und da zu schaukeln, die Teilnehmer der Zusammenkunft kamen in Bewegung.

Im Tageslicht wurde mir klar, warum gerade dieser abgelegene Ort für das Treffen ausgesucht worden war: Wie ein riesiger Buckel erhob sich das Dörfchen mit der weitläufigen Grasebene in seiner Mitte über den ringsum liegenden Urwald. Zu beiden Seiten strömte der Fluss, der sich vor dem Buckel teilte, um dahinter wieder zu einem Strom zusammenzufließen. *Turtle-Island, Schildkröteninsel,* lautete die Bezeichnung der Eingeborenen für den amerikanischen Kontinent. Wir befanden uns oben auf dem Schild einer riesigen Schildkröte. Mitten in der ausgedehnten Grasebene stand ein nordamerikanisches Tipi. Rund um das Feld befanden sich in der Ferne die indianischen Häuschen mit ihren Reetdächern, aus denen sich blauer Rauch in den Himmel kräuselte. Etwas weiter entfernt erkannte ich an dem breiten Sandweg die große Ranch, auf der wir gestern Abend gemeinsam gegessen hatten. Heute sollte die zeremonielle Eröffnung der Zusammenkunft stattfinden.

Und wie erwartet, sah ich beschämt, wie sich alle Teilnehmer frisch gewaschen und sauber gekleidet auf den Weg zum Frühstück auf der Ranch machten, während ich gezwungen war, meine schmutzige, schlammbespritzte Hose wieder anzuziehen. Socken und Hemd waren immer noch klamm vom Schweiß des Vortags. Einige Mücken umschwirrten meinen Kopf. Obwohl ich mir normalerweise keine Gedanken über mein Äußeres mache, hätte ich jetzt einiges dafür gegeben, um mich anständig waschen, mir die Zähne putzen und saubere Kleidung anziehen zu können. Wie würde ich erst am Ende dieser Woche aussehen? Wie der schmutzigste Gast dieser Zusammenkunft, mit schlechtem Atem und einem Fliegenschwarm um den Kopf?

Um die Mittagszeit erlöste mich Angela mit der begeisternden Botschaft, dass dieses Mal mein Koffer wirklich gefunden sei. Erfreut eilte ich mit ihm zurück zu meiner Hängematte, um mich dort passend für das Eröffnungsprogramm des Nachmittags umzuziehen.

Unter dem Reetdach der Ranch hatten sich nach dem Mittagessen die meisten Anwesenden versammelt, um den Worten eines kleinen Maya-Indianers zu lauschen, der mit einem Kopfschmuck aus Pfauenfedern und einem feuerroten Mantel prächtig ausstaffiert war. »Ein jeder, der sich hier eingefunden hat, wurde vom Universum dazu auserwählt, hier zu sein, ein jeder aus einem besonderen Grund.«

Der Mann hatte eine scharfe, einschneidende Stimme, aus der Feuer und Überzeugung klangen, und schon bei seinen ersten Worten spürte ich aus unerklärlichen Gründen eine tiefe Trauer in mir. Er sprach Spanisch, und obwohl ich über die Dolmetscher, die überall in der Menge verteilt saßen, nur Bruchstücke seiner Rede aufschnappen konnte, fühlte ich mich unglaublich tief getroffen. Es schien, als ob die Worte keiner Übersetzung bedürften, sondern direkt in mein Herz eindrangen; als ob ich die Schmerzen des indianischen Holocaust fühlen konnte, dieser hier anwesenden kärglichen Ansammlung von Hinterbliebenen; die dezimierten Nachfahren vieler einst so stolzer und zahlenstarker Völker, die unter dem Aufmarsch und der Besatzung durch die europäischen Kulturen auf ihrem Kontinent schwer gelitten hatten.

Das Bewusstsein, hier zwischen all diesen von der Geschichte und der Welt vergessenen oder totgeschwiegenen Kulturen zu stehen, erfüllte mich mit tiefer Wehmut. Ich begriff den Ernst und die Bedeutung, die diese Zusammenkunft für die ursprünglichen Bewohner Amerikas haben musste. Don Cirilo Alejandro Perez Oxlaj, der kleine Mann, wurde ein großer Sprecher, als er erzählte, wie er als Maya-Indianer in Guatemala aufwuchs, wie ihm verboten wurde, seine eigene Kultur auszuleben, in seiner eigenen Sprache unterrichtet zu werden über die Dinge, die in seiner eigenen Kultur als essenziell und wertvoll für das Leben angesehen werden. Und wie sein Volk, die Maya-Stämme von Guatemala, bis heute vom Militärregime massiv verfolgt und niedergemetzelt werden. Eine Geschichte, in der sich alle hier versammelten Indianervölker mehr oder weniger wieder erkennen konnten. Eine Geschichte, die zu meiner Bestürzung ohne großartige Veränderungen auch zu den Papua-Völkern in Neuguinea passte, und wahrscheinlich zu fast allen Naturvölkern auf dieser Erde, die nun einmal auf und von dem Land lebten, auf dem Bäume wuchsen und unter dem sich Minerale, Öl, Gold und andere Reichtümer befanden.

Don Cirilo trug den Beinamen *El Lobo Errante, Wandernder Wolf.* Er war der Initiator der ersten Zusammenkunft in Guatemala gewesen und hatte auch jetzt wieder eine leitende Funktion als Vorsitzender des Eingeborenen Rats der Ältesten und Priester der Ursprünglichen Völker Amerikas.

»Brüder und Schwestern, die Zeit des Erwachens ist angebrochen. Wir haben uns hier zusammengefunden, um uns mit der Stärke der heiligen Traditionen, den Zeremonien und Ritualen, mit dem göttlichen Geist und Mutter Erde zu vereinen. Lasst uns gemeinsam unsere Aufgabe bewältigen. Lasst uns der Welt zurufen, dass wir alle eins sind, wie die Finger einer Hand. Wir haben denselben Ursprung und sind verschiedene Wege gegangen, aber wir werden alle von derselben Kraft geleitet. Wir Indianer konnten das Wissen und die heiligen Traditionen erhalten. Jetzt ist es an der Zeit, dieses gemeinsame Wissen für eine gemeinsame Zukunft der gesamten Menschheit freizugeben. Lasst uns als Brüder und Schwestern auf diesem Planeten zusammenleben. Auf dass sie erwachen, auf dass sie alle erwachen. Kein einziges Volk, keine einzige Kultur, keine einzige Gruppe darf fehlen, denn es wird ein allgemeines Erwachen sein, das Glück und Frieden für alle bringen wird.«

Andere Indianeroberhäupter stellten sich vor, erzählten ihre Geschichte, davon, wie diese Zeit von ihren Vorfahren immer wieder als die Zeit der großen Veränderung angekündigt worden war, als der Auftakt zu einer friedlichen, harmonischen Welt. Aus allen Windrichtungen des Kontinents berichteten die Vertreter der Völker von der immer weiter fortschreitenden Zerstörung ihres Lebensraums, der Natur, in Form von gewaltigen Staudämmen und Elektrizitätswerken, Uran- oder Steinkohlebergwerken, großflächigem Kahlschlag, Ölgewinnung oder riesigen Monoplantagen für den Weltmarkt.

Die Tränen, die unmittelbar bei den ersten Worten von Wandernder Wolf in meinen Augen zu brennen begannen, konnte ich plötzlich nicht mehr zurückhalten. Sie liefen mir über die Wangen. Auf einmal sah ich mich selbst in der Menge stehen: Wie begeistert hatte ich mich doch auf dieses Abenteuer eingelassen, was für eine einmalige Gelegenheit, so ein spannendes Thema zu finden, um einen schönen Film darüber zu machen. Das waren die Gedanken, die mich hierher geführt hatten. Aber darum ging es überhaupt nicht: *Hierum* ging es, um eine Welt, die ein wahnsinniges, gefräßiges Monster geschaffen hatte, das scheinbar nicht mehr aufzuhalten war und wertvolle, uralte Völker mit ihren völlig eigenen, wertvollen und tief gehenden Vorstellungen vom Leben vernichtete.

Und dann die Worte von Wandernder Wolf, die mich am meisten berührt hatten, mir bis in die Zehenspitzen gingen: *»Lasst uns dem weißen Bruder die Hand reichen und ihm vergeben, denn wir müssen uns gemeinsam auf den Weg zur Regenbogenwelt machen, in der alle Rassen verschmelzen. Reich und arm, weiß und schwarz, eingeboren und nicht eingeboren.«*

Eine Haltung, die christlicher war als zweitausend Jahre Christentum. Ich musste aus der Gruppe heraus, musste weg aus dieser Menschenmenge, denn immer mehr Tränen strömten über meine Wangen. Ich sah meine eigene Kleinheit, meine eigenen kleinen Sorgen und privaten Ängste, die mich bis jetzt am meisten beschäftigt hatten, mehr als der tatsächliche Grund und die wirkliche Bedeutung dieser Zusammenkunft. Und ich schwor hoch und heilig, dass ich alles dafür tun würde, um das, was diese Indianer hier erzählten, so rein wie möglich an die Außenwelt weiterzugeben, und dass ich für diese Aufgabe so dankbar wie möglich sein wollte und meine kleinen Sorgen künftig so weit wie möglich hintan stellen würde. Alle Spannungen der vergangenen Woche brachen hervor, die Unsicherheit über die Reise hierher, die Konflikte mit Jacques, die Einfältigkeit der Frage, wer wir überhaupt waren und was wir hier tun würden.

Ich ging in den Urwald, bis mich niemand mehr sehen konnte, und dort – umgeben vom Zischen und Flöten der wilden Natur – setzte ich mich auf einen vermoderten Baumstamm und weinte, weinte, weinte, wie ich schon seit sehr langer Zeit nicht mehr geweint hatte. Ich konnte nicht mehr aufhören, verstand selbst nicht richtig, warum ich so fürchterlich traurig war, aber es war, als ob eine Trauer frei wurde, die so alt war wie die Welt, eine Trauer, die ich bereits mein ganzes Leben lang in mir getragen hatte. Ein tiefer Schmerz über die weit reichende Unwissenheit des Menschen über seine eigene Beziehung zur Natur, und gleichzeitig eine Erleichterung, weil es so schien, als würde diese Unwissenheit jetzt beendet werden. *Kein Volk, keine Kultur, keine Gruppe* sollte fehlen.

Ich begriff, dass ich mich erst jetzt mit dem Ziel dieser Zusammenkunft wirklich verbunden fühlte und dass die Fragen, »wer ich selbst bin« und »warum ich und mein Reisebegleiter zu dieser Zusammenkunft geführt worden waren« eigentlich völlig bedeutungslos waren. Ich war hier, ich wollte mich mit ganzer Kraft und mit ganzem Herzen dafür einsetzen, wofür ich eingeladen war: eine Brücke zu schlagen zwischen der indianischen Welt und dem Rest der Welt.

Die Sonne war schon ein gutes Stück in Richtung Baumkronen gesunken, die sich an der anderen Seite der großen Grasebene halb hinter der Rundung von Turtle Island, der Riesenschildkröte, versteckten. Hinter dem Tipi auf der Ebene war eine sehr große runde Hütte errichtet, die als heiliger Raum für Zeremonien und als Versammlungsraum dienen sollte, die *Malocca*. Hier versammelten sich am Ende des Nachmittags so viele Teilnehmer wie möglich, sodass es in dem dunklen, übervollen Raum heiß und stickig war. Die Gruppen wurden aufgeteilt: die Ältesten, die Sacerdotes (Priester) und die Seres Puentes (Brückenmenschen). Das Programm für die kommende Woche wurde vorgelesen: Jeden Tag sollten morgens gemeinsame Rituale auf der großen Grasebene stattfinden, abends gab es persönlichere, stammesgebundene Rituale, denen sich die indianischen Anwesenden und die Brückenmenschen unter der Leitung der Priester unterziehen konnten.

Auch für die eingeborenen Stämme untereinander war dies schließlich ein erstes oder zweites Kennenlernen der jeweiligen Sitten der anderen, und die Übereinstimmungen, vor allem aber auch die Unterschiede sollten sich in den nächsten Tagen deutlich abzeichnen ... Und es schien, als würde das Universum uns jetzt einem ersten großen Test unterziehen – einem Test, ob all die Menschen, die hier vom Untergang der Natur und der Mutter Erde erzählten, selbst in der Lage waren, ihre eigene Umgebung sauber zu halten. Und dieser Test, so ironisch es vielleicht auch klingen mag, betraf das Sauberhalten der Toiletten ...

Insgesamt saßen hier mehr als vierhundert Menschen in der Wildnis beisammen, also weit entfernt vom Komfort der Zivilisation. Vor allem für die Älteren waren die Umstände extrem schwer: Der lange Fußweg hierher durch den beschwerlichen Modder und die primitive Unterkunft im heißen, feuchten Dschungel hatten vielen das Äußerste abverlangt. Es waren Indianer aus den Anden dabei, die ausschließlich ihre dicke Wollkleidung bei sich hatten und nicht auf die Hitze der grünen Ebene vorbereitet waren. Überdies stürzten sich Schwärme kleiner schwarzer Stechfliegen begierig auf die große Menge frischen Bluts im Camp. Die Eingeborenen von Aduche wurden längst nicht mehr gestochen, sie waren inzwischen immun gegen diese fliegenden Pfeilspitzen. Die Neulinge allerdings litten schon nach einem Tag unter dem ständigen Kratzen der beträchtlichen Beulen, die diese Tierchen an Hals und Gesicht, auf Armen und Beinen der Anwesenden zurückließen. Vielen Teilnehmern verlangte dies all ihre Kraft und all ihr Anpassungsvermögen ab.

Der größte Einschätzungsfehler der kolumbianischen Organisation lag jedoch in der Sanitärplanung. Die Organisation hatte zehn Reetdachhäuschen nebeneinander am Rande des Dorfs errichten lassen, in denen WCs aufgestellt waren, die mit Wasser aus einer Tonne gespült werden mussten. Niemand hatte allerdings darüber nachgedacht, wie die Wassertonnen wieder gefüllt werden sollten, sobald das Wasser verbraucht war. Der Fluss lag recht weit entfernt, einige Minuten zu Fuß. Zehn Toiletten für vierhundert Menschen mit nur einer begrenzten Menge Wasser war eine enorme Fehlkalkulation. Innerhalb kürzester Zeit waren die Toiletten verstopft, da nicht mehr gespült wurde.

Schon am Ende des zweiten Tages wurden die Probleme in all ihrer Größe deutlich, als immer mehr Menschen die umliegenden Wälder aufsuchten. Der Gestank des menschlichen Stuhlgangs und das Toilettenpapier, das überall in den Wäldern zurückgelassen wurde, stieß alle mit der Nase auf die Tatsache, dass die Verantwortung für die Verschmutzung der Erde immer zuerst bei einem selbst liegt – und das galt ebenso für die indianischen wie für die nicht-indianischen Anwesenden. Auch Verpackungen aus Papier und Plastik von verschiedenen mitgebrachten Produkten lagen hier und da achtlos im Camp verstreut. Es war im wahrsten Sinne eine kosmische Lehre, dass die Schuldfrage niemals ausschließlich anderen zugeschoben werden kann; dass es immer notwendig bleibt, die Nuancen zu sehen, und dass die Verbesserung der Welt stets damit beginnt, dass man selbst die Verantwortung übernimmt.

Das wurde schmerzhaft deutlich, als feststand, dass nach einer Woche die Gefahr einer Epidemie in dieser schwülen Umgebung nicht ausgeschlossen werden konnte, wenn keine Lösung für das Toilettenproblem gefunden werden würde. War dies ein weiteres Beispiel für den berühmten Humor des Universums? Ich hatte durch den Vorfall mit meinem Koffer gerade erst wieder selbst feststellen können, wie äußerst unangenehm, aber auch mit wie viel verstecktem Humor uns häufig unsere Lehren präsentiert werden – zumindest, wenn wir es uns selbst gestatten, den Humor der Situation zu erkennen. Wir wurden gezwungen, unseren Blick in erster Linie auf unsere eigenen physischen Umstände zu richten, ehe wir auch nur an höhere sakrale Lösungen für die Heilung des Planeten denken konnten. Man stelle sich vor, dass bei den heiligen Ritualen zur Genesung von Mutter Erde die Medizinmänner und -frauen vorzeitig durch eine Choleraepidemie dahingerafft werden würden, durch eigenes Zutun wohlgemerkt, weil sie selbst das kleine Stückchen Erde verunreinigt hatten, das sie zu diesem Zweck ausgesucht hatten ... Nein, es war eindeutig, dass ein globales Problem nicht komplett einer bestimmten Kultur in die Schuhe geschoben werden konnte. Die Suche nach Lösungen verlangte von jedem in gleichem Maße seinen Beitrag.

Und es gab noch mehr Humor, auch wenn ich in dem Augenblick am allerwenigsten darüber lachen konnte. Die Aufgabe zur Lösung des Toilettenproblems wurde den *Seres Puentes* anvertraut, den Brückenmenschen. Irgendjemand musste es schließlich machen, nicht wahr? Wir Brückenmenschen hatten uns wiederum aufgeteilt in kleinere Gruppen, und das Los sollte schließlich entscheiden, welcher Gruppe die dankbare Aufgabe zugeteilt werden sollte, mit einem Stock die übervollen WCs zu durchstoßen, um sie freizubekommen. Natürlich fiel das Los auf die Gruppe, die sich selbst den edlen Gruppennamen »Aguila Blanca« (Weißer Adler) zugedacht hatte, und natürlich gehörte ich ausgerechnet zu dieser letzten, auserwählten Gruppe. In Gedanken sah ich mich bereits mit einem Lappen vor der Nase mit einem langen Stock in den Klos rühren. Was für eine Ironie! Ich, der vor einigen Tagen noch meinem Ego heimlich schmeichelte, indem ich dachte, dass das Universum mich für eine sehr erhabene Aufgabe ausgesucht hätte, war jetzt beauftragt, hier die WCs zu reinigen. Alle Gesichter von »Aguila Blanca« waren blass. Wir beschlossen, dass wir am nächsten Morgen mit dieser ehrenvollen Aufgabe beginnen würden. Genau genommen würden wir mit dieser Tat schließlich die Erde retten ...

Die Gruppe der Brückenmenschen war eine bunt gemischte Gesellschaft, die aus rund hundert Männern und Frauen bestand. Die meisten stammten aus Nord- oder Lateinamerika. Es waren nur einige wenige Europäer darunter: eine Frau aus der Schweiz, die schon seit Jahren in Kolumbien wohnte und als Dolmetscherin auftrat, sowie Norbert, ein Österreicher, der bereits seit zehn Jahren in Guatemala unterrichtete und mit den Mayas mitgereist war. Mit ihm würde ich später noch während der Filmarbeiten bei den Mayas in Guatemala zusammenarbeiten. Soweit ich wusste, waren direkt aus Europa nur drei Personen gekommen: Jacques und ich sowie ein Spanier baskischer Herkunft, der mir erläuterte, dass das Weltbild der Basken mehr oder weniger mit dem der Indianer übereinstimmt und dass die Basken sich selbst als das älteste eingeborene Volk Europas betrachteten. Ansonsten sprach ich noch zwei Koreaner, die sich weltweit in die eingeborenen Formen der Spiritualität vertieften und vergleichbare Kongresse für Schamanen aus aller Welt organisieren wollten.

Die Brückenmenschen aus Lateinamerika nahmen bei der gegenseitigen Vorstellung – wie in ihrer Kultur üblich – ungefähr eine Stunde pro Person in Beschlag. Die meisten begannen mit dem Tag ihrer Geburt, dann erzählten sie begeistert ihre Lebensgeschichte bis zu dem Tag, an dem sie zum ersten Mal mit traditionellen, eingeborenen Kulturen in Kontakt gekommen waren. Ich beschloss, mich kurz zu fassen, meinen Namen sowie die Tatsache zu nennen, dass ich als Filmemacher hier war, um das, was hier geschah, der Öffentlichkeit in Europa nahe zu bringen. Ich weiß noch immer nicht, warum alle daraufhin plötzlich laut zu klatschen begannen – wahrscheinlich, weil ich mich so kurz gefasst hatte.

Von Jacques sah ich nur noch wenig; er hatte sich schon am Tag nach unserer Ankunft mit seinen Klangschalen in der Baracke installiert, die als Notkrankenhäuschen diente, und in der einige mitgereiste kolumbianische medizinische Sachverständige untergebracht waren. Er war dort – recht nobel, wie ich fand – vor allem mit der kostenlosen Behandlung der lokalen Einwohner von Aduche beschäftigt und hielt sich ansonsten völlig im Hintergrund. Vielleicht war er von selbst zu der Einsicht gekommen, dass er seine Rolle bei dieser Zusammenkunft von Anfang an völlig überschätzt hatte. Ich wusste es nicht. Ich traf ihn meist während der gemeinschaftlichen Mahlzeiten, und die Atmosphäre zwischen uns war dann recht gut.

Schon am zweiten Tag zeigte es sich, dass wir nicht die einzigen Anwesenden waren, die bei dieser Zusammenkunft einen Konflikt miteinander zu verarbeiten hatten. Vor der heiligen Malocca wurde ein traditioneller Tanz aufgeführt, aber mit dem Staub, der von den tanzenden Füßen aufgewirbelt wurde, kamen auch die Egos verschiedener Teilnehmer in Aufruhr. Auf fast unmerklichem Niveau entbrannte ein Machtkampf darüber, wer bestimmen konnte, wie die Zusammenkunft verlaufen sollte, und wer nicht. In der Malocca führte dies zu einer geladenen Atmosphäre während einer Besprechung, in der zahlreiche Unmutsäußerungen zum Vorschein kamen. Die Frauen fanden, dass sie im Vergleich zu den Männern viel zu gering vertreten waren – eine berechtigte Anmerkung, da der indianische Teil zu drei Vierteln aus Männern bestand. Als jemand äußerte, das sei deshalb der Fall, weil Frauen immer streiten würden, brach fröhliches Gelächter in der gut gefüllten Malocca aus.

Aber ein Teil der anwesenden Medizinmänner und -frauen brachte ein schwieriges Thema zur Sprache, das, wie ich später begriff, immer wiederkehrte und das ich selbst noch am eigenen Leib erfahren sollte. Die indianischen Abgesandten fanden nämlich, dass die heiligen Traditionen und die Prophezeiungen zwar *miteinander* geteilt werden könnten, *nicht* aber mit der Außenwelt, vor allem nicht mit der westlichen, da diese davon überhaupt nichts verstünde. In diesem Zusammenhang war die Anwesenheit der Kamera des sympathisch wirkenden guatemaltekischen Kameramanns, der die Rituale filmte, problematisch – jedenfalls gab es immer Teilnehmer, die dagegen protestierten. Irgendwie war ich nun doch froh, dass ich nicht an Juan Bauers Stelle war, der jedoch trotz der Proteste ruhig blieb und respektvoll die Kamera ausschaltete, wenn die Situation dies verlangte.

Aber der Leiter der Zusammenkunft, Wandernder Wolf, erklärte nochmals mit Nachdruck, dass die Kamera auf Wunsch der Organisation hier sei, da in den Prophezeiungen stand, dass alle sich erheben mussten, dass keine Gruppe zurückbleiben durfte. Es gab eine Meinungsverschiedenheit darüber, ob damit nicht ausschließlich eingeborene Gruppen gemeint waren oder auch Menschen aus den Kulturen, die der indianischen Gesellschaft immer mit so viel Gewalt und Rassismus begegnet waren.

Eine verständliche Reaktion: Es gab Vertreter, die aus tiefen Urwäldern stammten und fast noch nie mit anderen Welten in Kontakt gekommen waren, wie beispielsweise die stolzen Kogis aus Kolumbien, die jeden Kontakt mit der Außenwelt ablehnten und Touristen verboten, ihr Territorium zu betreten. Auch von den Huaronee-Indianern aus den tiefen Urwäldern Ecuadors wurde plötzlich erwartetet, dass sie sich für die Außenwelt öffneten. Selbst untereinander herrschte zwischen den Stämmen manchmal gegenseitiges Misstrauen. Viele, vor allem die südamerikanischen Vertreter, hatten große Mühe damit, die alten, vertrauten Strukturen aufzugeben, und wollten keine Weißen in der Malocca sehen. Es gab sogar welche, die keine Frauen in den heiligen Raum zulassen wollten. So entstand eine unsichtbare Grenze im Camp, an deren äußersten Seite des Spektrums sich Don Cirilo Alejandro Perez Oxlaj, Wandernder Wolf, befand – der Mann, der am lautesten zur Vereinigung aller Kulturen aufrief, aber dadurch beim konservativen Teil der Anwesenden stark an Boden verloren hatte.

Von Norbert, dem Österreicher, erfuhr ich später, dass er sich bei ihm darüber beklagt hatte, mit Tränen in den Augen: »Wenn das so weitergeht, verzichte ich auf meinen Titel als Präsident des Ältestenrats und schließe mich den Priestern und Brückenpersonen an.« Mit bewundernswerter Ruhe saß er im heiligen Raum, während einige mächtige indianische Älteste genau das Entgegengesetzte von dem taten, wozu die Zusammenkunft ins Leben gerufen war: sie kämpften darum, wer in die Malocca zugelassen wurde und wer nicht. Die Brückenpersonen beschlossen, sich aus diesem Streit zurückzuziehen und die Malocca zu verlassen, um die endgültigen Entscheidungen der Ältesten in dieser Sache abzuwarten und zu respektieren. So ging der zweite Tag im Lager problematisch vorüber.

Ich weiß nicht, wodurch sich das Blatt zum Guten wendete. Vielleicht war es das gewaltige Friedenspfeifen-Ritual mit seiner harmonisierenden Energie, das am nächsten Morgen auf der Grasfläche mitten im Dorf abgehalten wurde. Zunächst begann der Tag mit den guten Nachrichten, dass per Flugzeug und Boot eine Wasserpumpe geliefert werden würde, die das Wasser aus dem Fluss zu den Toiletten pumpen würde, um sie durchzuspülen, sodass das Problem schnell gelöst werden würde. Gleichzeitig bedeutete das, dass das Aguila-Blanca-Team von seiner nicht zu beneidenden Aufgabe erlöst sein würde, was ich mit einem erleichterten Seufzen begrüßte.

Ich hatte inzwischen Juan Bauer kennen gelernt, und er war bereits darüber informiert, dass mir das aufgenommene Material im Nachhinein zur Verfügung gestellt werden würde. Ich fand ihn von Anfang an sehr sympathisch, diesen immer zum Lachen aufgelegten guatemaltekischen Cineasten. Und in jeder Hinsicht war spürbar, dass die Mayas, mit denen er hierher gereist war, ihn besonders schätzten und ihm vertrauten. Juan sollte sich später in Guatemala bei meinen Filmaufnahmen von unschätzbarem Wert erweisen. Denn eigentlich stand für mich vom ersten Augenblick an, in dem ich Wandernden Wolf hatte sprechen hören, fest, dass er eine der Hauptpersonen des Films werden könnte. Nicht nur wegen seiner Offenheit, sondern auch aufgrund seiner weit reichenden Kenntnis der Maya-Prophezeiungen sowie seiner Position als Vorsitzender des Ältestenrats.

Inzwischen war ich sehr neugierig auf den Inhalt der verschiedenen Prophezeiungen geworden, die die Stämme anscheinend miteinander teilten. Aber in den ersten Tagen herrschte keine wirklich offene Atmosphäre, sodass ich darüber nicht mit den Vertretern unbefangen hätte sprechen können. Nun aber änderte sich die Stimmung. An diesem Morgen hatten sich fast alle Ancianos, Sacerdotes und Seres Puentes vor dem Tipi auf dem Mittelfeld versammelt. In der Mitte des Kreises befanden sich acht Ancianos, darunter Wandernder Wolf und der Seneca-Indianer, der in der Hängematte neben mir schlief. In der Mitte war ein schwelendes Feuer angezündet, Schwaden dünnen Rauchs stiegen in fast gerader Linie in den Himmel, so als ob man ihn einladen wollte, an dieser heiligen Zeremonie teilzunehmen. Wahrscheinlich war Salbei oder Süßgras im Feuer geopfert worden, denn die Umgebung duftete herrlich süß in der Morgensonne.

»Wir sind hier, um die Erde zu erhalten, nicht um sie zu zerstören. Wir sagen nicht, dass die Welt untergeht. Es gibt Hoffnung, wenn wir bereit sind, die Natur zu verteidigen. Dann gibt es Hoffnung auf neues Leben nach dem Jahr Null.«

Das leise Gemurmel der großen Gruppe von Anwesenden verstummte, als vier qualmende Friedenspfeifen mit dem Stiel nach oben in die vier Windrichtungen gehalten wurden. Der Seneca-Indianer betete in seiner eigenen Sprache, und ich spürte, dass ich mich völlig in mich selbst versenkte. Die Stille war perfekt, selbst die Vögel schienen einen Moment innezuhalten, als sich eine sanfte Brise erhob, die die Spitzen der Dschungelbäume in Bewegung brachte. Das leise Rauschen der Blätter drang tief in mich ein, es schien fast, als ob sich das Geräusch vibrierend an meinem Rückgrat entlang fortsetzte – ein Gefühl, das mir eine Gänsehaut bereitete.

Ich hatte meine Augen geschlossen und atmete tief und ruhig ein und aus. Und auf einmal spürte ich, wie ich mich verbunden fühlte mit diesen Menschen um mich herum, die alle die Ruhe des Rituals einzuatmen schienen. Bei mir war es in jedem Falle so, und es begann in mir eine Kraft aufzusteigen, die mich an eine frühere Erfahrung erinnerte – die auf dem Dachboden des alternativen Heilers in den Niederlanden. Diese Erfahrung war nicht so manifest, aber dennoch intensiv genug, um mich ruhig, glücklich und friedvoll zu fühlen. Und während ich ohne nachzudenken meine Handflächen nach vorne ausgestreckt hatte, fühlte ich jetzt wieder, wie sich ein unsichtbarer Energieball zwischen meinen Handflächen bewegte. Manchmal war er da, dann wieder nicht, und als ich die Augen öffnete, sah ich zu meiner Überraschung, dass noch mehr Menschen ihre Handflächen zur Mitte hin geöffnet hatten, so als würde dieser Energieball weitergereicht. Dabei hatte ich ganz unbewusst gehandelt. Es war eine spontane Geste gewesen, aber scheinbar synchron mit einigen anderen Teilnehmern.

Aus den Augenwinkeln sah ich Don Cirilo mit einer qualmenden Friedenspfeife näher kommen, sodass jeder Teilnehmer einen Zug nehmen konnte, um den Rauch vor sich auszustoßen und ihn mit den Handflächen über seinen oder ihren Körper zu fächeln. Wie wenn sie sich von negativen Energien reinigen würden, und so fühlte es sich auch bei mir an, als ich an der Reihe war. Als die Pfeife durch den ganzen Kreis gegangen war, umarmten sich alle in einer fröhlichen, aufgeräumten Stimmung.

Die Atmosphäre schien wieder geklärt zu sein, auch wenn ich in den folgenden zwei Tagen davon nur wenig würde spüren können. Denn kurz nach diesem Ritual schien ich zusammenzubrechen. Als ob alle Energie, die mich soeben noch ganz erfüllte, mich plötzlich wieder verlassen hätte. Ich spürte, wie ich auf einmal unglaublich schwach wurde, und konnte nur mit äußerster Anstrengung meine Hängematte erreichen, wo ich in einen tiefen Schlaf sank.

Stundenlang blieb ich so völlig erschöpft dort liegen, unter dem Moskitonetz, das jedoch keinen Schutz vor den kleinen schwarzen Stechfliegen bot. Ab und zu drangen Geräusche aus dem Urwald zu mir durch, oder Lärm, den einige Teilnehmer machten, wenn sie irgendetwas aus ihren Koffern holten. Aber meist war ich zu schwach, um darauf zu reagieren. Was fehlte mir nur? War dies die zu erwartende Erschöpfung nach all den Erlebnissen? Der Schlafmangel der vergangenen Woche? Ich wusste es nicht. Der Nachmittag ging vorüber, um mich herum summte das Camp vor Geschäftigkeit. Ich schleppte mich zum Abendessen und setzte mich danach ins hohe Gras vor das Tipi, von dem die untere Hälfte zurückgeschlagen war, sodass die Umstehenden sehen konnten, was drinnen geschah.

Ich führte mehr oder weniger ein Gespräch mit dem Mann neben mir im Gras, der glücklicherweise Englisch sprach. Ich erfuhr, dass Vorbereitungen für einige persönliche Ayahuasca-Rituale der Amazonas-Indianer, für Peyote-Rituale der Navajos und Pueblo-Indianer sowie ein Tipi-Ritual getroffen wurden, das die ganze Nacht dauern würde. Es schien, als ob ein Widerstand überwunden sei, denn die Seres Puentes, die Brückenmenschen, wurden herzlich eingeladen, an diesen Ritualen teilzunehmen. Da ich selbst dazu zu erschöpft war, muss ich mich für die Beschreibung dieser Rituale notgedrungen auf die Berichte berufen, die andere Teilnehmer mir im Nachhinein gaben. Vor allem die Beschreibung von Norbert und seinem mit ihm reisenden Sohn Daniel vermittelt einen guten Eindruck von dem, was ich umständehalber versäumte.

Der Indianer neben mir fragte, ob ich an dem Djahe-Ritual teilnehmen wolle. Ich schüttelte verneinend den Kopf, sagte, dass ich mich dazu im Augenblick viel zu schwach fühlen würde und dass ich im Allgemeinen eine gewisse Zurückhaltung gegenüber der Einnahme von Drogen habe. Darauf reagierte der Mann heftig: »Sprich in diesem Zusammenhang niemals von Drogen! Drogen, das haben die Weißen daraus gemacht. Für uns sind das heilige Pflanzen, die uns mit der Geisteswelt in Verbindung bringen. Aber wir nehmen sie nur in heiligen Zeremonien zu uns, unter der Leitung eines erfahrenen Schamanen, der mit uns auf die Reise geht und darauf achtet, dass sich niemand verirrt. Die Weißen nehmen die heiligen Pflanzen in Einsamkeit, um der alltäglichen Realität zu entfliehen, die für sie unerträglich geworden ist. Das ist der Unterschied, und darum führt es zu so viel Elend, denn wenn man die Pflanzen nicht auf die richtige zeremonielle Art und Weise einnimmt, kehrt sich die Kraft gegen einen und wird einen schließlich zugrunde richten. Sprich also nie mehr einfach so über Drogen, denn dies hier ist eine ganz andere Sache.« Ich entschuldigte mich bei ihm. So hatte ich die Sache noch nie gesehen.

Ayahuasca ist ein Extrakt aus einer Urwaldliane, eine bittere Flüssigkeit, die wie Tee getrunken wird. Es ist eines der stärksten Halluzinogene, die es gibt. Die Amazonas-Indianer verwenden es, wie sie sagen, um wach zu träumen, um die Antworten auf wichtige Lebensfragen, die sie beschäftigen, in ihrem Traum zu finden. Die Zeremonie beginnt mit dem Trinken aus einer Schale. Anschließend übergeben sich die meisten Teilnehmer, Nasenschleim läuft aus der Nase, und häufig meldet sich auch ein heftiger Durchfall. Dies wird als innere Reinigung gesehen, dann erst zeigt sich die Wirkung in voller Stärke.

Im Folgenden zitiere ich aus Daniels Erfahrungen, der an dem Ayahuasca-Ritual teilnahm und in *Sprache des Herzens* von Norbert Muigg (Wien 1999) beschreibt: »...wir setzen uns alle im Kreis um ein Lagerfeuer, das die ganze Nacht lang brennen sollte. ... Dann sagte uns noch jemand, dass wir uns, sobald sich die Wirkung einstelle, auf den Gesang der Schamanen konzentrieren sollten ... Als dann mein Name aufgerufen wurde, war mir schon etwas mulmig zumute, doch ich überwand mich und ging in die Hütte. Dort wurde ich von zwölf Männern empfangen, die in ihren Hängematten lagen und meditierten. Man reichte mir eine kleine Schale, halb voll mit einer durchsichtigen, grünen Flüssigkeit und sagte mir, ich solle sie in einem Zug austrinken ... Nach einer halben Stunde fingen die Schamanen an, einen kehligen, monotonen Rhythmus zu singen ... Ich machte mich auf die Wirkung gefasst und beobachtete, wie einige der anderen schon anfingen, Symptome zu zeigen.

Nach einer Stunde hatte sich bei mir immer noch nichts getan ... Deshalb ging ich zurück zur Hütte und erklärte mein Problem. Mit mir waren noch gut zwanzig andere übrig geblieben, die alle eine zweite Ration erhielten ... Und das wirkte! Ich legte mich auf meine Decke nahe dem Feuer ... Das Erste, was ich sah ... waren der Sternenhimmel und der Vollmond über mir. Plötzlich war der Himmel komplett weiß, und ich sah Dinge vor mir wie in einem Film. Ich kann nicht genau beschreiben, was es war, aber es waren Personen darunter, die zu mir sprachen, und Situationen aus früheren Leben ...

Nach einiger Zeit – wer weiß, wie lange – stand ich auf. Ich setzte mich ans Feuer und schaute zu, wie es den anderen erging ... Ich legte mich wieder hin, und dann kam der Teil meiner Vision, an den ich mich ganz klar erinnere. Ein weißhaariger, mittelgroßer Indianerhäuptling mit einem Federschmuck aus Adlerfedern sprach aus einer anderen Dimension zu mir. Ich weiß nicht mehr genau, was er sagte, aber er war sehr, sehr ernst. Hin und wieder habe ich auch jetzt noch ein Gefühl, in dem ich wiedererkenne, was er mir gesagt hat.

Als ich wieder aufstand, kam einer der Männer, die ich schon länger kannte, zu mir, gab mir seine Hand und sagte: ›Bravo‹. ›Wofür?‹, fragte ich. ›Bravo‹, sagte er noch einmal, drehte sich um und ging davon, zu meinem Erstaunen weiterhin ›Bravo‹ vor sich hin murmelnd. Dann bemerkte ich den mexikanischen Schamanen Chapo, der am Feuer lag, und legte mich neben ihn. Jetzt kam der intensivste Teil des Erlebnisses. Jedes Mal, wenn ich die Augen schloss, rutschte ich irgendwie in ein anderes Leben, ein vergangenes oder ein zukünftiges, und wenn ich sie aufmachte, war ich plötzlich wieder in dieser Welt. Es war einfach unglaublich. Zur gleichen Zeit fing eine der anwesenden Frauen zu schreien an und brachte damit meinen Kopf, in dem es ohnehin schon chaotisch genug zuging, endgültig durcheinander. Dazu noch dieser eintönige Gesang der Schamanen, der irgendwie wie ein Leitfaden durch alle Erlebnisse hindurchführte.

Irgendwann wurde mir bewusst, dass ich, wenn ich jetzt die Kontrolle über mich verlöre, ebenso enden würde wie diese Frau. Also nahm ich mich zusammen und fing an, die Fragen zu stellen, die ich beantwortet haben wollte ... In den verschiedenen Situationen fand ich die Antworten auf meine Fragen und vergaß sie im gleichen Moment wieder, besser gesagt, sie wurden in meinem Gehirn gespeichert, um im richtigen Moment wieder aufzutauchen, wie ich inzwischen weiß.«

Daniel beschrieb weiter, wie er die Geräusche aus dem Dschungel auf eine völlig andere Art und Weise wahrnahm, dass er sie mehr zu fühlen als zu hören schien. Die ganze Nacht bis zum Morgengrauen schwebte er durch diese Erfahrungen. Bei Tagesanbruch hatte er den Eindruck, dass er durch Tausende Leben gereist war. Dann wurde er erneut zu den Schamanen in die Hütte gerufen, die ihn baten, sein Hemd auszuziehen. Dann nahm einer der Schamanen einen Schluck aus einer Schale und spie die Flüssigkeit über Daniels Rücken aus. Er begann zu singen und mit einem Büschel Zweige sanft auf seinen Rücken, seine Arme und Beine zu schlagen. Daniel legte sich anschließend in seine Hängematte und schlief den Rest des Tages sowie die folgende Nacht. Einige Freunde erzählten ihm später, dass er während seiner Trancereise bei ihnen gesessen und sehr ernsthaft erzählt habe, dass er in den Himmel schauen könne, und hatte ihnen eine Beschreibung all dessen gegeben.

Es war ein Glück, dass das Toilettenproblem gerade zum richtigen Zeitpunkt gelöst worden war, denn dadurch, dass eine große Zahl der Teilnehmer an den Ayahuasca-Ritualen teilgenommen hatte, war das Bedürfnis nach Toiletten am nächsten Tag besonders groß. Ayahuasca wird auch als Heilmittel gesehen, das nach der Einnahme jede Zelle des Körpers erreicht und reinigt. Die Abfallstoffe werden anschließend aus dem Körper entfernt. Durch das Erbrechen und den heftigen Durchfall hatte sich der Körper dieser Abfallstoffe entledigt.

Wie anders dagegen vollzog sich die Tipi-Zeremonie. Schon im Voraus wurde unmissverständlich klar gemacht, dass keiner der Teilnehmer die Möglichkeit hatte, sich während der Zeremonie aus dem Ritual zurückzuziehen, da sonst die aufgebaute Energie verloren gehen würde. Da das Ritual zwölf Stunden dauern sollte – die ganze Nacht bis zum nächsten Morgen um zehn Uhr – war es keine leichte Aufgabe, die ganze Zeit über in einem Kreis ohne viel Bewegung um das Feuer im Tipi zu sitzen. Die Zeremonie war dazu gedacht, die gegenseitigen Unterschiede zwischen den Kulturen der Teilnehmer der Zusammenkunft aufzuheben. Indianische Vertreter aus Nord- und Südamerika saßen im Kreis neben Brückenpersonen aus westlichen Kulturen. Eine Handtrommel wurde durch den Kreis gegeben, und jeder schlug seinen eigenen gewünschten Rhythmus. Das Feuer warf ab und zu groteske Schatten auf den oberen Teil des Tipi, und das halb hochgeschlagene Zelttuch schien wie eine leuchtende, orange Pyramide über den Teilnehmern im Dunkeln zu schweben.

Bis hierher konnte ich dem Ritual außerhalb des Tipi folgen, dann musste ich mich mit viel Mühe wieder auf meine geschwächten Beine hieven, um mich innerlich leer in meine Hängematte zu stürzen. Über den Rest der Zeremonie wurde mir später wie folgt berichtet: Gegen ein Uhr gab man an die Teilnehmer *Peyote* aus, ein Halluzinogen aus Kaktusnadeln. Bei demjenigen, der mir seine diesbezüglichen Erfahrungen mitteilte, hatten sich ein vollkommen friedliches Gefühl eingestellt und eine enorme Klarheit. Mehrere Teilnehmer erkannten Gesichter und Wesen im brennenden Feuer: Die Wesen aus der anderen Dimension, die die Ältesten zu Beginn der Zeremonie angerufen hatten, waren gekommen, um bei der Wiederherstellung der Harmonie zu helfen. Als der Tag anbrach, wurde ein indianisches Mädchen initiiert, um ihr die Kraft zu geben, ihrem indianischen Weg zu folgen. Und zwar gegen den Protest ihrer Eltern, die – obwohl selbst Indianer – sich unter dem Einfluss der protestantischen Religion heftig gegen den uralten Ruf ihres Bluts und des Bluts ihrer Ahnen wehrten, sich wieder in das jahrhundertealte Wissen zu vertiefen.

Dieses Mädchen war das Symbol für die Erfüllung einer Prophezeiung der Dene-Indianer, die lautete: »Wenn die Kinder die Traditionen und das Wissen wieder auf den Dorfplatz bringen, ist die Zeit der großen Veränderungen in der Welt angebrochen.« Das Mädchen hatte mir im Bus vom Hotel zum Flughafen erzählt, dass sehr viele junge Stammesbrüder und -schwestern sich für die Arbeit mit Kräutern, für Träume und schamanistische Heilungsmethoden zu interessieren begannen. Gleichzeitig war in ihrer Umgebung eine Generation Indianer stark unter den Einfluss westlich-religiöser Ideen geraten. Ein Teil davon war inzwischen sehr überzeugt gegen das eigene spirituelle Erbe eingestellt und wies das Interesse der Kinder völlig zurück.

Am Ende der Zeremonie hatte der Feuermann aus den brennenden Resten des Feuers die prächtige, rot glühende Darstellung eines Adlers gefertigt. Laut Prophezeiung der Hopi-Indianer sollte die Kraft des Nordens, die symbolisch durch den Adler dargestellt wurde, sich in dieser Zeit mit der Kraft des Südens, dem Kondor, verbinden. »*Die aus dem Zentrum müssen den Adler des Nordens mit dem Kondor des Südens verbinden, dann werden sie eins wie die fünf Finger einer Hand werden*«, so lautete die Prophezeiung wortwörtlich. Es war auffällig, dass die Initiative für die erste große Zusammenkunft nicht von den Hopis, sondern von den Maya-Indianern ausgegangen war, die aus Zentralamerika kamen und damit die Vorhersage exakt in Erfüllung brachten – ohne dass sie selbst die Hopi-Prophezeiung gekannt hatten.

Das Getrommel und der Gesang des Camps, das jetzt voller Hingabe an den Ritualen teilnahm, drangen ab und zu wie ein vages Geplapper zu mir durch, wenn ich aus meinem Halbkoma-Schlaf erwachte. Ich fand nicht die Kraft, meine Beine aus der Hängematte zu schwingen, es schien, als müsse ich aus einem glatten, schräg zulaufenden Tunnel kriechen, wurde aber durch die Schwerkraft immer wieder zurückgezogen, sodass ich in den Tunnel zurückglitt. Wenn ich wach wurde, spürte ich eine leichte Abneigung gegen die Anwesenheit eines Seneca-Indianers, weil er sich stets in der Nähe meiner Hängematte befand. Einmal hatte ich durch das plötzliche Aufschrecken die Kraft gefunden, aufzuspringen. Als der Indianer mir seinen Rücken zuwandte, um zu gehen, war es so, als ob er mit einem unsichtbaren Haken in mein Energiefeld gehakt hätte, um sich mit einem Teil meines kümmerlichen Restchens Energie davonzumachen. Der Mann war erstaunlich fit. War er es, der sich mit meiner Energie vollsog, auf meine Kosten? Aber wie konnte ich das vermeiden? Ich hatte nicht die geringste Kraft, irgendetwas dagegen zu unternehmen.

Auch Jacques' Erzählung von seinen Erlebnissen in der vergangenen Nacht hörte ich ohne großes Interesse an. Er erzählte mir, wie er nachts seine Klangschalen aufgestellt und begonnen hatte zu singen. Schon bald hatten sich einige Maya-Frauen zu ihm gesellt und ein Feuer entfacht. Während seines Gesangs hatten die Frauen laut gebetet, ihn mit Weihrauch beräuchert und Opfergaben in das Feuer geworfen. »Es schien, als wenn ich durch sie initiiert würde. Sie beteten und bettelten immer weiter in ihrer eigenen Sprache. Und das Feuer, das war so magisch.«

Ich nickte nur. Sah er nicht, wie schlecht es mir ging? Mir fiel auf, wie sehr sich dieser Mann doch seit unserer Abreise verändert hatte. Davor war er voller Interesse für mich gewesen, jede Schwierigkeit auf meiner spirituellen Entdeckungsreise hatte er begleitet, indem er selbstlos Rituale für mich ausführte, keine Mühe war ihm zu viel gewesen. Darum hatte ich ihm so tief vertraut. Jetzt wollte ich ihm am liebsten so viel wie möglich aus dem Weg gehen, nach allem, was ich mit ihm erlebt hatte. Als ich ihn trotzdem einmal fragte, was eigentlich mit mir los sei, wühlte er etwas hektisch in seiner Tasche und holte eine Flasche mit einem Pflanzenextrakt hervor. »Schöllkraut« stand auf dem

Etikett. »Mit dir ist gar nichts los. Du stinkst nur fürchterlich aus dem Mund. Hier, nimm diese Tropfen mal, dann geht es dir wieder besser«, und schon war er wieder weg, um seine Klangschalenkonzerte im Dispensary, einer Art Gemeinschaftslokal für die örtliche Bevölkerung, fortzusetzen.

Zwei Tage und Nächte verbrachte ich so in meiner Hängematte liegend, nach kurzen Phasen, in denen ich erstaunt wach lag, ständig wieder in unerquicklichen, erschöpfenden Schlaf fallend. Irgendwann war ich wieder einmal wach und schaute durch die Ritzen der Hütte nach draußen. Der Dschungel wurde zur streifigen grünen Masse, und das Stimmengewirr des Camps ließ mich denken, dass ich hier problemlos abkratzen könnte, während 400 Medizinmänner in nächster Nähe waren.

Wie in einem unscharfen Film sah ich dann, wie aus den grünen Streifen eine Figur auf mich zukam – eine Frau, eine Indianerin. Ich fühlte, wie sie sich meiner Hängematte näherte und sich über mich beugte. Sie hatte ihre Hand über meinem Scheitel gebogen, jetzt wendete sie mir ihr Gesicht zu und blies plötzlich und kräftig durch ihre Hand. Es schien, als ob ein heller Lichtblitz durch meinen Körper schoss, und ich saß aufrecht in der Hängematte. »*There, that went straight to your toes, didn't it?*«, sprach sie in einem unverfälschten nordamerikanischem Englisch, als ob sie auf einer heißen Kartoffel kaute. Zu meiner Überraschung war meine zehrende Müdigkeit auf einmal verschwunden. Ich nickte bejahend und fragte, was sie getan habe.

»*Sacred Breath*«, war ihre Antwort. »*I learned it from my mother.* Deine Energie konnte nicht mehr fließen, du warst um das Herz herum völlig blockiert.« Sie zeigte mit ihren Händen von ihrem Hals bis zu ihrer Brust. »Komm nachher mal in das Dispensary, dann gebe ich dir noch eine Massage.«

Dankbar kam ich aus der Hängematte, noch etwas schwindelig und schlapp, aber das düstere Gefühl, ein Zombie zu sein, war zum Glück verschwunden. Nach ihrer Massage gab sie mir noch einen Rat. »Schütze dich selbst, verschließe dich, du bist viel zu offen. Andere können dann deine Energie stehlen, und glaube mir, jeder braucht sie hier. Stell dir eine Rosenhecke um dich herum vor und denke insgeheim: *I will not let anyone steal my energy.* Es reicht, dass du dir dessen bewusst bist. Dann wird dir so etwas nicht mehr passieren.«

Unwillkürlich tauchte das Bild des Seneca-Indianers wieder vor mir auf. Ich beschloss, künftig mehr auf der Hut zu sein. Hatte ich inzwischen nicht oft genug miterlebt, dass sich nicht jeder Schamane per Definition ausschließlich mit den guten Kräften aus der paranormalen Welt beschäftigte? Ich umarmte sie dankbar und begab mich gestärkt zur Essensranch.

Die Atmosphäre des Camps war inzwischen eindeutig positiv verändert, auch wenn Konflikte blieben und die Lebensumstände ständig schwieriger wurden. Jeder war nun mit den riesigen roten Beulen versehen, Hälse und Beine waren dick angeschwollen. Ich hatte mich öfter morgens im Fluss gewaschen und von Kopf bis Fuß mit dem rotgelben Uferlehm eingeschmiert, der laut der örtlichen Bevölkerung ein probates Mittel gegen die Stechfliegen sein sollte. Er half allerdings nicht genug. Auch der Awa, eine Art schwacher Fruchtsaft, vermischt mit abgekochtem Flusswasser, das nach Schlamm schmeckte, begann den Menschen zu missfallen, sodass immer weniger getrunken wurde. Das mitgenommene Essen wurde ständig weniger, sodass die Dorfbewohner immer häufiger in den Dschungel gingen, um für alle nach Lebensmitteln zu suchen. Ich sah einen kleinen Jungen, der den abgeschlagenen Kopf eines Tapirs durch das Camp schleppte: Das Fleisch befand sich abends in einer sättigenden Suppe.

Aber gleichzeitig kam auch das Ende dieser Woche in Sicht, die letzten Tage der rituellen Zusammenkunft. Die Seres Puentes bemühten sich, die Feststellungen und Schlussfolgerungen des Ältestenrats in einen mitgebrachten Computer einzugeben, der in einer der Hütten an einen Generator angeschlossen war. Ich versuchte, so viele verschiedene Vertreter indianischer Völker wie möglich über die Prophezeiungen zu sprechen, die sie zu dieser Zusammenkunft gebracht hatten. Ich gebe im Folgenden eine Sammlung wieder. Man möge es mir verzeihen, wenn ich vielleicht ein Volk mit einer bestimmten Prophezeiung verwechsle, denn ich schrieb mir nicht alles genau auf. Auch fehlt jegliche Absicht, vollständig zu sein, denn es gibt noch viele, viele mehr, die unerwähnt bleiben. Die Prophezeiungen sind bei jedem Volk anders, haben aber alle ohne Ausnahme denselben Tenor: Sie verweisen auf eine Zeit des Wechsels, auf große Veränderungen in der Welt, die von Ahnen und Vorfahren bereits vor langer Zeit angekündigt waren und in der heutigen Zeit stattfinden – erkennbar an Zeichen überall.

Die **Hopi-Indianer** haben viele Prophezeiungen, sie sind vielleicht ebenso umfangreich wie die der Mayas. Eine ihrer vielen Endzeit-Prophezeiungen ist die des *Kürbisses aus Asche, der vom Himmel fallen wird, der die Ozeane zum Kochen bringen und das Land versengen kann, sodass dort nichts mehr wachsen kann.* Der Aschekürbis soll ein Zeichen dafür sein, dass die Zeit der großen Läuterung nahe ist – eine symbolische Bildsprache, die in der Atombombe auf Hiroshima und Nagasaki erkannt wurde. Durch die Zerstörungskraft der Atombombe wurde der Mensch sich erstmals bewusst, dass alle Menschen gemeinsam auf nur einem Planeten leben, da zum ersten Mal in der Geschichte der Planet als Ganzes bedroht wurde. Das war ein enormer Sprung nach vorn im kollektiven Bewusstsein des Menschen.

Erst nach der Atombombe beispielsweise ist Greenpeace entstanden. Eine Organisation übrigens, die eine andere Prophezeiung, eine alte **Lakota-Vorhersage**, zu ihrer Parole erhoben hat: *Erst wenn der letzte Fisch gefangen und der letzte Fluss verschmutzt ist, wird der Mensch begreifen, dass man Geld nicht essen kann.* Das Greenpeace-Schiff *Rainbow Warrior* ist nach den Prophezeiungen desselben Volks benannt: den Kämpfern des Regenbogens, jenen Menschen, die sich bei der Verschiebung der

Zeit zur Verteidigung der Erde, der Natur, erheben werden; die sich mit Herz und Seele für die Harmonie und das Verschmelzen der Rassen in einer Regenbogen-Nation einsetzen werden, die nach den großen Veränderungen auf der Erde weltweit entstehen wird.

Diese Rainbow Warriors werden in den Prophezeiungen der **Cree-Indianer** erwähnt: *Gemeinsam vereint, wie die Farben des Regenbogens, werden viele Menschen weltweit Liebe und Respekt für Mutter Erde lehren. In dem Symbol des Regenbogens werden viele Menschen zusammenströmen und das Wissen und das Geheimnis des harmonischen Zusammenlebens unter allen Wesen dieser Welt verbreiten. Diese Menschen werden Regenbogenkämpfer genannt. Obwohl sie Kämpfer sind, werden sie den Geist der Ahnen, das Licht der Erkennung und die Liebe des Herzens in sich tragen. Sie werden niemandem Leid zufügen. Nach einem großen Kampf der Liebe und des Wandels werden die Regenbogenkrieger die Vernichtung und Degeneration der Erde beenden. Das wird der Beginn eines goldenen Zeitalters des Friedens, der Liebe und der Freude für alle, die auf der Erde sind.*

Der Rassismus wird verschwinden, wenn der rote, der gelbe, der schwarze und der weiße Bruder einander finden werden, wie die **Cherokee-Überlieferung** andeutet: *Der Schöpfer gab der roten, der gelben, der weißen und der schwarzen Rasse zwei Steintafeln, ehe sie sich über die ganze Welt verteilten. Auf diesen Tafeln waren die Besonderheiten und der Lebensplan für jede Rasse einzeln ausgeschlagen. Am Ende des heutigen Zeitgelenks werden die vier Tafelbesitzer zusammenkommen, um ihre Steintafeln zu enthüllen und ihre Lehren miteinander zu teilen.* Jede Rasse sollte kollektiv eine karmische Aufgabe erfüllen: Die schwarze Rasse musste mit der Wut kämpfen, die gelbe mit der Habgier, die rote mit der Eifersucht und die weiße Rasse – wer will raten? Jawohl – mit der Arroganz.

Man muss diese Überlieferung einmal mit unserer heutigen Zeit vergleichen: Erst seit kurzem haben die Menschen im reichen

Westen die Zeit und das Geld, um in Flugzeugen durch die ganze Welt zu reisen. Man besucht andere Kulturen und nimmt etwas vom jeweiligen Gedankengut mit. Erst seit kurzem strömen Kulturen aus der ganzen Welt in den Westen, auf der Suche nach Arbeit oder auf der Flucht vor Armut oder den vielen Kriegen. Das Fernsehen, Internet, Satellitenverbindungen – alles kommt in unserer Zeit miteinander in Kontakt. Dadurch, dass Ölgesellschaften tief in den Urwäldern nach Öl bohren und der Urwald in großem Umfang gefällt wird, kommen Eingeborenenstämme aus dem Amazonas-Urwald notgedrungen mit der Außenwelt in Kontakt. Alle Aspekte, die auf den ersten Blick also sehr negativ wirken können, haben wiederum auch eine positive Seite.

Die **Mayas** sagen: *Keine einzige, keine zwei Gruppen dürfen zurückbleiben.* Wie hätte diese Prophezeiung vor hundert Jahren wahr werden sollen, als es noch so viele weiße Stellen auf der Weltkarte gab? Denn nicht nur das Essen, die Pflanzen, die Tiere und die Menschen aus spezifischen, zuvor sehr isolierten Orten sind durch den Welthandel über die ganze Welt verbreitet worden, auch das Gedankengut und das Weltbild verschiedener Kulturen vermischen sich inzwischen. Und damit auch die Rassen: Ein Halbblut aus unterschiedlichen Rassen zu sein, wird immer selbstverständlicher, und das war vor noch gar nicht so langer Zeit ganz anders. So wird es ein Ende des Rassismus geben, denn wie kann man seinen eigenen Bruder diskriminieren?

Eine der Prophezeiungen, die von vielen Völkern geteilt wird, ist die des **Adlers**, der auf dem Mond landen wird: *Einst wird der Adler in der Nacht so hoch fliegen, dass er auf dem Mond landet. Dann kommt Blut auf den Mond, und das wird der Beginn des großen Erwachens sein.* Man muss sich vorstellen, wie jene indianischen Stämme, die diese Prophezeiung kannten, reagiert haben müssen, als 1969 weltweit im TV die Botschaft von Neil Armstrong bei seiner Landung auf dem Mond erklang: »*The eagle has landed.*« Man braucht nur an die großen Veränderungen zu denken, die sich in jener Zeit in der Welt ereigneten. Das waren die sechziger Jahre, die Zeit, in der alte Werte und Traditionen komplett über Bord geworfen wurden, in der eine Energie der Selbstbefreiung durch die Welt zog und alles vor neuem Zeitgeist vibrierte.

Die gesellschaftlichen Veränderungen der sechziger Jahre sind noch immer nicht von Soziologen vollends erklärt worden. Ich denke, dass man diese Veränderungen tatsächlich vor dem Hintergrund kosmischer Verschiebungen sehen muss, als einen Vorboten für die stärkeren Vibrationen des herannahenden Zeitalters des Wassermanns. Die seit dieser Zeit bestehende große Popularität diverser Drogenarten, bewusstseinserweiternder Mittel sowie Meditation, Sex und Alkohol können meiner Meinung nach der Sehnsucht des Menschen zugeschrieben werden, mit dem Unterbewusstsein in Kontakt zu kommen, das an die Oberfläche gelangen möchte und dies in unserer heutigen Zeit auch in großem Umfang tut.

Seit den sechziger Jahren haben wir immer intensiver nach unterschiedlichen Arten gesucht, unserem echten Wesen zu begegnen, unserer *Seele*, unserem eigentlichen Selbst – anstelle unseres gesellschaftlich soziologisch bestimmten Selbst. Daher stammt das heutige große Interesse für solche uralten, unbewusst schlummernden Aspekte unseres Menschseins wie den Schamanismus. Alkohol, Drogenkonsum sowie die freie Entfaltung unserer Sexualität inklusive aller Entgleisungen sind im Wesentlichen lauter Äußerungen desselben Verlangens. Es kam in die Welt als Vorbereitung auf das große Erwachen, auf die (Wieder-) Entdeckung der anderen, verborgenen Dimension in unserer irdischen Wirklichkeit. Und im individualistischen, unabhängigen Zeichen des Wassermanns geschieht dies auf einem ganz persönlichen, individuell festgelegten Niveau.

Ein Abgesandter der **Azteken** erklärte mir, dass die ersten Hippies der sechziger Jahre zunächst nach Mexiko gereist und dort in Kontakt mit indianischen Kulturen gekommen waren, mit dem Kult von Peyote, und dann das Gedankengut der Liebe füreinander und für die Natur mit nach Hause nahmen, um ihm in ihrer eigenen materialistischen Kultur Wurzeln zu geben.

Eine etwas ältere Frau der **Six-Nations-Indianer** erzählte mir, wie ihr Großvater häufig von der *Zeit, in der die Familien auseinander gehen würden* erzählt hatte. Als sie noch ein kleines Mädchen war, hatte sie sich das überhaupt nicht vorstellen können. In jener Zeit war eine so lose Familienstruktur wie die heutige völlig unvorstellbar.

Die **Shuar-Indianer** sprechen davon, dass sich eine *Traumwelt nähert, die vierte Dimension, die bis vor kurzem nur von Schamanen und unter dem Einfluss von Ayahuasca betreten werden konnte, aber die in nicht allzu langer Zeit für jedermann zugänglich werden würde, weil wir dann insgesamt auf ein höheres Niveau evoluiert wären, in dem wir problemlos Zugang zur Traumwelt hätten.*

Aber nicht nur in den physischen und psychischen Äußerungen der menschlichen Kultur vollziehen sich die vorhergesagten Zeichen der großen Veränderungen: Auch in der Natur konnten die Indianer Zeichen wahrnehmen, die darauf hindeuten, dass die vorhergesagte Zeit angebrochen war. Auf einer Ranch in Texas war vor einigen Jahren beispielsweise zum ersten Mal nach hundert Jahren wieder ein weißes Bisonkalb geboren worden. Die Rückkehr dieses seltenen Kalbs spielt eine große Rolle in den Mythen der **Lakota-Sioux**. Das Kalb hatte in seinem ersten Lebensjahr viermal die Farbe gewechselt, von Schwarz zu Rot, von Gelb zu Weiß. Es lockt noch immer große Besucherscharen an, und es wird behauptet, dass diese Besuche eine heilende Wirkung haben. Andere Stämme hatten Blumen in vier Farben blühen sehen.

Die Veränderung der Regenverläufe ist eine Prophezeiung, die mehrere Stämme überliefern – diese Veränderungen läuten große Klimaveränderungen auf der Erde ein. Dabei sollte bedacht werden, dass die Indianer bereits von Klimaveränderungen und veränderten Regenzeiten sprachen, bevor im Westen endlich offiziell davon gesprochen werden durfte – und zwar nach der internationalen Klimakonferenz. Bis dahin wurden die großen Überflutungen und die sich häufenden Naturkatastrophen immer wieder dem Klimaphänomen »El Niño« zugeschrieben. Von Beginn an habe ich der Berichterstattung über El Niño misstraut und sie als Deckmäntelchen gesehen, das dazu gedacht war, die Masse im Zaum zu halten und uns nicht zu beunruhigen. Keine Sorge, wir können weiter produzieren und konsumieren und brauchen uns keine Sorgen zu machen. *Business as usual.*

Als ich nach meiner Rückkehr von der Zusammenkunft in Europa über die Überlegungen der Indianer in Bezug auf das Klima sprach, erhielt ich immer wieder die Reaktion: »Oh, aber das ist doch alles durch El Niño verursacht?« Erst nach der Klimakonferenz 2000 fingen die Menschen um mich herum an, etwas weniger abweisend auf Visionen der Indianer zu reagieren. Wie sehr wir es im Westen doch gewohnt sind, individualistisch zu denken ...

Die Abenddämmerung hatte eingesetzt, und im Camp war mit einer großen Maya-Zeremonie begonnen worden. Im Kreis hatte man ein Feuer voller Opfergaben entzündet: Mais, Kerzen, Weihrauch. Das Opfer wurde der Kraft des Tages aus dem Maya-Kalender geopfert, dem Tag 4 Schlange. Später sollte mir klar werden, dass die Maya-Rituale immer mit ihrem heiligen Tzolkin-Kalender zusammenhingen, dem meso-amerikanischen Kalender, der nach eigenen Aussagen älter als 20.000 Jahre war.

Wandernder Wolf ergriff das Wort.

»Die Zeremonien, die wir gemeinschaftlich durchgeführt haben, und die Gebete, die wir an unsere Ahnen gerichtet haben, werden sie daran erinnern, dass jetzt der richtige Zeitpunkt für ihre Rückkehr gekommen ist. Sie werden uns den richtigen Weg weisen und in unseren Kindern wiederkehren, den Kindern der ganzen Welt, um uns zu helfen, die richtigen Entscheidungen zu treffen, und um uns zu Zusammenarbeit und Frieden zu führen. Wir, die Indianer, sind traurig, denn unsere Wälder, unsere Felder und unsere Seen sterben. Die Luft, die wir einatmen, ist schmutzig geworden. Wir denken nicht mehr an unsere Kinder, an die künftigen Generationen. Wo bleibt unser Bruder, der Löwe, wo der Tiger? Es gibt sie fast nicht mehr. Mein Bruder, der Wolf, ist auch nicht mehr hier. Die Adern unserer Mutter, die Flüsse, sind verschmutzt. Die Bäume, unsere Lungen, sterben. Bäume, Flüsse und Tiere: Das sind wir selbst. Jeder von uns wünscht sich Gesundheit und Freiheit. Das wünschen sich aber nicht nur die Menschen, auch die Tiere und Pflanzen möchten in Harmonie leben können.

Darum haben wir uns hier zusammengefunden, liebe Brüder und Schwestern der indianischen Völker. Wir denken und empfinden noch etwas für unsere Mutter Erde, und wir haben alle denselben Wunsch: Möge die Menschheit mit der Vernichtung der Tiere, der Pflanzen und unserer Umgebung aufhören. Es ist für uns nicht einfach, auszudrücken, was wir wirklich miteinander und in Gemeinschaft erreichen wollen. Wir haben mit den Brückenpersonen Schreiben erarbeitet, um nochmals unsere Position zu verdeutlichen und die politischen Machthaber an Gerechtigkeit und Menschlichkeit zu erinnern. Wir sind viele, und wir sind sehr unterschiedlich. Jeder Anwesende hat zwar noch seine eigene Lebensform, seine Kultur, seine Form von Zeremonien und Gebeten, aber manche von uns haben bereits ihre Muttersprache verloren. Was wir allerdings wissen, ist, dass unsere Erde, Tiere und Pflanzen lebende Wesen sind. Sie sind alle ein Teil von uns.

Wenn wir die Natur tot erleben, ist das ein Zeichen, dass auch wir selbst sterben werden.

Wir besitzen noch viele Geschichten und Legenden unserer Vorfahren, und die handeln alle davon, dass alles Geist und Leben in sich trägt. Wir sind eins mit Mutter Erde, und dieses Wissen möchten wir jedem anbieten, der dies in dieser Zeit der Wende sucht. Wir, die Vertreter der Indianerstämme, haben uns hier zusammengefunden und erheben unsere Stimmen für alle Völker der Welt, um zu sagen: Wir lernen viel von euch, und ihr könnt viel von uns lernen. Wir hören noch die Stimmen unserer Vorfahren, wir fühlen noch die Wesen der Erde, des Wassers, und wir sprechen noch genauso wie unsere Ahnen mit dem Feuer. Das ist etwas, das wir alle gemeinsam haben. Dieses Wissen über das Leben ist nicht nur den Indianern vorbehalten, alle Menschen müssen diese Stimmen wieder wahrnehmen und darauf hören. Lasst uns wieder gemeinsame Wege gehen und für den Frieden in der Welt zusammenarbeiten. **Wir nähern uns dem Jahr Null.** Im letzten Zyklus 12 Baktun, 13 Ahau endet unser Vierter Sonnenzyklus, und dann beginnt die neue Zeit. Dieser Zeitpunkt ist bereits sehr nah ... **Im Dezember des Jahres 2012 endet der Zyklus.** Wir Mayas wissen dies, da wir die Hüter der Zeit sind. Darum haben wir euch hier zusammengerufen, um euch zu sagen, dass es Zeit ist zu erwachen.

Was ich hier zu sagen habe, ist eine Botschaft für die ganze Welt. Wir alle müssen menschlicher werden und unsere Mutter Erde ehren und respektieren. Lasst uns zusammenkommen und uns zusammenschließen: Rote und Weiße, Schwarze und Gelbe, Reiche und Arme, ob eingeboren oder nicht. Die Prophezeiungen erzählen uns, dass wir alle uns erheben sollen. Wir benötigen das Wissen und die Hilfe aller Völker gemeinsam, aller Kulturen, aller Religionen und Länder, bevor es zu spät ist. Wir alle wissen, was es bedeutet, wenn jemand aus unserer Mitte stirbt. Wir sehen die Überbleibsel der Kulturen, die verschwunden sind. Und wir sehen unseren Planeten leiden, unter unserer Last gebückt gehen. Millionen Menschen leben in den Städten, sie fühlen nicht mehr, was um sie herum geschieht. Sie werden immer abhängiger von technischen Leistungen und können dann selbst nicht mehr kontrollieren, was sie ins Leben gerufen haben und was das Leben immer schneller macht. Unsere Vorfahren kündigten bereits eine Zeit des Übergangs und der Beschleunigung der Zeit an, die vor der Veränderung der Zeiten kommt.

Auch wussten sie, dass wir die Antworten auf Lebensfragen immer mehr außerhalb von uns suchen und die Menschen Sklaven ihrer Maschinen werden würden. Die Prophezeiungen der Mayas und vieler anderer Völker weisen uns darauf hin, dass dies die Zeichen sind, dass die Zeit der großen Spaltung ihren Höhepunkt erreicht. Das Erwachen wird auch an denjenigen nicht vorübergehen, die in der Welt der Technik, in der Welt des Geldes, des Luxus, des Materialismus gefangen sind. Aber vor allem möchten wir Indianer die Menschen auf die Veränderungen aufmerksam machen, die uns noch bevorstehen, ja, in denen viele Menschen sich bereits befinden. Die Zeit des Übergangs erkennen wir an dem Druck, der auf uns allen lastet, und unter dem wir uns kaum aufrecht halten können. Gebt diesem Druck nach, lasst euch bewegen und verändern, denn die Menschheit steht vor einer Gabelung. Wir alle werden aufgerufen, den richtigen Weg zu wählen.

Lasst uns also unsere Stimme erheben und allen Menschen, die noch schlafen, zurufen: Wir haben alle einen Gott und eine Mutter Erde, die uns nährt. Von diesem Urprinzip aus müssen wir einen gemeinsamen Weg finden und für den Weltfrieden zusammenarbeiten. Unsere Prophezeiungen sagen, dass vor dem Ende der Vierten Sonne und in dem Übergang zu einem neuen Zeitzyklus das alte Wissen wieder zurückkehren wird. Lasst uns das alte Wissen der Ahnen ehren, lasst uns zusammenkommen und erkennen, dass wir diese Veränderungen mit verursachen und dass niemand einfach dort bleiben kann, wo er sich jetzt befindet. Geht zurück zu euren Stammesgenossen und sagt, dass wir Menschen die Finger einer Hand sind. Wir stammen aus derselben Wurzel und verrichten unsere tägliche Arbeit, um unseren Kindern ein besseres Leben zu ermöglichen. Lasst uns einander die Hand reichen, lasst uns diese Botschaft aufnehmen und weitergeben an alle, die darauf warten.«

Aus dem mitgenommenen Computer rollte eine von den Brückenpersonen verfasste schriftliche Zusammenfassung dessen, was die Ältesten auf der Zusammenkunft besprochen hatten. Die Schlusserklärung spiegelte die Zerrissenheit zwischen den Stämmen über das letztendliche Ziel dieser Zusammenkunft wider. Der große spirituelle Auftrag aus der mystischen Vergangenheit der Stämme für die Menschheit und den gesamten Planeten wechselte sich ab mit politisch orientierten Wünschen für eine geträumte Versammlung eingeborener Nationen innerhalb der bestehenden nationalen Strukturen des amerikanischen Kontinents. Einerseits also der insgesamt verständliche, aber manchmal zu Isolierung neigende Schutz und die Abschirmung von dem, was als spezifisches indianisches Erbgut bezeichnet wird, andererseits die dringend notwendige Anerkennung und der Schutz der Menschenrechte der Eingeborenen.

Die erste große Zusammenkunft in Guatemala war für die Indianer eine fröhliche, harmonische Begegnung gewesen, ein Erkennen der Überlieferungen und der Geschichte der jeweils anderen. Ich vermutete, dass bei dieser zweiten Zusammenkunft in Kolumbien aber gerade die Gegensätze in den Zielen und Prioritäten der versammelten Völker am prägnantesten zum Ausdruck kamen. Dies hatte sich in den schwierigen physischen Umständen widergespiegelt, unter denen hier im Amazonasgebiet gearbeitet worden war. Ein beträchtlicher Teil der Teilnehmer war bereits recht alt, und ich betrachtete mit einer Mischung aus Bewunderung und Mitleid, wie diese Anwesenden sich unter den primitiven, an die Schmerzgrenze gehenden Umständen hielten – und ja auch noch eine ziemlich anstrengende Rückreise vor ihnen lag.

Ich dachte bei mir, dass diese Bewegung wahrscheinlich noch einen langen Weg vor sich hatte, ehe die teilnehmenden Völker tatsächlich zu den fünf Fingern einer Hand verschmelzen würden. Allerdings hoffte ich inständig, dass es auch den zurückhaltenderen Indianervertretern gelingen möge, letztlich das allerhöchste Ziel dieser Zusammenkunft zu unterschreiben. Aber ich konnte mich auch sehr gut in die Gefühle der Zurückhaltung und Zurückweisung einfinden. Schließlich ist es nicht nichts, was diesen Völkern Jahrhunderte lang angetan wurde – ihnen, die so sehr unterdrückt und ausgedünnt worden waren. Überhaupt fand ich die Vergebungsbereitschaft vieler Anwesender hier sowie ihre Bereitschaft, der weißen Welt die Hand zu reichen, so großmütig und so umfassend, dass sie mein eigenes Begriffsvermögen überstieg.

Nach dem letzten Abend, an dem ein großes und behagliches Abschiedsfest auf dem großen Mittelfeld gefeiert wurde, ging es am nächsten Tag wieder in Gruppen zurück zum Fluss, um von dort aus die schwierige Steigung zum Landungsstreifen zu erklimmen. Eigentlich ging es nun darum, so schnell wie möglich Aduche zu verlassen, denn im Camp war nur wenig Essbares geblieben. Als unsere letzte Gruppe spät am Morgen bepackt und mit Taschen behängt über den schlammigen Urwaldweg zum Fluss stolperte, stand dort noch ein beträchtlicher Teil der ersten Gruppen, die bereits Stunden vorher aufgebrochen waren, und wartete. Es zeigte sich, dass die flachen Boote tags zuvor nicht getankt hatten und am frühen Morgen nur schwerlich an Benzin kommen konnten. Es wurden verschwitzte, ermüdende Stunden am heißen, sumpfigen Ufer unter den Urwaldbäumen, wo sich die Mücken an einer großen Schar frischer Besucher delektierten, die sich ohnehin noch an den vielen Beulen der vergangenen Woche kratzten.

Die Bootsfahrt war ein Aufatmen: Durch die beträchtliche Geschwindigkeit der Boote wirkte der Wind kühlend. Es wurden Flöten und Trommeln zum Vorschein geholt, und der Stimmung war die Erleichterung anzumerken, dass dieses Abenteuer und die anstrengenden Umstände sich jetzt dem Ende näherten.

Nachdem wir von Lahaye aus dem Weg zur Landebahn gefolgt waren, erfuhren wir allerdings, dass die Militärflugzeuge nicht gekommen waren und die Teilnehmer aus dem Urwald erst am nächsten Tag abgeholt werden konnten. Frust und Ärger machten sich breit, vor allem bei jenen, die tags darauf einen Anschlussflug ab Bogotá gebucht hatten. Beschlossen wurde, dass die etwas älteren Teilnehmer so weit wie möglich in den Hütten und Scheunen neben der Landebahn übernachten und die übrigen Teilnehmer zurück nach Lahaye gehen sollten, um dort einen Übernachtungsplatz zu suchen. Schließlich kam ich mit einer recht großen Gruppe nach anderthalb Stunden Fußmarsch durch den Matsch erschöpft an einem Kloster eines Missionspostens an, wo es Duschen gab und Reis mit Fisch gekocht wurde und wo die kühlen, glatten Steinböden zum Schlafen einluden.

In den Holzhäuschen entlang der Landebahn waren die Menschen hingegen wie die Ölsardinen untergebracht, was sie aber nicht davon abhielt, den Geburtstag von Don Cirilo noch ordentlich zu feiern.

Der letzte Tag war ein Sonntag. Kurz bevor wir die großen Flugzeuge wieder betreten konnten, setzte starker Regen ein. Doch das Sonntagsgefühl kann ich nirgendwo auf der Welt loslassen, sodass ich trotz der anstrengenden Rückreise in entspannter Stimmung vom Amazonas Abschied nahm.

7
Rituelles Messer, Spiegel, Feuerstein

TIJAX (ETZNAB)

Tijax ist die Kraft, die es möglich macht,
das Gute vom Bösen zu trennen.
Tijax lehrt, wie schließlich auch die äußere Ordnung
aus inneren Entscheidungen entsteht.

Nachdem ich wieder nach Hause zurückgekehrt war, brauchte ich ehrlich gesagt einige Zeit, um alles zu ordnen, was mir in den vergangenen Wochen widerfahren war. Ich bemerkte, dass mein Weltbild so durcheinander geschüttelt war, dass ich es völlig neu sortieren und interpretieren musste, um allem einen Platz geben und zu den Ereignissen und Informationen einen Standpunkt einnehmen zu können. Wie sollte ich jetzt über all dies einen Film zusammenstellen, später dann ein Buch schreiben? Was sollte ich mit der Botschaft der Indianer anfangen? Wie dachte ich eigentlich selbst darüber?

Da gab es zunächst das merkwürdige Datum, das die Mayas in ihren Prophezeiungen nannten: **20. Dezember 2012**. Persönlich hielt ich nicht so viel von Daten, an denen die Welt untergehen sollte; das erinnerte mich zu sehr an die Zeugen Jehovas und andere religiöse Sekten, die damit Angst und Verwirrung in der Welt säen wollen, um auf diese Weise so viele verirrte Seelen wie möglich für sich zu gewinnen.

Aber die Mayas sprachen nicht vom Ende der Welt, sondern von dem *Beginn einer neuen Zeit*, in der eine friedliche, harmonische Gesellschaft entstehen sollte. Ich hatte allerdings verstanden, dass der Beginn dieser neuen Welt, die nach dem 20. Dezember 2012 mit Tag 0 beginnt, durch weltweite Naturkatastrophen eingeläutet werden wird und dass kurz vor dem Übergangsdatum eine dreitägige Sonnenfinsternis auftritt, bei der »die Sterne vom Himmel zu fallen scheinen und sich alles im Universum bewegen wird«.

Das klang nicht harmlos und roch doch ebenfalls ziemlich nach einer Endzeittheorie, die sicher eine Menge Angst und Unruhe im Leben hervorrufen könnte. Filme zu machen, die nur zur Negativität in der Welt beitragen würden, war das Letzte, was ich wollte. Davon existierten schließlich schon genug. Auf der anderen Seite aber gab es in der Welt doch auch sichtbare Zeichen, angesichts derer wir als Menschheit den Kopf nicht in den Sand stecken sollten und die die indianischen Erwartungen bezüglich unserer nahen Zukunft recht überzeugend zu bestätigen schienen.

»Regionen, die früher trocken waren, verändern sich zu Feuchtgebieten, und Gebiete, in denen früher viel Regen fiel, können vielleicht völlig austrocknen.«

Es sah so aus, als ob sich tatsächlich Veränderungen vollzogen, beispielsweise beim Klima. In meiner eigenen Umgebung war die Maas zwei Jahre hintereinander ungewöhnlich weit über ihre Ufer getreten, und in den Niederlanden gab es immer mehr Platzregen mit Niederschlagsmengen, die bislang noch nie gemessen worden waren. Auch ließ sich nicht leugnen, dass der Meeresspiegel tatsächlich stieg. Die Wetterextreme schienen in den vergangenen Jahren auch weltweit erheblich zugenommen zu haben, wie die vielen Bilder von Überflutungen, Dürrephasen und anderen Naturkatastrophen bewiesen.

Außerdem: Die prophezeite harmonische Gesellschaft war nicht nur verlockend, sondern vor allem auch notwendig, denn selbst ein Kind konnte sehen, dass wir auf diese Art und Weise nicht endlos weitermachen konnten ...

Nicht nur in meiner eigenen persönlichen Entwicklung, sondern auch in meiner direkten Umgebung gab es ein wachsendes, sehr individuell orientiertes Interesse an Spiritualität und paranormalen Dingen, die losgelöst von den gefestigten Religionen und Paradigmen zu sein schienen. Es war allerdings schwierig, zu erkennen, wie weit reichend dieses Interesse tatsächlich in gesellschaftlicher Hinsicht war, weil es sich eher im Untergrund vollzog, sich so also im Verborgenen entwickelte.

Angesichts der heutigen Weltbevölkerung gibt es im Prinzip sechs Milliarden Möglichkeiten, die Welt zu sehen – Weltbilder, die sich zu einer bestimmten Kultur zusammenfügen. Bei der Erstellung meiner Filme gehe ich von dem Ausgangspunkt aus, dass niemand die Wirklichkeit wirklich kennt, sondern dass die »Wahrheit« über die »Wirklichkeit« viele Facetten hat und auf alle Kulturen verteilt ist, um gemeinsam einen funkelnden Diamanten zu bilden. Diesen Ausgangspunkt wollte ich allen Filmen zugrunde legen, auch diesem hier. Ich wollte versuchen, vom indianischen Weltbild aus die Geschichte aufzubauen und darzustellen, ohne ständig aus meiner eigenen kulturellen Sichtweise heraus zu intervenieren. Der Film sollte eine Bühne sein, auf der die indianische Vision unserer Zukunft ausgestellt werden sollte, um die wir herumlaufen konnten, um ihr unsere eigene Meinung gegenüberzustellen. Aber wie sollte ich die finanziellen Mittel bekommen, die einen solchen Film überhaupt möglich machten?

Es gab noch mehr, das sich in meinem gequälten Geist nach Klarheit sehnte: meine Erfahrungen mit Jacques, meinem Reisebegleiter, der seinen Rückflug zum Glück einige Tage verschoben hatte, sodass jeder für sich nach Hause zurückkehrte. Ich vermutete vage, was während der gesamten Reise mit ihm geschehen sein könnte, hatte aber das dringende Bedürfnis, mit jemandem darüber zu sprechen, um die unvoreingenommene Meinung eines Dritten über diese merkwürdige Entwicklung in unserem Verhältnis zu hören.

Auf meine Überlegungen erhielt ich in den Wochen nach meiner Rückkehr immer wieder von selbst ein Stück der Antwort. Zunächst einmal geriet eine meiner Kolleginnen in eine schwere Psychose. Als ich sie auf der psychiatrischen Abteilung des Venloer Krankenhauses besuchte, erinnerten mich die Beschreibungen ihrer Erfahrungen stark an die Ereignisse in Bogotá. Sie war völlig verirrt in einer Welt, in der jedes Ereignis, jede Farbe, jeder Gegenstand, jedes Tier und jeder Mensch für sie eine völlig deutliche symbolische Botschaft oder Bedeutung besaß.

Einige Tage später sprach ich mit einer Freundin darüber. Sie arbeitete mit Jugendlichen, die nach einer schwierigen Jugend schizophren und narzisstisch geworden waren. Sie beschrieb, wie diese Jugendlichen über verschiedene, völlig voneinander getrennte Persönlichkeitsmerkmale verfügen konnten – die, wenn ihre in der Jugend geschockten und geschädigten Egos dies verlangten – plötzlich (aber häufig recht unauffällig) Besitz von ihnen ergreifen konnten, sodass sie andere so manipulieren konnten, dass diese unbemerkt nach ihrer Pfeife tanzten. Das Gruselige an diesen Jugendlichen war, dass sie in diesem Zustand überhaupt kein Gefühl für andere empfinden und durch einen hindurchsehen konnten, dass sie einen wunden Punkt, eine

Schwachstelle erkannten, noch ehe man selbst wusste, wo diese sich genau befand.

»Es ähnelt stark dem, was zwischen dir und Jacques vorgefallen ist«, sagte sie, als ich ihr von meinen Erfahrungen in Bogotá berichtete.

»Aber ich vertraute ihm davor völlig, kannte ihn eigentlich nur als einen vollkommen integren, zuverlässigen und sehr motivierten Heiler«, sagte ich.

»Und wahrscheinlich ist er das auch«, antwortete sie mir. »Ich kann natürlich nur von dem ausgehen, was du mir darüber erzählst, aber du darfst nicht vergessen, dass schizophrene Menschen mehrere Personen in sich tragen. In dem Augenblick, in dem sein Ego ›getriggert‹ wurde, ist vielleicht die andere, verborgene und dunkle Seite von ihm zum Vorschein gekommen. In seiner Vorstellung wurde er der große Mann, um den sich alles drehte, und in dem Moment, in dem dieses Bild – vielleicht durch dich – angegriffen wurde, begann er mit seinen gefühllosen Manipulationen. Vergiss allerdings niemals, dass sich so etwas aus einem sehr verletzten Geist entwickeln kann.«

»Aber gleichzeitig tat er auch wieder sehr nette Dinge für mich, und auch für andere Menschen. Geschenke verteilen, Menschen kostenlos behandeln und so.«

»Das ist gut möglich. Vielleicht ist seine ganze Entwicklung zum Therapeuten ausschließlich seine Art und Weise, um sein verletztes Ego zu heilen. Es ist immer gefährlich, wenn Menschen, die selbst geschädigt sind, zu früh damit beginnen wollen, andere zu heilen. Er bekommt durch seine Arbeit, in der er, wie du sagst, sehr gut ist, Anerkennung und Zuneigung. Und das ist vielleicht – und ich wiederhole: aus seiner Verletztheit heraus – seine größte Antriebsfeder, auch wenn er es wirken lässt, als ob er aus reiner Nächstenliebe und Hilfsbereitschaft handelt.«

»Herrjeh. Er hatte tatsächlich sofort meinen wunden Punkt gefunden. Er kannte mich besser als ich mich selbst.« Sie nickte zustimmend.

»Aber die Stimme, die ich nachts hörte? Ich habe sie noch auf Band. War die dann doch von ihm selbst?«

»Vielleicht? Das Ego ist in der Lage, Wahnvorstellungen ins Leben zu rufen, die der Patient für Begleiter oder Engel hält. Ich möchte damit nicht behaupten, dass solche Wesen nicht auch losgelöst vom Menschen existieren können, aber wenn ich die Aufträge höre, die dir erteilt wurden und die dich in Gefahr brachten, scheint es in diesem Falle wahrscheinlicher, dass sein Ego tatsächlich alles dafür tat, um sich in dem Machtkampf zwischen euch nicht von dem Podest stoßen zu lassen, auf das er sich selbst gestellt hatte. Für ihn war das einfach wirklich so.«

Ich schämte mich, dass ich es in Kolumbien so weit hatte kommen lassen. Ich ging immer davon aus, dass ich genügend Nüchternheit in mir hatte, als dass ich mich jemals in jemand anderem verlieren könnte.

Wie schmal der Abgrund zwischen wahrer Spiritualität und Sektenverhalten war, wurde mir erst richtig klar, als ich wiederum einige Tage später mit jemandem sprach, der erst vor kurzem radikal aus einer Art Sekte ausgestiegen war. Es handelte sich um eine Frau mittleren Alters. Die Organisation, der sie sich angeschlossen hatte, setzte sich ehrenamtlich für sterbende Kinder in Krankenhäusern ein. Dabei wurden auch allerlei Dinge verkauft, um den Kindern ihren Aufenthalt im Krankenhaus so angenehm wie möglich zu machen. Das Ganze stand unter der Leitung eines viel gerühmten Hellsehers mit einigen Mitarbeitern, die recht komfortabel von den Einkünften der Stiftung zu leben schienen. Aber das Interessanteste an ihrer Geschichte war für mich ihre Beschreibung, welche verschiedenen Techniken angewendet wurden, um die Menschen einer Gehirnwäsche zu unterziehen: Ihnen allen wurde vorgegaukelt, dass sie etwas »Besonderes« seien, mehr oder weniger auserwählt für eine besondere Aufgabe, die sie in spiritueller Hinsicht erleuchten und befreien würde.

Die Übereinstimmungen mit einer Gehirnwäsche waren vor allem in der Kleidung zu finden und in einem ständigen Schlafmangel: Es gab extrem strenge Kleidungsvorschriften, sie durften nur noch »reines Weiß« tragen anstelle der eigenen Kleidung, und häufig wurden die Menschen lange Zeit wachgehalten. Dies alles wurde von der Organisation damit gerechtfertigt, dass man auf diese Art und Weise böse Energien abwehren wollte, die sich breitmachen und die Organisation zerstören wollten. Ich erkannte einen Teil meiner eigenen Erfahrungen im Hotelzimmer wieder.

Erst jetzt begriff ich, wie glitschig und gefährlich der spirituelle Weg manchmal sein kann. Ich hatte auf unangenehme Art und Weise gelernt, dass jemand, der über große paranormale, spirituelle Gaben verfügt, nicht automatisch ausschließlich und jederzeit astrein ist. Wir sind schließlich alle nur Menschen. Wer über solche Gaben verfügt, muss ganz einfach über ein noch größeres Verantwortungsgefühl für sein Handeln verfügen. Die Gabe allein sagt überhaupt nichts über den Charakter oder die Reinheit des jeweiligen Menschen aus. Anfangs verwechselte ich »spirituelle Menschen« noch ab und an mit »paranormal begabten Menschen«. Aber natürlich hätte ich all dies viel früher wissen können: In der Welt der Schamanen gibt es schließlich ebenso viele (und genau so starke) schwarze wie weiße Kräfte. Vielleicht war ich zu schnell geneigt, die dunkle Seite der magischen Wirklichkeit zu leugnen oder zu negieren.

Ich wollte darum absolute Sicherheit, ob ich bei der Erstellung dieses Films zur Steigerung des spirituellen Bewusstseins und der Entwicklung der Menschen beitragen würde, anstatt genau das Gegenteil in der Welt zu erreichen. Stand nicht schon in der Bibel, dass sich in dieser Zeit allerlei falsche Propheten erheben und viele Menschen verwirren würden? Vorsicht war in diesen Dingen sicherlich geboten.

Jacques und ich hatten seit unserer Heimkehr nur wenige Male Kontakt gehabt. Meist hatte er dazu die Initiative ergriffen, ich aber brauchte eigentlich noch Zeit, um meine Beziehung zu ihm neu zu definieren. Schließlich war ich zu der Schlussfolgerung gekommen, dass ich ihm all seine Manipulationen nicht persönlich übel nehmen konnte; er hatte schließlich unter dem Einfluss einer Psychose gehandelt. Und hatte ich selbst nicht darüber hinaus sein Ego ständig genährt, durch mein großes Interesse an ihm und seiner exotischen Vorgehensweise und durch meine Filmpläne über ihn? Außerdem ziemte es sich nicht, jemanden zu verurteilen, der wegen der negativen Erfahrungen in seiner Jugend als Erwachsener mit solchen Problemen konfrontiert wurde. Nein, verurteilen wollte ich ihn nicht, aber ich beschloss, künftig mehr auf der Hut zu sein. Meine Frau und ich fanden gemeinsam, dass er in unserem Haus willkommen sein, aber künftig seine Schamanentrommeln – im übertragenen Sinne – zu Hause lassen sollte. Als Mensch konnte er ein Freund sein, aber nicht als Guru.

Einige Wochen nach meiner Rückkehr kamen auch die Videokopien des Materials an, das Juan Bauer im Amazonasgebiet gefilmt hatte. Als ich die Aufnahmen sah, wusste ich, dass es zwar einzigartiges Material war, aber sich daraus keine richtige Geschichte zusammenstellen ließ.

Ich beschloss, einen Brief an Norbert, den Österreicher, zu schreiben, den ich im Amazonasgebiet kennen gelernt hatte. Ich bat ihn, in meinem Namen Don Cirilo, Wandernder Wolf, zu fragen, ob ich in sein Land reisen durfte, um ein Filmportrait über sein Leben vor dem Hintergrund der großen Zusammenkünfte und der Maya-Prophezeiungen zu machen. Norbert reagierte begeistert auf meine Pläne: Er war als Brückenperson gebeten worden, die PR für die Maya-Stiftung Kuhulha zu organisieren, deren Vorsitzender Wandernder Wolf war. In einigen Wochen würde er für kurze Zeit zurück nach Österreich reisen und mich zwischendurch besuchen, um die weiteren Pläne zu besprechen.

Inzwischen erstellte ich eine kurze Zusammenfassung des Filmplans und schickte diese an Sender in der ganzen Welt, um eine Finanzierung zu bekommen. In mir ließ sich erneut der alte Lockruf hören, einen langen Kinofilm daraus zu machen. Ich hatte auch ganz stark das Gefühl, dass viele Menschen bereit sein würden, speziell für diesen Film ins Kino zu gehen. In den Niederlanden und Deutschland waren einige Dokumentationen über vergleichbare spirituelle Themen in die Kinos gekommen und hatten ein bemerkenswert großes Publikum angelockt. Darüber hinaus fand ich, dass man ein solches Thema in der Atmosphäre eines Kinos erleben musste, auf einer riesigen Leinwand. Das würde diesem Film besondere Tiefe geben. Insgesamt bedeutete das, dass ich am Anfang eines sehr teuren Unterfangens stand, für das ich einen Haufen Geld zusammensammeln musste.

Zwei Wochen nach meiner Rückkehr aus Kolumbien wachte ich plötzlich mitten in der Nacht auf. In unserem dunklen, ruhigen Schlafzimmer war es so, als wenn ganz sachte eine grüne Wolke auf mich niedersinken würde. In Wirklichkeit war dort keine, aber trotzdem schien es mir, als wenn diese grüne Wolke mich völlig in meinem Bett umhüllte. Ein nie gekanntes Glücksgefühl durchströmte mich. Ein völliges Lebensglück, ein perfekter ruhiger Frieden, den ich in meinem Leben niemals zuvor verspürt hatte. Der ruhige Pulsschlag meines Lebens schlug in einem paradiesischen und harmonischen Rhythmus, von meinen Zehenspitzen bis in die Schädeldecke. Ich spürte, wie sich alles in mir entspannte, dass ich Frieden mit allem hatte, mit der Welt, mit der gesamten Existenz.

In der Euphorie, die mich ganz ruhig, ganz langsam überwältigte, dachte ich, wenn dies ein Vorzeichen der Veränderungsprozesse sein sollte, die sich in den Menschen vollziehen werden, dann war die Weltharmonie tatsächlich ganz nah. Endlose Minuten verblieb ich in dieser glücklich machenden »Wolke«, die es nicht gab. Ich wünschte mir, dass dieses Gefühl mich nie mehr verlassen würde, aber nach einiger Zeit ebbte es ab und verschwand allmählich. Verwundert dachte ich darüber nach, woher diese Erfahrung so plötzlich gekommen war, als Diana neben mir plötzlich leise fragte, ob ich schliefe.

»Ich bin wach. Was ist?«

Diana sprach nun lauter. »Ich habe geträumt, dass wir in einem grünen Licht lagen«, sagte sie, »und in dem Licht waren du und ich völlig glücklich.«

Überrascht setzte ich mich auf. »Das war kein Traum! Ich habe nämlich genau dasselbe erlebt, als ich aufwachte!«

Diana schwieg kurz. Dann sagte sie: »Nein, das war kein Traum. Ich war auch wach, aber ich dachte, du würdest es vielleicht verrückt finden, darum habe ich gesagt, dass ich geträumt hätte. Es war da, aber gleichzeitig auch wieder nicht. Ganz merkwürdig.«

Wir saßen nun beide aufrecht im Bett und besprachen diese denkwürdige Erfahrung. Alle beide hatten wir genau dasselbe Gefühl perfekten Glücks erfahren. Das Gefühl erinnerte uns an ein Ereignis in einem Sommer vor ein paar Jahren, obwohl das Gefühl damals weniger intensiv als jetzt gewesen war. Unser ältester Sohn Laurens war damals zwei Jahre alt, Giel, der jüngste, noch nicht geboren. Wir saßen unter bewölktem Himmel auf einer Tribüne innerhalb eines großen Publikums bei einer Raubvogelschau. Der Falkner ließ einen seiner Falken über die Köpfe der Menge fliegen. Als wir drei den Vogel hoch über uns in der Luft fliegen sahen, hatte Laurens, der zwischen uns saß, den Arm ausgestreckt und mit langsamen Bewegungen dem Tier zugewinkt.

In diesem Augenblick hatten meine Frau und ich beide eine körperliche Glückserfahrung gehabt, so als ob etwas um uns drei herumschweben würde, ein unsichtbarer Kokon, der uns ganz stark miteinander verband. Es war ein sehr intensiv erlebter Augenblick gewesen, ungewöhnlich auch, weil wir ihn beide auf exakt dieselbe Art und Weise empfanden. Wann immer wir später dieses Bild in unserer Erinnerung aufriefen, wie ein haarscharfes altes Foto, fühlten wir, wie uns warm ums Herz wurde. Wie es bei Erinnerungen der Fall ist, von denen man später, vielleicht wenn man alt ist, noch genau beschreiben kann, wie lauwarm der milde Sommerwind sich anfühlte, wie das Gras duftete, und es gleichsam immer noch spüren und riechen kann.

Aber diese nächtliche Erfahrung war noch viel intensiver, viel vollständiger und umfassender; ich wusste bis zu diesem Zeitpunkt nicht, dass das Leben in der Lage war, uns ein solch intensives Glück zu schenken. Wer weiß, vielleicht fühlt es sich so an, wenn man stirbt. Insgeheim schrieb ich die Erfahrung den Ritualen zu, an denen ich teilgenommen hatte.

Die Zeit verstrich. Norbert war mit seiner Frau Christina zu Besuch gewesen, und wir hatten Pläne für meine Reise nach Guatemala noch vor Ende des Jahres gemacht. Die Erfahrungen, die Norbert und Christina dort mit den Maya-Indianern gemacht hatten, begeisterten mich.

Norbert erzählte, wie es kam, dass er zehn Jahre zuvor erstmals einen *curandero* (Heiler) der Maya-Indianer aufgesucht hatte. Bei ihrer Haushaltshilfe, einem Mädchen eingeborener Abstammung, war Krebs in der linken Brust festgestellt worden. Norbert schlug vor, gemeinsam mit ihr zum Krankenhaus zu fahren, doch sie lehnte höflich, aber entschieden ab. Stattdessen hatte sie einige Male einen *curandero* aufgesucht, der in einem nahe gelegenen Dorf außerhalb der Stadt wohnte, und war mit einigen Fläschchen bunten Wassers zurückgekehrt – einem geheimnisvollen Wundermittel, von dem sie dreimal täglich einen Schluck trank. Ansonsten sprach sie nicht mehr über ihre Krankheit, sondern war überzeugt, dass sie geheilt war. Als einige Zeit darauf ihre Mutter von einigen Krankheitssymptomen gesundete, nachdem sie denselben Heiler besucht hatte, beschlossen Norbert und Christina, ihre anfängliche Skepsis zu überwinden und gemeinsam mit einem kranken Bekannten diesen Mann ebenfalls aufzusuchen.

Dort angekommen, wartete bereits eine lange Schlange hauptsächlich Eingeborener vor einer Hütte, die von Bananenpflanzen umgeben war. Hunde und Schweine liefen kreuz und quer zwischen den Wartenden umher, die von einem Mann mit Gewehr bewacht wurden. Ab und zu bat der Mann mit barscher Stimme um Stille, um den »heiligen Ort« nicht zu stören. Gemeint war die Hütte zwischen den Bananenbäumen, in der die Menschen meist einige Minuten blieben, um anschließend mit einer Plastikflasche unbestimmten Inhalts wieder herauszukommen. Der ohnehin schon skeptische, kranke Bekannte hielt das Ganze für eine verrückte Bauernfängerei, und nur die Tatsache, dass er gemeinsam mit seinen nun ebenso wieder skeptisch gewordenen Bekannten gekommen war, sorgte dafür, dass sie die vielen Stunden in der gleißenden Sonne aushielten, ehe sie endlich selbst das Heiligtum betreten durften.

Dort saß ein indianischer Mann von etwa fünfzig Jahren hinter einem einfachen Tisch, auf dem sich eine Kristallkugel, ein großes Wasserglas und ein sehr großer Revolver befanden. Das Zimmer war mit katholischen Heiligenbildern, Christus-Figuren und einem Foto von Sai Baba (dem indischen Guru) an der Wand verziert. Unter dem Tisch lag ein großer Hund. Die ganze Szenerie passte in Norberts Augen überhaupt nicht zu der grenzenlos liebevollen Ausstrahlung des Mannes hinter dem Tisch, der in sein Wasserglas schaute und dem kranken Bekannten erklärte, dass er ihn nicht heilen könne, da der Mann kein Vertrauen in ihn habe. Aber sowohl Norbert als auch Christina hatten bei diesem kurzen Besuch eine enorme Hitze in ihren Herzen verspürt, und beide hatten das Gefühl, dass sie noch einmal zu diesem merkwürdigen Curandero zurückkehren mussten, der *Don Chepe* genannt wurde. Ihr Bekannter hatte genug, von allem, was mit Maya-Indianern zu tun hatte. Er starb einige Monate später.

Bei ihrem zweiten Besuch wurde aus der genauso langen Reihe wartender Menschen eine Frau mit Sauerstoffflaschen in die Hütte gelassen, die fünf Minuten später wieder zum Vorschein kam. Erneut hatte Norbert skeptisch den Kopf geschüttelt. Der Bewacher war daraufhin direkt auf ihn und Christina zugekommen und hatte ihnen zu ihrer Überraschung gesagt, dass sie direkt zu Don Chepe gehen durften.

Wieder wurden sie in der dunklen Hütte von der ungewöhnlichen Atmosphäre der Liebe empfangen, die von diesem Mann ausging. Als Norbert erzählte, dass sie eigentlich nicht für eine Heilung kamen, sondern um ihn persönlich wiederzusehen, teilte der Heiler ihm mit, dass Norbert schlechtes Blut an den Lungen habe und dadurch schnell unter Kurzatmigkeit leiden würde. Er erklärte, dass er eine »Operation« bräuchte, die sechzig Dollar kosten würde und für die er in vierzehn Tagen zurückkommen sollte. Die vierzehn Tage waren für Norbert eine Zeit fürchterlicher Verzweiflung. Er litt tatsächlich schnell unter Schwindel und Kurzatmigkeit, aber was meinte Don Chepe mit einer Operation? Schnitt er wirklich seine Patienten auf? Aber wo? Und womit? Norbert konnte sich nicht vorstellen, dass dieser Maya irgendwo noch einen sterilen OP hatte – außerdem war der Mann nicht einmal Arzt. Aber er beruhigte sich bei dem Gedanken, dass es sich wahrscheinlich um eine Art spirituelle Operation handeln würde.

Mit einem unsicheren Gefühl reiste er vierzehn Tage später gemeinsam mit seiner Frau wieder zu dem Curandero. Jetzt aber dauerte der Aufenthalt der wartenden Patienten vor ihm länger als sonst, und der Mann, der als Erster aus der Hütte kam, trug tatsächlich ein Pflaster auf dem Kopf. Was sollten sie tun? Norbert lauschte, ob er von dem nächsten Patienten Schmerzäußerungen hören konnte, doch aus der Hütte erklang nur die Stimme von Don Chepe, der einige Anweisungen gab, wonach es eine Weile still wurde. Nach zehn Minuten kam der Patient auf eigenen Beinen wieder heraus. Norbert geriet in Angst. Gedanken an HIV, an Infektionen überkamen ihn. Was sollte er tun? Bleiben oder schnell weglaufen?

Als er an der Reihe war, wurde er ebenso wie Christina liebevoll von Don Chepe umarmt, und damit nahm seine Angst ein großes Stück ab. In dem dunklen Zimmer, das er betrat, nachdem er kurz an einer Art Altar vor eine Marienfigur gestellt worden war, stand allerdings ein hohes Bett mit einem Nachttischchen. Darauf befanden sich ein verdächtig großes Messer, Watte sowie eine Flasche Alkohol. Seine Angst kehrte mit voller Wucht zurück. Don Chepe würde doch nicht ... Don Chepe gab ihm die Anweisung, sein Hemd auszuziehen und sich bäuchlings auf das hohe Bett zu legen. Dieses Mal fühlte Norbert keine Hitze in seinem Herzen, sondern im ganzen Körper: Der Angstschweiß brach ihm aus.

»Wenn du keine Angst hast, tut es auch nicht weh«, erklärte Don Chepe, während er eine Stelle an Norberts Seite mit Alkohol reinigte. Norbert solle ganz normal atmen und Vertrauen haben.

»Aber es tat weh, und ich hatte Angst«, erklärte Norbert, während er mit entschuldigendem Lächeln in unserer Küche seine bizarre Geschichte zu Ende erzählte. »Ohne Betäubung! Er hatte mir mit seinem großen Messer an beiden Seiten unter meinen Lungen Wunden zugefügt und an der Watte, die er dort hineintupfte, sah ich, dass ganz schön viel Blut ausfloss. Nach ein paar Minuten nahm der intensive Schmerz ab. Don Chepe legte seine Hände auf die Wunden. Dann zeigte er mir einen Bausch Watte voller Blut und sagte, dass dies das alte, schlechte Blut sei, das unter den Lungen gesteckt habe. – Du kannst dir vorstellen, dass wir auf der Heimreise beide sehr ruhig waren. Wir wussten nicht, was wir nun eigentlich erlebt hatten.«

Aber die Wunden heilten überraschend schnell. Norbert musste noch einige Wochen einen Kräutertrank einnehmen, und seit dieser Zeit litt er nicht mehr unter Kurzatmigkeit. Danach waren – meist ganz zufällig – weitere Kontakte mit einer ganzen Reihe verschiedener Maya-Schamanen entstanden. Erfahrungen, die ihn schließlich in das Amazonasgebiet geführt hatten, wo ich ihn kennen gelernt hatte.

Nach dieser spannenden Heilungsstory verstrich für mich wieder einige Zeit, in der ich versuchte, meinen Film zu realisieren. Aus verschiedenen Ländern wurde Interesse an dem Filmthema bekundet und gesagt, dass man den Film gerne – sobald er fertig sei – ansehen würde, um ihn eventuell zu kaufen. Aber das waren, freundlich ausgedrückt, genau die Sprüche, von denen *ich* mir nichts kaufen konnte: Um den Film machen zu können, brauchte ich Mitinvestoren aus der Film- und Fernsehwelt, sonst konnte ich das Ganze schlichtweg vergessen. In den Niederlanden war immer noch kein einziger Sender an dem Thema interessiert.

Der Artikel, den ich über die Zusammenkunft geschrieben hatte, wurde nicht abgedruckt. Die Redaktion hatte mich gebeten, vor allem meine persönlichen Erfahrungen bei den Ritualen zu beschreiben, und als ich das so ehrlich wie möglich tat, erschien es ihnen zu abgehoben für ihr Magazin. Es überraschte mich, das in dieser recht akademischen Zeitschrift, die hauptsächlich über andere Kulturen berichtete, so wenig darüber veröffentlicht wurde, was in diesen Kulturen im Allgemeinen zum spirituellen Gemeingut gehörte. Als ob dieser Aspekt dieser Kulturen nicht existierte, totgeschwiegen oder nicht für interessant gehalten wurde. Es schien mir selbst in diesen wohl gesonnenen Kreisen eine Fortsetzung der Haltung zu bestehen, die die westliche Kultur seit dem Kolonialismus in ihrem Umgang mit anderen Kulturen kennzeichnete: »*Wir* beschreiben die Wirklichkeit aus *unseren* Paradigmen heraus, und die von *euch* sind höchstens kurios und exotisch, aber nicht dazu geeignet, dass *wir* sie ernst nehmen.«

Auch in der Entwicklungsarbeit herrscht diese Haltung immer noch vor: Ein Begriff wie »Entwicklung« wird ausschließlich mit westlichen Terminologien beschrieben. Häufig werden dafür lediglich materielle Maßstäbe angelegt. Eigentlich sollte es jedem Volk zugestanden werden, seine eigene Definition von Entwicklung zu verfassen – darauf sollte die finanzielle Hilfe abgestimmt werden. Das erst wäre wirklich uneigennützige *Hilfe*, aber das würde vielleicht zu vielen unserer Handelsinteressen, denen jetzt häufig die vom Westen erteilte »Entwicklungshilfe« dient, schaden ...

Mit einer Journalistin besuchte ich noch einmal den mongolischen Prinzen in meiner Nähe, um Fotos für einen Artikel zu machen, der in einer deutschen Zeitschrift erscheinen sollte. Nach dem Interview sprachen wir über die Zusammenkunft in Kolumbien, und ich fragte ihn, ob er kurz vor unserer Abreise noch etwas unternommen habe, um uns auf energetischem Niveau zu unterstützen. »Das habe ich getan«, antwortete er. »Als ihr weg wart, habe ich mit einer Gruppe buddhistischer Mönche in Belgien intensiv und lange für euch meditiert und euch Energie geschickt. Eigentlich hättest du das drei Wochen später merken müssen.«

Ich überlegte kurz, und dann fiel mir die »grüne Wolke« wieder ein!

»Das habe ich tatsächlich gespürt. Vielen Dank, es war eine fantastische Erfahrung.«

Der Botschafter nickte nur, als ob das schon genügend Erklärung wäre.

»Und wie sieht es mit dem Dieb aus?«, fragte ich nach. »Hat er das Schwert noch zurückgebracht?«

»Das Kris ist wieder da, da hängt es.« Der Botschafter zeigte auf die Mauer, an der mehrere Schwerter hingen. »Aber der Mann ist tot.«

Weitere Monate vergingen. Gegen Ende des Jahres hatte sich noch immer kein Fernsehsender genügend für das Thema interessiert, um es zu finanzieren. Mein Verlangen, dieses Projekt zu vervollständigen, wurde immer größer. Tief in meinem Innern war ich davon überzeugt, dass dies ein sehr wichtiger Film werden könnte, den Menschen aus aller Welt interessant fänden. Ende Dezember bekam ich einen Anruf aus Guatemala, von Norbert: »Wiek, gestern begegnete ich in der Stadt zufällig Don Cirilo. Er betonte nochmals, dass du willkommen bist, hier zu filmen, aber dass die beste Zeit so um März, April sein würde, weil er dann ausnahmsweise nicht auf Reisen ist, sondern zwei Monate zu Hause. All die Zeit stünde er dir für deinen Film komplett zur Verfügung.«

Da die Zusammenkunft inzwischen schon ein halbes Jahr hinter mir lag und noch immer kein Schwung in das Projekt gekommen war, regte sich in mir der Gedanke, vorläufig dann eben selbst die Kosten für die Aufnahmen zu übernehmen. Recht unerwartet war mein letzter Film auf einmal an zwei Länder gleichzeitig verkauft worden, an Deutschland und Norwegen. Außerdem kam dadurch, dass meine Schwester das Haus meiner Eltern gekauft und mich ausbezahlt hatte, auch aus dieser Ecke plötzlich finanzielle Unterstützung, die dafür sorgte, dass unsere miserable Lage vorläufig beendet war. Zumindest, wenn ich das Geld nicht direkt wieder in dieses Projekt investieren würde ... Mein voriger Film war unter sehr schwierigen finanziellen Umständen zustande gekommen. Ich zweifelte, ob ich das meiner Familie noch einmal abverlangen könnte.

Meine Frau hatte, wie immer, völliges Vertrauen, dass das Universum uns nicht im Stich lassen würde. Und eigentlich war das auch immer so gewesen. Als kleine Selbstständige lebten wir schon seit Jahren kurz vor dem Bankrott, aber immer war in dem Augenblick, in dem das Ende nahe schien, gerade rechtzeitig Geld gekommen, nie in großen Mengen, aber immer wieder gerade genug, um weiterzumachen. Diese Entscheidung bedeutete lediglich, dass wir jetzt auf das komfortable Gefühl verzichten mussten, eine Weile etwas weniger auf das Geld achten zu müssen. Weil ich mein Verlangen, den Film letzten Endes im Kino zeigen zu können, nicht unterdrücken konnte, wollte ich überdies auch noch auf Film arbeiten statt auf Video. Das bedeutete also, dass die im Voraus anfallenden Kosten beträchtlich höher ausfallen würden. Ich berechnete, dass ich mein gesamtes Reservekapital in das Projekt investieren müsste, um dann mit einer von mir selbst erstellten Probemontage nach Finanziers und Vertrieben zu suchen.

Auf einmal wurde mir klar, dass ich dadurch, dass ich den Film auf diese Art und Weise produzieren wollte, gleichzeitig eine

Art Testszenario für die Frage schuf, ob es Zufall in der Realität gab. Denn wenn der Zufall all dies mit einer sinnvollen Absicht auf meinen Weg gebracht hatte, dann würde der Zufall doch sicher auch dafür sorgen, dass ich diesen Weg ganz bis zum Ende gehen könnte. Auch würden frühere Vorhersagen von Hellsehern sowie astrologische Kalkulationen bezüglich meiner Karriereentwicklung hiermit auf das Schärfste getestet, denn etwa in diesem Alter sollte ich einen Durchbruch in meiner Arbeit erleben. Dieses Projekt konnte diesen Durchbruch bedeuten. Finanziell gesehen sollte es dann etwas bergauf gehen. Das Jahr 2000 sollte ein gutes Jahr werden, davon war ich nun noch zwei Jahre entfernt. Das bedeutete auch, dass – wenn dieses Projekt auf irgendeine Art und Weise stranden würde – dies absolut das Ende meiner Karriere als Filmemacher bedeuten würde. Und das wiederum bedeutete, dass ich alle Erkenntnisse über das Finden des wahren Wegs, alle hellseherischen und astrologischen Vorhersagen über meine berufliche Entwicklung sowie die Theorie, dass der Zufall nicht existiert, in den Mülleimer werfen konnte.

Die Zeit schien also gekommen, alle Überlegungen, Erfahrungen und theoretischen Informationen, die ich in Bezug auf die philosophischen Erkenntnisse über den Kosmos gesammelt hatte, in die Praxis umzusetzen. Denn schließlich können wir endlos lesen und theoretisieren, aber letzten Endes werden wir erst dann, wenn wir im wirklichen Leben den Sprung ins Ungewisse wagen, uns wirklich den unsichtbaren höheren Mächten anvertrauen und darauf vertrauen, dass sie wirklich für uns da sind.

Dieses Projekt könnte schlussendlich auch ein Test werden, bei dem auch die Glaubwürdigkeit des Weltbildes der Indianer und ihrer Prophezeiungen für mich persönlich bewiesen werden könnte. Mein Gott, dies war die persönliche Beweispflicht für eine verborgene Wirklichkeit, nach der ich so häufig gesucht hatte! Eine Bewährungsprobe des Universums: Ich forderte das Universum heraus, mir seine okkulte Seite zu beweisen ... »*The proof of the pudding is in the eating*«, sagen die Engländer schließlich. Wie raffiniert das doch alles eingefädelt war, schien mir. Wenn ich tatsächlich dazu vorherbestimmt war, diesen Film zu machen, würde der Film – ganz egal wie – auch gemacht werden. Wenn der Film letzten Endes nicht zustande kommen sollte, konnte ich künftige Zukunftsprognosen im Allgemeinen, aber auch die der Indianer im Besonderen anzweifeln. Ich machte bei einem Weltbild die Probe aufs Exempel. Ich brauchte nur einfach diesem Weg zu folgen: Der Weg selbst würde die Antwort auf meine große existenzielle Frage bieten.

Mir wurde außerdem klar, dass ich durch diese Entscheidung mit meinem gesamten persönlichen Leben und dem meiner Familie, sozusagen mit Haut und Haaren von diesem von mir selbst geschaffenen Labortest meines Lebens abhängig sein würde.

Aber das simple »Dem Weg bis zum Ende folgen« war komplizierter, als es klang. Die Launenhaftigkeit des Lebens zeigte sich in einer ihrer zahllosen Facetten, eine Launenhaftigkeit, die uns begreifen lässt, dass die Dinge immer wieder etwas anders laufen, als wir es uns häufig denken. Vielleicht ist die größte Lehre hinter dieser Launenhaftigkeit die, das Loslassen zu lernen – das Leben nicht nach *unserem* Willen formen und beherrschen zu wollen, sondern nach dem Willen des Universums, der uns dann schließlich dorthin bringt, wonach wir so sehnsüchtig verlangen. Und so geschah Folgendes:

Unser inzwischen neun Monate altes Baby Giel war noch immer nicht gut auf der Erde »angekommen«. Es schien, als wenn es sich nur dann wirklich sicher fühlte, wenn es Körperkontakt mit seiner Mutter hatte. Die Häufigkeit seiner plötzlichen, alles hinterfragenden Blicke hatte allerdings abgenommen. Während ich noch über die definitive Entscheidung bezüglich meines Filmprojekts grübelte, schrie Giel eines Tages vor Schmerzen auf. Ein hoher, unheimlicher Schrei, wonach sein neun Monate altes Gesichtchen leichenblass wurde und er totenstill liegen blieb. Was war mit ihm passiert? Als wir seine Windel öffneten, sahen wir, dass sich darin Blut befand. In seinem Bäuchlein war eine kleine Verhärtung fühlbar. Wir erschraken fürchterlich und riefen sofort den Arzt an. Es war Sonntag, unser eigener Hausarzt hatte leider keinen Wochenenddienst, und der Dienst tuende Arzt weigerte sich zu kommen. Er riet uns, am nächsten Tag unseren eigenen Doktor aufzusuchen.

Da Giel alle fünfzehn Minuten offenbar starke Magenkrämpfe hatte, gerieten wir mehr und mehr in Panik und riefen noch einmal den Arzt an, der aber immer noch nicht bereit war, einen Hausbesuch zu machen und die Angelegenheit telefonisch mit der Diagnose abhandelte, dass es sich wahrscheinlich um einen Virus handelte. Mir machte diese Erfahrung wieder einmal klar, dass die medizinische gefestigte Ordnung in unserer Gesellschaft die Menschen eigentlich häufig in Richtung alternativer Medizin zwingt, während sie diese gleichzeitig doch so heftig bekämpft.

Die Krämpfe bei unserem kleinen Kerl nahmen nicht ab, daher beschlossen wir – völlig ratlos –, uns an einen Naturheiler und Hellseher aus der Nähe zu wenden, denselben, bei dem ich einst die intensive Energieerfahrung gemacht hatte. Er behandelte das Kind mit Blütenheilmitteln und stellte fest, dass nichts Ernstes vorlag und das Kind bereits dabei war, sich selbst zu heilen. Wir brauchten seiner Meinung nach nichts weiter zu unternehmen. Wir würden am nächsten Morgen schon sehen, dass er wieder ganz der Alte sei. Einen Arzt brauchten wir nicht mehr aufzusuchen. Aber Dianas Intuition gab ständig Alarmsignale ab, und im Nachhinein weiß ich, dass wir darauf hätten hören und den nächsten Notarzt aufsuchen müssen.

Stattdessen machten wir uns weiter große Sorgen, vor allem, als die periodischen Krämpfe auch nachts nicht verschwanden, sondern regelmäßig dafür sorgten, dass Giel seinen Körper wand und dabei leise vor Schmerzen stöhnte. Wir durchlebten eine schlaflose Nacht und konnten den Morgen kaum erwarten, um endlich unseren eigenen Doktor aufzusuchen. Wir sahen an seinem Gesicht, dass er erschrak, als er die Verhärtung unter der sonst so weichen, aber jetzt gespannten Haut des Babybauchs fühlte. Er versuchte, seine Unruhe vor uns zu verbergen, indem er uns in ruhigem Ton riet, kurz die Notaufnahme im nahe gelegenen Krankenhaus aufzusuchen. Aber er hatte recht schnell die Symptome einer Darminvagination erkannt. Als wir im Krankenhaus angekommen waren, bereitete der Spezialist nach einer kurzen bestätigenden Diagnose in höchster Eile den OP vor. Innerhalb einer Viertelstunde mussten wir unseren Sohn dem Anästhesisten überlassen, der die Narkose im OP durchführte. Die Vermutungen unseres Hausarztes hatten sich als richtig erwiesen: Der Dünndarm von Giel war plötzlich in seinen Dickdarm eingestülpt, ein Phänomen, das spontan bei einem in x-tausend Fällen vorkam, und für das es keine Erklärung gab.

Sekunden wurden zu Minuten, Minuten schienen Stunden zu dauern. Niemals werde ich die bangen zwei Stunden vergessen, die wir während der Operation durchlebten. Dann endlich konnte uns der Spezialist mitteilen, dass die Operation gut verlaufen sei, und sie gerade noch rechtzeitig vorgenommen werden konnte. Denn inzwischen war ein großes Stück Darm bereits schwarz geworden, weil es so lange eingeklemmt gewesen war. Der Arzt hatte den Darm auseinander gezogen, wodurch die Durchblutung wieder in Gang kommen sollte. Alles war jetzt eine Frage der Erholung, im Krankenhaus. Wir machten uns Vorwürfe, dass wir nicht viel früher Maßnahmen ergriffen hatten, sondern uns stattdessen mit der Weigerung des Hausarztes und der völlig falschen Diagnose des Naturheilers zufrieden gegeben hatten.

Wir beschlossen, abwechselnd im Krankenhaus zu bleiben, auch nachts neben seinem Bettchen zu schlafen, weil wir uns Sorgen machten, dass Giel, der sich ohnehin schon so unsicher in dieser Welt fühlte, später auch noch ein Kliniktrauma zu verarbeiten hätte, wenn wir ihn jetzt – in seinen Augen – im Stich ließen. Er wurde zudem von allerlei Spritzen und Schläuchen in der

Nase gequält, die bis in seine Därme führten und grünen Schleim herauspumpten, weil seine Verdauung völlig zum Erliegen gekommen war.

Die Beunruhigung des medizinischen Personals wurde spürbar, als Giel sich nicht von der OP erholte, im Gegenteil, seine Situation verschlechterte sich zusehends. Wir wurden mit dem Notarztwagen zum akademischen Krankenhaus in Nimwegen gebracht, wo es eine spezialisierte Kinderabteilung für diese Fälle gab. Dort wurde Giel unter noch strengere Bewachung von noch mehr Geräten und Blutuntersuchungen gestellt. Und wir konnten nur deprimiert neben seinem Bettchen wachen in der Hoffnung, dass es ihm wieder besser gehen würde.

Es war mitten in der Nacht, als ich hörte, wie er auf einmal wieder diesen unheimlichen, hohen Schrei von sich gab. Ich zögerte keinen Moment, holte ihn mit allen Schläuchen und Drähten aus seinem Bettchen und nahm ihn auf den Schoß, um ihn spüren zu lassen, dass in all seiner Angst und seinen Schmerzen jemand bei ihm war, der ihn nicht allein lassen würde. Das kleine Kerlchen knirschte mit den Zähnen und biss seinen Schnuller vor Schmerzen mitten durch. Sobald ich ihn kurz auf das Bett legen konnte, drückte ich die Alarmglocke. Als die Nachtschwester kam, hatte er sich schon wieder etwas beruhigt, kuschelte sich in meinen Arm, um todmüde wieder einzuschlafen. Am nächsten Morgen wurde festgestellt, dass sich das Darm-Phänomen – so selten es auch sein möge – noch einmal ereignet hatte. Das gab den Ausschlag: Er würde noch am selben Tag zum zweiten Mal operiert werden müssen. Als meine Frau und ich gemeinsam um das Bettchen unseres bewegungslosen Babys standen, umgeben von all den technischen Geräten, die seinen Zustand überwachten, begann Diana zu weinen.

Dann legte sie mit einer resoluten Geste ihre beiden Hände auf den nackten Bauch von Giel, während sie ihre Augen schloss. »Ich hätte auf meine eigene Intuition hören müssen, und nicht auf andere. Denn ich weiß, dass auch ich Fähigkeiten in mir habe, aber ich bin zu bescheiden, das zu erkennen. Ich weiß, dass meine Hände heilende Gaben besitzen, und die werde ich jetzt einsetzen für mein Kind. Ich brauche niemand anderen«, sagte sie leise.

Ich nickte, das war wahr. Diana besaß eine untrügliche Intuition, vor allem, wenn es um die Kinder ging. Viele Mütter, die ein enges Band mit ihren Kindern haben, wissen häufig ganz genau, was in ihrem Kind vorgeht, aber weil sie von wissenschaftlichen und pädagogischen Erkenntnissen umgeben sind, verlernen sie, auf sich selbst zu hören. Und auch Dianas Hinweis auf ihre eigenen heilenden Kräfte war richtig. Es war etwas, was sie bislang tatsächlich wegen einer irrationalen, tief wurzelnden Angst und Zurückhaltung fortwährend verdrängt hatte, trotz der Tatsache, dass viele Paragnostiker dies – unabhängig voneinander – bei ihr erkannt hatten.

Diana fühlte, dass eine warme, heilende Kraft durch ihre Hände in den Bauch des Kindes strömte. Sie hatte eine solch schwere Krise gebraucht, um ihre Zurückhaltung zu überwinden. Die Tränen liefen ihr über die Wangen, als sie sagte: »Giel wollte bis jetzt gar nicht auf dieser Welt sein. Es scheint, als ob er jetzt eine Entscheidung treffen kann, ob er bleibt oder ob er dahin zurückgeht, woher er kommt. Entscheide dich nur, kleiner Kerl, entscheide dich für das, was du willst. Wenn du jetzt zurückgehst, haben wir dafür Verständnis, so gerne wir dich auch halten möchten und so sehr wir dich auch lieben.«
Ich nickte, empfand genau das Gleiche, und während auch ich weinte, begriff ich auf einmal unsere menschliche Kleinheit. Gleichzeitig verstand ich auch, wie sehr Diana und ich durch unsere spirituelle Suche Leben und Tod auf eine ganz andere Art und Weise sahen, und wie uns dies in diesem Augenblick – trotz unseres tiefen Schmerzes und unserer Angst – in großem Maße half, mit dieser fürchterlichen Situation ins Reine zu kommen.

Und das kleine Wunder geschah: Giel, der während seines gesamten Aufenthalts im Krankenhaus alles willenlos erduldet und nur ausdruckslos vor sich hin gestarrt hatte, auf unsere Anwesenheit nur reagierte, indem er ab und zu unsere Daumen festhielt, schien in einen tiefen, regungslosen Komaschlaf zu sinken. Doch plötzlich bewegte sich sein zur Seite gewandtes Köpfchen, er öffnete seine Äuglein, sah uns kurz mitten ins Gesicht, lächelte uns trotz der Infusionen und Nadeln in seinem Kopf an und schloss dann seine Augen wieder. Wir waren durch diesen Augenblick sehr gerührt und trugen das kleine Wesen gemeinsam zum OP. Am liebsten wären wir ihm bis an den Operationstisch gefolgt, aber das ging natürlich nicht.

Wie ausgelöscht waren alle meine Gedanken über den geplanten Film. Norbert hatte kürzlich noch angerufen, um zu melden, dass es vielleicht besser sei, noch nicht nach Guatemala zu kommen, weil die Mayas ausgerechnet um das geplante Datum meiner Ankunft herum ein schweres Erdbeben um Guatemala-Stadt erwarteten. Ich hatte ihm gesagt, dass es ohnehin noch unsicher sei, ob ich kommen würde. Der ganze Film schien auf einmal völlig unwichtig geworden zu sein, so schrecklich unbedeutend und banal. Die Zukunft der Menschheit trat in den Hintergrund und machte Platz für unsere Sorgen um die Gesundheit unseres Kindes. Ich sah, dass ich zu sehr in meiner Arbeit aufgegangen war, dass ich die alltäglichen kleinen Diamanten des Lebens häufig zu wenig wahrgenommen hatte – die Sonne auf meiner Haut, den Gesang der Vögel, die Stimmen und die Nähe meiner Kinder, kurzum, das Alltägliche, außerhalb der Krankenhausmauern, ohne dass die Menschen dort begriffen, von wie viel Glück und Schönheit sie jeden Tag umgeben waren.

Zum Glück war die Operation erfolgreich. Es schien, als ob Giel sich nun entschieden hätte, am Leben zu bleiben, denn seine sehnsüchtig erwartete Erholung trat nach zwei endlosen Wochen ein. Als wir ihn nach der OP in seinem Bettchen liegen sahen, so friedlich, angeschlossen an die Beatmungsgeräte, die Blutinfusion und wiederum allerlei Schläuche und Kontrollgeräte, sagte ich zu meiner Frau: »Sieh nur, es ist, als hätte er noch einmal angefangen. Als ob er neu geboren wäre, er muss sogar wieder neu lernen zu atmen.«

Und so war es auch. Nach seiner Heimkehr erholte er sich wunderbar schnell, und es war beinahe so, als hätten wir ein anderes Kind. Er strahlte viel mehr Selbstvertrauen aus und brauchte nicht mehr so verzweifelt die Nähe seiner Mutter. Er schlief viel ruhiger, und es schien, als ob mit der Entfernung des Stückchens Darm aus seinem Körper auch ein karmisches Stück alten Leidens und alter Angst aus einem vorigen Leben entfernt worden war. Und er schien beruhigt darüber, bei seinen Eltern angekommen zu sein, die ihn in dieser schwierigen Zeit keine Sekunde alleine gelassen hatten.

In dieser Wolke des Glücks und der Freude, dass unser jüngstes Kind wieder zu Hause war, hatte ich meine Entscheidung fast gedankenlos gefällt und bereitete meine Reise nach Guatemala vor. Wie unwichtig war in solchen Momenten, nach solch intensiven Erfahrungen, schließlich Geld. Es schien fast ein Muster zu werden, dass ich jedes Mal meine Frau in schweren Zeiten alleine lassen musste, um am anderen Ende der Welt zu filmen. Jemand mit einer weniger starken Persönlichkeit und weniger Vertrauen, dass alles so sein musste, hätte dies wahrscheinlich niemals durchgehalten. Auch würde ich dieses Mal die ganze Sache wieder alleine regeln müssen. Daniel, Norberts Sohn, könnte zwar als Tonmann dienen, aber das bedeutete für mich eher eine zusätzliche Belastung, da er überhaupt keine Erfahrung in diesem Bereich hatte. Es schien, als ob die Zeitspirale wieder genau denselben Punkt passierte wie vor zwei Jahren bei meiner Reise nach Asmat.

»Denn eines Tages kommt der Tag,
an dem wir unsere Aufgabe erfüllt haben,
dann sind wir dort, wo wir sein müssen.
Dann ist die Welt, die wir suchen,
eine Welt des Friedens ...«

8
Tod, Schädel, Eule
KEME (CIME)

Keme ist die Kraft der Toten,
der Verstorbenen, der Ahnen.
Keme überbrückt die Welten von Leben und Tod,
die einen wiederkehrenden Zyklus bilden
wie Tag und Nacht.

Die Erde bebte nicht, als ich auf dem Flughafen von Guatemala-Stadt landete – höchstens von dem ohrenbetäubenden Lärm, den die an- und abfliegenden Jumbojets verursachten. Der Flughafen lag mehr oder weniger in der Stadt. Die Räder der dröhnenden Passagierflugzeuge schienen die Dächer der Häuser rund um die Landebahn fast zu berühren. Nach dem Chaos von Kolumbien hatte ich mir unter Guatemala ein lateinamerikanisches Land mit einer gemütlichen, bedächtigen Atmosphäre vorgestellt. Diese chaotische Stadt allerdings zerstörte im Handumdrehen meine Traumvorstellung. Auch hier galten die ernst zu nehmenden Ratschläge: Autotüren von innen verschließen, besser nicht alleine durch die Stadt bummeln und ständig auf der Hut vor Überfällen sein.

In Guatemala herrschte seit einem Jahr Frieden – nach einem der niederträchtigsten Bürgerkriege Lateinamerikas. Der Krieg hatte unter der Terrorherrschaft verschiedener Generäle rund vierzig Jahre gedauert, begonnen in den fünfziger Jahren, als ein populärer Präsidentschaftskandidat allerlei soziale Reformen durchführen wollte. Die großen Kaffee- und Bananenpflanzer schlugen Alarm, manche von ihnen waren dem sehr mächtigen Obstkonsortium von Nordamerika angeschlossen. Die CIA mischte sich ein, und so wurden Terrorbrigaden ausgebildet und Generäle an die Macht gebracht, die mit allem, was nach sozialen Reformen roch, kurzen Prozess machten. In dieser Zeit war in den Bergen eine Guerillabewegung vorwiegend aus Studenten und linken Intellektuellen entstanden, die sich das Kuba von Fidel Castro zum Vorbild nahm und zu der Schlussfolgerung gekommen war, dass die Revolution per definitionem in den Bergen beginnt.

Und wer lebte dort in dem weitläufigen Hochland Guatemalas? Genau, die Mayas, die schon seit Jahrhunderten die spanische und katholische Vorherrschaft und die rassistische Landverteilung von Guatemala gelassen erduldeten. Die friedliebenden Maya-Stämme hatten überhaupt keine Lust auf eine sozialistische Revolution, aber das hinderte die grausamen Diktatoren nicht daran, rund hundertfünfzigtausend Mayas ermorden und noch einmal fünfzigtausend verschwinden zu lassen.

Ende 1997, also ein paar Monate vor meiner Ankunft, war ein Friedensvertrag unterzeichnet worden. Dazu war eine große Maya-Zeremonie ausgeführt worden, bei der Wandernder Wolf mit einer Geste der Versöhnung die anwesende Militärspitze umarmt hatte. Eine Geste unvorstellbarer Größe von diesem kleinen Mann, vor allem wenn man berücksichtigt, wie unvorstellbar grausam die Militärs häufig gegen völlig unschuldige Maya-Gemeinschaften vorgegangen waren. Das machte mich noch neugieriger auf diesen Menschen.

Durch die Unterzeichnung des Friedensvertrags waren viele paramilitärische Gruppen auf einmal arbeitslos. Überall in den Bergen und in der Hauptstadt hatten sich Banden gebildet, die das Land unsicherer machten als in den 40 Jahren davor. In Guatemala-Stadt fuhren die Kinder reicher Eltern daher in gepanzerten Autos unter Begleitung von Bodyguards zur Schule, durften erst auf dem Schulhof aussteigen und wurden zu Hause wieder auf dem teuren Grundstück ihrer Eltern ausgeladen, das von hohen Mauern mit Stacheldraht und Glasscherben umzäunt war. Es ist eine Stadt der Angst, in der sich die Reichen in Kerkern aus Gold eingeschlossen haben. Dazu kommt, dass das ganze Land mehr und mehr zum Transitland für Kokain aus Kolumbien in die Vereinigten Staaten wird.

Ich war froh, dass ich hier vom Flughafen abgeholt wurde. Norbert und seine Frau empfingen mich mit ehrlicher Herzlichkeit, auch wenn ihr schönes großes Haus schon in der vergangenen Zeit von den vielen Gästen regelrecht in Beschlag genommen worden war, die speziell für den Maya-Kongress nach Guatemala-Stadt kamen. Norbert war es diesmal gelungen, dass sich zum ersten Mal in der Geschichte auch wohlhabende Bürger die Worte einiger Maya-Häuptlinge im Zusammenhang mit den Maya-Prophezeiungen anhören würden. Zu den Sprechern zählte auch Don Cirilo, Wandernder Wolf, aber er war momentan noch zu Hause bei seiner Familie, tief im Hochland Guatemalas, etwa sechs Stunden Autofahrt entfernt.

In Norberts Haus lernte ich zwei besondere Gäste kennen: José Argüelles und seine Frau Lloydine. José war ein nordamerikanischer Professor der Kunstgeschichte und fast sechzig Jahre alt. Selbst ein halber Maya, aufgewachsen in den Vereinigten Staaten, vertiefte er sich im Rahmen seiner Karriere so sehr in seine Maya-Wurzeln, dass er sich vom wissenschaftlichen Establishment entfremdet hatte. Ein Grund dafür lag darin, dass er sein rationelles Wissen aus seiner linken Gehirnhälfte mit intuitiv und unter Einfluss von Meditation und Trance erhaltenen Informationen aus seiner rechten Hirnhälfte kombinierte. Dazu nahm er in ausgearbeiteten Studien häufig Querverbindungen zwischen Buddhismus, Taoismus, Islam, Christentum und verschiedenen esoterischen Strömungen vor. Von diesen Studien gab es eine ganze Reihe: Sechs maßgebliche Werke trugen seinen Namen, darunter das umfangreiche, aber schwierig zu durchgründende *The Mayan Factor*. Selbst bezeichnete José seine Arbeit nicht mehr als Wissenschaft, sondern als Kunstform, und zwar aufgrund der expliziten Ergänzung um den kreativen, intuitiven Faktor.

Im Mittelalter war das übrigens anders: Damals, vor dem von Descartes geprägten rationalistischen Weltbild der Neuzeit, erkannte man in der europäischen Wissenschaft noch verschiedene Arten des Wissenserwerbs an: Wissen durch Studien, Wissen durch Erfahrung und direkt, also unmittelbar erhaltenes Wissen durch so genannte Kontemplation. Da Argüelles recht un-descartisch mit seinem Wissenschaftsgebiet umging, erntete er demzufolge neben Bewunderung auch sehr viel Kritik und Schmach. Aber viele seiner Ideen waren neu und vielseitig, und viele seiner Erkenntnisse hatten zweifellos einen beträchtlichen Beitrag zu der jüngsten Anerkennung der Maya-Kultur und der entsprechenden Studien geleistet – auch innerhalb des wissenschaftlichen Establishments. Aber das alles wusste ich nicht, als ich ihm die Hand gab. Sofort nach unserem Kennenlernen wurde ich von einer Art gemeinschaftlichem Monolog überrumpelt, der wechselweise von José und Lloydine geführt wurde:

José: »Was augenblicklich auf diesem Planeten geschieht, ist der Wechsel von der dritten in die vierte Dimension. Der Faktor Zeit ist die vierte Dimension, und wir Menschen erfahren immer mehr darüber, was das Phänomen Zeit in Wirklichkeit bedeutet. Albert Einstein sagte es schon: »*Time is the Fourth Dimension, although I do not know what that means.*« *Well,* es war seine Intuition, die ihm diese Worte eingab, aber die Mayas wussten es, die Mayas wissen, was er mit diesem Ausspruch meinte.«

Lloydine: »Sicher, die Mayas sind die Wächter, die Hüter der Zeit auf unserem Planeten.«

José: »Der Kalender der Mayas ist eine exakte Beschreibung der kosmischen Zeit, wie aufeinander folgende kosmische Abläufe nach einem vorhersagbaren, rhythmischen Muster einander immer wieder folgen, auf eine zyklische Art und Weise, und wie diese Einfluss auf das Leben auf der Erde haben.«

Lloydine: »Der Maya-Kalender ist der genaueste Kalender, den die Menschheit jemals erstellt hat.«

José: »Zeit ist der große Katalysator, der den Prozess der Veränderung in Gang setzt.«

Lloydine: »Die Zeit wird immer schneller und verschwindet tatsächlich auf rätselhafte Weise. Niemand hat heutzutage noch Zeit.«

José: »Das ist eine der Ankündigungen aus den Kalenderprophezeiungen der Mayas: die Beschleunigung der Zeit. Früher bestimmte der Maya-Kalender das ganze Leben der Mayas: wann gesät wurde, wann geerntet wurde, wann geheiratet wurde, wann Kinder geboren wurden. Da sich der Maya-Kalender in völligem Gleichgewicht mit den kosmischen Zeitzyklen befand, war das Leben der klassischen Mayas in präzisem Gleichgewicht mit dem Kosmos und den Rhythmen der Natur.«

Lloydine: »Im Gegensatz zu unserem Kalender, der eine völlige Zerrüttung zur Folge hat.«

José: »Ja. Man sehe sich nur einmal unsere Monate an. Die Zählung der 12 Monate eines Jahres ist überhaupt nicht mehr in Balance mit dem tatsächlichen Umlauf des Mondes. Der Mond wandert in 28 Tagen um die Erde, und nicht das eine Mal in 31, das andere Mal in 30 und 1-mal pro Jahr nur in 28 oder manchmal sogar 29 Tagen. Unsere Zeitrechnung stimmt überhaupt nicht mehr mit den natürlichen Zyklen überein. Darüber hinaus dreht sich der Mond 13-mal im Jahr um die Erde und nicht 12-mal. Es müssen also 13 Monde in der Kalenderjahresrechnung sein.«

Lloydine: »Ja, wir Menschen sind auf die verkehrte Frequenz eingestellt.«

José: »Stimmt. Der julianische Kalender der Römer, der in Europa immer mehr Standard wird, wurde unter Einfluss von Papst Gregorius XIII. noch einmal um zehn Tage berichtigt. Dank der Kolonialisierung und des weltweiten Einflusses der katholischen Kirche seit dem 16. Jahrhundert ist der gregorianische Kalender der Weltstandard für die Art und Weise geworden, wie wir die Zeit festlegen. Tage von 2 x 12 Stunden Länge, Stunden mit 60 Minuten, Minuten mit 60 Sekunden, ein Jahr mit 12 Monaten – was insgesamt eine völlig willkürliche Zeiteinteilung ist. Im Gegensatz zu dem Maya-Kalender, wie beispielsweise dem Tzolkin. Der Tzolkin basiert auf 13 aufeinander folgenden Zyklen von 20 Tagen und ist damit völlig auf die Rhythmen des Kosmos und der Natur abgestimmt.«

Lloydine: »Exakt. Um also das Leben der Menschheit wieder ins Gleichgewicht mit der Natur und dem Kosmos zu bringen, müssen wir weltweit den Kalender ändern.«

José: »Genau. Der gesamte Planet muss auf eine andere Frequenz eingestellt werden, statt der ausgedachten 12-60 Frequenz müssen wir einen Wechsel zur richtigen, harmonischen Abstimmung nach der natürlichen Zeit unternehmen, die ich im Laufe der Jahre als 13-20-Frequenz zu bezeichnen begann: 13 x 20 Tageszyklen, wie die Mayas es in ihrem heiligsten Tzolkin-Kalender taten.

Für den Jahreskalender müssen wir von 13 Monaten mit 28 Tagen ausgehen, denn der durchschnittliche Umlaufzyklus des Mondes beträgt exakt 28 Tage. Mit 28 x 13 = 364 bleibt jedes Jahr ein Tag übrig, und das ist der »Tag außerhalb der Zeit«. Dann sind wir künftig immer genau im Takt mit dem Rhythmus des Mondes, der Sonne, mit den Gezeiten der Ozeane und mit dem Menstruationszyklus der Frau. In einer natürlichen Situation verläuft der Zyklus nämlich wieder parallel zu den Mondphasen.

Aber seit der Einführung des gregorianischen Kalenders hat sich der Mensch immer weiter von dem Weg entfernt, der dem

Gleichgewicht mit der Natur folgt. Warum? Weil wir durch unsere verkehrte Zeitwahrnehmung vom natürlichen Weg weggeführt wurden. Wir haben die natürliche Zeit durch die mechanische Zeit ersetzt – zunächst in Form der mechanischen Uhr, und dann, unter dem Einfluss der industriellen Revolution, bestimmten die Maschinen immer mehr die Zeiteinteilung und den Lebensrhythmus der Menschen. Heute bestimmt der Computer, der komplett zeitgesteuert wird, das künstlich synthetisierte Leben und den Rhythmus des modernen Menschen, der mit der Zeit nicht mehr Schritt halten kann und ihr hinterherläuft. Die einzige Art, wie wir wieder mit unserem Planeten und der Natur in Harmonie kommen können, ist der weltweite Wechsel zu einem besseren Kalender, der 13-20-Frequenz.«

Lloydine: »Siehst du?«

Ich antwortete nicht, mein Mund stand vor Erstaunen offen. Die Informationen schwirrten durch meinen Kopf.

Lloydine zeigte mit dem Finger auf ihren Mann und auf sich. »Wir stammen von einem anderen Planeten«, sagte sie schlicht als Entschuldigung für die Tatsache, dass ich das alles nicht so schnell zu verstehen schien. José nickte ernst.

Ich muss zugeben, dass es mich wirklich Mühe kostete, diese Sturmflut an Informationen zu ordnen, die hier innerhalb von sehr kurzer Zeit nach einem ermüdenden Flug von rund 17 Stunden über mich ausgeschüttet wurde. Aber irgendwie klang das alles sehr aufregend. Die Zeit als großer Antrieb der Veränderungen, die Zeit als wichtiger Faktor, der weltweit das Bewusstsein der Menschen unbemerkt beeinflusste und die Menschen von der Natur entfernte. Es war schließlich wahr, dass im Westen jedermann über Zeitmangel klagte – und das schien immer nur noch extremere Formen anzunehmen.

Ich wählte die Nummer von Juan Bauer, dem Filmemacher, den ich in Kolumbien kennen gelernt hatte und der mir die Videoaufnahmen zugeschickt hatte. Meine Anwesenheit überraschte ihn.

Juan sprach ausgezeichnet Deutsch dank seiner deutschen Vorfahren, die zu Beginn des 20. Jahrhunderts Pflanzer in Guatemala gewesen waren, und dank der Tatsache, dass er an der Filmakademie in Deutschland studiert und dort fünfzehn Jahre als Cineast gearbeitet hatte. »Ich finde es fantastisch, dass du hierher gekommen bist. Ich werde dir helfen, du brauchst einen sauberen Ton. Hör zu, ich muss wegen eines Auftrags ein paar Tage nach Honduras, aber dann habe ich länger Zeit und komme, um dir zu helfen. So lange musst du dir mit Daniel behelfen.«

Sobald ich den Hörer aufgelegt hatte, klatschte ich vor Freude in die Hände. Die Synchronizität funktionierte hier auf vollen Touren, das Problem des fehlenden Tonmannes schien sich von selbst gelöst zu haben, und ich freute mich auf die Zusammenarbeit mit Juan. Ich hätte mich nicht getraut, ihn zu fragen, weil ich ihm aus eigener Tasche nur eine sehr bescheidene Entschädigung zahlen konnte, aber sein spontanes Angebot war für mich eine freudige Überraschung.

Während ich mich in meinem Gästezimmer einrichtete und auf das Bett fallen ließ, um nach der langen Reise etwas auszuruhen, fiel mein Blick auf ein Kruzifix an der Wand. Ich hatte irgendwo gelesen, dass eines der wichtigsten religiösen Symbole der Mayas ebenfalls ein Kreuz gewesen war – noch bevor die Spanier nach Amerika kamen. Es gab noch mehr dieser unerklärlichen Übereinstimmungen zwischen den Mayas und den Christen. Der *Popol Vuh*, der Schöpfungsmythos der Mayas, war in seinen Anfangsworten eine fast buchstäbliche Wiedergabe des Buches Genesis: Die Geschichten über eine weltweite Sintflut (die übrigens in fast allen Kulturen zu finden sind), die Suche des Maya-Volkes nach einer Maya-Version des »gelobten Landes«, bei der sich ebenfalls das Wasser des Meeres teilt, um die Menschen hindurchzulassen.

All diese merkwürdigen Übereinstimmungen ließen die ersten Missionare noch glauben, dass es sich bei den Mayas eigentlich um ein verirrtes christliches Volk handelte. Diese Haltung änderte sich allerdings schnell, bis zu dem dramatischen Tiefpunkt, an dem der übereifrige Bischof Diego de Llanda den Befehl erteilte, die gesamte Pergamentbuchbibliothek der Mayas, in der ein großer Teil ihrer Kosmologie in piktographischer Schrift festgelegt war, auf einen riesigen Stapel zu werfen und zu verbrennen, als wären es die Verse des Teufels.

Begreiflicherweise war das Entsetzen der Mayas lautstark gewesen, ebenso wie ihre tiefe Bestürztheit über so viel Barbarentum und Unwissenheit dieses Besatzers.

Aber auch das Maya-Kreuz war im Endeffekt nicht genau das Kreuz der Christen gewesen, sondern ein Kreuz, an dem sich der Querbalken nicht im oberen Drittel, sondern exakt in der Mitte befand. Ein symbolisches Zeichen für die vier Windrichtungen Osten, Westen, Süden und Norden. In der Mitte dieses Kreuzes sollte der Mensch stehen, im Gleichgewicht, im Zentrum der vier heiligen Richtungen. Mit Vater Sonne oben und Mutter Erde unten steht der Mensch auf dem siebten Platz, einer göttlichen Zahl.

Bis heute spielt das Maya-Kreuz eine wichtige Rolle in den Maya-Ritualen. Noch vor fünfzehn Jahren, als die alten Rituale noch strengstens verboten waren, gab es Orte in Guatemala, an denen bei katholischen Kreuzen in die untere Hälfte des Längsbalkens ein Scharnier eingebaut war. Der untere Teil konnte dann einfach weggeklappt werden, sodass plötzlich wieder das traditionelle Maya-Kreuz erschien.

Die beiden Balken des Kreuzes verweisen neben den Windrichtungen auch auf Zeit und Raum: Der vertikale Balken ist symbolisch das Zeichen für den Ort, an dem wir uns befinden – das Hier, diese Erde, in Verbindung mit dem Himmel. Der horizontale Querbalken ist ein Zeichen für das Verstreichen der Zeit – ein Strich, der von links nach rechts verläuft. In einen Kreis gesetzt, werden Zeit- und Raumbalken in einen unendlichen Zyklus platziert. Der richtige Platz des Menschen ist immer im Zentrum, im Hier und Jetzt.

Auch in den Prophezeiungen der Hopi-Indianer spielt dieses Kreuz eine wichtige Rolle. Sie kennen ebenfalls das Symbol des gleichgewichtigen Kreuzes in einem Kreis – dies ist übrigens ein wichtiges Symbol bei den meisten Indianerstämmen und wird als *Medizinrad* bezeichnet. Für die Hopis gilt, dass dann, wenn der weiße Bruder eines Tages in das Land des roten Bruders zurückkehren wird, dies der Beginn der großen Läuterung ist, die die Vierte Welt beendet, wenn die Menschen sich nicht genau an den Lebensplan halten. Wir befinden uns jetzt in dieser Vierten Welt. Das Denken in Weltzeitaltern gibt es in allen Indianerkulturen von Norden bis Süden. Die Welt wurde nach Meinung der Hopis und der Mayas viermal neu geschaffen, und am Ende jedes Zeitalters wieder vernichtet von Feuer, Wind oder Wasser.

Die Hopis beschreiben in ihren Prophezeiungen, dass der große Geist erklärt, der weiße Bruder müsse willkommen geheißen werden, wenn er bei seiner Rückkehr das heilige Zeichen mit sich trüge: das Kreuz im Kreis. Habe er jedoch nur das Kreuz bei sich, müsse der rote Bruder auf der Hut sein, in dem Wissen, dass die große Läuterung nicht mehr lange auf sich warten ließe.

Die Missionare der römisch-katholischen Kirche trugen nur das Kreuz in der mit Blut befleckten Spur der spanischen Conquistadores, die Tod und Elend unter den eingeborenen Bewohnern des amerikanischen Kontinents säten. Vielleicht verweist diese Prophezeiung auf die Chance, die wir damals vor fünfhundert Jahren bei der »Entdeckung der Indianer« als Menschheit verpasst haben: Wir hätten wahrscheinlich enorm viel voneinander lernen können, hätten wir das Weltbild des anderen respektiert und studiert, statt lediglich dem anderen das eigene Weltverständnis aufzudrängen.

Und plötzlich erkannte ich – noch unter dem Einfluss des Wortschwalls der Argüelles – eine weitere, viel unbekanntere Bedeutung der Christus-Figur am Kreuz: Christus wurde als »Fischer der Menschen« bezeichnet. War das nicht eine noch nie da gewesene Symbolik, dass zu Beginn des kosmischen Fischezeitalters vor zweitausend Jahren ein Mensch irgendwo auf einem Berg in dieser Welt ans Kreuz genagelt wurde? Und dass dieses Symbol schließlich über die ganze Welt verbreitet werden sollte? Der Zeitbalken, aus der Mitte verschoben, war aus dem Gleichgewicht ...

An welch unermesslich großem und literarischem Drama waren wir hier auf der Erde eigentlich beteiligt? Einem Drama voller verborgener Symbolik: der Mensch, der in diesem Fischezeitalter tatsächlich von der Verschiebung der Zeit gekreuzigt werden würde, der Verschiebung aus dem Jetzt, aus der Mitte, womit das große Leiden seinen Anfang nahm. Zum Ende des Fischezeitalters werden wir nun mit den Folgen dieser Verschiebung des Gleichgewichts konfrontiert: Niemand hat noch Zeit, wir alle rennen der Zeit hinterher, und der Mensch ist der Natur völlig entfremdet – mit allen entsprechenden Folgen: dem Verschwinden der Ozonschicht, der Erwärmung der Erde, dem Kahlschlag unserer Wälder und der großflächigen Vernichtung unserer Natur.

Wer eine Analyse des modernen Lebens vornimmt, kann immer nur feststellen, dass wir die Natur jedoch in jeder Hinsicht nachahmen, synthetisieren. Dazu braucht man nur einen Tag unseres Lebens mit einem Tag eines Menschen zu vergleichen, der in der freien Natur lebt: Wir werden nicht mehr wie in der Natur vom ersten Tageslicht geweckt, sondern durch eine Digitaluhr, die selbst in unserem Schlaf exakt die Minuten und Sekunden für uns zählt. Wir frühstücken nicht mehr frische Früchte aus dem Wald, sondern Lebensmittel, die häufig unter sehr künstlichen Umständen gezüchtet wurden, voller künstlicher Duft- und Farbstoffe. In letzter Zeit ist ein »Trinkfrühstück« in, ein Getränk, das »alles« enthält, zugefügte Vitamine und Präparate – damit wir »Zeit gewinnen«.

Wir bewegen uns nicht mehr selbst durch eine vielseitige natürliche Umgebung fort, sondern lassen uns von mechanischen Transportmitteln durch ein Gebiet voller monotoner Bebauung an unseren Arbeitsplatz bringen. Dort nehmen wir acht Stunden oder länger vor einem Bildschirm Platz, in einer nicht natürlichen Umgebung mit Klimaanlage unter künstlich fabriziertem Licht, das nur die Hälfte oder einen noch geringeren Anteil vom Farbspektrum des Sonnenlichts enthält.

Die Tiere, die wir mittags oder abends essen, werden nicht mehr in der freien Natur gejagt, sondern in großen Fleischfabriken mit Wachstumspräparaten und Medikamenten vollgepumpt, bis sie für den Verzehr geeignet sind: möglichst schnell, denn »Zeit ist schließlich Geld« geworden. Dann schleppen wir uns wieder nach Hause, klagen über unseren Mangel an Energie und Zeit und schlafen schließlich vor dem Fernseher ein – vor dem Fernsehgerät, das unser natürliches soziales Leben mit anderen Menschen um uns herum ersetzt hat und sorgfältig Emotionen, Gefahren, Abenteuer und Spannungen nachstellt, um sie uns auf künstliche Art und Weise miterleben zu lassen.

Zu guter Letzt hieven wir uns ins Bett, wo wir zu müde sind, um auf eine natürliche Art und Weise für Nachfahren zu sorgen oder eine gesunde Sexualität zu erleben, sodass auch hier wieder Viagra-Pillen, Anti-Baby-Pillen oder andere Hormonpillen und schließlich Reagenzglasbefruchtungen Lösungen bieten müssen. Wir schlafen todmüde ein, neben unseren digitalen Weckern, die sorgfältig unsere genau bemessene Schlafzeit überwachen, um uns rechtzeitig wieder an unseren Arbeitsplatz zu jagen.

Der moderne Mensch hat sich also von der Natur gelöst und stellt sie gleichzeitig auf eine extrem künstliche Art und Weise nach. Sind wir fast am Ende eines großen Experiments der Menschheit angekommen? Nämlich einer Lehre in der Schöpfung? Lernen wir endlich, dass wir zwar göttliche, schöpfende Kräfte in uns tragen, weil wir schließlich nach Gottes Ebenbild geschaffen sind, aber dass wir diese niemals auf eine entartete Art und Weise anwenden können, von der Natur losgelöst, sondern immer nur in Harmonie mit der Natur? Ist dies die große Lehre, die große Symbolik hinter diesem Christus am Kreuz, der

Mensch, gekreuzigt von der mechanischen Zeit? Dann wäre es, wie die Argüelles behaupten, tatsächlich von größter Bedeutung, den Zeitbalken wieder in die Mitte zu bekommen, um als Mensch wieder das Gleichgewicht mit den natürlichen Rhythmen finden zu lernen, mit der Natur selbst und mit dem Kosmos. War das der heilige Auftrag des Maya-Volkes, das als Hüter der Zeit für diese Welt gilt? Würde dies das zentrale Thema meines Films werden?

Ich würde es bald wissen. Übermorgen sollte ich für die ersten Filmaufnahmen in Gesellschaft von Daniel, Norberts Sohn, in das Maya-Hochland in Richtung San Francisco El Alto abreisen, zu einem erneuten Treffen mit dem rätselhaften kleinen Mann, dem Maya-Priester Wandernder Wolf.

Über der gut asphaltierten Straße, die aus der chaotischen Stadt in Richtung des zentral gelegenen Hochlandes führte, hing ein blauschwarzer Schleier der Dieseldämpfe, die die schweren, reich verzierten und typisch lateinamerikanischen Busse und Lastkraftwagen hinter sich ließen.

Auf den Bussen prangten Slogans wie »Christus ist mein Fahrer«, und *Dios me conduce* (Gott lenkt mich). Nach dem verwegenen Fahrstil der Fahrer zu urteilen, wurden diese Mitteilungen sehr wörtlich genommen. Daniel, der den größten Teil seines jungen Lebens in Guatemala verbracht hatte, passte sich problemlos dem hiesigen Fahrstil an, sodass wir schon bald hoch in den Bergen an tiefen Schluchten vorbeirasten, während die weitläufigen Ebenen fantastische Aussichten boten, die einen wirklich schwindeln ließen und einem kurz den Atem raubten. In scharfen Kurven quietschten die Reifen über den Asphalt, und manchmal schien es gar, als ob dieser hohe Ton sich auf eine unerklärliche Art und Weise über meinen geöffneten Mund fortsetzte. Ich mochte den Jungen neben mir zwar, aber er kam sich natürlich toll vor mit seiner Anstellung als Tonmann in einem Filmteam.

Es war Trockenzeit, und die vorherrschenden Farben in der Natur waren Sandgelb und Ockerrot. Nur die üppige Vielzahl an immergrünen Tannenwäldern, die auf dieser Höhe an den Berghängen wuchsen, sorgte dafür, dass das Land trotz der extrem staubigen Trockenheit einen grünen Eindruck machte. Ich war nervös, während wir zum Haus von Wandernder Wolf unterwegs waren, weil ich eigentlich nicht genau wusste, was ich filmen wollte. Die völlige Planlosigkeit und die Idee, alles einfach dem Zufall zu überlassen, hatten den Nachteil, dass ich auch meiner Hauptperson nicht erklärten konnte, was genau ich eigentlich filmen wollte. Würde er das nicht merkwürdig finden? Ein Filmemacher kommt extra aus Europa zu ihm geflogen und sagt: »Ich weiß eigentlich auch nicht recht, was ich hier will.«

Zumindest aber konnte ich ihn fragen, was er als Maya für den Film als wichtig erachtete. Ich hatte eigentlich zunächst eine Art Vorbereitungsgespräch mit ihm führen wollen, kurz die Kamera vergessend, um sich aneinander zu gewöhnen und im Gespräch vielleicht ein paar Ideen zu finden. Aber er hatte über Norbert wissen lassen, dass ich seiner Meinung nach am besten direkt die Kamera mitnehmen sollte. Und Norbert hatte mir wärmstens empfohlen, diese Gelegenheit zu nutzen, da Wandernder Wolf häufig seinem Namen alle Ehre machte: ungreifbar wie ein Wolf, plötzlich mal hier, mal da auftauchend, aber immer seinen eigenen Weg bestimmend. Der Mann ließ sich von nichts und niemandem dirigieren, er war es gewohnt, immer seinen eigenen Kurs zu bestimmen. Das sollte mir noch einige nervenaufreibende Stunden mit ihm bescheren.

Die Umgebung wurde immer verlassener, wir kamen an Maya-Dörfern vorbei, die nur noch aus Adobelehm-Hütten mit Reet- oder Zinkdach bestanden. Zu meiner Überraschung blieb die Straße recht gut; Guatemala hat nicht die schlechteste Infrastruktur. Daniel erklärte mir, dass wir über den Trans-American-Highway fuhren, die Straße, die den äußersten Süden mit dem äußersten Norden des Kontinents verbindet. Nur auf dem letzten Stück, hinter San Francisco El Alto, verließen wir die befestigte Straße und bogen in holprige staubige Sandwege ein, die in die Berge führten. Daniel verfügte über ein normales Personenauto ohne Vierradantrieb, sodass auf manchen Berghängen, wo der Weg aus sehr losem Sand bestand, der Staub teils meterhoch in dichten Wolken rund um das Auto aufgewirbelt wurde und die Sicht verdunkelte.

Schließlich gelangten wir in etwas flacheres Gelände. Irgendwo an einer halb kaputten Erdbrücke über ein Bachtal, das so gut wie ausgetrocknet war, lag eine Reetdach-Hütte hinter einem Zaun aus spitzen Holzpfählen, wo sich einige Ziegen versammelt hatten. Hier fuhren wir über einen sehr schmalen Weg an einem recht respektablen Abgrund vorbei in das Tal, in dem Don Cirilo, Wandernder Wolf, gemeinsam mit seiner Familie lebte – zumindest, wenn er nicht gerade auf Reisen war. Er wohnte in einer wunderschönen Niederung, durch die sich ganz unten ein stattlicher Fluss schlängelte. Dankbar genossen wir die Ruhe dieses Tals nach den brummenden Bussen und Lastwagen und der stundenlangen Autofahrt, die hinter uns lag. Das Gezwitscher von Vögeln, das ferne Gebell von Hunden und ab und an das Krähen eines Hahns waren die einzigen Geräusche, die in diesem sonnenüberfluteten Tal in der frühen Mittagsstille hin und wieder zu hören waren.

Das Haus von Wandernder Wolf stand an einem idyllischen Ort auf einem der Berghänge des Tals. Sein in frischem Gelb gestrichenes *casa* erinnerte an eine kleine spanische Hazienda, sogar die Blumenkästen an den mit Begonien verzierten Fenstern fehlten nicht. Etwas weiter liefen verflohte Hunde, junge Katzen und Hühner über den Hof, dazwischen amüsierten sich die Enkel von Don Cirilo mit Förmchen und Sand. Der Mann, den wir suchten, saß in einem bequemen Stuhl auf seinem Hof.

»Hola, Don Cirilo«, begrüßte Daniel den alten Mann freundlich. Man konnte merken, dass er ihn hier schon häufiger besucht hatte. Von Daniels Qualitäten als Tonassistent war ich allerdings noch nicht ganz überzeugt. Während ich ihm im Hause seines Vaters die Tongeräte und die Methode der Zusammenarbeit erläutert hatte, hatte er meiner Meinung nach ein wenig zu viel nach seiner Freundin geschaut. Es war klar, dass er so verliebt war wie ein Schuljunge, der er eigentlich auch noch immer war. Ich hoffte dennoch auf das Beste. Zunächst aber war ich neugierig, wie Don Cirilo auf meine Anwesenheit reagieren würde. Da mein Spanisch immer noch hoffnungslos schlecht war, bat ich Daniel, bei dieser erneuten Begegnung zu übersetzen.

Ich holte eine Halskette aus meiner Tasche. Es war eine alte Kette, die ich vor vielen Jahren während meines ersten Besuchs in Neuguinea von einem Papua bekommen hatte. Er hatte gemeint, dass ich diese Kette seinen Familienmitgliedern zeigen solle, wenn ich in sein Dorf käme, dann sei ich dort sehr willkommen. Doch wegen meiner abweichenden Reiseroute war ich nie dorthin gekommen und hatte die Kette jahrelang als ein besonderes Andenken bewahrt. Die Kette bestand aus einigen geschwärzten getrockneten Kernen, Kaurimuscheln und dem großen Reißzahn eines Wildschweins. Sie schien mir ein passendes Geschenk für Wandernder Wolf zu sein. Es tat mir weh, sie wegzugeben; er würde fühlen, dass dieses Geschenk von Herzen kam.

»Ich möchte Ihnen gerne diese Kette schenken. Sie stammt von den Papuas, einem eingeborenen Volk genau wie das Ihre. Auch deren Rechte werden mit Füßen getreten. Ich möchte mit diesem Geschenk die Papua-Kultur symbolisch mit den Dingen verbinden, die die *indigenas* dieses Kontinents vertreten. Und ich hoffe, dass auch sie an den großen Veränderungen in der Welt teilhaben können. Es sind Menschen, die ich in meinem Herzen trage.«

Daniel übersetzte, während ich Wandernder Wolf die Kette umlegte. Der Schweinezahn lehnte an seiner Brust. Der Wind erhob sich kurz, der große Baum auf dem Patio rauschte beruhigend in der warmen Sommerbrise. Don Cirilo faltete seine Hände und neigte den Kopf zum Zeichen des Danks.

»Es ist mir eine große Ehre, dass Sie an diesem Film mitarbeiten möchten«, setzte ich fort. Ich hatte noch einige feierliche Formulierungen im Kopf, aber er fegte alles Weitere mit einer Handbewegung fort.

»*Pues claro,* aber natürlich«, sagte er. »Warum lädtst du nicht deine Geräte aus und fängst mit dem Filmen an. Ich werde dir eine wichtige Geschichte erzählen.«

Da ich mir nun einmal vorgenommen hatte, alles dem Zufall zu überlassen, hatte ich keine andere Wahl, als alles auszupacken und die Kamera aufzustellen. Doch da gab es ein Problem: Da ich mit äußerst teurem Filmmaterial arbeitete, hatte ich nur das absolute Minimum an Film mitgenommen. Meine Shootingmöglichkeiten waren also auf das äußerste Minimum begrenzt. Während normalerweise hundert bis zweihundert Filmrollen für einen langen Kinofilm verfilmt werden – insgesamt also rund dreißig Stunden Filmmaterial –, hatte ich nur Geld für siebenundzwanzig Rollen gehabt, für keine fünf Stunden. Ich konnte es mir also nicht leisten, dass etwas danebenging oder ich zu lange Interviews machte. Spanisch konnte ich kaum sprechen oder verstehen, und während des Filmens wurde nicht übersetzt. Von Daniels Fähigkeiten war ich absolut nicht überzeugt, und wenn er nun schlechten Ton aufnehmen würde, wäre das gefilmte Material so gut wie unbrauchbar. Notgedrungen musste ich mich auf den Zufall verlassen.

Als alle Geräte richtig eingestellt waren, begann Wandernder Wolf zu sprechen. Ich verstand kein Wort von dem, was er mir erzählte, aber ich beschloss, gefühlsmäßig zuzuhören und die Kamera auf gut Glück laufen zu lassen. Mir brach der Schweiß aus, denn ich hatte das Gefühl, dass alles verkehrt lief. Nach ein paar Minuten siegte meine Unsicherheit über mein Vertrauen, und ich hielt die Kamera an. Es war, als ob Don Cirilo meine Nervosität spürte, denn auch er stoppte kurz darauf mit seiner Geschichte, stand auf und nickte in Richtung des schmalen Sandweges, der an seinem Haus vorbeiführte.

»Lass uns ein Stückchen spazieren gehen«, sagte er. »Es ist angenehm im Wald, jetzt, wo es so warm ist.«

Wir gingen zu dritt ein Stück spazieren. Wandernder Wolf wies auf die Landschaft um ihn herum. »Das genieße ich, wenn ich zu Hause bin. Hier höre ich nur die Vögel, hier stören die lauten Geräusche der Stadt uns nicht. Der Sommer hat ein fröhliches Gesicht, aber wenn es mit der Hitze hier noch lange dauert, werden wir verhungern, denn dann gibt es nicht genug Nahrung für uns alle.« Dann schwieg er und schien in die Landschaft zu versinken. Daniel übersetzte indessen. Plötzlich war ein lautes Knacken zu hören, wie wenn ein sehr trockenes Stück Holz brechen würde. Mit seiner rechten Hand konnte Don Cirilo gerade noch den Schweinezahn auffangen, der sich plötzlich von der Kette gelöst hatte. Verflixt, ich hatte nicht gemerkt, dass der an der Kette befestigte Teil des Zahns schon so sehr verschlissen war. Aber Don Cirilo hielt den Zahn hoch, und erst da sah ich zu meinem Erstaunen, dass das Ding offenbar in der Mitte durchgebrochen war. Eine Hälfte des Zahns hing noch an der Kette. Wie war das möglich?

»*Es la energia*«, erklärte Wandernder Wolf schlicht, steckte die Schweinezahnhälfte in seine Brusttasche und ging weiter. Ich deutete es als ein Zeichen, dass das, was ich getan hatte, richtig gewesen war. Dass ich scheinbar doch auf dem richtigen Weg war.

Wir gingen ein Stück weit in das Tannenwäldchen hinein, das hinter dem unbepflanzten Acker neben seinem Haus lag. Hier herrschte eine angenehme Atmosphäre, ich fühle mich in Wäldern meist sowieso sehr entspannt. Wandernder Wolf setzte sich auf einen Hügel und wollte seine Geschichte fortsetzen. Ich beschloss, einfach nicht zu filmen und dieses erste Gespräch ausschließlich auf Tonband aufzunehmen. Don Cirilo räusperte sich, sodass die Anzeige kurz bis in den roten Bereich ausschlug. Dann begann er zu erzählen:

»Ich möchte dir meine Lebensgeschichte erzählen. Es war am 26. Februar 1929. An diesem Nachmittag lag meine Mutter im Bett, um mich zur Welt zu bringen. Die Nacht kam, und mein Vater zog los, um die Hebamme zu holen. Während meine Mutter in dem dunklen Haus lag, war alles auf einmal hell erleuchtet. Plötzlich stand ein großer Krieger in der Tür. Er war mit grünen Federn geschmückt, wie schön dieser Mann doch war. Er sagte zu meiner Mutter: ›Tochter, du brauchst dir keine Sorgen zu machen. Hab keine Angst, heute wirst du einen Sohn bekommen, das bin ich, der in dir ist. Pass gut auf ihn auf.‹

Meine Mutter bekam Angst und machte das Licht an, da verschwand diese Person. Nach einiger Zeit erschienen häufiger verschiedene Lichter und Feuer über dem Haus. Die Nachbarn erzählten das allen, auch dem Vermieter des Hauses, Lopez aus Quetzaltenango. Der sagte: ›Was wohnen da für Leute in dem Haus? Es ist besser, wenn sie das Haus verlassen.‹ So wurde meine Familie aus ihrem Haus vertrieben. Meine Eltern nahmen mich mit zu einem Anciano, der ein Ritual an mir ausführte. Er hielt mich über den Rauch, danach küsste er meine Hände und Füße und sagte: ›Danke für diese Geburt, denn du wirst an meiner Stelle in dieser Welt deine Aufgabe erfüllen. Jetzt kann ich sterben.‹

Er sagte außerdem, dass dieses Kind einen großen Auftrag zu erfüllen hatte: ›Es wird viel leiden müssen, aber es wird auch viel Weisheit erwerben. Und es wird ein großer Verteidiger des Maya-Volkes sein. Es ist die Reinkarnation einer großen Kraft.‹

In meinem neunten, zehnten Lebensjahr wurde ich sehr krank, da ich meiner Bestimmung nicht folgte. Um meinen dreizehnten Geburtstag wurde ich initiiert, und damals wurden mir die Kräfte übertragen, so wie es bei meinen Vorfahren und meinem Vater geschehen ist. Und so wurde ich im Alter von dreizehn Jahren darauf vorbereitet, meinen Weg zu gehen, den ich jetzt gehe, aber jetzt als Älterer. Und ich verstand, dass der indianische Weg ein zyklischer Weg ist: 13, 26, 39 und 52 Jahre. Und seit meinem 52. bin ich bereit, den weisen Rat anzuführen.«

Wandernder Wolf hielt kurz inne. Ein Vogel flog pfeifend fort, ansonsten herrschte in diesem Tannenwald eine getragene, trockene Mittagsruhe. Obwohl Don Cirilos Geschichte erst im Nachhinein für mich übersetzt wurde, bereute ich, dass ich die Kamera nicht doch aufgebaut hatte. Hier herrschte eine sehr gute Atmosphäre, und ich nahm mir vor, ihn häufiger unter den Bäumen im Wald zu interviewen. Es schien alle zu beruhigen und eine intime, offene Stimmung zu schaffen.

Don Cirilo räusperte sich erneut, die Anzeige schlug dieses Mal nicht so weit aus. Er sprach: »Die meisten Menschen kennen mich als Alejandro, seit meiner Jugend – Cirilo Alejandro Perez Oxlaj. Ich habe den Namen *Wandernder Wolf* bekommen, als ich schon erwachsen war. Im Alter von 40 Jahren begannen sie, meinen Namen zu ändern. Denn die unsichtbare Welt begann, mich zu rufen, nach Campanabache – ein heiliger Ort tief im Wald. Ich musste alleine dorthin, niemand ging mit mir. Ich hatte Angst, dorthin zu gehen, denn die Guerilla war sehr aktiv, und die Militärs kontrollierten das Gebiet. Ich ging um zehn Uhr morgens hier weg und kam dort um sechs Uhr abends an. Ich hatte mich verirrt. Ja, letzten Endes kam ich ans Ziel, aber es war sehr schwer.

Ich habe dort meine Zeremonie durchgeführt. Ich habe dort die unsichtbaren Kräfte gefragt, was sie mir hier erzählen wollten. Ich war bereit, die Nachricht anzunehmen. Niemand antwortete. Ich habe dort mit den Steinen Kontakt aufgenommen. Und ich fing an zu weinen. Ich war der Schakal der Berge, der Schakal der Nacht, des Waldes. Und ich bat die Kräfte, bitte antwortet mir! Und ich hörte plötzlich eine Stimme, ich weiß nicht, woher. Die Stimme kam von oben, von unten, von allen Seiten und sprach sehr laut: ›Ruf mich an, frage die Dinge, die du gerne möchtest, denn ab jetzt wirst du sein wie ein Wolf!‹

Ich wusste nicht, was dann geschah, ich sprach einfach und dann fiel ich nach unten. Und als ich wach wurde, sah ich, dass mein Kopf, mein Körper blutete. Ich säuberte mein Gesicht und ich wusste nicht, wo ich war, es gab kein Tageslicht, keine Nacht, alles wurde von einem sehr starken Licht beleuchtet. Ich erinnere mich nicht mehr, ob es kalt war. Und ich begann wieder zu weinen, aber niemand antwortete mir. Da erinnerte ich mich, dass ich wie ein Wolf sein sollte, also auch heulen sollte wie ein Wolf. Und da kam die Stimme wieder. ›Ab sofort heißt du *Wacatel Utiw*, Wandernder Wolf. Die Stimme des Waldes und der Botschafter der Mayas. Du musst mit den sieben Rassen leben. Du musst Grenzen und Meere überschreiten. Tu es!‹«

Wandernder Wolf nickte bei der Erinnerung. »Dies ist eine der Offenbarungen, die ich hatte. Auf diese Art und Weise wurde ich im Alter von vierzig Jahren zum Wandernden Wolf.«

»Und damals haben Sie mit den Reisen durch Amerika begonnen?«, fragte Daniel.

Er nickte bedächtig. »Ja, aber ich war damals noch im ›niedrigen Rat‹. Mit 52 Jahren kam ich in den ›Consejo Major‹, aber wir wussten damals alle schon von den Prophezeiungen. Wir wussten eigentlich alle, an welchem Zeitpunkt diese Prophezeiungen wahr werden würden, da wir die Hüter der Zeit sind. Ja, und als wir bei Tecpan zusammen waren, haben die Älteren gesagt, das ich die ›Stimme des Volkes‹ sei und dass ich meinen Weg international verfolgen solle. Und seit zwanzig Jahren reise ich nun durch Amerika und sage diese Worte, aber niemand hat mich verstanden. Denn was kann ein Indianer schon wissen, ein Mensch ohne Studium?«

Als ich vorsichtig unterbrach, um Daniel zu fragen, ob er bereits von den Prophezeiungen gesprochen habe, fuhr er augenblicklich fort: »Die Prophezeiungen der Mayas sind größer als die Bibel. Sie sind grenzenlos. Aber über die Prophezeiungen, die uns direkt betreffen, speziell in der heutigen Zeit 12 Baktun, 13 Ahau, haben uns die Vorfahren gesagt: ›Kinder, wir dürfen unsere Erinnerung nicht vergessen. Wir haben euch gesunde Gedanken und Weisheit gegeben.‹ Unsere Urväter sagten zu uns: *Wir werden gemeinsam die gesunden Flüsse wiederfinden, ge-*

meinsam unsere Städte, unsere Berge sehen. Ja, und unsere Urväter kommen, um die falsch orientierte Menschheit wieder auf
den richtigen Weg zu bringen, denn sie kommen und sehen, dass
unsere Städte gestört sind, sie sehen, dass unsere Berge Wüsten
sind, und sie sehen, das unsere Flüsse und unsere Gewässer verschmutzt sind. Unsere Prophezeiungen sagen uns: *Jetzt ist es Zeit
zu erwachen, das Werk zu vollenden.*«

»Wir befinden uns jetzt in der Zeit des Erwachens.
Viele Menschen wachen auf und sehen, dass sie sich
falsch orientiert haben. Nach dem Jahr Null wird die
Menschheit sich vereinigen. Es wird Respekt für die
Erde und Respekt füreinander geben.«

Ich merkte, wie sehr es mich belastete, dass ich die Sprache nicht
beherrschte. Bei den Papuas hatte ich direkt auf Indonesisch reagieren können, jetzt war es schwer für mich, einschätzen zu können, ob die Antworten auf meine Fragen ausreichend waren. Daniel fasste kurz zusammen, was Wandernder Wolf erzählt hatte,
aber ich wusste, dass seine Wiedergabe nur ein Ausschnitt der
ganzen Geschichte sein konnte. Ich schlug vor, über die »Zusammenkünfte« zu sprechen. Ich fragte, ob die Zusammenkünfte
und die Orte der Zusammenkünfte auch in den Prophezeiungen
genannt waren. Wandernder Wolf schüttelte verneinend den
Kopf.

»Das steht nicht in den Prophezeiungen. Darin steht: *Auf dass
sie sich alle erheben, nicht eine, nicht zwei Gruppen dürfen zurückbleiben.* Und weil das in den Vorhersagen der Mayas steht,

müssen die Mayas es tun. Die Hopis haben die Prophezeiung vom Zentrum, das den Adler des Nordens mit dem Kondor des Südens verbinden muss. Und darum haben wir 1995 zum ersten Mal die Brüder aus dem Norden und dem Süden eingeladen. Gemeinsam mit ihnen haben wir alle Energien aufgerufen, um uns mit den Vorfahren zu verbinden. Und das haben wir an den alten Pyramiden von Tikal getan, den heiligen Orten von Huehuetenango, Chimaltenango, Mixco Viejo und dem Atitlansee, der für uns ein heiliger See ist. Und dort haben wir unser Wissen und unsere Prophezeiungen zum ersten Mal ausgetauscht und uns mit der Größe des Wissens unserer Vorväter, ihrer Weisheit und ihrem Wissen der Astronomie verbunden.

Und so haben wir ein Feuer entzündet, wir haben das Feuer 72 Stunden am Brennen gehalten, so wie es in den Prophezeiungen steht: *Auf dass sie weitergehen, dass sie es weitertragen.* Und so möchten wir unsere Stimme erheben, damit wir die Regierungen erreichen, jene Menschen, die die ganze Welt durcheinander bringen. Und um das Bewusstsein der Menschen zu wecken. Denn eines Tages kommt der Tag, an dem wir unsere Aufgabe erfüllt haben, dann sind wir dort, wo wir sein müssen. Dann ist die Welt, die wir suchen, eine Welt des Friedens, dann vermeiden wir alle negativen Dinge wie Aggression und Rassismus und Umweltverschmutzung. Und der kontinentale Rat der eingeborenen Ältesten ... wir treffen uns etwa dreimal im Jahr mit den Ältesten und sprechen darüber, wie sich die Zeiten ändern werden.«

Wir beendeten das Interview fürs Erste. Ich begriff, dass ich die Informationen, die ich gesammelt hatte, zunächst Wort für Wort übersetzen lassen musste, um einigermaßen Einfluss auf die Gespräche nehmen zu können, die ich mit Wandernder Wolf in Zukunft führen wollte. Das Ganze war schwieriger, als ich gedacht hatte, vor allem aufgrund der Sprachbarriere und der Tatsache, dass ich über keinen professionellen Simultandolmetscher verfügte. Aber es gab meiner Meinung nach noch einen weiteren schwierigen Aspekt, den ich bei der Erstellung eines Films für wichtig hielt: mich selbst zu zeigen, das heißt außerhalb der Dreharbeiten Kontakt zu den Menschen zu knüpfen, die ich filmte, damit eine gegenseitige Vertrauensbasis entstehen konnte; etwas, das in dem endgültigen Film später zwar nicht sichtbar, aber spürbar sein würde. Zumindest hatte ich das in anderen Projekten so erlebt. Es ging um mehr als nur darum, Informationen zu bekommen, es ging darum, zu einer bestimmten Person durchzudringen. Die Sprache schuf dabei einen gewissen Abstand, aber auch noch etwas anderes, etwas, das ich noch nicht richtig fassen konnte. »Dinge dem Zufall überlassen« bedeutete also nicht unbedingt, dass sie dadurch einfacher würden. Im Gegenteil.

Von San Francisco El Alto fuhren wir einige Stunden die Straße entlang zurück, nach Solola, einem kleinen Dorf an dem großen Atitlansee, wo Norbert auf der Spitze eines Hügels eine Art Ferienhaus hatte bauen lassen. In zwei Tagen würden hier viele Gäste für den bevorstehenden Kongress in der Stadt ankommen. Auch Wandernder Wolf und einige Maya-Ancianos würden für eine Maya-Zeremonie hierher kommen. Und ich würde – das war unvermeidlich – auch Jacques wiedersehen, denn Norbert hatte ihn gebeten, während des Kongresses ein Konzert zu geben. Unser Kontakt war erheblich abgekühlt, und ich passte gut auf, mich von ihm nicht mehr spirituell erpressen zu lassen.

Dieses zweite Haus von Norbert und Christina in den Bergen rund um den Atitlansee war ein wunderbarer Ort, so hoch gelegen, dass er manchmal von den Nebelschwaden der Wolken berührt wurde, die über dem See in die Tiefe trieben. Bei klarem Wetter konnte man am anderen Ufer die »Zwillingsvulkane« liegen sehen, die diesen See so unverwechselbar und berühmt machten. Das schöne Haus war aus Adobelehm und natürlichen Materialien gefertigt und an allen vier Seiten von einer schattigen Veranda umgeben. Und Norbert hatte noch dazu eine Holzpyramide auf die höchste Spitze des Hügels gebaut, die ebenso groß war wie das

Haus. Einem vor Ort wohnenden Anciano zufolge sollte unter diesem Hügel eine Maya-Pyramide verborgen liegen. Angesichts der steilen Form des Hügels und der vielen Funde uralter, verborgener Maya-Pyramiden, die in diesem Land der Zeit noch immer gemacht wurden, schien das nicht völlig ausgeschlossen.

Ein Jahr später würde sogar eine komplette historische Pyramidenstadt keine 60 Kilometer von den bekannten Komplexen von Tikal entfernt im Dschungel von Peten entdeckt werden. Diese verborgene Stadt war vom Umfang her noch größer als Tikal, das hinsichtlich seiner Weitläufigkeit vor tausend Jahren eine sehr große Stadt gewesen sein musste. Für mich war es unvorstellbar, wie ein noch größerer Pyramidenkomplex hatte verborgen bleiben können, bis mir jemand Fotos von der Ausgrabung von Tikal gegen Ende des 19. Jahrhunderts zeigte: Die Pyramiden, die sich heute über den Urwald erheben, waren komplett mit Erde und vielen Bäumen bedeckt gewesen, sodass sie auf den ersten Blick überhaupt nicht von den anderen Hügeln im Dschungel zu unterscheiden waren. Allerdings hatten diese Hügel eine auffällig steile, spitze Form. Ich vermutete, dass es noch einige andere unentdeckte Pyramiden und Maya-Texte in diesem besonderen Land geben könnte.

Bevor die ersten Gäste für die Maya-Zeremonie ankamen, nutzte ich die Zeit, gemeinsam mit Daniel schon einmal das auf dem Tonband aufgenommene Interview zu übersetzen. Dabei stellte ich fest, dass ich eine Reihe Fragen während des ersten Gesprächs nicht gestellt hatte, und notierte sie, um sie bei einer nächsten Gelegenheit anzubringen. Fragen wie: Wo waren diese Prophezeiungen zu finden? Waren sie irgendwo aufgeschrieben? In Stein gehauen? Wenn ja, wo? Konnte ich sie mir ansehen? Und: Was genau war der Inhalt der Vorhersagen, die sich auf die heutige Zeit beziehen?

Aus den Gesprächen im Amazonasgebiet hatte ich eine vage Vorstellung von den Erwartungen an die bevorstehende, goldene, harmonische Epoche entwickelt, von einer neuen Weltzeitära, angekündigt von weltweiten Naturkatastrophen, die sich bereits vollzogen. Ich suchte nach dem Warum: Wenn alles schon vor so vielen Jahrhunderten von den Vorfahren angekündigt worden war, was war dann die große Bedeutung dieser Prophezeiungen, die große kollektive Lehre, die die Menschheit daraus ziehen sollte? Und dann war da noch das, was die Argüelles über die Zeit gesagt hatten, darüber, wie wir Menschen die Zeit erlebten und wie die Mayas das Phänomen Zeit sahen.

Außerdem dachte ich über die Möglichkeiten nach, wie das Ganze im Film eine persönliche Wendung bekommen konnte, eine Art Identifikationsmöglichkeit mit meiner Hauptperson, damit die Dokumentation über die bloße Mitteilung von Informationen hinausging. Für die emotionale Seite der Story würde ich näher an das persönliche Leben von Don Cirilo herankommen müssen. Er war bei unserer ersten Begegnung offen gewesen, freundlich, aber gleichzeitig hatte ich auch eine gewisse Zurückhaltung gespürt, eben den besagten Abstand zwischen uns beiden. Ging der vielleicht weiter als die Sprachbarriere? Lag die Zurückhaltung an ihm oder mir? Sah er, der Indianer, in mir doch noch irgendwie den Weißen, der neugierig seine Nase in Dinge steckt, von denen er eigentlich keine Ahnung hat? Oder den Weißen, der mit dem heiligen Maya-Wissen Geld machen will, so wie alle Weißen bis jetzt immer nur von den indianischen Kulturen »profitiert« hatten?

Schließlich und endlich lassen sich fünfhundert Jahre Erfahrung in diesem Bereich nicht einfach so wegwischen, das musste ich mir ständig vor Augen halten. Trotz seiner offenen Bereitwilligkeit zur Mitwirkung an diesem Film trug dieser Maya-Priester gleichzeitig etwas Unzugängliches, Unnahbares in sich, tatsächlich wie ein Wolf. Oder war ich durch all das, was mit mir geschehen war, vielleicht selbst etwas vorsichtiger mit »Botschaften aus dem Jenseits« geworden?

Gefühlsmäßig war ich völlig von der Integrität dieses Maya-Häuptlings überzeugt. Aber ich wollte gerne wissen, wann er in seinen Äußerungen wirklich die Weisheiten seines Volkes wiedergab und wann er einen solistischen Weg wählte. Schließlich war dieser Maya mehr als andere Maya-Priester auch häufig mit Ideen aus anderen Kulturen in Kontakt gekommen. Er war auch ganz offensichtlich daran gewöhnt, Interviews zu geben und mit Medienvertretern umzugehen. Der Film musste in erster Linie so weit wie möglich die herrschenden Vorstellungen der heutigen Maya-Kultur widerspiegeln – und nicht die einer bestimmten Person dieser Kultur.

Als ich mir dieser Überlegungen bewusst wurde, merkte ich, dass ich schon wieder aus einer westlichen Haltung heraus an die Sache heranging, und versuchte, sie zu kontrollieren. Der Zufall würde zeigen, wie alles in dem Film seinen Platz finden würde. Aber ach, wie schwer war es doch, Dinge so geschehen zu lassen, wie sie geschehen sollten.

Gegen Abenddämmerung reiste das Ehepaar Argüelles gemeinsam mit einigen weiteren Gästen aus der Stadt an. Unter ihnen befand sich eine guatemaltekische Frau, die sich zum ersten Mal in ihrem Leben aus Guatemala-Stadt herausgetraut hatte. Daran war zu erkennen, wie viel Angst in diesem Land herrschte. Während die Stadt selbst ein völlig unsicherer Ort war, gab es bei vielen Latinos aus Guatemala-Stadt die Vorstellung, dass es in den Bergen außerhalb der Stadt vor Guerillas und feindlichen Maya-Stämmen nur so wimmelte. Man konnte sich manchmal kaum vorstellen, wie unterschiedlich die Welten der Maya-Kultur und der Latino-Kultur in diesem gewalttätigen Land waren. Die Latinos sprachen übrigens meist von *indigenas*, den Eingeborenen.

Später interviewte ich den Ex-Staatssekretär für Frieden, Don Alvaro de Colon, der aus seiner diplomatischen Funktion heraus ebenfalls ein wichtiger Ansprechpartner für Don Cirilo geworden war. Bis zu seinem vierzigsten Geburtstag hatte der Mann immer geglaubt, dass es überhaupt keine Schamanen in Guatemala mehr gäbe, dass sie längst der Vergangenheit angehörten.

Erst vor einigen Jahren, als er während der Friedensverhandlungen mit einigen führenden Maya-Ancianos in Kontakt kam und selbst an einer Maya-Zeremonie teilgenommen hatte, sah er zu seinem Erstaunen, dass – wie er es ausdrückte – »das andere Guatemala noch immer intakt war und der Popol Vuh noch immer lebte, dass es noch immer Schamanen gibt. Es veränderte meine Sichtweise von Guatemala vollkommen, ich sehe ein Land mit reicher Kultur und Spiritualität.«

Die Frau war in jedem Fall froh, dass sie sicher angekommen war, und wir setzten uns alle zusammen zum Abendessen an den Tisch. Fast automatisch führte das Gespräch mit den Argüelles erneut auf den mysteriösen Maya-Kalender.

»Wenn ich das richtig verstehe«, begann ich, »ist die Zeit für die Mayas eigentlich ein Zyklus, wir hingegen denken linear?«

Norbert nickte. »Die Zeit besteht aus allerlei Zyklen, großen und kleinen. In der Natur sieht man das auch: der Zyklus des Mondes und die Umlaufbahn der Sonne, die Jahreszeiten, der Wechsel zwischen Ebbe und Flut. All diese Bewegungen und Wiederholungen in der Zeit sind im Maya-Kalender dargestellt. Eigentlich müsste man ›in den Maya-Kalendern‹ sagen, denn es gibt mehrere Kalender, die eine Widerspiegelung der verschiedenen kleineren und größeren Zeitzyklen sind. Diese verschiedenen Zyklen laufen ineinander, man muss sie eigentlich wie die kleinen und großen Zahnräder in einem Uhrwerk sehen, die alle zusammen schließlich die genaue Zeit angeben. Die Mayas sagen, dass jeder Tag sein eigenes Gesicht hat – man könnte auch sagen, dass an jedem Tag eine andere Art von Energie aus dem Kosmos auf die Erde einwirkt.

Das Pfiffige an den Maya-Kalendern ist nun, dass sie diesen kosmischen Einfluss in einem Kalendersystem mithilfe von Tagessymbolen festgelegt haben: den Tagessiegeln oder den Gesichtern der Schöpfung. Aber da alles im Kosmos wiederum zyklischen Mustern unterliegt – man denke nur an den Umlauf der Planeten und der Sternbilder um uns herum –, wiederholen sich diese Symbole von Zeit zu Zeit, und zwar immer dann, wenn ein Zyklus geschlossen, vorbei ist. Der eine Zyklus ist länger als der andere, das eine Zahnrad ist größer und dreht sich langsamer, das andere ist kleiner, aber dreht sich sehr schnell. Die drei bekanntesten und am häufigsten verwendeten Zahnräder oder Kalender sind *Haab, Venuskalender* (oder die *Lange Zählung*) und *Tzolkin*. Durch die Kombination all dieser Kalender, all dieser Zahnräder entsteht eine Reihe von Symbolen, die auf kosmische Einflüsse auf die Erde verweisen. Auf diese Art und Weise konnten die Mayas des Altertums einen Tag aus der Vergangenheit, der Gegenwart oder der Zukunft beschreiben.

»Und auf dieser Basis sind die Prophezeiungen entstanden, mit denen wir uns jetzt beschäftigen?«, fragte ich.

»Wahrscheinlich schon«, mischte sich José Argüelles in das Gespräch ein. »Es scheint, als ob es den alten Mayas durch ihre langfristigen Beobachtungen der Himmelskörper gelungen ist, den geheimen Code der Zeit zu entziffern und festzulegen. Als ob sie die Blaupause des Universums und des Lebens auf der Erde entdeckt und in ihrem Kalendersystem festgelegt haben, um sie an zukünftige Generationen weiterzugeben.«

Ein Gefühl der Aufregung überkam mich. Ich hatte schon einiges über die Maya-Kalender gelesen, aber es gefiel mir, dass mir die Dinge noch einmal auf eine andere Art erklärt wurden – und José Argüelles galt schließlich als Experte auf diesem Gebiet.

Er sprach weiter: »Der *Haab* ähnelt noch am meisten unserem Jahreskalender. Er beschreibt 18 aufeinander folgende Zyklen von 20 sich wiederholenden Tagessiegeln, einen Gesamtzyklus von 360 Tagen mit 5 Tagen ›außerhalb der Zeit‹. Der *Venuskalender* (oder die *Lange Zählung*) beschreibt einen Zeitraum von 5200 Maya-Jahren, was in unserer Zählung 5125 Jahren entspricht. Aber der *Tzolkin* ist der heilige, galaktische Kalender. Er ist meiner Ansicht nach am interessantesten, denn er beschreibt die Zeit aus einer kosmischen, keiner irdischen Perspektive. Der Tzolkin beschreibt einen Zyklus von 260 Tagen, das entspricht der durchschnittlichen Schwangerschaftsperiode der Frau und der Zeit, die der Mais zum Wachsen braucht, bis er geerntet werden kann. So kann der kosmische Zeitablauf in einen irdischen Zeitablauf übersetzt werden.«

»Was meinen Sie genau mit ›kosmischem Zeitablauf‹? Gibt es eigentlich so etwas wie ›Zeit‹ im Kosmos? Ich meine, Zeit ›entsteht‹ doch dadurch, dass sich die Erde dreht und dass sie sich um die Sonne dreht. Für uns hat ein Tag vierundzwanzig Stunden, weil dann die Sonne exakt wieder an ihrem Ausgangspunkt angekommen ist – aus unserer Perspektive heraus. Aber ein Tag auf der Venus dauert 243 Erdtage, da brauchen wir also gar nicht mit unserer Stunden- und Minuteneinteilung anzufangen. Schließlich ist das alles völlig willkürlich und vom jeweiligen Standort im All abhängig. Gibt es denn überhaupt so etwas wie eine objektive, kosmische Zeit, die für das gesamte Universum gilt?«

Argüelles schüttelte den Kopf. »Es ist noch ein bisschen komplizierter. Zeit ist in erster Linie niemals objektiv oder neutral. Zeit hat eine bestimmte Farbe, einen Ton, einen Klang oder eine Energie. Aber was die Mayas bereits entdeckt hatten und wofür wir heute immer mehr wissenschaftliche Hinweise finden, ist, dass das Zentrum unserer Milchstraße aus einem riesigen schwarzen Loch besteht, in dem sämtliche Energie verschwindet. Es handelt sich dabei um eine riesige, negative Sonne, um die unser Milchstraßensystem sich dreht. Es ist das Tor zu anderen Dimensionen – das Tor, durch das unter anderem die Toten reisen, nachdem sie gestorben sind. Vielleicht verschwindet mit ihnen auch die Zeit in diesem schwarzen Loch.

Dieses *Hunab K'u* schleudert an seinen Rändern große Mengen Energie in das All, in einer regelmäßigen, pulsierenden Bewegung, ungefähr so wie der Sonnenwind seine Strahlen auf unsere Erde wirft. Wie in einem Teich bewegt sich die Energie zum Rand unserer Galaxie und zurück – eine immer wiederkehrende Reihe von dreizehn Impulsen, die die formenden, schöpfenden

Muster allen Lebens im Universum darstellen. Immer in Dreizehner-Reihen, dem kleinsten Zyklus, den die Mayas kennen. *Dreizehn* ist eine Schlüsselzahl in den Baustrukturen und Wachstumsprozessen aller lebenden Organismen. Der Schöpfungsprozess in 13 Impulsen.

- Der *erste* Impuls: die Energie der Verschmelzung, der Einswerdung, so wie der Samen und die Eizelle am Beginn all dessen stehen, was geschaffen wird.
- Dann der *zweite* Impuls: die Dualität, die Spaltung des Geschlechts, männlich oder weiblich, positiv oder negativ.
- Der *dritte* Impuls ist der der Auflösung der Dualität, masculine und feminine Qualitäten vermischen sich oder ergänzen einander.
- Der *vierte* Schöpfungsimpuls ist die Schöpfung der Form, das Maß, das dem Geschaffenen gegeben wird. Dies alles geschieht auf zyklische Art und Weise.
- Der *fünfte* Impuls ist also eine Wiederholung des ersten, dann aber auf einem höheren Niveau. So wie in der Musik der Oberton harmonisch mit den anderen, niedrigeren Tönen mitschwingt. Hier integriert, verstärkt der fünfte Impuls die Abläufe aus den ersten vier Impulsen.
- Der *sechste* Impuls kreiert die Zeitzyklen, die einer Schöpfung mitgegeben werden, die Resonanz mit den Rhythmen des Kosmos: Leben, Wachstum, Veränderung, Entwicklung, Tod – im richtigen Timing.
- Im *siebten* Impuls verschmilzt der physische Teil der Schöpfung mit ihrer geistigen Komponente: Das Sichtbare wird mit dem Unsichtbaren verbunden.
- Durch den *achten* Impuls beginnt das, was im Geiste bereits besteht, physisch im materiellen Universum Gestalt zu bekommen.
- Der *neunte* Impuls mobilisiert alle Kräfte, um in den ursprünglichen Plan Bewegung zu bekommen, sodass die Intention des Geistes wachsen und sich selbst vollenden kann.

- Durch den *zehnten* Impuls kann die Intention des Geistes sich schließlich in der endgültigen physischen Form manifestieren.
- Allerdings wird sie durch den *elften* Impuls wieder in Chaos aufgelöst.
- Und der *zwölfte* Impuls sucht dann wieder das Gleichgewicht mit dem komplexen Ganzen der gesamten Schöpfung.
- Ein neuer Wachstumszyklus wird vorbereitet und die Schöpfung transformiert, übersteigt sich selbst oder transzendiert durch den *dreizehnten* Impuls. Danach beginnt der Zyklus wieder neu, auf einem höheren Niveau.«

Es wurde still. Ich blinzelte.

»Dieses Schema der dreizehn Impulse verläuft synchron zu unserer Tag- und Nachtumdrehung auf der Erde, sodass der Planet immer in diesem dreizehn Tage dauernden kosmischen Lebenszyklus mitvibriert. So wie so vieles zu dem 13er-Zyklus synchron verläuft: die 13 Vollmonde pro Jahr, aber auch die 13 Baktuns, die 13 Perioden von 400 Maya-Jahren, die die Lange Zählung ausmachen. Wir befinden uns momentan am Ende des 13. Baktun, der das Baktun der Transformation der Materie genannt wird. Dieses Schema der dreizehn Impulse wird im Tzolkin-Kalender mit dem Schema der 20 Tagessiegel kombiniert. Dem *Zuvuya* der Mayas zufolge bewegt sich die Zeit immer in zwei Richtungen: zum Rand des Teiches hin und wieder zurück. Die Erde dreht sich um ihre Achse, um die Sonne und um den *Hunab K'u* und empfängt die schöpfende Energie immer wieder aus einer anderen Richtung. Durch diese sich verändernden Richtungen – man könnte auch sagen: durch den stets veränderten Winkel, in dem diese Schöpfungsenergie auf der Erde ankommt – wird der Charakter des Impulses modifiziert, und zwar in einem Schema von zwanzig Tagen.

Die Mayas sprechen lieber von zwanzig ›aufeinander folgenden Gesichtern der Schöpfung‹. Diese zwanzig Gesichter sind die *Naguales*, die Kräfte aus dem Götterpantheon der Mayas, die den Menschen in seinem Leben begleiten, und die die Mayas in zwanzig verschiedenen Symbolen dargestellt haben, die auf den Stelen und den Pyramiden hier überall zu finden sind. Der Tag deiner Geburt bestimmt, welche Kraft oder welches *Nagual* in deinem weiteren Leben wirken wird. Diese Kräfte können positiv oder negativ einwirken, sie können schaffen und vernichten. Der Mensch muss lernen, mit ihnen auf eine harmonische Art und Weise umzugehen.

Mit ihren heiligen Kalenderritualen versuchen die Mayas, sich auf die bestimmte Energie aus dem Kosmos einzustimmen, die an einem bestimmten Tag herrscht. So versuchen sie ihr tägliches Handeln, ihr Leben auf der Erde, völlig auf diese Kräfte abzustimmen. Sie warten regelrecht auf den Tag, an dem sie den Wind im Rücken haben, statt gegen den Wind und gegen die Natur der Dinge zu arbeiten.

Die Mayas des Altertums blickten nachts auf den Spitzen ihrer Pyramiden in den Sternenhimmel und erkannten in der breiten, hellen Wolke aus Sternen über ihnen eine Figur: einen Drachen oder ein Krokodil. Wenn man sich in dunklen Gebieten die Milchstraße betrachtet, erkennt man tatsächlich eine Art offene Schnauze vorne und einen langen Schwanz hinten. Das Krokodil wird bei Anbruch der Nacht aus dem Erdhorizont geboren und taucht vor Anbruch des Tages wieder unter. Die Mayas wussten, dass die gesamte menschliche Geschichte dort oben in dem geheimnisvollen Lichtermeer beschrieben war, dass es darum ging, den Code, den geheimen Faktor hinter den irdischen Phänomenen zu ergründen, indem man nach oben schaute.

Die Menschen waren damals wirklich von dem Phänomen ›Zeit‹ und vom Messen der Zeit in den Rhythmen des Kosmos, den Umdrehungen, die am Nachthimmel zu beobachten sind, besessen. Sie entwarfen komplette Städte und Pyramiden danach. Denn das Leben des Menschen spielte sich, nach Meinung der Mayas, täglich auf dem Rücken des kosmischen Krokodils ab. Und die täglichen Kalenderrituale waren dazu gedacht, das

Gleichgewicht zu bewahren, damit man die Balance nicht verlor und von dem Krokodil herunterfiel.

Die schöpfenden dreizehn Impulse kann man sich in Kombination mit den Modifikationen der zwanzig Richtungen wie einen gigantischen unsichtbaren Webstuhl vorstellen, der eine Art Raster im Kosmos webt. Das Weben ist nicht umsonst eine der größten Künste der Maya-Kultur. Die Erde und alle Planeten durchkreuzen im Laufe der Zeit dieses Raster, und damit verändern sich die Muster der schöpfenden Energie fortwährend, allerdings nach einem festen Schema. Die Erde ist kein Raumschiff, sondern ein Zeitschiff, das sich entlang der verschiedenen Energieknotenpunkte im Universum in der Zeit bewegt. Die Mayas bezeichnen diesen unsichtbaren, riesigen Webstuhl als *Zuvuya*. Der Tzolkin-Kalender knackt den Code dieses kosmischen Webstuhls. Wer sich mit diesem Kalender auf die Schwankungen der Zeit einstimmt, lernt, sich an dieses kosmische Muster anzupassen, und das ist es, was ich in meinem Buch *Surfer der Zuvuya* (Freiburg 1997) beschrieben habe.«

Zum zweiten Mal spürte ich ein leichtes Schwindelgefühl, nachdem José Argüelles gesprochen hatte. Ich musste kurz nach draußen, an die frische Luft. Die Abende waren auf dieser Höhe kühl, beinah kalt. Auf der Spitze dieses Berges stehend, der vielleicht eine Pyramide war, wurde mein Blick automatisch von dem funkelnden Sternenhimmel über den nächtlichen Silhouetten der Vulkane und Berggipfel rundum den Atitlansee angezogen. Welch völlig andere Sicht auf die Welt die Mayas doch hatten, vor allem im Vergleich mit dem komplett materialistischen Weltbild des Westens. Für die Mayas war die Schöpfung ein Wunder, aber gleichzeitig ein Wunder, das mit der linken Hirnhälfte erklärt werden kann. Die westliche Wissenschaft jedoch negierte das große Wunder völlig, die Erkenntnis, dass unsere scheinbar rationale Wirklichkeit so vollkommen von Irrationalität umgeben ist. Allein schon die beiden alles umgebenden Vorbedingungen, die Faktoren Raum und Zeit, sind für uns im Grunde unerklärliche Phänomene.

Das mysteriöse Phänomen *Zeit*: Erst gab es eine gewisse Zeitleere, das absolute Nichts. Dann plötzlich, aus einer zufälligen Verschmelzung von Gasen, knallte dieses Nichts aufeinander, und aus dem Knall entstanden schließlich nach unvorstellbar langer Zeit Wesen, die sich fragten, was es in der Zeit vor dem Knall gegeben haben könnte. Wie lange hatte die vorhergehende Leere gedauert? Ewig. Aber wie lange war ewig? Wann hatte die Ewigkeit begonnen, und was war vor ihrem Beginn gewesen?

Und dann der Faktor *Raum*: Wir befinden uns in einem sich ausdehnenden Weltall. Aber wor*in* dehnt sich dieses Weltall aus? In eine Leere? Aber ist die Leere nicht auch ein Teil dieses Welt*alls*? Wo hört die Leere auf, und was befindet sich außerhalb dieser Leere? Leere?

Haben wir uns in den Schlaf wiegen lassen, indem wir diese Art von Fragen nicht mehr gestellt haben, diese Art von Antworten nicht mehr gesucht haben? Weil wir abends nicht mehr unter dieser Unendlichkeit stehen und uns verwundert fragen, in welchem Wunder sich unser Alltag doch eigentlich vollzieht? Die Irrationalität von Raum und Zeit ist nichts, worüber wir ab und zu ein wenig philosophieren können. Nein, diese Irrationalität ist etwas, das *Wirklichkeit* ist, das uns jede Stunde, jede Minute, jede Sekunde, in *diesem* Augenblick umgibt. Wir leben mitten in dieser Irrationalität. Ist das die Welt, aus der auch die andere Wirklichkeit der Schamanen stammt?

Während sich mein Blick verwundert in der Milchstraße verlor, wanderten meine Gedanken durch den Raum zu einem anderen Ort auf diesem Planeten: zu meiner eigenen Umgebung, nach Hause, wo mit Natriumlampen in Gewächshäusern versucht wird, Pflanzen auch nachts wachsen zu lassen, sodass der Sternenhimmel vor einer schmutzig orangefarbenen Glut verblasst. Ein solch fantastischer Sternenhimmel wie hier ist in Europa nicht bzw. kaum mehr zu sehen.

> »Der 21. Dezember des Jahres 2012
> ist der erste Tag des neuen Zyklus, Tag Null.
> Die Erde kommt dann in die Nähe
> der zentralen magnetischen Achse,
> die durch die Mitte der Milchstraße führt.«

Ist es nicht symbolisch, dass wir versuchen, die Natur zu rationalisieren, indem wir ihre Irrationalität verneinen, verblassen lassen? Damit wir glauben können, dass wir in einer Wirklichkeit leben, die letzten Endes vom menschlichen Verstand begriffen, beherrscht und kontrolliert werden kann? Ist es das? Ist es die weit reichende Angst des westlichen Menschen vor dem Irrationalen, die uns hartnäckig die irrationalen Seiten der Existenz verneinen lässt? Und ist der weltweit aufkommende Wille, solche Fragen zu stellen, Fragen über das Paranormale und über die irrationalen Phänomene in der Welt, ein Teil der Periode des Erwachens, wie es der Maya-Kalender vorhergesagt hat? Eine Periode, die in den 80er-Jahren begann und 2012 endet?

Morgen sollten einige Maya-Schamanen ankommen, und dann würde ich hoffentlich die Gelegenheit erhalten, ein Kalender-Ritual zu filmen. Ich hoffte, meine Antworten letztendlich dann zu finden, wenn ich mit diesem Film fertig sein würde. Aber aus jeder Antwort schienen vorläufig neue Fragen geboren zu werden ...

»In diesem Moment beginnen wir mit unserer Zeremonie. Es ist der Tag 3 Noj, der Tag der Weisheit. Wir führen die Zeremonie immer in einem Kreuz als Symbol für die vier Windrichtungen aus.« Wandernder Wolf stand auf der Spitze des Hügels in der

Mitte eines Kreuzes, um das ein Kreis gezogen war. Um ihn herum, in jeder Windrichtung, standen die vier übrigen Ancianos, die an diesem Maya-Ritual teilnahmen. Der Abend senkte sich über die Berge und den See. In der Mitte des Kreuzes lag ein großer Berg Opfergaben: Kerzen in vielen Farben, Weihrauch, Tabak und Blumen.

Rund um den heiligen Kreis hatten sich die vielen internationalen Gäste versammelt, die am nächsten Tag beim Kongress in der Stadt anwesend sein würden. Don Cirilo sollte dort sprechen, ebenso wie José Argüelles und ein sehr alter Maya-Anciano, *Don Julian*, der als großer Heiler und Regenmacher bekannt war. Er war ebenfalls auf der Zusammenkunft im Amazonasgebiet gewesen, aber mir dort überhaupt nicht aufgefallen. Es faszinierte mich über alle Maßen, dass er angeblich mit seinen Ritualen Regen »machen« konnte. Aber vor allem faszinierte mich vom ersten Augenblick an die liebevolle, bescheidene Ausstrahlung dieses alten Mayas. Sein freimütiges, fast zahnloses Lächeln war so einnehmend, dass ich ihn eher für einen lieben alten Opa hielt, als für den großen Schamanen, der er in den Augen der Mayas sein sollte.

In dem Kreis herrschte getragene Stille, als Don Cirilo seine Rede fortsetzte: »Wir beginnen unsere Zeremonie immer, indem wir den Osten begrüßen. Dann richten wir uns gen Westen, gen Norden und schließlich gen Süden, und dann kehren wir zurück zum Zentrum. Warum tun wir das? Wir müssen uns auf die vier Windrichtungen einstimmen, auf den Magnetismus der vier Richtungen. Dann werden wir wieder mit einem heiteren Gemüt von dannen ziehen. Wenn jemand traurig ist, einsam oder krank, soll all dies bei dieser Zeremonie verschwinden. Wir können das heilige Feuer, das wir in der Mitte des Kreuzes entzünden werden, alles fragen. Wie auch Moses mit Gott durch das Feuer sprach. Denn wir sind die Kinder der Sonne, die Kinder der Zeit, die Kinder des Feuers. Wir werden vom Feuer genährt, sowohl in physischer als auch in spiritueller Hinsicht.«

Wandernder Wolf zeigte auf die Opfergaben, die in ein mit Zucker auf den Boden gezeichnetes Symbol gelegt worden waren – das Tagessymbol aus dem Maya-Kalender. Diese Opfergaben sollten später, wenn die Sonne hinter dem Horizont verschwunden war, verbrannt werden.

»Die Mayas haben keine Schulen, aber sie sind begabte Anthropologen, begabte Architekten, begabte Astrologen, begabte Astronomen, begabte Naturheiler, begabte Medien, begabte telepathische Menschen ... ohne Studium. Wir haben Bücher, aber unser wichtigstes Wissen steckt in unseren Traditionen, die wir weitergeben. Denn diese Worte sind nicht meine Worte. Sie stammen von unseren Vorfahren, wir sind heute nur die Stimme der Mayas. Denn in dieser Zeit, 12 Baktun, 13 Ahau, das ist die heutige Zeit, kehren die Vorfahren und die weisen Menschen zurück. *In der Stunde, in der sie zurückkehren, werden sie die Berge wie Wüsten vorfinden, werden sie ihre Kinder in Verwirrung unter der Gewaltherrschaft finden, werden sie ihre Städte in Verwüstung finden, werden sie das Wasser verschmutzt finden.* Die Zeit ist gekommen, dass die Prophezeiungen wahr werden. Lasst es Licht werden, lasst das Morgengrauen anbrechen, damit die Menschen in Frieden und Glück leben können. Die Maya-Prophezeiungen sagen uns: *Wir haben so viele Wege verfolgt, am Ende finden wir, was wir suchen.*«

Aus dem Tal erklang dann und wann eine metallene Megaphonstimme und Musik. Laut Norbert waren die *Evangelicos* im Tal lautstark damit beschäftigt, eine religiöse Zusammenkunft ins Leben zu rufen. Die Evangelicos bilden eine Sekte fanatischer Christen, die nach nordamerikanischem protestantischem Vorbild gestrickt ist. Seit den siebziger Jahren sind sie relativ aggressiv und unaufhaltsam in Guatemala vorgerückt. Es wurden Flugzeuge und Helikopter eingesetzt, die mit Lautsprechern über den Maya-Dörfern hingen, um die Menschen dort auf besessene Weise aufzurufen, sich zum wahren christlichen Glauben zu bekennen. Die Sekten bezeichnen ihre aggressive Bekehrungskampagne selbst als »Invacion Evangelicos« und verteilen Poster, auf denen Flugzeuge wie Bomber abgebildet sind, um Gottes Wort über dem Maya-Land abzuwerfen. Vor allem die Maya-Schamanen sind das Ziel ihrer Aggression und Intoleranz. Oft kam es sogar vor, dass die Bevölkerung angestachelt wurde, diese »Diener des Teufels« zu lynchen. So mancher Schamane kam – auch heute noch – dadurch auf einem Scheiterhaufen ums Leben.

»Die Schriften über die Zeit bestanden schon zweitausend Jahre vor der Invasion. Und die Katholiken, die Spanier, sahen die Codices, auf denen Menschen gezeichnet waren, die mit den Händen vor der Brust gefesselt waren, deren Herzen aus ihrer Brust geschnitten wurden. Und so sagten die Historiker: ›Sieh, so waren die Indianer, sie brachten Menschenopfer dar.‹ Sie wussten nicht, dass diese Schriften eine künftige Zeit ankündigten, die fünfhundert Jahre dauern sollte.« Die Musik der Evangelicos schwoll an und nahm ab, je nachdem, wie der Wind sie über die Berge mit sich führte. Manchmal übertönte die falsche, metallische Musik sogar fast die Worte von Wandernder Wolf, als ob sie ihn am Weitersprechen hindern sollte.

»Sie haben uns auf unterschiedliche Arten ermordet. Ein Tod, der keinen Namen in der Geschichte der Menschheit hat. Sie warfen uns in ihre Gefängnisse, sie griffen uns an, verbrannten uns lebend, sie hackten uns in tausend Stücke. Unsere Mütter und Frauen wurden vergewaltigt, unseren schwangeren Frauen schnitten sie den Bauch auf. Diese Frauen beteten zu ihren Göttern, aber sie wurden lebend verbrannt. Warum? Damit ihr Land geraubt werden konnte ...

Sie haben unsere Körper getötet, aber nicht unseren Geist. Wir sind noch immer hier, wir sind dieselben. Wir sind nicht verschwunden.

Und das ist die Geschichte der eingeborenen Völker Amerikas. Sie ermordeten mehr als hundert Millionen von uns. Aber die Zeit ist nicht fern, dass die Kinder der Zeit, die Kinder des

Feuers, die Kinder der Sonne wieder regieren werden – nach dem Jahr Null. Und es wird keine eingeborenen Völker mehr geben, sondern nur Menschen, die die Erde lieben, die den Frieden lieben, die ihre Brüder respektieren, ihre Brüder die Steine, ihre Brüder die Bäume, ihre Brüder die Tiere und Großvater Sonne und Großmutter Mond.«

Ich filmte, als das Feuer angezündet wurde. Was für eine merkwürdige, ja sogar absurde Atmosphäre hing jetzt über diesem schnell dunkel werdenden Bergland. Während ein wirklich infernalischer Krach aus der Tiefe emporstieg, wuchs hier oben auf der Hügelspitze schnell das Opferfeuer, bis es über den Köpfen der Schamanen flackerte, zu Ehren vielleicht derselben göttlichen Kräfte wie denen, um die es im Tal ging, die dort aber anders hießen, anders aussahen und ganz anders beschrieben wurden. Die Szene zeigte das vulkanische Land Guatemala in seiner ganzen spirituellen Leidenschaft und Gespaltenheit. Ich stimmte der flehentlichen Bitte von José Argüelles von Herzen zu, dass alle sich am Ende der Zeremonie am Feuer fragen mögen, was sich in der Welt oder im persönlichen Leben bessern könnte: »Damit schnell die Zeit kommen möge, in der diese ganze Erde wieder geheiligt werden möge. Damit schnell der Tag da ist, an dem die neue Zeit beginnt.«

Am folgenden Tag war der Tagungssaal in Guatemala-Stadt ziemlich gefüllt. Die Besucher stammten offensichtlich aus den höheren, wohlhabenderen Schichten der Stadt. Als Don Cirilo an der Reihe war, betrat er wie ein routinierter Sprecher das Podium. Im Prinzip war er das auch: Ich wusste inzwischen, dass er Vorträge an der Harvard-Universität, bei den Vereinten Nationen und an Universitäten in London und Florenz gehalten hatte. Auch der Papst hatte ihn persönlich empfangen, und die NASA lud ihn mehrmals zu Vorträgen über Astronomie ein. Es waren sogar einmal Vertreter der Weltbank mit dem Helikopter neben seinem Haus im Tal gelandet, um ihn dort zu sprechen. Der einfache Mann wurde in der Außenwelt allmählich immer berühmter. Dieser Maya war aber auch der geborene Sprecher: Schon nach wenigen Worten gelang es ihm, mit seiner recht schneidenden, nasalen Stimme die reichen Bürger aufmerksam und gebannt zuhören zu lassen.

»Ich glaube, dass Sie gerne Bücher lesen, Bücher über Forscher, über große internationale Konsortien, in denen Sie lesen können, dass die Indianer, die Campesinos, die Berge zerstören. Weil sie Holz für Feuer brauchen und den Wald für den Ackerbau abfackeln. Die Indianer handeln nach ihren Gesetzen, die schon seit Tausenden von Jahren so gelten. Aber heute haben die Indianer keinen Besitz mehr, kein Land mehr, auf dem sie Bäume fällen können. Unser Land ist in den Händen der Mächtigen. Die Indianer benutzen keine Kettensägen, um die Bäume zu fällen. Dafür haben wir die zwanzig Tage unseres Kalenders. Bevor wir einen Baum fällen, schauen wir erst, welcher Tag gerade ist. Und wie der Mond steht. Aber bei der westlichen Wissenschaft ist das kein Thema.

> »Es werden schwere Erdbeben kommen,
> schwere Überschwemmungen,
> viele sind bereits im Gange.«

Ich möchte, dass Sie mir gut zuhören: Die westlichen Gesetze sind entstanden, um die Menschheit zu vernichten. Denn wir alle leben in einer kranken Welt. In einer kranken Welt, in der auch die Menschheit krank wird. In einer Welt, in der wir alles einfach benutzen und in Dollarwerten zählen. Aber die Schönheit des Tages hat keinen Preis. Die Luft hat keinen Preis. Das Wasser hat keinen Preis. Die Erde lässt sich nicht kaufen. Es gibt keine Eigentümer.

Und der Dollar kann uns kein Leben schenken. Er schenkt uns keine saubere Luft, kein reines Wasser. Das alles kann man jetzt nicht mehr mit Dollars lösen, das ist nicht käuflich. Und wie ist es dazu gekommen? Weil der Kalender des Westens kein Herz für die Natur hat, keine Liebe für die Natur in sich trägt, wie der Maya-Kalender sie kennt. Der Kalender handelt vom Geldverdienen. Die Zerstörung der Natur ist egal. Die Menschen im Westen wollen nur Geld verdienen, Gold und Silber anhäufen, das ist ihr Kalender. Es ist ihnen egal, wofür sich der Tag eignet, wenn es keinen Gewinn bringt. Wir haben eine Woche, die aus dreizehn Tagen besteht. Wir haben einen Monat, der zwanzig Tage hat. Und jeder Tag hat seine eigene Bedeutung. Wir haben Tage, an denen wir zusammenkommen, Tage zum Heilen, Tage, die den Tieren gewidmet sind, der Luft, dem Wasser, der Erde, und wir haben Tage, die den Vorfahren gewidmet sind.«

Im Saal wurde viel gehustet. Don Cirilo setzte seine flammende Rede fort:

»Lasst uns einmal euren Kalender ansehen. Ich denke, dass wir den Kalender ändern müssen, denn der erste Monat sollte in jedem Falle der März sein. Der zweite Monat ist April, der dritte Mai, der vierte Juni und der fünfte Juli. Der sechste Monat ist August. **Septem**ber ist dann der siebte Monat. **Okto**ber der achte, **Novem**ber der neunte, **Dezem**ber der zehnte. Und dann noch Januar und Februar, elf und zwölf. Man kann nicht einfach so den Monaten Namen geben. In all diesen Dingen wurden große Fehler gemacht.«

Als Don Cirilo seinen Vortrag beendet hatte, blieb es kurz totenstill im Saal, als ob die Zuhörer noch Zeit brauchten, seine Worte sacken zu lassen. Auch ich hinter meiner Kamera musste mir eingestehen, dass ich noch niemals über diese Analogie der Monatsnamen mit ihren lateinischen Zahlwerten nachgedacht hatte. Irgendwie war dies eine komische Situation. Da stand der arme, einfache Indianer vor der reichen, entwickelten Elite von Guatemala-Stadt. Und es schien, als ob uns, den schlauen Leuten, dieser kleine Mann kurz mal eben unseren Eigenwahn um die Ohren haute. Irgendjemand im Publikum begann zu klatschen, und fast sofort folgte ein stürmischer Beifall des gesamten Saales.

In den Wochen nach dem Kongress erfuhr ich, warum Wandernder Wolf in seiner Vision gerade diesen Namen bekommen hatte. Der Mann schien über eine grenzenlose Energie zu verfügen, die ihn unaufhörlich über die unebenen Wege von Guatemala trieb. Viele Stunden reiste er mit dem Bus quer durch das Land. Weil er mal hier, mal dort auftauchte, war es für mich schwierig, sein Handeln einzuplanen, ganz einfach, weil es keinen erkennbaren Terminplan gab – obwohl er dafür doch einen exquisiten Kalender besaß ... Seine Termine und Besuche schienen aus dem Moment heraus zu entstehen, und erst vor Ort wurde meist klar, was nun eigentlich genau der Grund für seine Anwesenheit war, weil er sich darüber im Voraus niemals äußerte. Mich brachte dies häufiger zur Verzweiflung, weil ich für mein Gefühl überhaupt keine Übersicht darüber bekam, was ich filmen sollte und was nicht.

Bei solchen Gelegenheiten ärgerte ich mich über die absolute Unabhängigkeit, mit der meine Hauptperson ihren Weg ging. Konnte er nicht ein bisschen Rücksicht darauf nehmen, dass hier jemand einen Film über ihn machte? Bis ich dann wieder einsah, dass ich es selbst so gewollt hatte. Es ging schließlich darum, was die Menschen vor der Kamera für wichtig hielten oder was durch den Zufall gelenkt wurde. Aber es verhinderte, dass ich meiner Hauptperson gefühlsmäßig näher kam. Er blieb in einer Rolle gefangen – die von Wandernder Wolf, der Stimme der Mayas. Und vielleicht musste ich mich einfach damit begnügen, die Aufgabe zu registrieren, die er so voller Hingabe auf sich genommen hatte und die an sich schon außergewöhnlich genug war. Und ermüdend.

Manchmal schien es, als wenn er an einem bestimmten Tag an einem Ort filmen wollte, an dem wir letzten Endes durch allerlei Zwischenfälle, unerwartete Begegnungen oder einfach dummes Pech dann doch wieder nicht ankamen. An einem anderen Tag konnten wir dann auf einmal ungeplant doch an dieser Stelle ankommen, wie beispielsweise am Rio Sangre, dem Fluss des Blutes, an dem sich die Conquistadores vor rund fünfhundert Jahren eine vernichtende Feldschlacht mit den Quiché-Mayas geliefert hatten. Oder Don Cirilo nahm mich zu heiligen Orten in der Natur mit, um dort etwas über das Sakrale des Ortes und den Zusammenhang zu erzählen, den dieser Ort mit einer der zwanzig Kräfte aus dem Tzolkin-Kalender besaß. Don Cirilo führte häufig Weiße oder Nicht-Indianer zu diesen Orten, was nicht alle Mayas schätzten.

Sein ständiger Begleiter, Don Cezar, der eigentlich gleichzeitig als eine Art Leibwächter fungierte, sah seinen offenen Umgang mit Außenstehenden oft mit Bedauern. Norbert hatte mich gewarnt, vor ihm auf der Hut zu sein. Cezar hatte noch nicht das Alter eines Älteren erreicht und war mehr oder weniger in Schamanen-Ausbildung bei Wandernder Wolf. Ich hatte allerdings selbst noch keine schlechten Erfahrungen mit ihm gemacht. Er war im Allgemeinen freundlich zu mir und steckte voller Witz.

Jeder, der mit einem offenen Herzen und der Absicht, die Maya-Kultur ernst zu nehmen, zu Wandernder Wolf kam, konnte mit ihm eine Art Initiierungsreise zu dreizehn heiligen Orten unternehmen, die mit den Kalenderzeichen verbunden waren. Ich wusste, dass Norbert und Christina bereits acht dieser Orte besucht hatten. Norbert war, weil er sich so voller Hingabe in die Maya-Spiritualität vertiefte, fleißig dabei, selbst eines Tages zu einem Maya-Priester geweiht zu werden. Für Cezar war dies eigentlich etwas Unmögliches: ein Nicht-Maya, und dann auch noch ein Weißer, der Maya-Priester werden wollte!

Für Don Cirilo dagegen bedeutete das die Erfüllung des Auftrags seiner Vorfahren: die Öffnung der Kultur, die Verschmelzung aller Rassen zur Regenbogen-Nation. Aber er betonte dabei, dass es nicht seine Absicht sei, dass jeder Maya werde. Was von den Mayas war, war von den Mayas. Und jeder konnte in seiner eigenen Kultur oder Religion die erforderlichen Mittel finden, um die Verbindung mit dem Ursprung, mit dem Göttlichen, wiederherzustellen. Von Sektentum hielt er überhaupt nichts, umso mehr, weil er seine älteste Tochter an die Evangelicos verloren hatte, die dadurch bereits den Kontakt zu ihm und seiner Familie abgebrochen hatte.

Don Cirilo kündigte an, dass er am nächsten Morgen ein Ritual für mich durchführen wollte, bei dem die Kraft des Tages mit mir und dem Filmprojekt verbunden werden sollte. Wir beschlossen, in seinem Haus auf dem Fußboden zu übernachten, da wir vor Anbruch des Tages bereits in Richtung der Hochebene abreisen mussten, wo das Ritual stattfinden sollte. »Alaska« wurde diese Hochebene wegen ihrer weitläufigen Einsamkeit genannt. An diesem Ort wuchs ausschließlich gelbes Buntgras, an ihren Rändern bot die Ebene eine fantastische Aussicht auf das Hochland, das sich weit bis zum Horizont erstreckte. Die Morgensonne spielte mit den Nebelfetzen, die frühmorgens noch über dieser Ebene hingen. Ab und an schob sich der Nebel zur Seite, und die Sonne wurde sichtbar. Es würde ein warmer Tag werden. Einer der vielen trockenen warmen Tage innerhalb einer Dürreperiode, die immer extremere Formen annahm. Normalerweise hätte die Trockenheit längst erlösenden, kurzen Regenphasen weichen müssen, aber dieses Jahr versprach – wenn es so weiterging – ein Katastrophenjahr für die armen Campesinos zu werden, die vom Regenwasser abhängig waren.

Wandernder Wolf zeichnete erneut mit Zucker ein Kalendersiegel auf den Boden. In dem Siegel war deutlich eine Schlange zu erkennen. Heute war Tag 4 Schlange. »Die Kraft der Schlange ist die höchste Kraft aus dem Maya-Pantheon. Es ist die Kraft von Quetzalcoatl, der geflügelten Schlange. Es ist die schöpfende Kraft, die Kraft, die alles im Leben möglich macht. Es ist vor allem die Kraft des Überlebens, die Kraft, die du bei der Produktion deines Films dringend nötig haben wirst«, sagte Don Cirilo, während er in das Feuer starrte. Dann nickte er, sah mir kurz tief in die Augen und sagte: »Du kannst dieses Projekt zu Ende bringen, aber das wird sehr schwer für dich.« Ich konnte nicht ahnen, wie häufig ich noch an seine prophetischen Worte zurückdenken sollte ...

Wir trotteten hinter Wandernder Wolf her – über einen zweifelhaften Weg, der schon seit Stunden sehr tief in den Wald führte. Unsere Gruppe bestand aus Norbert und Christina, ihrer elfjährigen Tochter Sarah, aus Laura, einer Amerikanerin, und Nankuz, einer bekannten Künstlerin aus Guatemala, die selbst vom Ursprung her Maya war. Ansonsten waren Don Cezar und ich dabei, die die Geräte schleppten. Das hieß, Cezar und Norbert trugen das Zubehör für die Zeremonie, die Don Cirilo an dem Ort ausführen wollte, an dem er einst den Namen Wandernder Wolf bekommen hatte. Ich schleppte sowohl die Kameraausrüstung als auch das schwere Stativ und die Tonausrüstung und brach fast zusammen unter dieser Last. Im Stillen verfluchte ich Daniel, der zum großen Ärger seines Vaters nicht aufgetaucht war, weil er am Abend vorher in Panajachel einen draufgemacht hatte. Hinzu kam, dass Don Cirilo ein mörderisches Tempo vorlegte. Trotz seines Alters von fast siebzig Jahren hatte die Gruppe größte Mühe, mit ihm Schritt zu halten.

Ab und zu versuchte ich, ihn zu überholen, mein Stativ aufzubauen und die Kamera einzustellen, um ihn bei seinem Marsch durch den Wald kurz filmen zu können, aber oft genug war ich gerade zu spät fertig, und er lief ungerührt an der Kamera vorbei. Ich beklagte mich darüber bei Norbert und fragte ihn, ob er ihn nicht bitten konnte, etwas langsamer zu gehen.

»Ich denke, dass Don Cirilo dir einfach deutlich die Grenze zeigen möchte, wann du filmen kannst und wann nicht«, war seine Antwort. Jetzt wurde ich wirklich wütend.

»Verdammt, er ist doch kein Halbgott, oder? Wir haben alle Mühe, mit ihm Schritt zu halten. Und ich brauche einfach ein paar Shoots von ihm auf diesem Marsch. Das ist doch nicht zu viel verlangt!«

Aber es schien, als ob Don Cirilo Augen- und Ohrenklappen tragen würde. Er hatte nur ein Ziel: so schnell wie möglich den Ort wiederzufinden, der ihm im Alter von vierzig Jahren seinen Weg gewiesen hatte. Irgendwann kamen wir sogar vom Pfad ab, bahnten uns einen Weg durch die Sträucher und hatten die größte Mühe, ihn nicht aus den Augen zu verlieren. Als dies schließlich doch geschah, sackte ich erschöpft auf den Boden und lehnte mich an einen dicken Baum, um kurz meine bleischwere Last absetzen zu können. Kurze Zeit später holten auch die anderen mich ein. »Ich habe ihn verloren. Lasst ihn mal eben um sich schauen, vielleicht sucht er uns dann und geht auch etwas langsamer.«

Aber ich hatte gerade einen duftenden Zigarillo angezündet, als wir seine Stimme aus der Ferne durch den Wald schallen hörten. Scheinbar waren wir in der Nähe des Ziels. Wir rafften uns wieder auf und kletterten die letzten Meter Hügel aufwärts durch die Sträucher. Don Cirilo stand auf einer Lichtung im Dschungel vor einer steilen Felswand. In dieser Felswand befand sich in etwa vier Metern Höhe eine dunkle Höhle. Don Cirilo zeigte hinauf: »Dort habe ich die Stimme gehört.« Er schien jetzt ruhiger, vielleicht war er besorgt gewesen, dass er den Ort nicht mehr finden würde.

Nachdem ich eine Weile ausgeruht hatte, beschloss ich, dort hochzuklettern. Die Höhle führte nicht weit in den Berg hinein, es war eher ein etwas tieferer Hohlraum in der Bergwand. Holzkohle lag auf dem Boden, ein Zeichen, dass dieser Ort auch von anderen Ancianos besucht wurde. Aber dieser Ort hatte eine sehr merkwürdige Ausstrahlung. Etwas in dieser kühlen, dunklen Höhle vermittelte mir ein beklemmendes Gefühl. Als ob irgendetwas den Raum völlig in Beschlag nahm und unerwarteten Besuchern keinen Raum geben wollte. Das Blut stieg mir in den Kopf. Ich wollte so schnell wie möglich hier weg. Sobald ich aus der Höhle wieder in das Sonnenlicht kam, fühlte sich alles wieder normal an. Schnell kletterte ich nach unten, wo sich die anderen von dem stundenlangen Fußmarsch ausruhten. Eine ganze Weile später kräuselte sich der Rauch des zeremoniellen Feuers an den steilen Bergwänden nach oben. Er berührte die Zweige und Blätter der Bäume.

Über dem Urwald hing eine erhabene Ruhe, als Don Cirilo die Vorfahren anrief, die Geister der Verstorbenen und die heilige Kraft des Ortes tief im Wald. Seine Worte wurden mit nach oben genommen, gemeinsam mit dem herrlich süßen Duft des Weihrauchs und der Opfergaben im Feuer. Wie viele Jahrhunderte, wie viele Tausende von Jahren hatten die Mayas diese Art von Ritualen ausgeführt – tief in den Wäldern, oben auf den Berggipfeln und am Rande der Vulkane? Die Form des Rituals heute würde sich wahrscheinlich von denen von vor Tausenden von Jahren kaum unterscheiden. Von Generation zu Generation wurden die rituellen Handlungen weitergegeben, wie eine geschlossene, ununterbrochene Kette in der Zeit. Selbst unter der Herrschaft der Spanier, der Miliz und der Evangelicos war die Kette niemals unterbrochen, sondern das Wissen weitergegeben worden – trotz der Gefahr, in aller Heimlichkeit, an ruhigen Orten wie diesem.

Don Cirilo begann zu sprechen: »Dies ist die Art und Weise, auf die Maya-Priester ihre Kraft bekommen, an heiligen Orten. Sie kommen und verbergen sich hier. So gibt es noch andere Orte. Dort haben sie mich mit den heiligen Liedern zurückgelassen. Manchmal singe ich sie. Es ist gut, dass wir hier sind. Sie werden hier sein, die Personen, die das Licht, dieses Feuer nehmen, das hier in Amerika angezündet wurde.

Hier bekam ich meinen Namen. Es ist kein einfacher Name, er ist wie ein Gesetz: Ich muss ihn erfüllen. Mir ist es egal, wohin ich gehen muss. Ob der Ort weit weg ist oder hässlich oder gefährlich. Ob es ein Berg ist oder was auch immer – ich muss dorthin, ich muss gehen. Das Leben von *Lobo Errante*, das Warum, das einen Wolf ausmacht, ist, dass ein Wolf überall hinwandert. Ich habe keine Ruhe, ich habe kein Zuhause, ich habe keinen Ort, an dem ich sein kann. Meine Familie bleibt an einem Ort, aber ich bin derjenige, der von Ort zu Ort wandert. Sie haben mir die Aufgabe auferlegt, Wandernder Wolf zu sein, also muss ich bei den sieben Farben und den sieben Rassen sein.

Und das ist der Grund, warum ich mit euch hierher gehe, auf diese heiligen Berge zwischen den heiligen Großvätern, den Bäumen. Die ich immer schon bewunderte, weil sie so groß sind, so gut gepflegt. Gut gepflegt dank der Tradition. Hier leben viele Wölfe. Es gibt viele Tiere, und es gibt eine Wasserquelle ... Es ist mein Schicksal, Wandernder Wolf zu sein. Darum Dank an Vater Himmel, Dank an Mutter Erde, Dank an die Steine und die Berge, dass wir hier miteinander in dieser Zeremonie stehen dürfen. Wir sehen sie nicht, aber wir spüren alle eine große Kraft um uns herum, von großem Wert.«

Ich war mir nicht sicher, ob ich auch dieses Ritual filmen wollte, da sie im Prinzip ja alle ziemlich gleich aussahen. Außerdem geben Filmaufnahmen häufig doch nur die Außenseite einer Zeremonie wieder, sofern nicht eine im Bild bewusst eingefangene und hinzumontierte Atmosphäre für einen emotionalen Bezug sorgt. Allerdings scheinen mir die meist genauen Beschreibungen eingeborener Rituale in anthropologischen Filmen und Berichten immer ein wenig forciert zu sein, vor allem, wenn man sich klar macht, dass die äußere Form eigentlich viel unwichtiger ist als die innere Intention und Dimension. Doch es ist typisch, dass unsere westliche, analytisch denkende und überwiegend materialistisch eingestellte Anthropologie sich so viel Mühe mit der positivistischen Beschreibung des Sichtbaren gibt. Fast, als ob es um eine Art Folklore geht, bei der die Aufmerksamkeit mehr auf die Unterschiedlichkeit der Völker oder Stämme untereinander als auf den gemeinschaftlichen Faktor hinter den Ritualen gerichtet ist: den Kontakt mit der spirituellen Welt, der meiner Meinung nach dadurch zustande gebracht wird, dass der Mensch aus freiem Willen Signale gibt, kommunizieren zu wollen.

Das Universum reagiert auf diese Willensäußerungen. Wie die Signale abgegeben werden, ist eigentlich von untergeordneter Bedeutung: Jeder kann seine eigenen Rituale erfinden. Denn eine rituelle Handlung ist eine klare, bewusst ausgedrückte Form des Willens zur Kommunikation mit dem Höheren. Und das gemeinschaftliche Erleben kann die Intention in großem Umfang noch verstärken, da das Bewusstsein der Teilnehmer dann gemeinsam fokussiert wird, so wie das Bewusstsein des einzelnen Teilnehmers sich mithilfe des Rituals individuell konzentriert. *Wo zwei oder drei in meinem Namen versammelt sind* ... Rituale können als eine Art spirituelle »Fitnessübung« betrachtet werden: Durch regelmäßige Übung wird die Fähigkeit zur Kommunikation gesteigert.

Während ich über all dies nachdachte, war ich mir gleichzeitig bewusst, wie wenig Zeit ich selbst im Grunde für rituelle Handlungen oder Zeremonien reservierte. Viel zu häufig verfiel ich unbewusst wieder in die Grundhaltung, in der ich erzogen war: dass mit praktischem Handeln am meisten zu erreichen ist. Im Schweiße deines Angesichts ... Aber das praktische Handeln ist für viele – auch für mich – inzwischen zu einer Flucht geworden, zur Selbstbeschäftigung, um sich nicht dem (vermeintlichen) Chaos zu überlassen, das entstehen könnte, wenn wir die Situation nicht mehr durch eigenes Handeln unter Kontrolle haben.

In gewisser Hinsicht sind wir im Westen zu *Kontrollfreaks* geworden, weil wir – wie es die Generationen vor uns vielleicht noch taten – nicht länger Gottes Wasser über Gottes Land laufen lassen, sondern selbst das Land drainieren und beregnen wollen. Vielleicht ist das der große Unterschied zwischen der indianischen Lebenshaltung und der westlichen: Die Indianer schaffen Bedingungen, um etwas *geschehen* zu lassen, und überlassen es anschließend den geschaffenen Umständen und dem Kosmos, *was* genau geschieht. Wir jedoch möchten die Ereignisse meist völlig selbst bestimmen.

Norbert beispielsweise hatte erlebt, wie sich die Maya-Vertreter aus Guatemala, rund 30 Männer und Frauen, vor ihrer Reise in das Amazonasgebiet einen Tag zuvor in der Nähe des Flughafens versammelten, um festzustellen, dass sie so gut wie kein Geld für die Tickets hatten. Norbert war gestresst in die Stadt zurückgegangen, um überall Geld zu erbetteln, während die Mayas gemeinsam und unbekümmert ein festliches Ritual neben dem Flughafen durchführten. Norbert hatte eine besorgte, schlaflose Nacht erlebt und über diesen grandiosen Mangel an Organisationsvermögen mehrmals verständnislos den Kopf geschüttelt, bis er morgens von einigen Mayas mit der Mitteilung abgeholt wurde, dass die Sache mit den Tickets geregelt war ...

All diese Gedanken gingen mir durch den Kopf. Aber wie konnte ich die unsichtbare Dimension, die die Mayas diesen heiligen Ritualen zuschrieben, sichtbar machen? Letztlich stand hier nur eine Gruppe Menschen in einem Wald um ein Feuer herum, fünf Weiße und zwei Indianer ...

Ich schreckte aus meiner Grübelei auf, als plötzlich Nankuz, die guatemaltekische Künstlerin, rückwärts taumelte und zu Boden ging. Erschreckte Rufe der anderen erklangen, die helfend herbeieilten. Die Frau lag mit sehr bleichem Gesicht auf dem mit Blättern bedeckten Waldboden und war ganz offensichtlich in Ohnmacht gefallen. Mein erster Impuls war ebenfalls, mich um die bewusstlose Frau kümmern zu wollen. Doch dann war es, als ob meine Intuition mir zuflüsterte: »Filme! Du musst dies aufnehmen. Du kannst doch nichts anderes tun.« Also tat ich es. Alles in allem dauerte es recht lange, bis Nankuz wieder zu Bewusstsein kam, vielleicht fünfzehn bis zwanzig Minuten. Es war eine Zeit ängstlichen Wartens, obwohl Don Cirilo und Cezar davon unberührt zu bleiben schienen. Dann endlich konnte sie etwas aufgesetzt werden und ein wenig Wasser trinken. Sie lächelte schwach und schwieg ansonsten.

Am nächsten Tag jedoch erzählte sie Christina, dass es ihr vorgekommen sei, als habe ihr Geist ihren Körper verlassen und sei auf Reisen gegangen, hätte »außerhalb der Zeit« geschwebt. Und dass sie einer Art Einweihung an diesem Ort unterzogen worden war, die in bestimmter Hinsicht mit der von Wandernder Wolf vergleichbar war, vor mehr als dreißig Jahren. Und ich selbst erkannte, dass ich bekommen hatte, wonach ich gefragt hatte: ein greifbares, sichtbares Ereignis vor der Kamera während eines Rituals. Es war durchaus nicht üblich, dass Menschen während dieser Art von Ritualen ohnmächtig wurden – zumindest hatte ich nicht den Eindruck. Es erinnerte mich allerdings daran, wie auch ich bei meiner Teilnahme an den Ritualen im Amazonasgebiet fast umgekippt war.

Don Cirilo nahm in der letzten Zeit häufiger ein schwarzes Kreuz wahr, wenn er bei den Zeremonien in das rituelle Feuer sah. Er hatte stark das Gefühl, dass dieses Kreuz eine persönliche Botschaft für ihn bedeutete: dass sein eigenes Leben sich dem Ende neigte und der Tod bereits irgendwo auf ihn wartete. Wann und wo er kommen würde, wusste er nicht. Aber es schien ihm eine gute Idee, die Toten auf dem Friedhof seines Wohnorts danach zu fragen.

Die Mayas sprechen häufig mit ihren verstorbenen Nächsten, erzählen ihnen ihre irdischen Probleme und fragen sie um Rat. Die jüngsten Massenmorde und die Menschen, die während der einander folgenden Militärregimes verschwanden, sind daher für die Maya-Indianer in doppelter Hinsicht schrecklich, da das Militär häufig nicht bekannt gibt, wo die sterblichen Überreste ihrer ermordeten Nächsten begraben sind. Dadurch sind der Kontakt mit den Toten und die Rituale für sie nicht möglich, was für die Mayas den Kosmos aus dem Gleichgewicht bringt.

An dem Tag *Keme*, dem besonderen Kalendertag für die Kommunikation mit den Toten, besuchen viele Mayas die Gräber der

Verstorbenen, um ihnen Blumen zu bringen und mit ihnen zu sprechen. Viele Familien waren an diesem Tag, 12 Keme, zum Friedhof gekommen. Die sonst so schlichten Gräber, meist Erdhügel mit einem einfachen Holzkreuz, wurden in Lichtgeschwindigkeit reichlich mit bunten Blumen bedeckt.

Dieser Keme-Tag fiel in die *Semana Santa*, die Karwoche vor Ostern, sodass ein hoher katholischer Feiertag mit diesem Maya-Tag zusammenfiel. Überall an den Gräbern erklang der klagende Ton von Tröten und der Lärm der Rasseln, um die bösen Geister zu vertreiben. Es war ein rührender Anblick, die flüsternden und laut sprechenden Mayas vor den Gräbern knien zu sehen.

Am Grab seines Vaters kniete auch Don Cirilo, hielt ein kurzes Gespräch in seiner eigenen Quiché-Maya-Sprache, bei dem er mehr als einmal sehr emotional wurde und sogar in Tränen ausbrach. Dann richtete er das Wort an die Menschen um das Grab: »Menschen, hört gut auf diese Worte. Hier, heute beim Grab meines Vaters, hier liegt ein bescheidener und einfacher Mann, ein Mann mit Hornhaut an den Händen ... Mein Vater, der mir die Kraft und das Wissen für diese Generation vermittelte. Wir nähern uns dem Jahre Null. Und ihr Menschen, die ihr mir zuhört, bereitet euch vor. Es gibt einige Ereignisse, es gibt eine gewisse Traurigkeit, die die Menschheit miteinander teilt. In fünf, sechs oder sieben Jahren kommt eine große Krankheit in die Welt, an der sehr viele Menschen sterben werden. Und auch ich stehe auf dieser Liste. So ist das Leben, Staub zu Staub, daran kommt niemand vorbei. Hier, dort, an welchem Ort, in welcher Erde auch immer, überall wartet das Grab auf mich. Erde, die ich liebe.«

Zum Schluss leerte Don Cirilo eine Flasche Whisky über die Blumen, und die Familie verschwand wieder vom Friedhof. Ich blieb allein zurück und machte noch ein paar Aufnahmen von den anderen Trauernden an ihren Gräbern. Ich fühlte mich ein wenig befremdet, als eine junge Maya-Frau auf mich zukam und lächelnd fragte: »Ist das für die Harmonisierung?« Etwas verwirrt nickte ich. Denn einen Augenblick lang hatte ich gedacht, dass sie böse werden würde, weil ich sie hier auf dem Friedhof in dieser doch recht persönlichen Situation filmte.

Obwohl ich Don Cirilo nun einige Wochen gefolgt war und ihn in verschiedenen Situationen in seiner Eigenschaft als Maya-Priester und Maya-Prophet in Guatemala erlebte, hatte es noch keine Gelegenheit gegeben, weiter über die Maya-Prophezeiungen zu sprechen, die aber nach wie vor den Kern meines Films ausmachen sollten. Obwohl die Prophezeiungen fast immer in seinen Reden auf Dorfplätzen, bei Meetings und Zusammenkünften verschiedener Stämme zur Sprache kamen, strebte ich doch nach einem strukturierten Ganzen in Form eines Interviews.

Als Juan Bauer endlich aus Honduras zurückkehrte, beschloss ich, das zuvor begonnene Interview mit Wandernder Wolf fortzusetzen. Ich wollte dies zunächst wieder nur auf Tonband tun, um dann eine Reihe von Fakten für ein allerletztes Interview auszuwählen, das dann auf Film aufgenommen werden sollte. So konnte ich mich ein wenig auf seine Antworten vorbereiten und so sparsam wie möglich mit meinem Material umgehen.

Wir befanden uns auf einem hohen Berg, der Aussicht auf Don Cirilos Geburtsregion bot, *Xela Hu* oder *Quetzaltenango*. Ich erzählte ihm, dass ich in der vergangenen Zeit gelernt hätte, wie die Mayas sich anhand ihres Kalenders nach der kosmischen Energie richten konnten, die an einem bestimmten Tag wirkte. Wie aber kamen die Mayas an ihre Prophezeiungen in Bezug auf die Jahreszahl 2012?

»Hör zu«, brummte Don Cirilo und erklärte mir nun nochmals die verschiedenen Zyklen. »Die Mayas haben verschiedene Kalender, die alle verschiedene Zyklen in der Zeit beschreiben, die aber miteinander kombiniert werden können. Neben dem Tzolkin-Zyklus kennen wir den Tun-Zyklus des Haab-Kalenders. Dieser ähnelt noch am meisten eurem Jahreskalender, denn er richtet sich nach dem Umlauf der Sonne innerhalb eines Jahres. Der Haab zählt 360 Tage, 18 Zyklen mit 20 Tagen, jedes Jahr gefolgt von fünf Tagen ›außerhalb der Zeit‹, die für uns Feiertage sind. Das ist der Zyklus der Sonne. Aber es gibt noch einen längeren Zyklus, der sich nach dem Umlauf eines Sterns richtet, der Umlaufbahn der Venus, die der Morgenstern genannt wird, da sie den Tagesanbruch ankündigt. Den Zyklus dieses Sterns nennen wir die Lange Zählung. Ein Jahr wie 1998 hat nichts mit uns zu tun. Wenn der Zyklus von 5200 Tun-Jahren abgeschlossen ist, wird es das Jahr 2012 sein, genauer gesagt, der 20. Dezember. Dieser Zyklus hat nach der westlichen Zeitrechnung 3113 v.Chr. begonnen und endet 2012. Und das bedeutet, dass wir dann die Periode der Vierten Sonne beenden.«

Wandernder Wolf sah um sich, wie um seine Gedanken zu ordnen. »Die Welt wurde viermal vernichtet und viermal neu geschaffen. Zum Beispiel gab es vor rund zehntausend Jahren am Ende der Periode der Zweiten Sonne einen Zusammenstoß zwischen Mars und Venus. Damals fiel ein gigantisches Bruchstück in den Atlantischen Ozean. Dort wurde die Insel unserer Vorfahren überflutet, die uralte Stadt Tulan. Damals zogen unsere Vorfahren dort weg und brachten die Maya-Kultur nach Yucatan, Amerika. Dort, irgendwo im Bereich des Bermudadreiecks, liegen die alten Pyramiden noch immer im Meer. Jetzt, am Ende der Vierten Sonne, werden erneut große Teile der Erde unter Wasser verschwinden, und andere werden aufsteigen. Es ist schwer zu sagen, welche Teile unter Wasser verschwinden werden und welche nicht. Wir wissen nicht, ob es Guatemala oder die Vereinigten Staaten oder Mexiko treffen wird. Das wissen wir nicht. Aber es gibt eine Bewegung, und wir werden sehen, wie es weitergeht.«

»Sie sprechen häufig über die Periode 12 Baktun, 13 Ahau. Was meinen Sie damit?«

»12 Baktun, 13 Ahau ist die Periode, in der wir jetzt nach der Langen Zählung leben. Wir teilen unsere Lange Zählung auf in Perioden von 400 Tuns, das sind 20 mal 20 Maya-Jahre. Diese Perioden nennen wir Baktuns. 13 Baktuns sind eine Lange Zählung.

Diese Baktunzyklen sind die Zyklen, in denen sich die Veränderungsprozesse über längere Zeit vollziehen, aber immer nach den Grundrhythmen von 20 und 13. So war beispielsweise das Ankunftsdatum des weißen Mannes in unserem Kontinent, der Spanier, genau in unserem Kalender angekündigt. Die Azteken, die den Kalender von uns übernahmen, wussten, dass am Tag 1 Ben des Jahres 1 Ben – das war am 21. April des Jahres 1519 – ein weißer Gott mit einem Bart landen würde. Sie erwarteten die Rückkehr von Quetzalcoatl, aber es war Cortez, der in einer Spur aus Blut eine andere Religion mit einem anderen Kalender zu den *indigenas* brachte. In unserer Kalenderrechnung beginnt damit die Periode, die in unseren Prophezeiungen beschrieben ist, als die Periode der 9 Höllen und 13 Himmel. Und jede Hölle würde genau 52 Jahre dauern, 4 x 13. Neun Höllen, in der letzten neunten Hölle kamen die Militärs an die Macht – dank der Hilfe der Vereinigten Staaten. Und wann endet die Periode der neun Höllen? Genau 468 Jahre später: 9 x 52 Jahre, 1987.

»Auf dass sie sich alle erheben,
nicht eine, nicht zwei Gruppen
dürfen zurückbleiben.«

Am 16. August 1987 durften die Mayas zum ersten Mal seit dem Beginn der Unterdrückung ihre Rituale wieder in der Öffentlichkeit ausführen. Damit begann das Zeitalter des Erwachens. Und 1992 begann das letzte *Katun* der letzten Baktunzählung: 12 Baktun, 13 Ahau.

Denn die Baktunperioden von 400 Jahren wiederum sind weiter aufgeteilt in Perioden von 20 Jahren, die so genannten Katuns. Die Zeit 12 Baktun, 13 Ahau, das sind die letzten 20 Jahre der Langen Zählung, das letzte Katun, und darin wird die Rückkehr unserer Vorfahren vorhergesagt, und die Rückkehr der weisen Menschen.

Diese Worte stammen nicht von mir, sie kommen von den Vorfahren selbst. Das sind Vorhersagen von vor Tausenden von Jahren, die sie in ihren großen Büchern aufgeschrieben haben, wie im *Popol Vuh*, in der *Chilam Balam* und in anderen Büchern, die es noch bei den Mayas gibt. Wie sie auch in die großen Stelen gehauen sind. Darin haben die Ahnen ihr großes Wissen hinterlassen, und das Wissen ist die Rückkehr unserer Vorfahren, die Rückkehr des Wissens.

Wir Mayas sind dabei, überall die Bruchstücke unseres überlieferten Wissens zusammenzutragen. Die Rückkehr der weisen Menschen ist überhaupt nichts Merkwürdiges, das sind Menschen wie ihr, die sich Sorgen über die Zukunft der Welt machen und diese Botschaften in der Welt verbreiten wollen. Denn ehe wir zu dem Jahr Null kommen, werden noch viele große und ernste Dinge geschehen. Wir werden in Gefahr sein, wir wissen, dass nicht viele Menschen überleben werden. Und warum nicht? Weil wir nun, da wir vor dem Ende einer Weltära stehen, unsere Beziehung zur Natur verloren haben. Früher konnten die Menschen immer auf die Natur zurückgreifen, aber heute haben wir keinen Schutz, keine Abwehr mehr, weil alles verschmutzt ist.

Denn es werden große Krankheiten kommen. Es wird ein Tag kommen, an dem wir die Toten nicht mehr beerdigen können wegen der großen Krankheit, die kommen wird. Es werden schwere Erdbeben kommen, schwere Überschwemmungen, viele sind bereits im Gange. Es wird mehr Gewalt kommen, Hungersnöte und Trockenheiten werden den Planeten Erde in der Zeit

12 Baktun, 13 Ahau heimsuchen. Die Regenverläufe verändern sich weltweit: Regionen, die früher trocken waren, verändern sich zu Feuchtgebieten, und Gebiete, in denen früher viel Regen fiel, können vielleicht völlig austrocknen. Wo früher niemals Eis oder Schnee war, können jetzt Eis und Schnee vorkommen. Das sind die Klimaveränderungen, die kommen werden, nach dem Jahr Null. Und darum müssen wir nach neuen Überlebensformen suchen, nach anderen Lebensmitteln – und dafür ist die Beziehung zur Natur so wichtig. Es wird ein Tag kommen, an dem wir die Kraft der Sonne nicht mehr vertragen können, nicht länger die Luft atmen können, das Wasser völlig verschmutzt sein wird.

Im Jahr Null wird diese Periode von 5200 Jahren enden, im Jahr 2012. Der 21. Dezember des Jahres ist der erste Tag des neuen Zyklus, Tag Null. Die Erde kommt dann in die Nähe der zentralen magnetischen Achse, die durch die Mitte der Milchstraße führt. Wenn der Planet in die Nähe der magnetischen Achse gerät, bekommt die Erde einen Schubs, und die Pole werden umkippen. Dann wird die Sonne 72 Stunden nicht mehr zu sehen sein, weil sie verdunkelt sein wird. Wenn wir wieder aus der zentralen magnetischen Achse austreten, kommen wir in eine Atmosphäre der Reinheit, und es beginnt ein neuer Zyklus von 5200 Jahren, die Periode der Fünften Sonne. Wir müssen versuchen, diese Stunden zu überleben.«

Wandernder Wolf machte eine kurze Pause, um danach seine Erklärung fortzusetzen.

»Hör gut zu, wir sagen nicht, dass die Welt untergeht, wie die Christen es tun oder die Evangelicos. Die sagen, dass bestimmte Menschen in den Himmel kommen und andere in die Hölle, weil sie nicht zur Kommunion gehen. Das ist Betrug, das ist Business, Merkantilismus, was die machen. Diese Art der Religion stammt aus der Welt des Neoliberalismus und stellt die Dinge nicht richtig dar. Die Mayas sagen die Wahrheit.

Um diese Prophezeiung zu erfüllen, haben wir uns geöffnet, um mit den anderen Völkern zu kommunizieren. Wie ich jetzt auch mit dir spreche. Denn die Maya-Prophezeiungen sind nicht nur für die Mayas. Sie sind für den ganzen Planeten gedacht. Eine Periode wird enden, und eine neue wird beginnen. Und darum müssen wir es der Menschheit sagen. Unsere Prophezeiungen sagen uns: ›Lasst es Licht werden, lasst das Morgengrauen anbrechen, damit die Menschen in Frieden und Glück leben.‹ Denn heute befinden wir uns in einer Welt voller Hass und Rache, Rassismus und Ausbeutung.

Die Welt der Fünften Sonne jedoch wird eine Welt der Harmonie sein, nicht länger die der Konfrontation. Es ist eine Art neuen Erwachens, es ist wichtig, dass wir verstehen, dass uns ein neuer Tag erwartet. Die Menschen werden verstehen, dass wir in Glück und Frieden leben können, wenn wir verstehen, dass die Erde nicht unsere ist. Sie ist es nur während unserer Existenz hier. Wir sind hier, um die Erde zu erhalten, nicht um sie zu zerstören. Wir sagen nicht, dass die Welt untergeht. Es gibt Hoffnung, wenn wir bereit sind, die Natur zu verteidigen. Dann gibt es Hoffnung auf neues Leben nach dem Jahr Null.«

9
Hand, Herz

KEJ (MANIK)

Kej ist die Kraft des Verständnisses und der Vollendung.
Kej ist die Verbindung zwischen dem Unsichtbaren
und dem Sichtbaren, zwischen Idee und Form.
Kej heilt, vervollkommnet, vollendet und vollbringt.

Die »Hauptgeschäftsstelle« des Maya-Rats war eine gammelige Hütte irgendwo in den Slums. Ein dunkler Raum ohne Fenster, nur über einen Betrieb zu betreten, der mit Glas handelte, und in dem ständig große Glasstücke geschnitten wurden. Als wir zum ersten Mal in das dunkle Büro kamen, musste ich an die Vergänglichkeit aller großen Kulturen dieser Erde denken. Während sich in diesem Land die Maya-Räte einst in großen, prunkvollen Palästen oder auf den Spitzen ihrer turmhohen Pyramiden versammelt hatten, saß der Rat heute in einer ärmlichen Ruine, die mit einer ihrer dünnen Holzwände direkt an eine geschäftige Straße grenzte. Der Lärm der beschleunigenden Lastwagen, Autos und Busse war nicht weniger laut als direkt auf der Straße selbst, und drinnen stank es nach Abgasen.

Ich war froh, dass Juan Bauer endlich gekommen war, sodass ich mich nicht mehr überall auf mich allein gestellt fühlte. Der dunkle Raum wurde fast völlig von einem großen Doppelbett ausgefüllt. An der anderen Seite des Zimmers stand ein Maya-Altar, und an der Wand war gerade noch Raum für ein Telefon, das gleichzeitig als Fax diente. Wir trafen nur Cezar im »Büro« an. Irrte ich mich, oder sah ich leichtes Vergnügen in Cezars Augen blitzen, als er mir mitteilte, dass Don Cirilo gestern unerwartet in die Vereinigten Staaten zu einer Besprechung in einer der Reservate vor Ort gereist war? Er würde höchstwahrscheinlich erst in vier Wochen wieder nach Guatemala zurückkehren, hatte mir aber eine Nachricht hinterlassen.

Das war ein ziemlicher Tiefschlag und widersprach völlig unserer ursprünglichen Vereinbarung. Hatte Don Cirilo nicht gesagt, dass er zwei Monate in Guatemala für das Filmprojekt zur Verfügung stehen würde? Er war aber der Meinung, dass ich inzwischen genügend Material und Informationen gesammelt hätte, andernfalls könne vielleicht bei seiner Rückkehr noch etwas getan werden.

Da dies aus zeitlichen Gründen für mich nicht machbar sein würde, beschloss ich – nach einem Anflug von Ärger – umzudisponieren. Denn Juan schlug vor, bei Don Julian vorbeizuschauen, dem Regenmacher und Heiler. Mich faszinierte vor allem das Prädikat »Regenmacher«. Die Trockenheit in Guatemala wurde mit jedem Tag extremer. Überall begannen Waldbrände auszubrechen. Mit dem Ausbleiben des Regens wuchs die Gefahr einer Hungersnot, wenn die Ernten fehlschlagen sollten. In dem grünen, fruchtbaren vulkanischen Land Guatemala war dies ein seltenes Phänomen. So lange die Menschen sich erinnern konnten, hatte es niemals zuvor eine Hungersnot wegen Trockenheit gegeben, aber die Extremität des Wetters rief die Prophezeiung über sich verändernde Regenverläufe und die Klimaveränderungen wieder in Erinnerung.

Wir beschlossen also, nach Palin abzureisen, dem Dörfchen, in dem Don Julian wohnte, etwa eine Stunde Fahrt von der Stadt entfernt.

Nach den chaotischen Wochen mit Wandernder Wolf war es eine Erleichterung, Don Julian zu filmen. Direkt nach unserem ersten Kennenlernen, an dem Abend des Rituals hoch in den Bergen am Atitlansee, hatte ich mich in seiner Anwesenheit wohl gefühlt. Der Mann strahlte eine enorme Liebe aus.

Zweifellos besaß Don Cirilo viel Charisma, und tatsächlich hatte er viel Zeit und Energie in das Filmprojekt gesteckt. Er hatte mich auf offene Art und Weise empfangen und mir ohne jegliche Zurückhaltung viel von dem gezeigt, was zu dem okkulten Erbe der Mayas gehörte. Ich hatte die Stimme der Mayas gehört, ihren Botschafter gefilmt, der mit viel Elan übermitteln konnte, welche wertvolle Bedeutung die Maya-Kultur für den Rest der Welt hatte. Aber ich war der Person selbst keinen Schritt näher gekommen. Unser persönlicher Kontakt hatte sich auf einige indirekte Anmerkungen beschränkt. Das lag nicht nur an der Sprachbarriere – es gab noch etwas Undefinierbares, das eine bestimmte Zwiespältigkeit in meinem Gefühl verursachte. Es war, als ob unbewusst gegen unser beider große Triebfedern, diese Materie der Außenwelt mitzuteilen, gearbeitet würde – durch eine bestimmte Zurückhaltung oder Gegenkraft. Ich wusste nicht, ob dies von ihm kam oder in mir steckte oder unabhängig von uns bestand. Vielleicht war es eine Kombination von mehreren Faktoren.

Fürchtete Wandernder Wolf sich doch noch davor, die Geheimnisse aus der Maya-Welt preiszugeben, Geheimnisse, die die Mayas fünfhundert Jahre lang ängstlich verborgen gehalten hatten? Oder war es die Tatsache, dass ich absolut von dem Wahrheitsgehalt der Prophezeiungen überzeugt werden wollte, ehe ich ihnen zu hundert Prozent glauben konnte?

Bei Don Julian gab es keinen Abstand. Der Mann schloss jeden sofort ins Herz und umgekehrt. Ich kann keine Aura lesen, aber ich bin in meinem Leben einige Male Menschen begegnet, die eine vergleichbare Ausstrahlung der Güte besaßen wie dieser

Mann. Die in ihrem geistigen Evolutionsprozess so viele Leben hinter sich hatten, dass dies schließlich in vollkommener Liebe resultierte, in ihrem Einsatz für den Mitmenschen, vollkommen und fröhlich. Ein geistiges Niveau, das ich selbst noch lange nicht erreicht hatte. Dafür litt ich zu oft unter der Ungerechtigkeit des Lebens.

Wenn ich solchen Menschen begegnete, dachte ich immer, dass sie eine völlig weiße Aura trügen. Merkwürdig genug hatten dann diese »weißen« Menschen häufig irgendwo in der Dritten Welt als Missionar oder Schwester in der Kirche gearbeitet. Bei diesem Maya war ich vom ersten Augenblick an, bei seinen ersten Worten, dieser Überzeugung.

Wir saßen vor der weiß gekalkten Wand seines einfachen Häuschens, als Don Julian seine bewegte Lebensgeschichte zu erzählen begann: »Seit ich fünf Jahre alt bin, kenne ich meine Kräfte. Als ich fünf war, flog ich bereits. Ich flog mit Körper und Seele. Aber dann bekam ich eine schreckliche Krankheit. Also suchten meine Eltern einen Medizinmann, um zu sehen, was mit mir los war. Eine Medizinfrau kam hierher, um eine Zeremonie auszuführen, und ging mit Kerzen über meinen Körper. Und sie betete für mich und sagte, dass diese Kreatur große Fähigkeiten habe. Aber die schwarzen Magier begriffen das und nahmen mir diese Kräfte ab. Als ich dann geheilt war, konnte ich also nicht mehr fliegen. Ich versuchte es verschiedene Male, aber ich konnte es nicht mehr. Und dann vergaß ich meine Gabe.

Als ich dreißig war, ging ich in die nächste Runde. Ich war wieder krank und hatte schwere Kopfschmerzen. Körperliche Schmerzen, Fieber und ähnliches. Und niemand konnte herausfinden, weshalb ich krank war. Bis schließlich ein großer Mann mir sagte, dass ich sterben würde, wenn ich nicht mit der Kraft des Nebels arbeiten würde. Aber er war nicht in der Lage, mich auf den Weg zu bringen. So kam der Punkt, dass ich auf meine Knie fiel und um meinen Tod bettelte, weil ich nicht mehr weiterkonnte. Acht Tage lang habe ich damals um meinen Tod gebetet, aber am achten Tag kam die Heilige Jungfrau und erzählte mir alles, was ich tun musste. Es sei meine Aufgabe zu heilen, von Gott sei es mir gegeben, Licht zu bringen, Wege aufzuzeigen und Klarheit. Die Heilige Jungfrau sagte weiter: ›Also lass jetzt den Menschen beben, lass ihn wach werden, lass ihn schreien und verrückt werden für unseren Vater, und wenn du siehst, wer das Licht und das Kreuz hat, gib ihm das Kreuz und das Licht. DAS ist dein Weg. Und du musst auch unsichtbar mit dem Nebel arbeiten.‹ «

Don Julians Altar war eine Symbiose aus katholischen Heiligen und Maya-Kräften, so wie er auch in seinem Ritual abwechselnd sowohl die heiligen Maya-Kräfte als auch die Namen von Erzengeln und katholischen Heiligen anrufen konnte, alles durcheinander, es machte ihm nichts aus. »Es sind doch alles dieselben Kräfte, die vier Kräfte, und ich arbeite viel mit dem heiligen Maya-Kreuz. Meine Aufgabe ist es zu heilen, zu sehen, warum sich die Krankheit zeigt, und wenn sie von Gott ist, kann ich mit den heiligen Pflanzen alles heilen. Wenn die Menschen Licht haben, kann ich das identifizieren. Und ihnen die Richtung zeigen, wie sie gesund werden, indem ich sie auf den richtigen Weg bringe.

Und wenn jemand die Macht des Teufels hat, kann ich das auch sehen. Ich muss ihn in den Händen des Teufels lassen und ihn seine Arbeit tun lassen, denn wenn ich das nicht tue, wird diese Person niemals Heilung finden. Um gesund zu werden, muss er also die Macht des Teufels empfangen und dann seine Arbeit tun, seinen Brüdern auf die Nerven gehen. Diese Arbeit ist nur da, um Schlechtes zu erreichen, um Krankheit zu verursachen und Mann und Frau voneinander zu scheiden. Ich kann mit Kachul, dem Teufel, sprechen. Ich habe keine Angst vor ihm, ich kann mit ihm sprechen, denn Gott gab mir die Kraft, ihm zu widerstehen. Und wir sprechen wie Freunde. Als ich zu arbeiten anfing, wollte er mich belästigen. Aber ich erzählte ihm, stopp, mein Freund, das ist nicht dein Altar. Gehe irgendwo anders hin. Für mich gibt es hier keine Verführung.«

Ich erkannte in Don Julians Worten über den Teufel, dass wir Menschen bei der Entwicklung unserer Seele in sehr vielen aufeinander folgenden Leben allerlei Stadien durchlaufen müssen. Dass wir alle unsere dunklen Seiten einmal ausleben müssen, um daraus zu lernen, um zu lernen, dass das, was wir anderen antun, zu uns zurückkommt. Die Entwicklung dieses Bewusstseins und das entsprechende Handeln ist unser Heilungsprozess und eine Einlösung dessen, was in anderen Kulturen als »Karma« bezeichnet wird. Der Rückschlag unserer Taten wird uns vielleicht erst in anderen Leben einholen, wenn unser Gefühlsleben so weit entwickelt ist, dass wir in vollem Umfang begreifen können, was wir einst einem unserer Mitmenschen angetan haben. Darum können Menschen in bestimmten Stadien der Entwicklung ihrer Seele nur Heilung in den Händen des Teufels finden. Für die Entwicklung ihres Bewusstseins hin zur völligen Liebe, zu völligem Licht ist es für sie notwendig, alle primitiven und dunklen Versuchungen des Menschen tatsächlich zu erleben und zu veredeln.

Dieser Gedanke steht im Widerspruch zu dem Seelenverständnis, das die christlichen Kirchen fördern, bei dem nur *ein* Leben für eine definitive Verurteilung zu Himmel oder Fegefeuer entscheidend ist. Dieses Bild erklärt meiner Meinung nach allerdings besser, warum die Erde ein Schmelztiegel vieler Seelen ist, die gute und schlechte Taten vollbringen, jede/r auf dem Niveau seiner oder ihrer Entwicklung, seiner oder ihrer Erleuchtung.

»In Lak'Ech« heißt der Maya-Begriff für: »Was du nicht willst, das man dir tu, das füg auch keinem anderen zu.« Denn der andere, der wirst einmal du selbst sein. »In Lak'Ech« bedeutet wortwörtlich in der Quiché-Maya-Sprache: »Ich bin ein anderes Du.«

Don Julian setzte seine Geschichte fort: »Die Arbeit mit dem Wetter kann man nicht lernen. Ich muss mit dem Nebel arbeiten, ich bete zu unserem Gott, und ich mache das Zeichen. Ich schlage ein Kreuz, und dann bewege ich diesen Finger so.« Don

Julian hob den Zeigefinger seiner rechten Hand. »Wenn ich diese Bewegung mit diesem Finger mache, höre ich Donner, und dann weiß ich, dass ich weitermachen kann.«

Es folgte nun eine komplett spirituelle Erklärung, welche heiligen Kräfte sich alle in das Wetter einmischen konnten. Don Julian sprach ständig über den Nebel, den *Santa Neblina*. Ich denke, dass er hiermit auch die Wolken meinte, die schließlich aus Nebel bestehen. Und wenn das Meer oder der Ozean ein Substitut für seinen Begriff »Lagune« sind, sehen wir, wie der meteorologische Prozess, der hinter dem Regen steckt, sich in Don Julians Vision widerspiegelt. Vielleicht wäre es eine nette Idee, wenn meteorologische Institute die folgende Erläuterung künftig in ihre Wettervorhersagen aufnehmen würden ...

»Sankt Michael ist der Kapitän, der Kommandant. Santa Mahon ist die Luft. Er ist der Motor des heiligen Nebels, er ist derjenige, der die Wolken schiebt. Er geht zur Lagune, die bewacht wird von San Rafael, und da fängt San Benito den Nebel. Santa Mahon schiebt den heiligen Nebel, und wenn Sankt Michael den Befehl gibt, aufzuhören, hören sie auf, und dann fangen sie an, dort das Wasser zu werfen. Das ist also die Kraft des Nebels, und ich arbeite mit den Kräften, die den Nebel lenken.«

Unserer Frage, ob er im Moment mit Regenritualen beschäftigt sei, antwortete er bejahend. Es waren bereits drei Rituale ausgeführt worden, an drei verschiedenen Orten in drei Windrichtungen, die alle eine bestimmte Farbe aus dem Maya-Kreuz vertraten. Die vier Windrichtungen werden mit vier Farben gekennzeichnet: Rot für den Osten, Schwarz für den Westen, Gelb für den Süden und Weiß für den Norden. Sobald er das letzte Ritual am vierten Ort vollzogen habe, würde der Regen kommen.

»Chac ist unser Regengott, Chac ist derselbe wie Sankt Michael. Wir geben ein Opfer, für Gott, für die Luft, für die heiligen Wolken, den heiligen Nebel. Wir opfern verschiedene Sorten Lebensmittel: Obst, Schokolade, Cola, Alkohol und Wasser aus dem Meer. So bitten wir um den heiligen Nebel von Gott. Wir müssen verschiedene Samensorten mitbringen: Wir halten sie in unserer Hand und zeigen sie unserem Vater und sagen: Dies ist das Lebensmittel, worum wir bitten. Dann gibt er uns unsere heilige Ernte, damit wir unsere Kinder speisen können.«

Juan fragte: »Denken Sie, dass sich das Klima verändert hat?«

> »Es wird ein Tag kommen, an dem wir die Kraft der Sonne nicht mehr vertragen können, nicht länger die Luft atmen können, das Wasser völlig verschmutzt sein wird.«

»Ja, es verstreicht immer mehr Zeit mit weniger Wasser. Es steckt so viel in der heiligen Erde, es gibt zu viele Chemikalien, die auch die heiligen Wolken verschmutzen. Und wir, auf der Erde, wir verbrennen zu viele Dinge. Und wir tun ungerechte Dinge gegenüber Gott.«

»Und Sie bitten jetzt um Regen?«

»Ja, denn was tun wir, wenn es nicht regnet? Wenn es nicht regnet, was werden wir dann essen? Wir können so viele Felder pflügen, wie wir wollen, aber wenn es nicht regnet, haben wir nichts zu essen.«

»Und Sie können dabei helfen, dass der Regen früher kommt?«

»Dazu dienen die vier Zeremonien. Wenn wir dies nicht tun, erinnern wir uns an nichts mehr. Wir geben die rituellen Opfergaben, um unseren Vater um Vergebung und die heilige Segnung zu bitten. Denn wir können nicht einfach um Regen bitten. Wir bitten um nichts auf zwingende Art und Weise, denn Gott trifft seine eigenen Entscheidungen. Gott ist derjenige, der alles befiehlt. Wir befehlen nichts, wir bitten nur um Vergebung. Es ist der Wille von Sankt Michael und den Engeln, also müssen wir sie um ihren Segen bitten; dann regnet es so schnell wie möglich. Hier in Palin gibt es immer Regen. Es regnet hier immer, denn hier wohnt ein Schamane, der um Regen bittet. Das sagen sie manchmal sogar im Radio.«

Plötzlich unterbrach Don Julian seine Erzählung über den Regen und wechselte übergangslos zu einer Botschaft, die an Juan Bauer hinter dem Mikrofon gerichtet war. »Ich sehe, dass du Probleme hast, mein Sohn, ein dunkler Schatten folgt dir überall hin. Lass mich eine Zeremonie für dich ausführen, für das höchste Wesen. Dann trittst du vor den Altar, und das heilige Ei muss sagen, was dir fehlt und was wir dagegen tun können.«

Juan sah sich überrascht lächelnd nach mir um, während er entschuldigend seine Schultern hochzog. Ich wusste, dass Juan der Art und Weise, auf die viele Westliche mit der Maya-Kultur umgingen, recht ambivalent gegenüberstand. Er war ein Latino. Und die meisten Latinos leugneten die okkulten Kräfte, die den Maya-Curanderos zugeschrieben wurden, oder machten öffentlich darüber Witze, hatten aber gleichzeitig eine Todesangst vor ihnen. Viele fragten heimlich die Sacerdotes um Rat, wollten dies aber nicht vor der Außenwelt zugeben. Verleugnung total.

Doch selbst die Präsidenten und hohen Militärs von Guatemala ließen die Einsetzung ihrer Regierung von den Maya-Priestern einsegnen und durch geheime Zeremonien bestärken. Dass dies wirklich schizophren war, zeigte sich an der Tatsache, dass sie gleichzeitig in der Öffentlichkeit diese Ausdrucksformen der Maya-Kultur mit sehr grober Gewalt bekämpften und unterdrückten. Und auf Seiten der Mayas waren immer Schamanen zu finden, die für viel Geld solche Zeremonien ausführen wollten. Die Gewalt, die von Staatswegen auf die Schamanen ausgeübt wurde, war darauf gerichtet, die Maya-Gemeinschaften auseinander zu treiben und sie lahm zu legen, da die Schamanen meist Menschen mit Autorität waren.

Juan war zweifellos eine Ausnahme mit seiner netten, ehrlichen Art, wie er mit Maya-Indianern umging. Er hielt sich häufiger unter Mayas auf und interessierte sich in hohem Maße für ihre Rechte und ihr Erbe. Daher wurde er ohne Weiteres akzeptiert, und die Mayas vertrauten ihm.

Ich wusste, dass er während des Krieges oft große Risiken auf sich genommen hatte, indem er die Missstände der Armee angeprangert hatte – zusammen mit ausländischen Filmemachern. Aber gleichzeitig hatte er eine Abneigung gegen ausländische Touristen, die häufig auf eine abgöttische Weise die *curanderos* anhimmelten und gleichzeitig blind für die sehr schwierigen Situationen waren, in denen diese bettelarmen Menschen lebten. Auf der anderen Seite sah er auch, wie manche Mayas dies geschickt ausnutzten. Dazu sagte er Folgendes: »Viele kommen in einer Art Jubelstimmung hierher und denken, dass innerhalb weniger Tage ihr spiritueller Weg plötzlich erleuchtet wird, weil sie kurz an ein paar Zeremonien mit Maya-Schamanen teilgenommen haben. Aber sie begreifen nicht, dass dies eine lebenslange Reise ist.«

Juan hatte inzwischen an Don Julians Altar vor dem Maya-Kreuz mit den Zahlen 1 bis 13 und den vielen Heiligenbildern sowie den altmodischen Postkarten der Heiligen Jungfrau, Santiago und Sankt Michael Platz genommen. Auch ein Foto von Sai Baba fehlte nicht. Viele Schamanen in Guatemala hatten heutzutage ein Foto dieses indischen Gurus auf ihrem Altar, ohne dass sie meiner Meinung nach genau wussten, wer das eigentlich war.

Hinter meiner Kamera erstickte ich fast vor Lachen, als ich sah, wie Don Julian den Verschluss einer Flasche öffnete, in der sich eine dunkle Flüssigkeit befand, die augenblicklich einen strengen Geruch im Zimmer verbreitete. Ohne Zögern begann er nun, die Flüssigkeit auf Juans Haare zu streichen. Durch meine Kameralinse sah ich, wie Juan sich die größte Mühe gab, nicht die Nase zu rümpfen. Juan und seine Haare ... für ihn kam dies alles völlig unerwartet und nicht wirklich gelegen. Er machte seinem Namen wirklich alle Ehre, dieser »Don« Juan. Er würde, wo auch immer, niemals eine Gelegenheit an sich vorübergehen lassen, mit den Schönheiten dieses Landes ein interessantes Gespräch anzufangen. Und innerhalb weniger Sekunden beschenkten ihn die Objekte seines Interesses wie bezaubert mit dem schönsten Lächeln.

Don Julian rieb weiterhin unbeirrt das stinkende Zeugs in Juans prächtigen Haarschopf. Auch seine Arme, sein Hals und seine Schultern wurden eingerieben. Als er damit fertig war, nahm er ein bereitliegendes Hühnerei vom Altar. Während er allerlei Maya-Götter anrief, rollte er das Ei über Juans Brust, Schultern, Arme und Nacken hin und her. »Ay Bitol, Chakol, Akaj-Alom, Kukulcan, Tepeu, Gucumatz, Ixbalanque, Iqui-Balam, Herz der Erde, Herz des Himmels, weißer Nebel, roter Nebel, schwarzer Nebel und gelber Nebel. Reinigt diesen Körper, im Namen des Vaters, des Sohns und des Heiligen Geistes ...«

Das ging so eine ganze Zeit, dann tauschte Don Julian das Ei gegen ein frisches aus und begann erneut, es über Juans Körper hin und her zu rollen. Schließlich nahm er zwei Gläser, die halb mit klarem Wasser gefüllt waren, schlug an deren Rand die Eier auf und ließ je eines in ein Glas sinken. Dort trieben nun in der Mitte die gelben Dotter. Das eine war wirklich trübe. An ihm hingen verschiedene nebelähnliche Schlieren, die das Wasser trübten. Der andere Dotter war viel schöner, runder geblieben, und auch das Wasser war klarer.

Don Julian wies auf das erste, trübe Glas. »Das ist der Geist, der dich verfolgt, mein Sohn. Sieh!« Er zeigte auf die Schlieren, die aus dem Dotter zum Vorschein kamen. »Das sind die zwei Geister, die dich und deine Frau nicht als Paar leben lassen wollen. Sie haben dich mit einer negativen Kraft bedeckt. Das bringt dich manchmal zur Verzweiflung. Du kannst dann keine Ruhe finden und willst weit weg gehen.«

Juan nickte hinter seinem Mikrofon. All die Zeit hatte er den

Ton noch tadellos eingestellt. Nun hob Don Julian das andere Ei hoch. »Das ist das zweite Ei. Bei diesem Ei ist durch diese Zeremonie bereits viel Negativität entfernt.« Er hielt das erste Ei zum Vergleich daneben. »Eine Frau hat dir übel mitgespielt, sodass du keine neue mehr findest.«

»Was kann ich dagegen tun?«, hörte ich Juan interessiert fragen.

»Ich kann dir noch ein paar dieser Zeremonien geben, um den Zauber aufzuheben.«

Wir dankten Don Julian für dieses Ritual und diesen Tag und fuhren zurück nach Guatemala-Stadt. Juan war still.

»Weißt du«, sagte ich, »ich hätte Don Julian eigentlich gerne einmal gesehen, als er fünf Jahre alt war und seine Versuche unternahm, um wieder fliegen zu können.«

Juan grinste bei dem Gedanken. Ich fragte vorsichtig, ob die Zeremonie bei ihm etwas bewirkt habe. »Ja, weißt du, das mit den Eiern in dem Glas, das versuche ich zu Hause auch mal«, war seine ausweichende Antwort.

Auf dem Weg zu Norberts Haus, wo ich noch immer wohnte, wollte er kurz einen Umweg nehmen, um seine Kinder bei seiner Exfrau abzuholen, die wieder geheiratet hatte. Als ich ihn an dem Tor des großen Hauses stehen sah, sah ich, dass die Diagnose von Don Julian wahrscheinlich genau zutraf. Offenbar waren verkehrte Abmachungen getroffen worden, denn Juan kam ohne seine beiden Kinder zurück zum Auto. Es war, als ob ich seinen Schmerz fühlen könnte, nicht mehr als Familie mit seinen Kindern zusammenleben zu können. Ich vermutete, dass Don Julian nicht über Juans Familiensituation auf dem Laufenden war, denn vor dieser Begegnung hatten sie nur wenig Kontakt miteinander gehabt. Es sah so aus, als ob das Ei die richtige Diagnose bezüglich des persönlichen Gemütszustands meines Tontechnikers gestellt hätte.

Am nächsten Tag kam Norbert mit einer besonderen Überraschung. Don Julian hatte an seinem Altar von den Heiligen die Nachricht bekommen, dass ich mit meiner Kamera bei seinem letzten Regenritual dabei sein dürfte, um es zu filmen. Ich fühlte mich gleichzeitig froh und sehr geehrt. Das war genau das, worauf ich gehofft hatte, aber ich hatte es noch für zu früh gehalten, ihn einfach so danach zu fragen.

Das Ritual fand auf dem Acker von Don Julians Familie statt, ein Stück außerhalb von Palin. Auf diesem Acker bearbeitete ein fürchterlich krummer, buckliger und sehr alter *Campesino* seine knochentrockene Milpa mit einer Hacke. Der Mann konnte lediglich mit einem Auge sehen, das andere schien verklebt. Auf dem armseligen, staubigen Feld bot dieser Bucklige fast einen mittelalterlichen Anblick. Da es sehr heiß war, wurde das Ritual zum Glück am Fuße eines großen Baumes abgehalten, in kühlendem Schatten. Es waren verschiedene Schamanen anwesend – Männer und Frauen –, neben einigen »normalen« Mayas, die ich der Einfachheit halber zur Familie von Don Julian zählte. Sie knieten unter dem großen Baum und begannen, die mitgebrachten Opfergaben auszupacken. Es herrschte eine fröhliche Stimmung, als wenn wir beim Picknick wären. Alle quatschten ungezwungen miteinander, während die Opfergaben in einem Halbkreis aufgebaut wurden. Zwei Männer gruben mit ihren Macheten und ihren bloßen Händen am Fuße des Baumes ein Loch in die Erde, etwa einen halben Meter breit und einen halben Meter tief. Andere sammelten Holz für das Feuer.

Anfänglich hatte ich mich über den hohen, beständigen Flötenton gewundert, der um dieses Feld erklang, und dachte dann, dass es ein kleines Flugzeug am Boden mit laufendem Motor sein müsse. Aber nach einer Weile begriff ich, dass das Gepfeife von sehr vielen Grillen stammte, die mit ihrem schrillen Konzert dieses Ritual begleiteten.

Als die Kuhle die richtige Tiefe hatte, wurden köstliche Brote hineingelegt, Ananas und Wassermelonenstücke, allerlei Gemüsesorten, Kuchen, Schokolade und andere Leckereien. Obenauf kam ein frisches rundes Brot, das die Kuhle fast vollständig bedeckte. Rund um die Kuhle wurden Kerzen in den Boden gesteckt – Hunderte Kerzen in den Farben Gelb, Rot, Weiß und Schwarz. Als ein Feuerkreis um die Kuhle brannte, setzten die Anwesenden leise murmelnd zu ihren Gebeten an, wiederum eine Mischung aus katholischen Heiligen und Namen aus dem Maya-Götterpantheon. Es stellte sich eine erhabene Atmosphäre der Einfachheit und Zusammengehörigkeit ein, begleitet durch Hunderte von Grillen und das rhythmische Gekratze der Hacke, mit der der Campesino entlang der ausgetrockneten Maisstauden arbeitete.

Hier auf diesem Acker verlor die Maya-Spiritualität ihre esoterische Abstraktheit und machte einer jahrhundertealten Alltäglichkeit Platz, die für diese bescheiden im Staub knienden Indianer gleichzeitig selbstverständlich war und eine intensive und direkte Bedeutung hatte: die Notwendigkeit, Mais und Bohnen ernten zu können, die Notwendigkeit des lang erwarteten Regens, einfach, um überleben zu können. Ich tat mein Bestes, diese demütige und intensive Atmosphäre in Bildern einzufangen.

Zum Schluss wurden Getränke über die Opfergaben in der Kuhle geschüttet. Cola-Flaschen wurden über den Broten und Köstlichkeiten in der Kuhle geleert, gefolgt von Whiskyflaschen. Die Brote absorbierten die Getränke, durchtränkt tropften sie in die Kuhle, bis auch diese Opfergaben die durstige Erde erreichten. In früheren Zeiten hatten Colanüsse zu den festen Zutaten gehört, heute umschloss die Cola-Kultur auf diese merkwürdige Art und Weise scheinbar auch die Kultur der Mayas. Dann wurde eine Plastiktüte mit Maiskörnern an die Teilnehmer herumgereicht, die damit begannen, sie gleichzeitig in alle Richtungen auszustreuen.

Ich begriff die Symbolik dieses Rituals: Die Maya opferten den Göttern das, was sie von ihnen zu bekommen wünschten. Die Kuhle wurde von Hand mit Sand zugeschüttet. Und ich war gerührt von den vielen Händen, die da durch die staubige Erde fuhren und voller Vertrauen die Erde festklopften. Als ob Mutter Erde selbst gestreichelt und liebkost wurde und ihr liebevoll für alles gedankt wurde, was sie den Menschen gab.

Vielleicht stieg der feine Staub jetzt von der Erde in den Himmel und mischte sich mit der Atmosphäre, in der die heiligen Nebelwolken trieben? Vielleicht erreichten so die Botschaften der Erde den Ort, an dem sie sein mussten – wer wusste das schon? Ich war in jedem Falle neugierig auf das Resultat dieser Rituale. Wir beschlossen, den benachbarten Campesino danach zu fragen, der gerade auf dem Stiel seiner Hacke ausruhte und das Geschehen ungerührt mit seinem einen, guten Auge beobachtete. Die anderen Mayas hatten ihm ein Stück Wassermelone gegeben, denn nach dem Ritual wurde tatsächlich gemeinsam auf dem Acker gepicknickt.

»Denken Sie, dass dieses Ritual Ihnen helfen wird mit dem Regen?« fragte ich ihn.

»Warum nicht?«, lautete die einfache Antwort des Bauern, während er voller Vertrauen schmatzend in die Wassermelone biss. Ich dachte bei mir, dass die Menschen hier auf einem sehr elementaren Niveau wirklich von der Sichtweise des Universums durchdrungen waren, nach der ich so verzweifelt suchte: der spirituellen Wirklichkeit, die eingreift und die Grundlage all dessen bildet, was für unsere Augen direkt sichtbar ist.

Als ich Don Julian fragte, wann es nun regnen würde, antwortete er, dass er das selbst nicht sagen könne. Nur die Heiligen könnten das, aber zum Glück habe er eine Cousine, die ein Medium sei. Wenn er sie in Trance bringe, könne die Antwort direkt von den Mächten kommen, die sich um das Wetter kümmerten. Ich solle am nächsten Tag wiederkommen, dann würde er sie vor ihrem Altar in Trance versetzen – konzentrieren – wie er es nannte.

Am nächsten Tag allerdings führten wir zunächst noch ein langes Interview mit Don Julian. Ich wollte von ihm mehr über die jüngste Vergangenheit hören, wollte wissen, wie sich die Schamanen auf die heutige Zeit vorbereitet hatten, in der die Maya-Kultur wieder aufblühte, und in der sich die Mayas der Außenwelt öffneten.

»Pues ...«, begann Don Julian, »vor einiger Zeit gab es hier in Palin mehr Hexen als Heiler. Früher gab es mehr negative Kräfte, die mit dem Bösen arbeiteten. Es gab sogar Hexen, die ab und zu Fleisch vom Friedhof mitnahmen. Sie schnitten das Fleisch mit Magie und begruben es dann für diejenigen, die sie töten wollten. Aber jetzt ist die Zeit gekommen, in der diese negativen Kräfte ihre Macht verlieren. Und jetzt gibt es mehr heilende Kräfte als Hexen.

Als ich noch jung war, kam General Gubiko an die Macht, hier in Guatemala. Ich war etwa fünf, sechs Jahre alt, als die Verfolgung all dieser Menschen begann, der guten und der schlechten. Wenn sie also jemanden fanden, der andere heilte, kam er drei oder vier Monate ins Gefängnis und musste schwere Zwangsarbeit verrichten.«

Auch Don Julian war einst verhaftet und für einige Zeit ins Gefängnis gesteckt worden. Mir wurde klar, wie viel Selbstaufopferung für das Wohlsein der Menschen und wie viel Einsatz die unsichtbare Welt von denjenigen verlangt, die in unterdrückten, eingeborenen Kulturen wie die der Mayas sich gerufen fühlen, ihre übernatürliche Gabe zugunsten der Gemeinschaft einzusetzen. Bei einer bestimmten Gelegenheit war eine Militärpatrouille durch die Straßen von Palin gefahren und hatte nach seinem Blut verlangt. Die Soldaten wollten Don Julian wegen seiner großen Berühmtheit töten, aber er hatte sich gerade noch rechtzeitig in einem Haus versteckt. Die Patrouille hätte ihn um ein Haar erwischt, aber sie hatten ihn nicht finden können.

Auch bei Don Julian musste die Triebfeder zu heilen wohl irgendwo aus der Tiefe seiner Seele kommen. Wahrscheinlich konnten diese Menschen nicht anders, als der alten Stimme ihres Inneren nachzugeben. In all meinen Begegnungen mit Schamanen und in all der Literatur, die ich darüber gelesen hatte, war immer die Rede von einer schweren Krisensituation, wenn jemand vor seinem Ruf zu flüchten versuchte. Oder wie eine indianische Medizinfrau es ausdrückte: »Du bist damit verflucht.«

Unter solchen Umständen – das wurde mir dadurch noch klarer – konnten der Entscheidung für ein echtes Schamanendasein – sofern es sich überhaupt um eine freie Entscheidung handelte – in Guatemala in jedem Falle selten materielle Überlegungen zu Grunde liegen. Ein Scharlatan hätte sich gewiss für ein problemloseres Leben entschieden.

Don Julian: »Es gab also noch immer Menschen, die Heilungen vornahmen, auch wenn das vorwiegend nachts geschah. Aber die Polizei suchte auch nachts nach ihnen. Einer nach dem anderen wurde eliminiert, wir hatten alle Angst zu arbeiten. Die Menschen zogen sich zurück von spirituellen Kräften, und nach einiger Zeit gab es nur noch sehr wenige, die in aller Heimlichkeit weiterarbeiteten.

Die Zeit verging. Ich weiß nicht, wie es funktionierte, aber Gott arbeitete. Ich kannte niemanden von den Cakquiquel oder Quiché-Brüdern, aber 1960 kam plötzlich eine Einladung aus San Francisco El Alto. Und ich reiste dorthin, und dort waren 42 Priester. Die 42 von uns kamen also zusammen, und jeder erfüllte seine Aufgabe, indem wir drei Tage lang eine Zeremonie durchführten. Jeder auf seine eigene Art und Weise: Die Brüder, die mit Feuer arbeiten, begannen ein Feuer nach dem anderen anzuzünden. Nach einiger Zeit hatten wir erneut eine Zusammenkunft, dieses Mal in Tecpan, und da wussten wir, dass die Kraft der Mayas langsam zurückkehrte. Wir führten weitere Zeremonien durch, in Chopan, in Chakaha und Huehuetenango, und wir sahen, dass die Kraft immer stärker zurückkam.

Also begann ich auch wieder, in Palin zu arbeiten. Die Mehrheit hier beachtete mich nicht, die meisten kamen von außerhalb, aus Guatemala-Stadt oder Chimaltenango, aus Tecpan usw. Nach und nach begannen auch die Einheimischen wiederzukommen. Und hier vor meinem Vater bekamen sie das Licht, und ich brachte sie auf den Weg, und sie wurden Heiler oder Priester.«

Die Reaktion der Obrigkeit auf dieses verborgene Revival der Maya-Schamanen blieb nicht aus. General Romeo Lucas Garcia leitete gegen Ende der 70er-Jahre den Angriff auf die Maya-Schamanen mit noch heftigerer Verbissenheit ein. In jener Zeit wurden die meisten Schamanen umgebracht. Die Durchführung von Ritualen wurde wirklich lebensgefährlich.

Don Julian: »In der Zeit von Lucas wurden wir alle verfolgt: alle Schamanen und Maya-Priester. Es wurden viele getötet, während sie Zeremonien an ihren Altären vornahmen. Hier im Osten und in Coban wurden sie fast alle ermordet. Es war eine Massenverfolgung, denn Lucas wusste, dass diese Menschen ihm gefährlich werden konnten. Daher traf er die Entscheidung, sie alle zu ermorden. Darüber hat er nachgedacht, der Verdammte, und doch dachte er nicht daran, was wir alles für das Land getan hatten, dass wir dem Land häufiger halfen mit Regen und anderen Dingen.

Darum also wollten wir Lucas aus dem Weg räumen, wollten ihn mit den Kräften besiegen. Wir kamen insgeheim zusammen, um zu beratschlagen, was wir tun sollten. Vier von uns sollten in einem gemeinschaftlichen Ritual die Kräfte anrufen. Aber der Bruder, der beim Ritual an der vierten Stelle stehen sollte, tat nicht, was er tun sollte. Wir brachten die vier Punkte an: Weiß, Rot, Grün und Gelb, aber der eine Bruder fehlte. Er hatte sich am Tag zuvor sehr betrunken und erinnerte sich nicht daran, dass er am nächsten Tage arbeiten sollte. Darum konnten wir den Palast nicht vernichten, denn das war unser Plan gewesen. Wir konnten zwar den Nebel über diesen Ort schieben, aber er hatte keine Kraft, denn der eine Punkt war offen geblieben.

Nun denn, drei Tage später gab es rund um den Palast also viel Nebel, Regen und Wind. Wir hörten an unseren Altären, dass es drei Erdbeben geben würde, von denen eines dann kam, und der Wind warf die Bäume um. Es wurde dunkel, und ein heftiger Sturm kam auf. Der Sturm dauerte drei Tage, und am dritten Tag um 11 Uhr morgens gab es einen Coup. Wir wollten nicht, dass Lucas nach dem Coup einfach verschwinden würde, aber es war die Schuld des Bruders, dass wir nichts tun konnten. Wenn er damals getan hätte, was er tun sollte, hätte es eine Revolution mit den Militärs gegeben, und niemand hätte gewusst, woher diese Kräfte kamen. Denn sie können nicht gegen das Wetter kämpfen, oder? Sie können nur gegen Menschen kämpfen.«

»Ist denn jetzt alles anders, besser geworden?«

»Nur ein wenig, aber eigentlich so gut wie nicht. Es gibt noch immer Verfolgungen, und wir haben kein Lager, um unsere Kultur zu stärken. Denn unsere heiligen Orte sind häufig in Privatbesitz. Wir versuchen, unsere heiligen Altäre zu entdecken.

Aber jetzt ist die Kraft der internationalen Menschen wichtig für uns. Sie versuchen uns zu helfen, um unsere Kultur zu stärken, denn die Menschen hier in Guatemala sind nicht sehr an dem interessiert, was wir haben. Jetzt entdecken die Menschen in der ganzen Welt, dass der gregorianische Kalender sie blind gemacht hat, und erst jetzt möchten sie ihren Kopf heben, aber es ist schon recht spät, nicht wahr? Jetzt sind es internationale Menschen, die lernen möchten, wie der Maya-Kalender funktioniert. Und jetzt wollen sie dieses Wissen in der ganzen Welt verbreiten, denn dieser Kalender ist der genaueste in seiner Funktionsweise.«

Don Julian bezog sich hier auf Menschen wie Professor José Argüelles und andere, die sich dafür einsetzten, einen neuen Kalender zum Weltstandard zu erheben. Während ich Don Julian in Großaufnahme filmte, sah ich, wie von Zeit zu Zeit eine große Trauer seine sanftmütigen und sonst so strahlenden Augen umflorte. Der Mann starrte ab und zu in die Leere vor sich, wenn Bilder aus der jüngsten, viel bewegten Maya-Vergangenheit vor seinen Augen auftauchten. Der Terror der Militärregimes in Guatemala ist kaum bis in den Westen vorgedrungen, obwohl dieser Krieg wesentlich brutaler und umfassender war als beispielsweise der im Nachbarland Nicaragua. Es war für mich schwer zu verstehen: warum in dem großen kosmischen Entwurf gerade solche sanftmütigen Völker wie die Mayas so extrem unter Krieg, Verfolgung und völliger Missachtung ihrer Kultur leiden mussten.

»Wir müssen uns gemeinsam auf den Weg
zur Regenbogenwelt machen,
in der alle Rassen verschmelzen.
Reich und arm, weiß und schwarz,
eingeboren und nicht eingeboren.«

Don Julian: »Sie haben behauptet, dass wir Kannibalen wären, nackt und dumm und was sonst nicht alles. Dass wir Idioten wären, und dass wir nichts wüssten. Aber die spanische Invasion tötete unsere großen weisen Männer, die großen Architekten, die großen Astrologen und Erbauer, die großen Navigatoren und Doktoren. Die großen Astronomen und Psychologen. Alles hatten wir. Unsere Tempel in Peten waren Laboratorien. Dort wurde die Zeit gemessen, wie die Sonne wanderte und wie der Mond, wie die Sterne reisten und sogar wie die Erde rotierte. Wir hatten alles in unseren Laboratorien, und sie können diese Laboratorien nicht mehr leugnen, weil sie entdeckt wurden. Wir müssen alles wiederfinden, was wir verloren haben, aber das braucht

Zeit. Und die Hilfe Gottes und der materiellen und der spirituellen Kräfte.

Ich bin schon sehr alt, aber vielleicht bin ich noch in der Lage, viele Jahre zu arbeiten. Also werde ich beobachten, wie diese Dinge weitergehen, denn jetzt sind wir in Gefahr, in diesen letzten Tagen dieser Welt. *Denn in der Welt, in der wir jetzt leben, bleiben uns nur noch ein paar Jahre. Die Welt wird nicht untergehen, sondern wir werden diejenigen sein, die untergehen werden. Erst jetzt spüren manche Reue und kommen auf den Maya-Weg, aber es ist sehr spät.«*

»Sie denken, dass diese Welt untergehen wird?«

»Diese Welt, Gott hat es im Popul Vuh geschrieben, wird nicht untergehen. Nein, nicht die Welt, aber die Generationen. Die Welt bleibt, wir werden untergehen. Es wird die Zeit der Fünften Sonne, die Vierte Sonne endet 2012. In jenem Jahr werden wir also drei Tage und drei Nächte ohne Sonne sein. Dann also werden wir untergehen. Jede Generation hat eine Sonne, und dies ist die Vierte Sonne. Wenn also alles rein ist, werden wir sehen, wer die Nächsten sind, die hier bleiben. Nur der Vater weiß, was geschehen wird. Ich kann nur sagen, was im Popol Vuh steht und was wir an den heiligen Altären hören, was die Geister uns erzählen.«

Obwohl mein Film eine Widerspiegelung des heutigen, eingeborenen Gedankenguts der Stämme sein sollte, die sich in Guatemala versammelt hatten, fragte ich mich gleichzeitig, ob es nicht möglich wäre, den tatsächlichen Fundplatz der Maya-Prophezeiungen zu ermitteln und zu zeigen.

Ich bemerkte, dass bei den Auffassungen zum Jahr Null nicht immer eine konsistente Übereinstimmung herrschte, wenn ich mir die verschiedenen Gedanken und Äußerungen dazu so ansah. Manche Prophezeiungen wurden von Wandernder Wolf buchstäblich aus dem bereits genannten *Popol Vuh*, der Schöpfungsgeschichte der Quiché-Mayas zitiert: *Lasst es Licht wer-*

den, lasst das Morgengrauen anbrechen ... Das waren die Worte, die die Menschen am Ende der Periode einer Sonne stets wiederholten, und weil die Zeit zyklisch ist, galten diese Prophezeiungen also genauso gut wieder für das Ende der Vierten Sonne. Es handelte sich demnach mehr oder weniger um Äußerungen, die in allgemeinen kulturellen Veröffentlichungen der Mayas bewiesen waren.

Doch wie verhielt es sich mit den spezifischeren Vorhersagen, zum Beispiel über die große Krankheit, die kam, die Überschwemmungen und die Veränderungen der Regenverläufe? Waren auch sie irgendwo so explizit festgelegt? Denn auch Wandernder Wolf wechselte bei den unterschiedlichen Anlässen, bei denen er über dieses Thema gesprochen hatte, schon einmal in seiner Gradierung: Mal betonte er die großen Naturkatastrophen und Plagen, die die Menschheit in kurzer Zeit erwarteten, mal war er viel optimistischer und legte mehr Nachdruck auf die positiven Erwartungen in Bezug auf die Periode der Fünften Sonne. Und manchmal wiederum stellte er den Übergang von der Vierten zur Fünften Sonne recht beruhigend wie einen Wechsel von Silvester zu Neujahr dar (obwohl die Vorhersagen von Naturgewalten und einer dreitägigen Sonnenfinsternis auch dann gültig blieben).

Ich bekam insgesamt den Eindruck, dass in jedem Falle eine Reihe Vorhersagen nicht eindeutig irgendwo festgelegt war, sondern eher aus den Bruchstücken einer fast vernichteten Kultur wieder zusammengefügt wurde, so wie die großen Zusammenkünfte die Prophezeiungen aus dem gesamten Kontinent zusammenfügten. So wie die verwitterten, in Stein gehauenen Texte an den Ruinen der alten Pyramiden Stück für Stück ihre alten Geheimnisse der Außenwelt preisgegeben hatten, so fügten auch die Eingeborenen ihr esoterisches Wissen nach fünfhundertjähriger Unterdrückung wieder zusammen.

Kurz nach der spanischen Eroberung war der Popol Vuh in spanischer Sprache niedergeschrieben worden. Aber nach der Bücherverbrennung durch Bischof Diego De Llanda waren insgeheim auch andere Bücher verfasst worden, um so viel wie möglich von dem alten Wissen für die Nachfahren zu bewahren. Diese gesammelten Werke sind unter dem Namen *Chilam Balam* bekannt geworden. In diesen Werken sind tatsächlich Prophezeiungen und Rituale neben zeitgenössischen Beschreibungen der Geschichte unter der spanischen Krone aus dem Gesichtspunkt der Mayas beschrieben. In wissenschaftlichen Kreisen wird angenommen, dass es sechs dieser Werke gibt: die von *Chumayel*, *Mani*, *Tizimin*, *Kaua*, *Ixil* und *Tusik*. Aber wer kann sagen, ob die Mayas vielleicht noch bis heute andere Bücher vor der Außenwelt geheim halten?

Dasselbe kann für die Maya-Codices gelten, von denen nur drei der Pergamentbücher dem Scheiterhaufen entgangen sind. Diese verbleibenden Codices enthalten hauptsächlich Beschreibungen der Umlaufbahnen von Planeten und von Sonnenfinsternissen – in der ursprünglichen piktographischen Schrift, die auch auf den Pyramiden und Stelen zu finden ist. Diese auf Tierhäute geschriebenen Bücher werden in europäischen Museen aufbewahrt: eines in Madrid, eines in Paris und das dritte in Dresden.

Bei der Erstellung meines Films ging es unter anderem um den »Zufall«. Während meiner Vorrecherchen stieß ich auf bizarre Daten bezüglich der Entzifferung von Maya-Texten, die selbst den letzten Skeptiker von jeglichen Zweifeln befreien würden, ob es Zufall in dieser Welt nun gibt oder nicht. Sehr lange haben die merkwürdigen Piktogramme und Kalendersymbole auf den Stelen und Pyramiden die Menschheit vor Rätsel gestellt. Was war dort, mit diesen in Stein gehauenen geheimnisvollen Figuren, die immer häufiger in den Dschungeln Mittelamerikas gefunden wurden, beschrieben?

Es wäre vielleicht für immer ein Geheimnis geblieben, wenn die ostdeutsche Stadt Dresden gegen Ende des Zweiten Weltkrieges nicht so durch und durch sinnlos zerstört worden wäre. Aus der Luft wurde Dresden von den Alliierten komplett dem Erdboden gleichgemacht – aus Rache, denn die Deutschen waren längst geschlagen. Den Luftraum beherrschten die Alliierten, über Land nahten die Russen. Irgendwo in der großen Truppe der Roten Armee befand sich ein Soldat mit Namen Yuri Knorozov, der sich vor dem Krieg im Rahmen seines Studiums auf die so genannte koptische Schrift auf Tontafeln spezialisiert hatte. Diese Schrift weist herzlich wenige Übereinstimmungen mit der comicähnlichen Bilderschrift der Mayas auf.

Aber irgendwo in dieser chaotischen, völlig zerbombten Stadt aus Trümmern und Toten, irgendwo in einer Pfütze des Ortes, an dem einst das Dresdner Museum gestanden hatte, trieben alte Pergamentpapiere genau diesem russischen Soldaten vor die gestiefelten Füße. Er bückte sich und erkannte sofort, dass es sich hierbei um eine sehr alte Bilderschrift handeln musste. Das Pergament bewahrte er unter seinem verschwitzten Soldatenhemd auf und nahm es später mit nach Russland.

Dort begann er nach dem Krieg, jahrelang an der Dekodierung dieser Bilderschrift zu arbeiten. Und was niemandem in all den Jahrhunderten gelungen war, schaffte dieser russische Ex-Soldat: Er knackte den Code! Ihm ist es zu verdanken, dass heute rund 80 Prozent der (gefundenen) Texte auf Stelen und Pyramiden von Wissenschaftlern entziffert sind.

Diese Geschichte zeigt die Wirkung des Universums in ihrem ganzen rätselhaften und unbegreiflichen Zusammenhang. In dem sinnlosen, kompletten Chaos des Zweiten Weltkriegs vollzog sich offenbar wie in der Unterströmung eines Flusses ein für den Menschen unsichtbarer kosmischer Plan, von dem nur ganz kleine Kräuselungen den Aufruhr unter Wasser verrieten. Denn durch den zufälligen Fund in der völlig vernichteten deutschen Stadt, weit entfernt von Mittelamerika und der so mysteriös verschwundenen antiken Maya-Kultur, konnten die gefundenen und entzifferten Kalenderzählungen, vor allem die der Langen Zählung, sowie die mündlichen Überlieferungen der heutigen Maya-Tageswächter wie zum Beispiel Wandernder Wolf bestätigen: Die

Mayas haben ebenso wie viele andere indianische Kulturen die Geschichte der Welt in Weltzeitaltern beschrieben, und das Vierte Zeitalter, das 3113 v.Chr. begann, wird 2012 enden.

»Wenn es einen anderen Geist gibt, der in diesen Körper eintreten möchte, lass ihn jetzt weitergehen. Heiliger Sankt Michael, Prinz des Himmels. Chac, heiliger Himmelsgott des Regens. Wir kommen zu dir und rufen dich an, mit uns zu kommunizieren.«

In das kleine stickige Zimmer drangen die Geräusche von der glühend heißen Dorfstraße, die an dem einfachen Haus von Don Julian und an der simplen dunklen Hütte vorbeiführte, in der der Altar von Gloria aufgebaut war, Don Julians Enkelin. Gloria war das schon erwähnte Medium, das Don Julian häufig nutzte, um direkt mit den himmlischen Mächten zu kommunizieren, häufig im Zusammenhang mit den von ihm durchgeführten schamanistischen Ritualen. Im Gegensatz zu dem gleißenden, hellweißen Sonnenlicht draußen war die Hütte lediglich von ein paar brennenden Kerzen auf und neben dem Altar sparsam beleuchtet.

Früher hatte Don Julian selbst über eine direkte Klarheit verfügt, bis er an einem Morgen mit der fürchterlichen Entdeckung aufwachte, dass all seine hellseherischen Fähigkeiten plötzlich und aus unerklärlichen Gründen verschwunden waren. Er geriet in eine unvorstellbare Identitätskrise: Jede Sicherheit in Bezug auf sein paranormales Handeln, seine Rituale und seine Existenzgrundlage waren auf einmal verschwunden. Und so war Don Julian viele Tode gestorben, ehe er zu der Einsicht kam, dass dieses Ereignis ihm etwas klarmachen wollte: dass es nämlich nicht darum ging, der größte Schamane mit den hellseherischsten Fähigkeiten zu sein, sondern dass es um die Essenz des Menschseins in all ihrer Einfachheit ging. Dass es wirklich nur darum ging, *wer* er war, und nicht, *was* er konnte und was er alles in spiritueller Hinsicht schaffte. Seit diesem Tag fügte er sich bescheiden in sein Schicksal. Don Julian drückte es wie folgt aus: »Dank der heiligen Mutter wurde mir eine Enkelin gegeben, die ein Medium ist.

Wenn ich also jetzt mit einem Geist sprechen möchte, konzentriere ich sie, und dann kommt der Geist und erklärt alles.«

Von dem Augenblick an, in dem Gloria vor ihrem Altar Platz genommen hatte, hatte Don Julian zu beten begonnen, während er hinter ihr stand und mit beiden Händen fortwährend eine Art schiebender Bewegung in Richtung ihrer Schultern machte. Er betete zu Sankt Michael, den er als »himmlischen Prinzen« titulierte. »Prinz des Himmels, ich rufe dich. Sie wollen deine heilige Botschaft hören. Sie wollen deine Liebe hören. Komm, himmlischer Prinz, mache weiter, heiliger Vater ... mit deiner Kraft, deiner Klarheit, deinem Licht ... Herr Vater, wenn ein anderer Geist hereinkommen möchte, lass ihn bitte gewähren. Gott, mit deiner Klarheit, mit deinem Segen. Mach weiter, mach weiter, der Weg ist frei.«

Die physischen Reaktionen des Mediums blieben nicht aus. Schweißperlen entstanden auf der Stirn des Mädchens. Es stöhnte ab und zu leise und begann lang anhaltend und sehr breit zu gähnen. Als ich sie im Anschluss fragte, ob ihr während der Trance warm würde, antwortete sie, dass ihr eiskalt sei, wenn der Geist des heiligen Nebels in sie kam. Aber scheinbar hatte sie dieses Mal jemand anderen an der Strippe. Denn das Gähnen und Stöhnen endete in einem tiefen Seufzer. Gloria hatte ihre Augen geschlossen, und ihre Gesichtszüge entspannten sich völlig.

»Sankt Michael?«, hörte ich Don Julian fragen.

»Ich bin Santiago.«

»Aha, Santiago. Du bist nicht der Prinz des Himmels?«

»Das ist richtig.«

»Gut, Apostel Santiago.« Es folgte nun eine Reihe von Fragen über eine Frau, die seit einer Heilungszeremonie von Don Julian über mediale Fähigkeiten zu verfügen schien.

»Wird auch sie mit Sankt Michael arbeiten?«

»Ja, natürlich, aber vor allem mit mir. Und du wirst sie führen auf ihrem Weg.«

»Also, was können wir mit ihr tun, himmlischer Prinz ... Nein, Santiago?«

»Sieh, du kannst ihr Bäder geben, du weißt selbst, wie du das richtig machst, damit sie ihre Klarheit bekommt, ihre Kraft.«

»Danke, Santiago, sie ist diejenige, die über diese Dinge, die ihr von dir und Gott gegeben wurden, entscheiden muss. Dann werden wir sie auf den Weg bringen. Wir werden ihr also Konzentrationsbäder machen.«

»Wenn all ihre Bäder hinter ihr liegen, bereite ihr ein Bad mit weißen Rosen.«

»Aha, gut, wie viele? Wie viele?«

»Es müssen Rosen sein.«

»Herzlichen Dank, Apostel Santiago. Noch eine andere Frage. Wie schätzt du das Wetter ein, wir haben die Zeremonien durchgeführt.«

»Es wird gut. Du hast heute das Signal gesehen, es wird morgen regnen und an den folgenden Tagen.«

»Hoffentlich ist unsere Saat nicht schon zu sehr ausgetrocknet. Wir fragen dich und den Vater um seinen Willen. Hör, Apostel Santiago, dieser Bruder kehrt zurück in sein Land. Er ist Niederländer, hörst du? Er filmt hier alles über das Maya-Wissen. Er hat alle Altäre und Kräfte der Mayas gefilmt. Und das möchte er mitnehmen in sein Land, deine Wunder.«

»Hör zu, ich möchte, dass der, der weggeht, näher kommt.«

Es dauerte einen Moment, ehe ich hinter der Kamera begriff, dass das Medium mich meinte. Aus den ermutigenden Gesten von Don Julian und Juan las ich, dass ich mich neben das Medium knien sollte. Ich schaltete die noch laufende Kamera aus. Als Gloria wieder zu sprechen begann, verspürte ich eine starke Emotion, und eine Gänsehaut zog über meinen Rücken. Juan sagte später, dass sich in diesem Augenblick die Haare auf seinen Armen aufgerichtet hätten.

»Ich werde dir die Kraft der Lagune geben. Ich werde dir die Kraft der Natur geben, denn die beherrsche ich. Du weißt sehr gut, wovon ich spreche. Ich werde dir die Kraft geben, deine Arbeit fortzusetzen und dein Leben, das ist es, was ich sage.«

»Danke, Santiago«, sagte Don Julian. »Und wird das in seiner Arbeit spürbar sein?«

»Natürlich.«

»Und wird dieser Film gut sein?«

»Natürlich.«

»Dann möchte ich, Apostel Santiago, dass du diesen Bruder, Wiek, segnest, wenn er in seinem Flugzeug reist. Segne ihn, Santiago, und reise mit ihm im Flugzeug, bis er zu Hause ist.«

»Natürlich. Jetzt gehe ich.«

»Danke für dein Kommen, Apostel Santiago.«

»Natürlich, natürlich. Dir auch danke.«

Auf der Rückfahrt nach Guatemala-Stadt fasste Juan die ganze Sitzung noch einmal kurz für mich zusammen. Ich nahm mir vor, dass ich am nächsten Tag mit meiner Kamera draußen stehen und warten würde, was geschieht – egal welches Wetter es gäbe. Ganz egal, ob es regnen würde oder knochentrocken bliebe: Ich würde es aufnehmen. Wenn es morgen wieder so trocken sein würde wie heute (und danach sah es aus, kein einziger Wetterbericht kündigte Regen an), dann war das eben so. Und dann würde auch das im Film zu sehen sein. Schließlich brauchte ich die ganze Maya-Kosmosvision nicht persönlich zu beweisen.

Am nächsten Tag hingen bleigraue Wolken über Guatemala-Stadt. Sie stießen sich sanft hin und her, als ob sie wie riesige Raumschiffe heranschlichen, um die strategisch günstigste Position einzunehmen. In dem Augenblick, in dem Daniel sein Auto an einer geschäftigen Straße in der Stadt parkte, fielen die ersten Tropfen. Obwohl es mitten am Tag war, hatten viele Autofahrer die Scheinwerfer eingeschaltet. Der gelbe Schein der vielen Lampen spiegelte sich im nun nass glänzenden Asphalt. Ich beeilte mich, die Kamera aufzubauen, um in jedem Falle diese wenigen Tropfen auf dem Straßenpflaster einzufangen – als mageren, aber doch unleugbaren Beweis der Maya-Kosmosvision, falls sich der Schauer nicht durchsetzen würde. Aber ich hätte mich nicht so zu beeilen brauchen: Die grauen Wolken wurden von der strengen Hand von San Miguel Archangelo geleitet und ließen ihre bleischwere Last gerne fallen.

> »Wir werden gemeinsam die gesunden Flüsse
> wiederfinden, gemeinsam unsere Städte,
> unsere Berge sehen.«

In kürzester Zeit überspülte ein tropischer Regenschauer die Stadt, und es regnete wirklich Bindfäden. Über den Hügeln, aus denen diese Stadt besteht, schob sich der Regen in fortwährenden Wellen über den Asphalt nach unten, den Autos entgegen, die wie große hässliche Fische spritzend und mit Widerwillen stromaufwärts schwammen. Gespannt filmte ich im strömenden Regen, bis ich selbst keinen trockenen Faden mehr am Leib hatte und mir Sorgen zu machen begann, ob so viel Wasser nicht meiner Kamera schaden könnte. Noch während ich zweifelte, fuhr ein großer Lastwagen vorbei, sodass sich eine große Wasserwelle aus der völlig überfluteten Rinne über die laufende Kamera ergoss. Ein deutliches Zeichen dafür, dass es genug war. Santiago, San Miguel, Chac oder wer immer sich da oben mit so viel Wasser so fröhlich unterhielt, hatte deutlich seine Meinung gesagt.

Es regnete noch drei Tage, bis zu dem Augenblick, an dem ich aus Guatemala abreiste – mit der vagen Vermutung und der Hoffnung, dass der Zufall mir wahrscheinlich genügend Material verschafft hatte, um diese Geschichte der Indianer weiterzuerzählen.

10
Stern, Venus

Q'ANIL (LAMAT)

Q'anil umschließt die Harmonie der Himmelskörper,
den Einklang der Sterne,
die Schönheit der himmlischen Schöpfung
als Ganzes der einzelnen Teile.

Ich war glücklich, wieder bei meiner Familie sein zu können. Es war beinah Sommer, als ich aus Guatemala zurückkehrte, »meine« Jahreszeit, in der ich die üppige Großzügigkeit der Natur intensiv genoss. Das duftende Gras, lange Abende mit Freunden am Lagerfeuer und die Zeit, die langsamer und entspannter zu vergehen schien als sonst. Aber der warmen Trägheit des Sommers sah ich dieses Mal voller Bedauern entgegen: Denn wenn das Filmmaterial in wenigen Tagen aus dem Labor zurückkommen und bezahlt sein würde, wäre unser letztes Geld aufgebraucht. Finanziell saßen wir wieder einmal auf dem Trockenen, vor allem, als sich herausstellte, dass ich in Guatemala rund zehntausend Euro mehr als geplant für Produktionskosten und Filmmaterial ausgegeben hatte, sodass wir diesen Betrag der Bank schuldeten. Ich musste jetzt sehr kurzfristig einen Finanzier finden, der mich von dem damit verbundenen Druck »befreien« könnte. Aber mit den müden Sommermonaten vor der Tür war mir klar, dass ich mich darauf nicht verlassen konnte.

Das Schlüsselwort war wieder einmal: Vertrauen. Vertrauen in die unergründlichen Wege des Zufalls, dass irgendwie irgendwer hinter der nächsten Biegung an meinem Weg stehen würde, der mir wieder ein Stück weiter bis zur Ziellinie helfen würde. Wie gerne hätte ich jetzt doch etwas mehr Aussicht auf diese Ziellinie gehabt! Lag sie überhaupt irgendwo? Natürlich bestimmte das Maß, in dem ich auf den richtigen Verlauf der Dinge vertraute, meine Gemütsruhe und damit mein Lebensglück. Denn alle Dinge brauchen ihre Zeit. Aber das ist Theorie, wenn auch philosophisch richtig – doch die alltägliche Praxis ist schwieriger.

Eigentlich gilt für jeden, dass er Vertrauen haben sollte, unter allen Umständen. Und vielleicht ist es ja gerade die Kraft des Glaubens – welchen Glaubens auch immer –, die Menschen in unglaublich viel schwierigeren Situationen als der meinigen über Wasser hält. Glaube – davon könnte ich mir bei meiner Frau eine Scheibe abschneiden. Sie kann viel einfacher den Lauf der Dinge akzeptieren, schlichtweg, weil sie das feste Vertrauen, die irrationale Sicherheit im Hinblick auf das Dasein im Allgemeinen und meinen künftigen Erfolg im Besonderen (fast) nie verlor.

Um eine finanzielle Unterstützung für den Film zu bekommen, hatte ich einige Stiftungen und Fonds angeschrieben und ihnen meine Geschichte dargelegt, aber es kamen nur Ablehnungen zurück. Bis ich einen Monat später einen Anruf von einer Gruppe »spirituell orientierter« Menschen erhielt, die zu den reichsten der Niederlande zählten. Sie hatten zufällig von meinem Projekt gehört und wollten gerne einmal das Rohmaterial sehen, um zu prüfen, ob sie irgendwie finanziell helfen könnten. Mir gab dieser Anruf in jedem Falle das Vertrauen zurück, dass die Synchronizität mich nicht im Stich ließ. Irgendwie würde das Projekt schon finanziell in Gang kommen.

Aber auch diese Wegbiegung verlief wieder völlig anders, als ich es erwartet hatte, denn das Ganze zog sich hin. Als Mitte November endlich einige potenzielle Geldgeber das (noch tonlose) Rohmaterial auf der Leinwand sahen, waren die Reaktionen vorsichtig, zurückhaltend. Sie waren sehr beeindruckt von der Geschichte, den Aufnahmen und der Notwendigkeit, dass die Welt diesen Film sehen musste, aber sie wichen vor den erforderlichen Investitionen zurück, die für einen Kinofilm notwendig waren.

Ungefähr um diese Zeit bekam ich einen Brief von Norbert aus Guatemala. Er berichtete, dass die Erde sich dort drei Tage an dem intensiven Platzregen gelabt habe, die Trockenheit aber zurückgekehrt war. Die Waldbrände, die es schon während meiner Anwesenheit gab, hatten sich im Laufe der Zeit erheblich ausgeweitet. Nicht nur in Guatemala, sondern auch in Mexiko, Honduras, Belize und Nicaragua brannten die Urwälder in immer größerem Ausmaß. Auch weiter im Süden, in Kolumbien, Venezuela, Ecuador und Brasilien verursachte die extreme Trockenheit 1998 zahlreiche Brände, ohne dass die Menschen das Feuer in den Griff bekamen.

Im Westen drang der Umfang dieser Naturkatastrophe kaum bis in die Medien vor. Unsere Nachrichten werden schließlich in erster Linie von den wirtschaftlichen Verbindungen mit einer bestimmten Region in der Welt beeinflusst, sodass wir beispielsweise sehr wohl ausführlich über vergleichbare Urwaldbrände in Asien informiert werden, aber kaum über dieselben Zustände in Lateinamerika. Dort jedoch gab es irgendwann eine so enorme Rauchentwicklung, dass die Menschen in verschiedenen angrenzenden Ländern Atemprobleme bekamen. Als irgendwann der Rauch sogar bis weit über die südliche Grenze mit den Vereinigten Staaten zog, bis nach Texas, beschlossen die USA endlich, Hilfsflugzeuge für Löscharbeiten einzusetzen. Diese Hilfe reichte allerdings nicht weiter als bis an die Grenze zwischen Mexiko und Guatemala, weil – wie ein Sprecher der amerikanischen Lufthilfe es so treffend ausdrückte – »man von den weiter südlich gelegenen Waldbränden selbst nicht direkt belästigt wird«. Das ist kennzeichnend für unser Denken in Abgrenzungsbegriffen, die sogar dann gültig sind, wenn Naturkatastrophen in sehr großem Umfang nicht unmittelbar die eigene Lebensumgebung betreffen.

Die Frage ist, ob wir so weitermachen können. Wenn die indianischen Prophezeiungen bis 2012 weiter in Erfüllung gehen und derartige Naturkatastrophen immer häufiger auftreten und in immer größerem Ausmaß, sind wir vielleicht irgendwann zu der Schlussfolgerung gezwungen, dass wir wirklich auf nur *einem* Planeten leben und dass alles mit allem in Verbindung steht. In einer hiesigen Zeitung gab es zumindest eine kurze Meldung mit der Überschrift: »Waldbrände bedrohen uralte Maya-Pyramiden im Dschungel«. Von diesem Ereignis berichtete Norbert mir ausführlich in seinem Brief.

»Zu einem bestimmten Zeitpunkt war das Feuer nur noch wenige Kilometer von der alten Tempelstadt Tikal entfernt, deren uralte Pyramiden sich dort tief in den Urwäldern von Peten geheimnisvoll und majestätisch über die Baumwipfel erheben. In diesem Augenblick erinnerte sich Carla, eine der Parkwächterinnen von Tikal, in höchster Not an die Regenrituale der Mayas, die ich beschrieben hatte. Sie nahm deshalb Kontakt mit mir auf. Und gemeinsam mit Don Julian, Don Cirilo und noch einem dritten Maya-Anciano flogen wir mit einem kleinen Flugzeug über die weitflächigen Brände, die inzwischen als ›no flying areas‹ galten.

Unter uns stand die Erde in roter Glut, und der Rauch hing wie ein geschlossener Vorhang vom Boden bis zum Himmel. Nach unserer Landung in Peten zogen wir gemeinsam mit Carla weiter nach Tikal, wo bislang von den Bränden noch keine direkten Spuren zu erkennen waren. Einige Parkwächter zuckten kopfschüttelnd lächelnd mit den Schultern, als ihnen der Zweck unserer Reise erläutert wurde. Einer wollte gar die Rituale in den Tempeln verbieten, da er Angst hatte, dass dadurch die historischen Relikte beschädigt werden könnten, aber Carla konnte ihm das glücklicherweise schnell ausreden. Ironisch der Ge-

danke, dass gerade die Rituale der Mayas selbst in dieser heili-
gen rituellen Maya-Stadt, bedroht von der nahenden Feuers-
brunst, dem Ort Schaden zufügen sollten ... Unter der Leitung
von Don Julian erklommen wir die Pyramide des Mondes, um
dort Opfer darzubringen und die vier Windrichtungen Osten,
Norden, Westen und Süden anzurufen. Meine Aufgabe war es,
den vierten Punkt zu besetzen, gekleidet in zeremonielle Maya-
Kleidung. Für mich war das ein sehr beeindruckendes Erlebnis.
Ich fühlte mich dort wirklich mit den uralten Maya-Traditionen
verbunden, als ob die alte Stadt mit ihrer Vergangenheit wieder
lebendig würde.

Weniger angenehm war die Rückkehr nach Guatemala-Stadt.
Die Presse hatte von unserem Ausflug Wind bekommen, und wir
wurden beim Verlassen des Flugzeugs fotografiert – just in dem
Augenblick, als der Himmel Asche zu regnen begann. Der Vul-
kan in der Nähe des Flughafens war nämlich ausgebrochen, und
die vielen Aschereste rieselten wie ein schmutziger schwarzer
Ascheregen auf die Stadt. Am nächsten Morgen wurde deshalb
der ›Regenversuch‹ in den Zeitungen spöttisch und in schillern-
den Farben beschrieben und den Schamanen gemeinsam mit dem
›Alpen-Indianer‹ für den schmutzigen Niederschlag gedankt,
den sie der Stadt beschert hatten.

Don Julian rief einige Tage danach an, um mir mitzuteilen,
dass es im Hinblick auf den Stand des Mondes erforderlich sei,
ein paar weitere Rituale durchzuführen. Innerhalb weniger Tage
waren dann alle Rituale vollzogen, und fast gleichzeitig brachen
die ersten heftigen Regenfälle über Guatemala herein. Die Zei-
tungen schrieben jetzt, dass die Regenzeit zu einem recht norma-
len Zeitpunkt begonnen hätte, während sie eine Woche vorher
noch verzweifelt gefragt hatten, ob das Klima nicht völlig durch-
einander sei. So siehst du, Wiek, wie auch hier in Guatemala die
Menschen den Kopf in den Sand stecken, wenn es um die Extre-
mitäten des Wetters geht. Ich grüße dich, Norbert.«

Die saisonalen Regenfälle löschten die Brände in den Urwäldern schnell, aber im Kielsog des vielen Wassers kam der fürchterliche Orkan Mitch, der einen Teil Guatemalas, vor allem aber Honduras mit einem Matschstrom bedeckte und viele, viele Todesopfer in der bettelarmen Bevölkerung forderte. Das war wieder etwas, das ich nur sehr schwer begreifen konnte: Wenn es um Bewusstwerdung ging, warum waren es dann immer wieder die Allerärmsten, die das Opfer dieser Naturgewalt waren? Man sollte doch erwarten, dass die enormen Katastrophen dann im reichen Westen stattfinden würden, um den Menschen dort endlich ihre verschwenderische Lebensweise bewusst zu machen, die schließlich eine der wichtigsten Ursachen für den Treibhauseffekt zu sein scheint.

Die frustrierende Entwicklung und der absolute Stillstand meines Projekts drückten mich inzwischen in eine tiefe, herbstliche Melancholie. Es half nicht mehr, in den Wäldern mit dichtem Gesträuch zu kämpfen, auf nackten Füßen durch die Sümpfe zu laufen und stundenlang durch die Natur zu irren – etwas, das mich immer wieder von Kopf bis Fuß mit neuer Lebensenergie erfüllen konnte. Ich versuchte, viel zu meditieren, um meine Unruhe zu verbannen, aber immer wieder kam während dieser Meditationen das Wort »Geduld« nach oben, sodass ich schließlich auch keine Lust mehr zum Meditieren hatte. Ständig nagte der Zweifel an meinem Gewissen, ob ich dieses Projekt wirklich fortsetzen sollte oder ob ich mich auf eine andere Zukunft besinnen müsste.

Etwa Anfang Dezember rief mich eine Freundin aus Nimwegen an mit der Mitteilung, dass der bekannte Amsterdamer Filmproduzent Jan Heijs von *Jura Filmproducties* an diesem Tag an der Universität in Nimwegen einen Vortrag halten würde – und vielleicht eine Viertelstunde Zeit hatte, sich mein Filmprojekt anzuhören. Ich sprang regelrecht ins Auto und stand eine Dreiviertelstunde später trotz der eisglatten Straßen vor diesem Mann. Ich erzählte ihm, dass ich finanziell in der Klemme steckte und ein wenig Hilfe brauchen könnte, um zumindest für mich selbst eine erste Rohversion des Films montieren zu können.

Als ich die Geschichte in Kurzform erzählt hatte und die Jahreszahl 2012 nannte, fragte er mich scherzend, ob die Indianer doch noch so optimistisch waren, zu meinen, dass wir das Jahr 2012 erreichen würden. Er nahm meine mitgebrachte Zusammenfassung mit den Worten an sich, dass er darüber einmal mit seinem Kollegen Ruud Monster sprechen wolle. »Ruud ist im Allgemeinen offener als ich für solche Dinge.« Als ich diesen Namen hörte, wusste ich auf einmal, dass alles gut werden würde. Ich wusste, dass der Zufall mir wieder einmal auf den Fersen war – oder umgekehrt. Ruud Monster, vor zehn Jahren, auf der IDFA, dem jährlichen Internationalen Dokumentarfilmfestival in Amsterdam ... In jener Zeit studierte ich noch an der Amsterdamer Universität. Das Festival war mit seiner magischen Atmosphäre und den fantastischsten Dokumentarfilmen aus aller Welt das Absolutum, das Nonplusultra, das höchste Ziel in meinem Leben. Und wie unerreichbar weit weg erschien mir doch mein ultimativer Traum, einmal selbst mit einem Film an diesem prestigeträchtigen Festival teilnehmen zu dürfen.

In dem übervollen Angebot an Masterclasses, Interviews mit Filmemachern und Filmen fand ich mich plötzlich in einem Saal wieder, in dem ein niederländischer Cineast gerade über seinen Teilnehmerbeitrag interviewt wurde, der »Zeitweise Sonne« hieß. Den Film hatte ich »zufällig« gerade gesehen, und er hatte tiefen Eindruck auf mich gemacht. Grund war die Tatsache, dass er – laut seinem Produzenten Ruud Monster – keine Erzähllinie, keinen Anfang und kein Ende hatte, sondern dass man jederzeit mittendrin einsteigen konnte. In dem Saal hörte ich nun den Filmer darüber sprechen, dass der Zufall eine große Rolle bei der Erstellung seines Films gespielt habe. Wie er beispielsweise an einer Pfütze stand und intuitiv beschloss: »Halt, Jungs, wir stellen die Kamera hier auf.« Wie anschließend völlig unerwartet ein Motorradfahrer mit seinem Motorrad mitten durch das untiefe

Wasser gejagt war, was dann tatsächlich zu einer der schönsten Szenen des Films wurde. War es Zufall, dass ich soeben dem Kollegen dieses Mannes eine Zusammenfassung meines Films übergeben hatte, in dem der Zufall eine sehr große Rolle spielte?

Es sind diese kleinen Augenblicke, die die Magie des Lebens ausmachen. Wenn sie einem bewusst werden, macht es noch mehr Spaß – zumindest, wenn man nicht direkt seine gesamte materielle Sicherheit damit verbindet, so wie ich, und gleichzeitig ständig im Zweifel bleibt, ob diese Magie nun funktionieren wird oder nicht.

Nun, sie funktionierte offenbar, aber immer anders und zu anderen Zeitpunkten sowie in anderen Erscheinungsformen, als ich erwartete. Denn damit bleibt der freie Wille erhalten, die eigene Entscheidung, an die Existenz dieses Phänomens zu glauben oder nicht. Wenn stets eine vorhersagbare, einfach zu erkennende Gesetzmäßigkeit auf die andere folgen würde, ja, dann wäre das Leben eine Leichtigkeit. Aber dann würde niemand mehr auf eigene Faust zwischen Gut und Böse wählen – doch dazu sind wir meiner Meinung nach auf diese Welt gekommen. Ich glaube, dass derartige okkulte Phänomene sich darum immer auf des Messers Schneide abspielen – am Rande der von uns beherrschbaren und überschaubaren Wirklichkeit, wenn man keine andere Wahl hat, als die Dinge dem zu überlassen, was der Zufall daraus macht. Und damit man niemals eine wissenschaftlich beweisbare Wiederholbarkeit damit verbinden kann.

Wenn »Glauben an ...« ersetzt wird durch »So ist es«, ist die menschliche Entscheidungsfreiheit, der freie Wille dahin. Der ganze Sinn des Lebens auf der Erde für uns menschliche Wesen ist meiner Meinung nach darauf gerichtet, gerade aus diesem eigenen, heiligen freien Willen heraus unsere dunklen Versuchungen zu verwerfen und das Licht zu wählen, die Positivität, die Liebe und das Mitleid, um damit Gottes Wesen – Liebe – zu materialisieren. Um unseren göttlichen Funken in der menschlichen

Art zu verwirklichen, damit wir eines Tages in einem nächsten Stadium unserer Evolution selbst göttliche, übernatürliche Schöpfer werden. Aber dann müssen wir die Verantwortung tragen können, um rein auf der Grundlage von Liebe und Erbarmen schöpfen zu können.

Wir Menschen haben in unserem Lernprozess bereits kennen lernen können, wie wir von der physischen Art des Überlebens zu einer Art evoluieren konnten, mit der wir die Wirklichkeit auf mentale Weise nach unseren Wünschen ausrichten – man denke nur an die vielen Erfindungen des 19. und 20. Jahrhunderts, die eigentlich alle das Resultat eines mentalen Schöpfungsprozesses sind. Leider haben diese Schöpfungen häufig zu einer Entfremdung von der Natur, von der Erde geführt, also einer »Enterdung«, und sie waren häufig nicht ausschließlich auf Liebe begründet.

Vielleicht brauchen wir nach 2012 tatsächlich eine Möglichkeit, auf spirituelle Art und Weise – also in Zusammenarbeit mit den großen metaphysischen Kräften, die das Leben umgeben –, ganz natürlich die harte Realität des Lebens auf diesem Planeten nach unseren Wünschen zu gestalten und in Harmonie aus diesen Kräften zu schöpfen. Dann sind wir als Menschheit selbst zu einem Teil weiter vergöttlicht und bringen Gottes Geist oder den Großen Geist oder die Vorstellung der Liebe in der Materie weiter voran.

Eine Woche nach der Begegnung mit Jan Heijs reiste ich mit einer kleinen Auswahl aus dem Filmmaterial zu ihm und Ruud nach Amsterdam. Nachdem wir in einem Filmschneideraum meine Aufnahmen betrachtet hatten, meinte ich bei beiden wohlwollendes Nicken wahrzunehmen. Ruud schlug vor, in seinem Büro noch zusätzlich von Juan gefilmtes Videomaterial anzuschauen. Also schlenderten wir durch die geschäftigen Straßen dorthin. Plötzlich fiel Ruuds Aufmerksamkeit auf einen kleinen Gegenstand, der auf einem Zementsockel unter einem recht hohen Gitterzaun lag. »Was liegt denn hier?«, hörte ich ihn sagen, während er einen Moment später einen kleinen blauen Stein hochhielt, der mit Kupferdraht umwickelt war. An dem Haken am Ende des Kupferdrahts war zu erkennen, dass es sich um einen Ohrring handelte. »Das Ding kenne ich«, platzte ich heraus! »Oder zumindest den Entwurf! Er stammt von einer Freundin, die hier in Amsterdam wohnt. Sie ist Designerin. Das in Kupferdraht gewickelte Steinchen ist ihr Design. Ach, wie schön. Sie suchte vor kurzem noch nach einem Vertrieb, scheinbar hat sie also jemanden gefunden.«

Erst nach diesen Worten wurde mir die Symbolik dieses Fundes klar: Vor einem halben Jahr hatte sie mir diesen Entwurf gezeigt, zusammen mit anderen Schmuckstücken. Jetzt hatte sie ihre Idee scheinbar auf den Markt gebracht, es war ihr nach langem Suchen also doch geglückt. Und ich selbst stand jetzt zum ersten Mal mit einem potenziellen Produzenten und Filmvertrieb für meinen Film hier, nota bene noch keine hundert Meter von ihrem Haus entfernt. An der anderen Seite der Gracht konnte ich das Fenster der Etage sehen, die sie bewohnte.

Ruud wollte mir das Schmuckstück übergeben. »Hier, dann ist das für dich.«

»Nee, du hast es doch gefunden. Behalte du es nur«, antwortete ich, wonach Ruud es in seine Tasche steckte. Nachdem wir das von Juan gefilmte Videomaterial angesehen hatten, meinte er ganz schlicht: »Wie gemein, dass gerade dir das Geld dazu fehlte, den Film mit dem Ton zu unterlegen. Ich glaube, es wird Zeit, dass wir dir helfen.« Und damit konnte ich endlich an die Arbeit, um die erste Rohversion zu machen, um ihnen zu zeigen, welches Potenzial mein Filmmaterial hatte.

In den kommenden Monaten arbeitete ich guten Mutes in meinem Gartenhäuschen am ersten Entwurf des Films. Vorbei waren die verzweifelten Launen, das Leben war ein Fest überschäumender Kreativität, in dem jeder Tag wieder neue Antworten auf die spannende Frage lieferte, ob meine Arbeitsweise auch tatsächlich zu einem geschlossenen, spannenden Film führen würde. Ich ging auf eine völlig intuitive Art und Weise vor: Auf meinem Schneidetisch schnitt und montierte ich eine Szene nach der anderen gefühlsmäßig aneinander, ohne allzu tief über die Erzählstruktur oder Form nachzudenken, ausschließlich um eine Vorstellung davon zu bekommen, ob jede Szene auf einen bestimmten deutlichen Kern zurückgebracht werden konnte. Am Montagetisch wurden meine Erlebnisse mit den Mayas in Guatemala wieder lebendig, und ich erweckte sie zu neuem Leben.

Jede Szene, die ich gefilmt hatte, wurde auch verwendet, fand fast automatisch ihren Platz im Ganzen. Auf eine wunderbar schöne Art und Weise standen die gefilmten Erlebnisse mit Wandernder Wolf und Don Julian miteinander in Zusammenhang. Ich beschloss, die Version so zu lassen, wie sie war, und zuerst einmal wieder bei der Produktionsfirma vorbeizuschauen. Ich selbst fand das Ergebnis wunderbar, aber schließlich war es wichtiger, was sie davon hielten: Sie mussten entscheiden, ob sie den Film nun auch wirklich in Produktion nehmen würden.

Mit den schweren Filmdosen unter dem Arm reiste ich also wieder mit dem Zug nach Amsterdam, wo wir uns in dem alten Gebäude am Herenmarkt trafen. Ich war überrascht, dass ich überhaupt nicht nervös war, als ich ihnen meine Arbeit zeigte. Meine Haltung war eher: Was ihr davon haltet, ist eure Sache, aber ich finde es schön. Mit dieser Gelöstheit folgten wir zwei Stunden lang dem Film, während ich die Übersetzung der spanischen Dialoge auf Niederländisch vorlas. Wieder konnte ich aus ihren Reaktionen während des Films nichts erkennen. Doch beide waren betroffen, gerührt von der Geschichte und sehr motiviert, weiterzumachen.

»Ich kenne jemanden in Deutschland, der das hier so in die deutschen Filmkinos bringen würde. Lasst uns so schnell wie möglich einen Antrag beim Filmfonds einreichen, damit wir das Ganze weiter auf 35 mm bearbeiten können«, sagte Ruud, nachdem wir den ganzen Film noch einmal in Gedanken durchgesprochen hatten. Diese Worte klangen wie Balsam in meinen Ohren: Mein Traum begann endlich feste Formen anzunehmen. Endlich, nach zwei Jahren, hatte ich mit dem Film im Westen Boden gewinnen können.

Als wir draußen Abschied nahmen, sprachen wir noch kurz über die besondere Architektur des alten Gebäudes, in dem sich der Montageraum befand.

»Dies ist das erste Gebäude der westindischen Kompagnie aus dem 16. Jahrhundert. In diesem Gebäude wurde New York erfunden«, erzählte Jan Heijs. Ich dachte daran, dass von hier aus die Niederländer vor fünfhundert Jahren ihr Weltbild auf der anderen Seite des Ozeans im Land der Indianer verbreitet hatten, um dort Nieuw Amsterdam auf einem Stück Land zu gründen, das sie für ein paar Perlen und Spiegel von ihnen gekauft hatten. Die Insel, die die Indianer *Manhattan* nannten. Die Indianer begriffen ebenso wenig, dass jemand sich Eigentümer eines Stücks Landes nennen konnte, wie dass jemand sich als Eigentümer eines Stücks Himmels bezeichnen konnte. Siehst du die sechs Hektar Luft da? Das gehört ab sofort mir. Was den indianischen Völkern des amerikanischen Kontinents absolut unvorstellbar schien, sollte allerdings weit reichende Folgen für alle haben. Und jetzt hatte das Weltbild der Indianer eine umgekehrte Reise unternommen und in demselben Gebäude an dieser Stelle in Amsterdam einen Fuß zwischen die Tür bekommen. Es schien, als ob auf irgendeine Art und Weise ein Zyklus in der Zeit und in der Bewegung von Ideen über diese Erdkugel geschlossen worden sei.

Im nächsten Monat folgte noch eine Reihe von Überraschungen. Als Investition in das Filmprojekt beglich die Produktionsfirma meine Schuld bei der Bank, sodass wir von den hohen monatlichen Rückzahlungen befreit waren. Außerdem vereinbarten wir, dass – wenn der Film finanziell ein Erfolg werden würde – auch die Mayas am Gewinn beteiligt werden sollten. Ich wollte unbedingt, dass die Indianer endlich einmal eine positive Erfahrung mit Weißen machen konnten, wenn es um Geld ging. Zum Glück hatten Ruud und Jan selbst auch schon mit einem ähnlichen Gedanken gespielt, sodass wir uns in dieser Hinsicht schnell einig wurden. Und es kam ein Fax aus Deutschland, in dem der angesprochene Vertrieb begeistert mitteilte, dass er diesen Film sehr gerne flächendeckend als abendfüllenden Kinofilm veröffentlichen würde. Er erwartete ein großes Publikum. Gemeinsam mit den niederländischen Kinos war das schon einmal ein ordentlicher Markt für den Anfang – noch mal ganz abgesehen von dem Vertrieb in anderen Ländern und an internationale Fernsehsender.

Nun schienen damit auch eine Reihe alter Vorhersagen wahr zu werden, die mir vor vielen Jahren ein Hellseher gegeben hatte. Etwas, das ich mir bislang niemals richtig hatte vorstellen können: dass ich mit meiner merkwürdigen, intuitiven Karrierewahl, Filme über das Wissen eingeborener Völker zu machen, einmal vergleichsweise bekannt und erfolgreich werden würde. Auch schienen die Entwicklungen überraschend gut mit meinen astrologischen »Karten« übereinzustimmen: Der Film sollte wahrscheinlich im Jahr 2000 auf den Markt kommen, und das Jahr versprach in geschäftlicher Hinsicht für meinen Ein-Mann-Betrieb ein gutes Jahr zu werden. Zum ersten Mal seit Jahren konnte ich mich in jenem Sommer wieder einem himmlischen Urlaubsgefühl überlassen. Alles sah so gut aus, dass wir in diesen Tagen auf den Spitzen des Glücks zu schweben schienen. Endlich wurden wir für die Jahre der Bemühungen und der Unsicherheit belohnt. Aber die Wirklichkeit sollte wieder einmal ganz anders laufen, als wir es gedacht hatten ...

Bei einem alten zen-buddhistischen Mönch würde sich jetzt ein amüsiertes Lächeln um seine Mundwinkel kräuseln, wenn er meinen Wegen folgen und meine Versuche kennen würde, das Universum auf diese Art zu ergründen. Er würde in mir den typischen Europäer erkennen, der das Mysterium des Seins durch Logik zu erkunden versucht, in einem von ihm selbst entworfenen Labortest einfangen will, um es in die Enge zu treiben und eine Antwort auf die Frage zu bekommen, was das Sein nun genau ist.

Und er würde stattdessen bedächtig anmerken, dass das Sein wie eine glatte Eidechse sei, deren Schwanz sich löst, sobald man ihn mit beiden Händen greifen möchte. Oder etwas anderes in der Art. Er würde sagen, dass jeder Versuch, das Sein durch Logik zu beschreiben, ein Irrweg sei, da unser Denken automatisch zu Absonderung, zu Dualismus führt, da es schließlich immer nur *persönliche* Gedanken sind. Nur durch den Ausschluss jeder rationalen Abwägung, in absoluter Leere, ist es möglich, dass diese Leere sich mit der Erfahrung der absoluten universellen Einheit füllt, die hinter allen Phänomenen und Erfahrungen liegt.

> »Wir haben so viele Wege verfolgt,
> am Ende finden wir,
> was wir suchen.«

Darum ist all unser Handeln in der Materie häufig eitel, jagen wir dem Glück viel zu aktiv nach, während das wahre Glücksbewusstsein eigentlich im Nichtsein verschollen liegt – einem Zustand, den ein Mensch nur in der völligen Passivität tiefer Meditation erreichen kann.

Inzwischen erschien auch Jacques wieder auf der Bildfläche. Weil er über Norbert nun häufiger nach Guatemala und zu den Mayas reiste, berichtete er mir manchmal von seinen Reisen und nahm Nachrichten oder Geschenke von mir für die Menschen dort mit. Ich achtete darauf, nicht allzu schnell nach hellseherischen Wahrnehmungen seinerseits zu fragen, aber wollte ihm das Gefühl geben, dass er als »normaler« Freund willkommen war. Ein anderes Mal kam er vorbei, um mich mit »spirituellem Rat« zu bestücken in Bezug auf die vorläufige Montage, die ich inzwischen meinen Produzenten in Amsterdam gezeigt hatte. Als er bei diesen Gelegenheiten durchblicken ließ, dass es wichtig sei, diesen Rat einzuhalten, weil sich ansonsten böse Energien mit meiner Arbeit vermengen könnten, bekam ich das Gefühl, dass wir wieder in dieselbe Richtung abzudriften drohten, wie es in Kolumbien der Fall gewesen war.

Noch heute werfe ich mir vor, dass ich in diesen Situationen nicht den Mut hatte, den Konflikt mit ihm anzugehen und ihn darauf hinzuweisen, dass ich ab sofort meine eigene Intuition für maßgeblich hielt. Es wäre in diesem Augenblick vielleicht noch möglich gewesen, ihm klar zu machen, wie ich – rückwirkend – die Ereignisse im Amazonasgebiet und seine Rolle darin sah. Vielleicht hätte auf der Grundlage eines solchen Gesprächs noch einige Klarheit in unserer Beziehung und den Ereignissen dort entstehen können, denn natürlich war auch meine Sicht unserer gemeinsam erlebten Abenteuer nicht mehr als meine äußerst subjektive *Erfahrung*.

Stattdessen beschloss ich, ihn jetzt ganz aus dem Film verschwinden zu lassen. Auch wollte ich lieber keinen Kontakt mehr mit ihm haben, aber durch meinen Mangel an Deutlichkeit und Tatkraft in diesen Situationen gelang es ihm doch, sich selbst wieder einzuladen – und zwar für die Präsentation im geschlossenen Kreis vor der Kommission des Filmfonds, die im Oktober stattfinden sollte. Diese Vorführung sollte die Entscheidung bringen, ob die Endbearbeitung des Films finanziert werden würde – eine wichtige Präsentation also. Ich hatte das Gefühl, als ob er an diesem Tag kontrollieren wollte, ob ich seinen »Rat« befolgt hatte. Naja, er würde es mit eigenen Augen sehen ...

Wir saßen zu sechst in dem dunklen Kinosaal. Wie in einem lebendigen, bunten Traum erschien Wandernder Wolf lebensgroß auf dem Schirm in einem Holzboot auf der umnebelten Weite des Atitlansees in Guatemala, der für die Mayas ein heiliger See ist. Es war, als ob ich im Saal fast wieder den Duft einatmen konnte, der über dem dampfenden Wasser hing. Das Gluckern des Wassers und die erhabene Stille, in der er aus dem Boot heraus Weihrauch in alle vier Windrichtungen opferte, rief eine friedliche Atmosphäre der Verbundenheit mit den Elementen und dem Geist des Wassers hervor. Ich sah zu, als wenn ich den Film zum ersten Mal sähe.

Der Traum der Verbundenheit wurde jedoch jäh zerstört von dem Geräusch heulender Jetskis der Touristen, die kurz danach an seinem Boot vorbeijagten und Wandernden Wolf in seinem Bötchen bei seinem Ritual beinah in Stücke fuhren. Zwei Welten, die unüberbrückbar schienen, aber doch durch diesen Film hoffentlich etwas näher zueinander gebracht wurden. Fast direkt danach ging der Film auf die Zusammenkunft im Amazonasgebiet über. Es war eine Szene, die ich ganz offensichtlich anders geschnitten hatte, als mir geraten worden war, und vielleicht sah Jacques nun, dass er mit seinen spirituellen Empfehlungen wirklich keinen Einfluss mehr auf mich hatte.

Für mich stand mit dieser Präsentation sehr viel auf dem Spiel. Als das Licht nach zwei Stunden wieder anging, hatte ich darum kaum einen Blick für Jacques übrig, und er verschwand dann auch recht unauffällig irgendwann. Die Reaktion der Kommissionsmitglieder des Filmfonds konnte ich nicht einschätzen. Ich hatte allerdings den Eindruck, dass mich einer von ihnen recht verärgert ansah. Ich begriff, dass dieser Film für manche Menschen eine Konfrontation bedeuten konnte, eine Konfrontation mit ihrem eigenen gehegten Weltbild und Referenzkader. Aber das war ja gerade meine Absicht gewesen: dass der Film zu Diskussionen aufrufen würde, in jedem Falle dazu einladen würde, die Wahrheiten und Überzeugungen der Menschen in dem Film und der Menschen, die ihn ansahen, nebeneinander zu stellen. Ich hoffte nur, dass die Mitglieder dieser Kommission in der Lage wären, über ihre eigenen Beschränkungen hinaus zu denken, und den Film aus dieser Perspektive schätzen konnten. Das war ein riesiger Einschätzungsfehler, wie sich später herausstellen sollte ...

Aber zunächst erwartete mich ein Schock, als ich – wieder zu Hause angekommen – das Filmmaterial auf meinem eigenen Schneidetisch zurückspielte. Beim beschleunigten Zurückspulen des Bildes zeigten sich zu meinem Entsetzen tiefe Längskratzer auf der Arbeitskopie. Mir lief eine Gänsehaut über den Rücken. Ich konnte mich der Vorstellung nicht entziehen, dass ein wütendes Tier mit scharfen Klauen tiefe Kratzer über den Film gezogen hatte. Ich zählte gut und gerne sechzehn breite Kratzer, die kurz hinter der bewussten Szene begannen, über die Jacques und ich diskutiert (oder besser: »nicht« diskutiert) hatten. Und ein unangenehmer, beunruhigender Gedanke beschlich mich.

Sollte Jacques doch Recht gehabt haben, als er von den negativen Kräften sprach, die Einfluss auf den Film nehmen könnten? Das wäre doch wirklich zu überdreht! Andererseits war es aber auch wirklich sehr »zufällig«, dass das Material im Projektor gerade an dieser Stelle so erheblich beschädigt worden war. Ich spürte, dass die großen Dilemmas, mit denen ich im Hotelzimmer in Kolumbien bereits gekämpft hatten, wieder zurückzukehren drohten. Und ich begann erneut, alle Ereignisse wieder ins Gedächtnis zurückzurufen, um zu prüfen, ob ich sie im richtigen Licht sah. Und wie immer kam ich zur selben Schlussfolgerung. Es konnte doch nicht der Sinn der Sache sein, spirituellen Ratschlägen zu folgen, die eine Drohung für den Fall enthielten, dass man ihnen nicht folgte? Wenn ich dem nachgeben würde, befände ich mich auf der schiefen Ebene der Sekten, der fanatischen Religionen. Vielleicht war dies ja der ultimative Test und war Jacques hierin tatsächlich mein Therapeut. Vollkommen durcheinander, beschloss ich dennoch, den Kontakt mit ihm sofort und für immer abzubrechen.

Die Kritik, die wir – erst einen Monat später – vom Filmfonds für den Film bekamen, war nicht zartbesaitet. In einem vernichtenden Brief wurde deutlich, dass die Botschaft des Films bei den Kommissionsmitgliedern nicht angekommen war. Personen und Szenen waren vertauscht, Namen verwechselt und Erzählstränge falsch beschrieben, kurzum: Es schien, als ob die Kommission einen völlig anderen Film gesehen hätte. Der Fonds schlug vor, noch einmal ganz von vorne anzufangen, mit einem neuen Erzählstrang und einem neuen Editor, und für diese Phase Förderung zu beantragen. Wie war dies möglich? Wie konnte ihre Wahrnehmung des Films so von dem abweichen, was wir selbst gesehen hatten? Waren wir schon zu sehr in die Geschichte vertieft? Oder war es eine Frage der Schwingungen, des Schwingungsniveaus, das eine bestimmte Einstellung und damit ein bestimmtes Niveau spiritueller Entwicklung verlangte?

Wir wussten es nicht, aber die Ablehnung bedeutete eine Katastrophe für das Projekt im Allgemeinen und für mich selbst im Besonderen. Meine Produzenten versuchten, das Ganze positiv zu sehen, indem sie betonten, dass in jedem Falle doch eine Einladung für einen Förderantrag dabei herumgekommen war. Aber ich ging vor lauter Elend fast kaputt, denn ich ahnte, was das bedeutete: monatelange Verzögerungen. Monate voller Spannung, Warten auf die Zusage und schließlich auf das Geld vom Filmfonds, um wieder einen Schritt weitergehen zu dürfen. Ich glaubte nicht, dass ich eine solche Stagnierungsphase noch einmal überstehen könnte.

Gleichzeitig mit meiner Ablehnung war ein eingereichter Vorschlag einer Regisseurin genehmigt worden, die eine Dokumentation über Kriegsfaszination machen wollte: Menschen, die in Kriegen vom Töten fasziniert worden waren und die diese Erfahrung auch darüber hinaus suchten. Der Fonds war so von diesem Plan beeindruckt, dass er beschloss, diesen Antrag mit zusätzlichen 50.000 Euro zu belohnen. Was für eine Welt! In was für einer fürchterlichen, von Gewalt besessenen, in sich selbst eingesperrten Kultur versuchte ich eigentlich, Aufmerksamkeit für das Gedankengut von Völkern zu bekommen, die hauptsächlich durch den Einsatz eben dieser Kultur fast vom Erdboden verschwunden waren? Musste ich dieser Ablehnung folgen? Musste ich den Film, den ich gemacht hatte, jetzt über Bord werfen, um mit jemand anderem völlig neu anzufangen? Musste ich gestatten, dass andere mir vorschrieben, was in den Film kam oder nicht?

Am Morgen der Ablehnung brach meine Seele entzwei. Ich brach in Tränen aus und wünschte, dass ich niemals mit diesem Abenteuer begonnen hätte. Denn es war in jeder Hinsicht zu spät, damit aufzuhören, aber es schien mir auch überhaupt nicht mehr sinnvoll, weiterzumachen.

Ruud war es schließlich, der der Lethargie ein Ende bereite. Er rief mich an und berichtete mir von einer Freundin, die bei nordamerikanischen Medizinmännern in die Lehre gegangen und gerade von dort zurückgekommen war. Nachdem sie den Film gesehen hatte, sei sie »bis ins Mark gerührt« gewesen, wie sie sagte. Aber was wichtiger war: Sie hatte ganz klar die Botschaft empfangen, dass sie ein schamanistisches Ritual mit mir durchführen musste, weil sie beim Betrachten des Films sowohl eine enorme Begeisterung als auch eine große Gegenkraft erfahren habe. Diese Gegenkraft hätte auch von mir Besitz ergriffen, eine Gegenkraft, die verhindern wollte, dass die Botschaften der Indianer in der Welt verbreitet wurden. Davon wollte sie mich mit einem Ritual reinigen.

Es war recht ungewöhnlich, dass ich – nach langem Hin und Her – schließlich »bewaffnet« zu dem Ritual ging. Nachdem Diana und ich den nach Salbei duftenden Behandlungsraum dieser Amsterdamer Schamanin betreten hatten, zeigte ich ihr als Erstes meinen Dolch, den ich einmal von einem Papua geschenkt bekommen und zu diesem Ritual mitgenommen hatte. Es war ein messerscharfer Zeh eines Casuarisvogels, eines dem Strauß ähnlichen Tiers, das nur in Neuguinea vorkommt. Das Gelenk an der stumpfen Seite des Zehs war mit grobem Rattan umwickelt und in den typischen Erdfarben von Asmat bemalt: Rot und Weiß.

Ich spürte, dass ich direkt nach meinem Eintritt in den Raum durch die vielen, überall aufgestellten magischen Gegenstände, den ganzen Firlefanz und die exotische Atmosphäre gereizt wurde. Warum? Was war der Unterschied zu der magischen Atmosphäre, in die traditionelle Schamanen sich hüllten? Fast wie ein Reflex klangen in meinem Kopf die Alarmsirenen. Wie hatte ich mich doch verändert: Es war gerade diese Atmosphäre des Geheimnisvollen, die mich am Schamanismus und beispielsweise an Jacques und seinen Ritualen vor Jahren so angezogen hatte. Jetzt stieß es mich eher ab, all dies in dem Keller eines Amsterdamer Herrenhauses zu sehen. Während die Frau mich mit Salbeirauch und einer Adlerfeder befächerte, um getreu der indianischen Tradition meine Aura von bösen Energien zu reinigen, hielt ich den Casuariszeh fest in meiner Faust umklammert. Ich erklärte ihr, dass die Klaue ein mir wichtiges Geschenk sei, aber dahinter steckte eine verborgene, unbewusste Botschaft: Fass mich nicht an! Keine schwarze Magie in meiner Nähe!

Während sie mit geschlossenen Augen die vier Windrichtungen anrief, ihre Führungsgeister und die Geister der Vorfahren, erzählte sie mir, wie sie mich als einen Indianer vor sich sitzen sah. »In einem vorigen Leben bist du einst dieser Indianer gewesen. Ich sehe, dass du einen Konflikt mit einem großen Häuptling hattest. Das könnte gut dieser Wandernde Wolf gewesen sein.«

Ich zuckte mit den Schultern, blieb in meinem Panzer und völlig verschlossen. Wir sprachen über den Film, und das Gespräch kam auf Don Julian. Aus irgendeinem Grunde erzählte ich ihr, wie Don Julian einst seine Kräfte verloren hatte, damit er lernen konnte, dass es nicht um sein Schamanen-Dasein ging, sondern darum, wie er als Mensch war. Ich war mir bewusst, dass ich ihr damit erneut eine verkappte Botschaft gab: Lass das »Theater« sein, lass uns das tun, wofür ich hergekommen bin. Die Intensität meiner abwehrenden Haltung überraschte mich eigentlich selbst. Diese Frau hatte mir schließlich völlig spontan und selbstlos ihre Hilfe angeboten. Aber die Botschaft schien bei ihr richtig anzukommen: Etwas in ihrer Haltung und ihren Gesichtszügen veränderte sich, sie schien milder zu werden, und die Atmosphäre zwischen uns beiden veränderte sich, wurde ausgeglichener. »Lass uns die Waffe jetzt einmal fortlegen«, sagte sie lächelnd. »Sie ist ein sehr starker Gegenstand, aber wir können sie in diesem Ritual besser nicht verwenden.«

Ich lächelte zurück und legte die Klaue weg. Das Eis war gebrochen. Erst jetzt konnte ich mich ganz für sie öffnen – und für das Ritual. Während sie meine Aura las, fragte sie mich, ob ich während meines Aufenthalts in Guatemala mit einem oder zwei Schamanen vor Ort in Konflikt geraten sei. »Warum?« stellte ich die Gegenfrage. Ich wollte so wenig persönliche Informationen wie möglich geben, um festzustellen, ob meine Vermutungen in dieser Sache auch wirklich von ihr erkannt werden würden, statt dass *ich* ihr diese Informationen gab.

»Deine Aura ist von einer Art grauem Nebel völlig verschleiert, der es dir sehr schwer macht, zu dir selbst zu finden. Du siehst dadurch die Dinge nicht mehr klar. Und es haben sich verschiedene Energien mit deiner vermischt: Aus eigener Kraft kannst du dich davon nicht mehr befreien.«

Mit geschlossenen Augen tastete sie mit ihrer linken Hand in der Luft, während sie in der rechten Hand ein Pendel hielt. »Es handelt sich um zwei verschiedene Quellen, zwei verschiedene Personen, die sich auf eine negative Art und Weise mit dir vermischt haben. Das eine ist in Guatemala geschehen, bei dem anderen bin ich mir nicht sicher, ich glaube, das ist schon früher geschehen.«

Vor meinem inneren Auge erschienen die Gesichter von Cezar und Jacques. »Kann die andere ›Vermischung‹, wie du es nennst, auch durch einen Niederländer verursacht worden sein?«, fragte ich sie.

Die Frau schüttelte mit immer noch geschlossenen Augen den Kopf. Das Pendel in ihrer rechten Hand begann daraufhin allerdings sofort heftig zu schwingen. Sie öffnete ihre Augen.

»Ich wollte ›Nein‹ sagen, aber mein Pendel sagt ganz deutlich ›Ja‹. Weißt du, wer die beiden sind?«

Ich nickte. Die Frau nahm hinter meinem Rücken Platz. Ich fühlte, wie ihre Finger in minimaler Entfernung von meiner Haut ständig kleine Bewegungen machten, als ob sie etwas aus meinem Rücken pulen würde.

»Es verlaufen hier verschiedene Stränge, die mit Haken in deinen Rücken geschlagen wurden. Sie stammen von zwei verschiedenen Personen. Über diese Verbindungen oder Stränge dringt die graue Energie ein, die deine Aurafarben verschleiert. Die Stränge der einen Person scheinen eine Panik-Reaktion zu sein: Jemand hatte Angst, dich zu verlieren, und hat sich mit verschiedenen kleineren Haken in deinem Rücken festgehakt. Ein Strang wäre hier allerdings schon genug gewesen. Der andere ist sehr wohlüberlegt zu Werke gegangen. Hier hinten an deinem Hinterkopf, beim Kleinhirn, sitzt ein dicker Strang, genau an der Stelle, an der sich dein visueller Kortex befindet. Derjenige hat sehr bewusst deine Kapazitäten als Filmer angreifen wollen. Kannst du dich an einen oder mehrere Momente erinnern, in denen diese Dinge geschehen sein können?«

Wieder nickte ich. Mit geschlossenen Augen sah ich in einem völlig dunklen Raum plötzlich ein sehr helles Dreieck aufleuchten, ein weißes, unruhig flackerndes Bild, das auf eine große Leinwand in einem Kino projiziert wurde. Das Bild bestand nur aus dicken schwarzen Kratzern. Das Bild wechselte nun zu Guatemala, wo ich einer Zusammenkunft zwischen Wandernder Wolf und einigen Ältesten anderer Maya-Stämme beigewohnt hatte. Don Cezar saß auf dem Stuhl neben Wandernder Wolf, der über die trügerische Hilfe der Weißen sprach.

»Sie kommen mit ihren Fragenlisten von allerlei Organisationen: Habt ihr dies, habt ihr das? Und wenn alles eingetragen ist, versprechen sie Veränderungen. Aber es ändert sich nichts. Die Menschen gehen zurück in ihre Städte, wo sie für ihre Arbeit bezahlt werden, und die Indianer bekommen nichts.«

In dem Augenblick, in dem Wandernder Wolf diese Worte aussprach, sah ich, wie Don Cezar mit einem sehr düsteren Blick direkt in die Kamera schaute, als sähe er mich an. Ich erschrak über den Hass in seinen Augen. Und es war, als ob ich seine Gedanken lesen könnte: »Da sitzt wieder so ein Weißer, der angeblich zu uns kommt, um uns zu helfen, aber sich nur selbst helfen will.« Das war der Strang, der in meinen Hinterkopf geschlagen worden war. »Ich entferne jetzt die Stränge, und auch die Splitter, die diese Stränge zurücklassen.«

Es war, als ob ich wirklich fühlen konnte, wie sie mit ihren Fingern sehr vorsichtig Glasstückchen aus meinem Rücken pulte. Diana konnte sehen, wie sie mit geschlossenen Augen sehr vorsichtig viele Stellen auf meinem Rücken bearbeitete, als ob es sich um einen chirurgischen Eingriff handeln würde. Und der Effekt war bemerkenswert: Es fühlte sich an, als ob eine gewaltige Schwere von mir abfallen würde. Ab und zu hatte ich noch zweifeln können, ob ich die Ereignisse zwischen Jacques und mir richtig eingeschätzt hatte. Jetzt war ich von diesen letzten Zweifeln befreit. Gleichzeitig erkannte ich, dass ich all dies selbst herausgefordert hatte, indem ich dem Konflikt zu lange aus dem Weg gegangen war, sodass die Situation andauern und sich von selbst verschlimmern konnte.

Die Frau fuhr fort: »Es war sicher keine böse Absicht des Therapeuten. Was ihm passiert ist, passiert vielen spirituellen Heilern. Wir nennen es SHIT: Spiritual Healers In Training. Sein Ego spielte verrückt, und in dem Augenblick, in dem er dich nicht mehr halten konnte, hat er in Panik um sich geschlagen. Daher die vielen Haken, überall in deinem Rücken. Ich habe gut und gerne dreizehn Stränge gezählt. Der andere ist eigentlich viel bösartiger: Er hat sehr überlegt entschieden, wo er dich am härtesten treffen konnte.«

Ich musste an die warnenden Worte von Norbert in Bezug auf Cezar denken und an die Tatsache, dass ich ihm damals wenig Glauben schenkte. Wie ironisch, dass gerade dieser Mann als Leibwächter von Wandernder Wolf angestellt war. Es tat mir irgendwo auch gut zu hören, dass Jacques nicht zielgerichtet gehandelt hatte. Beiden Personen gegenüber empfand ich keinen Groll, keine Verbitterung, nur eine merkwürdige Erleichterung und Befreiung.

»Die Existenz eines solchen negativen Stranges nutzt letzten Endes niemandem, beide Parteien werden durch die Energie des jeweils anderen ›verunreinigt‹. Aber Hut ab vor dem, was ihr beide zusammen angegangen seid.« Bei diesen Worten sah sie nachdrücklich Diana an. Es war schön, diese Worte zu hören. Schließlich war der größte Teil dieses Kampfes ein recht anonymer und einsamer gewesen, von dem nur meine Frau und ich wussten.

Nach dem Ritual umarmte ich sie dankbar. »Manchmal ist man berufen, etwas zu tun, auch wenn man es gratis tun muss, selbst gar nichts dafür bekommt. Viel Erfolg mit dem Film und bis zur Premiere«, sagte sie schlicht zum Abschied. Federleicht reisten wir gemeinsam mit dem Zug nach Hause. Was für ein besonderer Tag war dies doch gewesen ...

Ende Juli bekamen wir schließlich den endgültigen Ablehnungsbescheid vom Filmfonds. Wir besprachen die Situation im Büro der Produzenten. Jan und Ruud versuchten, nicht den Mut zu verlieren, gaben aber zu, dass der Vertrieb als Kinofilm jetzt sehr unsicher zu werden begann. Niedergeschlagen wartete ich vor dem Büro vor den geschlossenen Lifttüren, bis der Fahrstuhl kam, der mich nach unten bringen sollte. Während sich die Türen öffneten und ich mich besorgt fragte, ob meine Produzenten sich nicht irgendwann auch aus dem Projekt zurückziehen würden, kam Ruud plötzlich aus seinem Büro und stieg neben mir in den Fahrstuhl. Während wir nach unten sausten, holte er etwas aus seiner Hosentasche, das er zwischen Daumen und Zeigefinger vor meiner Nase hochhielt. Es war das Steinchen, das wir an jenem Nachmittag – vor fast einem Jahr (!) – auf der Straße gefunden hatten. Das blaue Steinchen, umwickelt mit Kupferdraht. Es schaukelte ein wenig an seiner Kette hin und her.

»Ich habe es all die Zeit aufgehoben und immer bei mir gehabt, wenn im Zusammenhang mit diesem Film wichtige Entscheidungen getroffen werden mussten. Im Urlaub auf den Kanaren hatte ich es beinah verloren, aber als ich in unser Hotel zurückkam, hing es merkwürdigerweise am Schlüssel, den ich versehentlich in der Hoteltür steckengelassen hatte. Dies ist unser Maya-Steinchen. So lange, wie ich es noch habe, wird der Film etwas. Denke an meine Worte.« Der gute Ruud, ich hätte ihn dafür umarmen können! Mit seinem Feingefühl und seiner eigenen Erfahrung als Filmemacher hatte er meine Verzweiflung haarfein gespürt und genau die richtigen Worte gefunden, die mir in diesem Augenblick Trost geben konnten.

Ich wollte Ruud von Herzen gern glauben, aber wie? Wir waren mit dieser letzten Ablehnung von unserem Ziel weiter entfernt als je zuvor. Es sah ganz danach aus, als wenn der Film niemals auf die Leinwand kommen würde. Würde hier das Schiff stranden? Würden damit die Botschaften der Indianer für die Außenwelt auf einem Arbeitstisch irgendwo in einem Schneideraum stecken bleiben? Weil »man« nach genauerer Betrachtung kein Interesse daran hatte. Was für ein Zynismus! War dies nicht ein typisches Beispiel für die so genannte Offenheit unserer westlichen Kultur?

Vielleicht sollten diese bösen Gedanken ein tiefer liegendes Gefühl in mir verschleiern, den Keim einer beunruhigenden Idee, den ich lieber nicht zu einem konkreten Gedanken auswachsen lassen wollte – nämlich der Gedanke, dass *ich* es war, der versagt hatte. Dass es mir nicht gelungen war, diese Geschichte auf eine solche Art und Weise zu erzählen, dass selbst der größte Skeptiker schmunzelnd zugeben müsste, dass dies ein besonderer Film

sei. Dass es mir nicht gelungen war, den Abstand, den beinah un-
bewussten Graben zwischen Wandernder Wolf und mir auf eine
Art zu überwinden, die dem Film zugute kam. Dass ich vielleicht
doch gegen die Gegenkräfte verloren hatte, die auf meinem Weg
erschienen waren: Cezar und Jacques, in deren Energien ich mich
so verheddert hatte. Und (der schlimmste Gedanke), dass ich
vielleicht doch gegen die Gegenkräfte in *mir selbst* verloren hatte,
durch die ständige Dualität in mir, den ewigen Zweifel, den ständigen Streit zwischen Verstand und Gefühl: Hatte diese Dualität
nun letzten Endes dazu geführt, dass ich den Prozess doch nicht
hatte beenden können?

Aber was bedeutete das für den Zufall und die Bedeutung der
Botschaften der Indianer in diesem Augenblick? War dies das
ruhmlose Ende meines Experiments mit der okkulten Welt?

In den folgenden Wochen sagte ich in meinen verbittertsten
Launen manchmal zu meiner Frau, dass wir in einem sadisti-
schen Universum leben, in welchem dem Menschen immer eine
Wurst vor die Nase gehalten wird, der er sein Leben lang hinter-
herrennt. Mephisto, du schlauer Teufel, du ewiger Verführer der
menschlichen Sünden wie Ehrgeiz und Eitelkeit, hast du mich dafür auf Reisen geschickt? Machst du dir jetzt unsichtbar in die
Hose vor Lachen? Ich konnte nicht glauben, dass alle Energie,
alle Opfer, die wir für dieses Projekt gebracht hatten, wirklich
umsonst gewesen sein sollten ...

11
Sturm, Feuerregen, Gewitter

KAWOQ (CAUAC)

Kawoq ist das mächtige Donnerwesen.

Ohne Gewitter kann der Himmel nicht aufklaren.

Kawoq ist der Sturm, der – ohne Ausnahme –

alles reinigt.

In Zeiten großer Unsicherheit wendet sich der Mensch den höheren Mächten zu, die in seinen Augen sein Schicksal bestimmen. Das war schon immer so. Wir mussten unseren alten, aber geliebten gemieteten Bauernhof verlassen. Unser Vermieter pochte auf Eigennutzung. Wir träumten davon, irgendwo ein Holzhäuschen für uns zu finden, am Rande eines weitläufigen Waldes, in der Nähe eines freundlichen kleinen Dorfes. Aber Tatsache war, dass wir überhaupt kein Geld für ein anderes Haus hatten. Unser gesamtes Kapital steckte schließlich in dem Film. Es schien, als wenn ich nach und nach ein Gefangener meines eigenen Experiments werden würde. Vielleicht musste ich, der Antimaterialist, doch meine fast angeborene Scheu vor Geld überwinden lernen, um einzusehen, dass Geld auch sehr positive Dinge ermöglichen kann.

Ich beschloss, wieder einmal den Astrologen und Hellseher aufzusuchen, der mich einst auf diesen Weg gebracht hatte – mit den Worten, dass es ein erfolgreicher werden würde. Der Mann empfing mich mit der Einfachheit, die ihm eigen war. Ich erzählte ihm von meiner Frustration. »Ich habe nun schon vor vielen Jahren diesen Weg eingeschlagen. Ich bin häufiger hergekommen, wenn es schwierig war. Und ich muss zugeben, dass Ihre Vorhersagen bislang ziemlich genau zutrafen. Aber jetzt weiß ich nicht weiter. Es scheint, als ob ich nicht weiterkomme. Es sieht jetzt doch so aus, als ob Ihre astrologischen Berechnungen nicht mehr stimmen.«

»Hm.«

»Ihren Berechnungen zufolge sollte das Jahr 2000 in geschäftlicher Hinsicht ein gutes Jahr werden. Es ist eine Katastrophe.«

Der Astrologe lächelte: »Aber das Jahr ist noch nicht vorbei.«

»Das stimmt. Aber es müsste schon ein Wunder geschehen, wenn es noch ein gutes Jahr werden soll.«

Der Astrologe rutschte in seinem Stuhl kurz hin und her, nahm seine Brille ab, rieb seine Augen und sah mich danach mit leicht amüsiertem Blick wieder an.

»Pass auf, ich schreibe zu Beginn jeden neuen Jahres eine Reihe von astrologischen Vorhersagen für die Zeitung. Im Januar 1989 sagte ich voraus, dass in dem Jahr die Mauer fallen würde. Es wurde August, September, Oktober, und die Menschen begannen, mich anzurufen, um zu sagen: ›Tja Toon, sie steht noch immer‹. Denen gab ich immer dieselbe Antwort, die ich dir soeben auch gab: ›Das Jahr ist noch nicht um‹.«

Beim Verlassen seines Sprechzimmers rief er mir nach: »Und denk dran, am 9. November 1989 fiel die Mauer.«

Und wieder rief Ruud an: »Wir werden für deinen Film eine Kommanditgesellschaft gründen.«

»Das geht doch nur für Spielfilme?«, war meine überraschte Reaktion.

»Das ist für Filme erlaubt, die für das Kino gedacht sind. Also auch für unsere Dokumentation.«

Plötzlich sah ich zig Möglichkeiten vor meinem geistigen Auge auftauchen. Das war es! Seit einem Jahr gab es in den Niederlanden einige neue Steuergesetze, die es für vermögende Privatleute sehr lukrativ machten, Geld in einen Film zu investieren. Die Anlage konnte fast komplett von der Steuer abgesetzt werden. Die sonst so kränkelnde Spielfilmproduktion erhielt dadurch einen enormen Schub. »Ruud, dann wird es Zeit, schnell damit loszulegen. Nach diesem Jahr wollen sie die Steuermaßnahme schon wieder abschaffen oder zumindest ein Stück weniger attraktiv gestalten.«

Was für eine Ironie – aber was für eine einmalige Gelegenheit war dies! Obwohl ich die Geschichte der Indianer nur schwer mit einer steuerlich attraktiven Gewinnanlage für Reiche vereinbaren konnte, bot der Plan tatsächlich Perspektiven. Wenn wir genügend Zeit hätten, den Film als Anlageobjekt auf den Markt zu bringen, könnten wir vor Ende des Jahres die Finanzierung für die Beendigung der Produktion und Veröffentlichung des Films geregelt haben. Allerdings mussten wir unsere Film-CV, wie diese Steuermaßnahme genannt wurde, mit den Mitgesellschaftern vor dem 6. Dezember beim Finanzamt anmelden.

Wir spürten den heißen Atem der Zeit in unserem Nacken. Wir würden es vielleicht gerade eben noch schaffen. Aber nach dem Jahr 2000 gaben wir uns keine Chance mehr. Das große Problem war, ausreichend Publizität für diese Film-CV zu generieren. Und wir hatten so gut wie kein Budget für eine große Werbekampagne. Wir ließen 7000 Flyer drucken, um sie zu vertreiben an: die Lions Clubs, die Rotary Clubs, allerlei spirituelle Gruppierungen, Geschäfte und Verbände in unserem Land und an die Medien. Erst Mitte Oktober war alles fertig: Insgesamt hatten wir nur noch sechs Wochen, um unsere Investoren zu finden.

Nach jeder Zeitungsmeldung, jeder regionalen TV- oder Radiosendung saß ich gespannt abwartend am Telefon, voller Vertrauen in die wahnsinnige Wirkungsweise des Zufalls, des Universums, und wartete, dass ein Strom von Anmeldungen sich in Gang setzen würde, ein breiter Fluss, der dieses Bötchen in schneller Fahrt zum Anlegesteg mitnehmen würde. Endlich war die Zeit gekommen, die Botschaften der indianischen Völker in der Welt bekannt zu machen.

Es kam allerdings kein breiter Fluss in Gang, nicht einmal ein lächerliches Bächlein. Diese stillen Wochen gehörten zu den allerschwersten in dem gesamten Prozess. Der erwartete Zustrom von Investoren blieb aus. Nach vier Wochen hatten sich erst drei Interessenten gemeldet. Wo blieben all die kapitalkräftigen, spirituell beseelten Menschen? Wo war das Vertrauen dieser Menschen? Und wo blieben jetzt verdammt noch mal die Menschen aus dem Club der sehr gut Betuchten, sehr spirituell Interessierten, die vor zwei Jahren so interessiert das Rohmaterial gemustert hatten? Ich starb tausend Tode vor Elend, fühlte mich einsamer denn je. Wie sehr hatten wir uns geirrt. Wie sehr hatten wir uns in der Welt geirrt, in der wir lebten. Wie sehr hatte ich mich in den Gesetzmäßigkeiten des Universums geirrt. Hatte ich mich so geirrt in ... in allem?

Ich verschickte einen Brief nach dem anderen, wollte nicht aufgeben. Je näher das Datum des 6. Dezembers kam, desto besessener wurde ich, es weiter zu versuchen, bis selbst meine Frau schließlich rund zwei Wochen vor Ende der Anmeldefrist ihr Vertrauen in das Universum verlor und einen Nervenzusammenbruch erlitt. Sie brach buchstäblich neben meinem Schreibtisch zusammen, und ich musste sie zum Sofa tragen, weil ihre Beine es nicht mehr konnten.

In Tränen aufgelöst saßen wir beieinander. Alles missglückt, nach so langer Zeit und so viel Mühe. Und ein Gedanke kam in mir hoch, zum ersten Mal, seit ich mit aller Macht versucht hatte, diesen Film zusammenzukriegen: Wenn es der Welt nicht dient, dann ist es vielleicht besser, dass es mit dem Film niemals etwas wird.

Diana weinte leise, völlig erledigt. Ich war zu Tode erschrocken: So hatte ich sie noch nie erlebt. Sie war immer so stark. Ich wusste, dass wir beide wirklich bis zum Äußersten gegangen waren. Dass wir alles gegeben hatten, was in unserer Macht lag. Draußen trommelte der Herbstregen gegen die dunklen Fensterscheiben. Während ich sie hin und her wiegte, flüsterte ich mit heiserer Stimme: »Ich gebe auf. Ich löse die Firma auf und suche morgen eine Arbeit. Drei Jahre hat es uns gekostet, und noch viel mehr. Es war ein Traum, die Wirklichkeit ist anders. Wir müssen umziehen, wir müssen uns auf andere Dinge konzentrieren. Unser Leben anders gestalten. Es ist alles so völlig anders gelaufen, als ich erwartet hatte. Es tut mir Leid.«

Besorgt betrachtete ich Diana. Sie sah sehr blass aus und lag schlaff in meinen Armen. Dann lächelte sie und sagte: »Warum schreibst du den Mayas nicht einen Brief, in dem du ihnen alles erklärst? Und bittest sie, eine Zeremonie für das Gelingen des Filmprojekts durchzuführen? Ich habe es dir schon öfter gesagt, aber bislang hast du das noch nicht versucht.«

Überrascht sah ich sie an. Es stimmte, was sie sagte. Ich hatte ihren Vorschlag immer abgewimmelt mit dem Kommentar, dass ich die Mayas nicht mit meinen Problemen belästigen wollte. Sie hatten ihre eigenen Probleme, im Vergleich zu denen die meinigen aller Wahrscheinlichkeit sehr banal aussehen würden. Nun nickte ich zögernd. »Du hast Recht. Ich werde morgen einen Brief faxen und Wandernder Wolf bitten, eine Zeremonie durchzuführen. Aber das ist dann auch das Letzte, was ich tun werde, das verspreche ich dir.«

Und an das Versprechen hielt ich mich. Das Fax schickte ich mehr aus einer Art Pietät, um wirklich nichts, aber auch gar nichts versäumt zu haben. Obwohl ich nicht daran glaubte, dass es noch irgendeinen Unterschied machen würde, schrieb ich einen langen Brief an Wandernder Wolf, in dem ich ihm von den großen Schwierigkeiten berichtete, die es mich bis jetzt gekostet hatte, ihre Sicht der Welt und der Zukunft der Menschen in einem Film an den Westen zu vermitteln. Dass ich wirklich mein Bestes gegeben hatte, aber dass es mir einfach nicht allein zu gelingen schien. Dass ich ihn bitten wollte, die Maya-Kräfte für das Gelingen der Finanzierung anzurufen. Und dass ich froh war, trotz allem, dass ich sie beide, ihn und Don Julian, kennen gelernt hatte.

Als der Brief weg war, gab ich auf.

Frieden, Liebe. Es gehe euch gut, eingeborene Völker Amerikas. Ich verstehe jetzt, warum so viele von euch sterben mussten. Das Drama des Kontinents liegt in der Tatsache, dass dort zwei Kulturen zusammengekommen sind, die nichts, gar nichts voneinander verstanden haben ... Aber letzten Endes war ich derjenige, der nichts verstand.

Drei Tage später klingelte das Telefon. Jemand von der »Tros Nieuwsshow«, einer Nachrichtensendung eines großen niederländischen Senders, rief an mit der Frage, ob ich am nächsten Samstagmorgen live in ihre Sendung kommen könne, um meine Geschichte im überregionalen Radio zu erzählen. Es war das erste Mal, dass ein überregionales Organ sich dafür interessierte. Trotz meiner Entscheidung aufzugeben, fuhren wir an dem Samstagmorgen in aller Frühe zum Sender nach Hilversum. Das Interview war eigentlich ein einziger langer Monolog meinerseits. In fünfundzwanzig Minuten erzählte ich die ganze Geschichte. Die Redaktion des Programms reagierte begeistert: Sie hatten atemlos zugehört und gratulierten mir zu der Tatsache, dass ich zu ihrem großen Vergnügen so eigensinnig lange gesprochen hatte, trotz der Versuche des Interviewers, mich zu unterbrechen. Aber die Geschichte sei so interessant gewesen, dass das sicher niemanden gestört hätte.

Als wir zwei Stunden später wieder zu Hause ankamen, flackerte das Lämpchen am Anrufbeantworter. »Es hat schon jemand auf die Sendung reagiert«, sagte ich zu Diana, während ich die Taste zum Abhören drückte. »Sie haben achtundzwanzig neue Nachrichten«, erklang es zu meiner Überraschung. Fiebrig hörten wir die Meldungen ab. Aus dem ganzen Land hatten Zuhörer reagiert, und schon während des Interviews waren Anrufe beim Sender eingegangen.

Den ganzen Tag über klingelte das Telefon, und in den folgenden Wochen strömten die Anfragen nach Informationen und Anmeldungen weiter herein. Das Wunder war geschehen! Wir erreichten die Mindestgrenze des Produktionsbudgets: Die Produktion war sichergestellt! Wir bekamen Aufschub vom Finanzamt, noch bis Weihnachten weitermachen zu dürfen. Und nur ein paar Tage vor Jahresende konnten wir mit einem Budget abschließen, das ausreichte, um nach Guatemala zurückzugehen, das ausreichte, um den Film danach fertigzustellen, und das gerade ausreichte, um den Film – zumindest eine begrenzte Anzahl Kopien – im Kino herauszubringen! Wir tollten über die Wiese durch einen trüben Dezembernieselregen, der sich wunderbar kühl anfühlte und der unserem ausgelassenen Weihnachtsgefühl keinen Abbruch tun konnte.

Am allerletzten Tag des Jahres 2000 saßen wir erschöpft in unserem Wohnzimmer und konnten nur noch töricht vor uns hinstarren. Was für ein Jahr war das gewesen! In zwei Wochen würde ich nach Guatemala zurückfliegen. Wir hatten keine Energie mehr, irgendein Gefühl zu äußern. Bis mich ein verrückter Gedanke beschlich, und über den Gedanken musste ich auf einmal herzlich lachen. Mit einem Knall schlug ich mir mit der flachen Hand gegen die Stirn.

»Was ist los?«, fragte Diana überrascht.

»Mir wird gerade bewusst, das die Umsatzzahlen in meiner Buchhaltung für dieses Jahr plötzlich hervorragend sein werden. Die Mauer ist doch noch gefallen.«

12
Sonne, Herr, Meister

AJPU AHAU (AHAU)

Ahau ist das universelle Feuer, das überall brennt,
in unseren Herzen und in den Sternen.
Ahau ist die Kraft des Verlangens nach Erleuchtung
in all ihren Bedeutungen.

Der heilige Nebel wollte nicht weichen, im Gegenteil. Er legte sich schwer auf die Einsamkeit des Hochgebirges, das in Guatemala »Alaska« genannt wird. Und ausgerechnet durch diese unwegsame Weite irrte ich, mit der schweren Kamera in meiner rechten Hand und dem Filmstativ über meiner linken Schulter, völlig verloren. In dem Augenblick, in dem mich der Nebel mehr und mehr einzuschließen begann, wusste ich, dass dies der Test war, den ich heute Morgen auf mich hatte zukommen sehen. Die x-te Lektion, um zu begreifen, dass man nicht einfach mit einer Filmkamera bewaffnet die okkulte Welt der Mayas aufnehmen kann. *Stranger in a strange land* ... Das kommt davon, wenn man die Götter, den Kosmos herausfordert, einen Beweis verlangt, ein greifbares Zeichen. Dann fordert man es geradezu heraus, sich im Nebel zu verirren, in einer gefährlichen Umgebung ...

Schon früh am Morgen hatten wir Guatemala-Stadt verlassen. Juan hatte wieder den Cherokee gemietet, da in dem Gebiet,

316

in dem wir jetzt Filmaufnahmen machen wollten, die Straßen nur aus Matsch bestanden und voller Schlaglöcher und Schlamm waren. Ohne Vierradantrieb hatte man in der Regenzeit keine Chance. Alaska ist das Dach der Maya-Hochebene, einige Kilometer von San Francisco El Alto entfernt. Dort hat man eine beeindruckende Aussicht über eine wunderschöne raue Landschaft, in der hauptsächlich gelbes Silbergras wächst. Wenn man einmal oben auf dem höchsten Punkt dieses weiten Plateaus steht, sieht die riesige Fläche vor einem wie eine Art Prärie aus. Dennoch ist es kein flaches Gebiet; auch das Plateau besteht wieder aus kleinen Hügeln und Tälern. Ganz in der Ferne führt das Gebiet langsam absteigend wieder in die Tiefe, wo es sich bis an den Horizont ausdehnt. Kurz unterhalb der Spitze beginnt ein weitläufiger Wald aus Nadelbäumen, der entlang dieses Hanges nach unten führt.

Unterwegs nach Alaska hielten Juan und ich in einem Maya-Dorf an, um Apfelsinen und Wasser auf einem geschäftigen Markt zu kaufen. Die Wolken hingen tief und grau über dem Dorf. Der Ort lag recht hoch in den Bergen, nicht weit unter der Nebelgrenze. Obwohl die Fenster des Cherokee fast undurchsichtig waren, zog Juan trotzdem das Plastik gerade, das unsere Filmausstattung hinten auf der Ladefläche vor neugierigen Blicken verbergen sollte. »Man kann hier nie wissen, ob jemand auf die Idee kommt, dir zu folgen und dich da oben in den Bergen zu berauben.«

Ich sah mich um, sah die freundlichen Menschen auf dem Marktplatz. Hier gab es sowohl traditionell gekleidete Mayas als auch Latinos. Die Atmosphäre war geschäftig, aber gemütlich. Die Maya-Frauen in ihren prächtig bunten Tüchern saßen in ihren Marktständen hinter hoch aufgestapelten Pyramiden aus Gemüse und Obst; sie redeten viel und lachten einander zu. Während wir zum Auto zurückgingen, sagte ich zu Juan: »Manchmal kann ich mir schwer vorstellen, wer es hier darauf abgesehen haben könnte, einen zu überfallen. Die Menschen sind meist freundlich und höflich. Eigentlich finde ich sie viel zivilisierter als die Menschen in Europa.«

Wir stiegen ein. Juan startete den Cherokee, und wir folgten dem sich schlängelnden Weg durch den Nadelwald nach oben, zum Gipfel. Nach einigen hundert Metern Fahrt eröffneten sich uns Ausblicke über idyllische Bergtäler, über bewachsene Milpas, die Maisäcker der Maya-Indianer. Es schien, als ob nicht zwei Jahre, sondern höchstens zwei Tage vergangen seien, seit ich zum letzten Mal hier gewesen war, im Umland von San Francisco El Alto.

Hier und da standen immer noch dieselben einfachen Häuschen; sie bildeten ein unverkennbares Ganzes mit der Landschaft mit ihren rotgelben Erdfarben. Meist waren sie aus rissigem Adobelehm gebaut, Hütten von indianischen Familien mit Wellblechdach, die auf oder neben ihrem Acker wohnten.

Links von uns, in der Ferne, sahen wir einen qualmenden Vulkan. Juan zeigte auf ihn und sagte: »Das ist das Leben hier in Guatemala. Wir leben hier ständig am Rande der Vulkane. Die Ausbrüche liegen direkt unter der Oberfläche. Vergiss nicht, dass hier erst vor kurzem der Guerilla-Krieg beendet wurde, der 40 Jahre lang gedauert hatte. Es gibt hier so viele Menschen, die in diesem Krieg nur eins gelernt haben – und jetzt arbeitslos sind. Die Entführungen, die Überfälle ... es sind sicher nicht weniger geworden, seitdem du das letzte Mal hier warst. Eigentlich ist es in den vergangenen drei Friedensjahren unsicherer geworden als während des Krieges.« Er schwieg kurz und sagte dann: »Aber du hast Recht. Ich finde die Menschen hier im Allgemeinen auch freundlicher und höflicher als im Westen. Es liegt nur alles so schrecklich dicht beieinander. Es ist alles oder nichts. Ich fahre jeden Morgen weg. Und ich weiß, dass es niemals hundertprozentig sicher ist, dass ich abends wieder nach Hause komme.«

Verglichen mit Lateinamerika war Europa ein gemütliches Dorf. Aber was Juan sagte, galt doch eigentlich für jeden Menschen? Für jeden kann schließlich jeder Tag der letzte auf Erden sein, vielleicht sind wir uns dessen einfach weniger bewusst als die Menschen hier. Ich dachte daran, wie dünn die Trennlinie zwischen Leben und Tod ist, zwischen dem Hier und dem Jenseits, der anderen Dimension, die wir im Westen meist so schwer begreifen oder gar leugnen, aber von der die Maya-Kultur so vollkommen durchdrungen ist in all ihrem Tun und Lassen.

Fördert das ständige Bewusstsein der eigenen Sterblichkeit eine spirituellere Lebenshaltung? Gut möglich, zumindest für den, der sich dadurch nicht ängstigen lässt. Die Mayas leben jeden Tag mit dem Tod, sprechen mit den Toten und nehmen den Tod scheinbar als eine natürliche Gegebenheit hin. Im Gegensatz zu uns, den Abendländern, die wir uns so bemühen, den Tod zu leugnen, da er einer der vielen Aspekte des Lebens ist, die wir nicht begreifen können. Da er uns so unfair erscheint.

Aus der Perspektive der begrenzten Zeit, die ein Mensch zwischen Geburt und Tod hat, scheint es tatsächlich unfair, dass dem Einen nur ein paar Jahre gegeben sind und dem Anderen viele Jahre mehr. Aber im Lichte der Maya-Ansichten über die unbegrenzte Zeit, die Zeit als eine zyklische Spirale von Geburt, Tod und Wiedergeburt, in der das Bewusstsein (die Seele) zu immer höheren Ebenen der Einsicht und der Erleuchtung reifen kann, ist der Tod nur ein Schritt weiter auf dem spirituellen Weg jedes Menschen. Dem Weg der Seele, den jeder geht. Der weiterführt und weiterführt und weiter ... Ich war glücklich, dass mein Weg mich erneut, nach all dieser Zeit, zurück nach Guatemala geführt hatte.

Während der Jeep dem kurvigen Weg folgte, der uns immer höher auf den Berg hinauf brachte, dachte ich über die Entwicklung nach, die ich seit meinem ersten Kontakt mit den Mayas durchgemacht hatte. Durch alle Erfahrungen bei der Erstellung dieses Films glaubte ich in jedem Falle daran, dass ich als Mensch nur ein kleines und unbedeutendes Glied in einem fantastisch und wundersam funktionierenden Universum war. Ich wusste, dass eine ausschließlich materialistische Sicht auf das Leben mit all seinen Wundern und scheinbaren Zufällen, die – seit ich mich bewusst mit dieser Materie beschäftigt hatte – meinen Weg gekreuzt hatten, nicht ausreichte. Ich hatte begonnen, das Leben anders zu betrachten, schien besser als früher das Vorhandensein von Ungleichheit, Krieg, Armut und Grausamkeit als Schattenseiten der menschlichen Entwicklung akzeptieren zu können, die der Mensch unvermeidlich anzuziehen schien. Ich hatte Schmerz und Zynismus hinter mir gelassen, und was übrig blieb, war reine, tiefe Verwunderung.

Aber trotz aller Wunder blieb ich im tiefsten Wesen immer auch noch der ewige Zweifler, der ewige Denker. Und bei jeder neuen Verwunderung suchte ich fast zwanghaft wieder nach den sichtbaren Beweisen einer okkulten Welt, während die buchstäbliche Bedeutung des Wortes okkult doch nur »verborgen, nicht sichtbar« lautet. Denn all diese Wunder wurden, je mehr Abstand ich im Laufe der Zeit davon nahm, häufig wieder durch meinen Verstand rationalisiert, als ob mein Verstand ein Werkzeug sei, das emsig jeden Sprung in einem vollkommen logischen, rationellen Universum reparieren wollte.

Dennoch würde ich niemandem meine Überzeugungen aufdrängen wollen, die ich durch diese Erfahrungen bei meinen Nachforschungen zum Universum gewonnen hatte. Denn ich war inzwischen von meinem eigenen Rechthaben nicht mehr so schnell überzeugt wie früher. Früher war ich überzeugter Anarchist, Sozialist, Liberalist und Kommunist gewesen – manchmal sogar alles an einem Tag. Und jedes Mal war ich heilig davon überzeugt gewesen, dass ich die Dinge richtig sähe, dass ich ein weiser Mann sei.

Ich habe mich damit abgefunden, in diesem Leben ein ewig Suchender zu sein. Ich suche ständig nach der Wahrheit, aber sobald ich sie einmal gefunden zu haben glaube, beginne ich doch wieder, sie anzuzweifeln. Ein Mensch kann auf diese Art sehr viel denken und immer wieder seine Gedanken in Frage stellen. Aber an einem zweifelte ich nicht – und das war die persönliche Erfahrung. Denn in der »Erfahrung« hatte ich das Übernatürliche kennen gelernt, *ohne* daran zu zweifeln.

Und das möchte ich gerne allen Denkern und Zweiflern sagen: Sucht aktiv nach der Erfahrung und lasst das Denken sein, denn das Denken kann niemals zur ultimativen Wahrheit führen. Das kann nur die Erfahrung. Und selbst diese Wahrheit ist als Gedanke noch äußerst zweifelhaft, als Erfahrung aber nicht.

> »Lasst es Licht werden,
> lasst das Morgengrauen anbrechen,
> damit die Menschen in Frieden und Glück leben.«

Die vielen Erfahrungen im Zusammenhang mit der Erstellung dieses Films hatten mir bis jetzt gezeigt, dass das Universum intelligent und beseelt ist; dass das Leben auf der Erde nur ein Schein ist, ein Theaterstück, in dem wir alle eine Rolle spielen. Dass wir in Wirklichkeit Geist sind, Seelen in einer sterblichen Hülle; dass wir eigentlich die Wirklichkeit, so wie sie sich uns zeigt, ständig selbst ins Leben rufen, um auf der Ebene der Seele daraus zu lernen. Und gleichzeitig war der Kern meines Wesens nicht verändert, denn ich blieb hierin so zwiegespalten, wie meine Zwillingsnatur es nur zulassen konnte, wenn ich wieder einmal mit den irrationalen Seiten des Lebens konfrontiert wurde.

Plötzlich fühlte ich, wie sich meine Nackenhaare sträubten. In der Stille, die im Jeep herrschte, hörte ich plötzlich eine Stimme in meinem Kopf, die ich lieber nicht gehört hätte: »Heute noch wirst du eine Prüfung bestehen müssen.« Etwas in der Art war es, vielleicht nicht wortwörtlich, aber das Gefühl dabei war sehr intensiv. Es war mehr als nur ein Gedanke. Aber ich hatte keine Lust mehr auf diese Tests, ich war jetzt genug getestet, fand ich. Ich glaubte auch so alles.

In der Information, die ich in dieser Stille in meinem Kopf erhielt, steckte eine Art Vorschau, in der ich allein einer feindlichen Umgebung ausgeliefert sein würde. Ich schüttelte nochmals meinen Kopf, wie um diesen Gedanken wie eine lästige Fliege abzuschütteln, und dann ließ ich ihn los. Ich wusste, dass mir unvermeidlich von selbst klar werden würde, was mich erwartete.

Rumpelnd und rüttelnd steuerte Juan den Cherokee auf die Hochebene, in Richtung des Waldes zu unserer Rechten. Es sah so aus, als wenn es in nicht allzu langer Zeit regnen würde. Trübselige Nebelfetzen hingen über der weiten, düsteren Ebene. Wir stiegen aus, luden Filmkamera und Stativ aus und gingen ein Stück, bis wir im Wald waren. Ich hatte gerade die Kamera eingestellt, als ein extrem feiner Schleier aus Regentropfen zwischen den Bäumen hindurchzufallen begann. Erfreut rief ich Juan zu, dass wir genau zur richtigen Zeit angekommen waren: Regen. Wie sehr hatten die Menschen sich danach gesehnt in der extremen Trockenheit*, die ich zwei Jahre zuvor gefilmt hatte.

Die Kamera wurde auf dem Stativ befestigt. Ich wollte filmen, wie der Regen begann: mit dem Auftauchen des Nebels, des heiligen Nebels von Don Julian. Ich wollte das feinmaschige Tröpfeln des Himmelwassers in die Natur festlegen, bis zu dem Wolkenbruch, den ich vor zwei Jahren in Guatemala-Stadt aufgenommen hatte.

Juan klopfte mir auf die Schulter: »Sieh, der Nebel kommt auf uns zu.« Tatsächlich kroch er schleichend von der Hochebene in

---

* Ein Jahr später herrschte aufgrund der Trockenheit große Hungersnot in Guatemala, die es in der Geschichte dieses ewig grünen Landes nie zuvor gegeben hatte (mit Bildern wie aus Afrika). Ein überzeugender Beweis für die Klimaveränderungen. Menschen, Kinder sterben, während überall in Lateinamerika die Urwälder in Flammen aufgehen.

den Wald, er berührte sanft die Spitzen der hohen Fichten, strich an den Stämmen entlang.

Mysteriös und still, stattlich und ungreifbar veränderte er den Wald in eine schüttere, märchenhafte Welt voller Geheimnisse. Der feine Regen löste sich in eine klamme, feuchte Decke auf, die überall Tropfen zurückließ: an den Nadeln, am Gras und auf der Linse meiner Kamera, die die beinah erhabene Atmosphäre in Filmbildern festlegte.

Ich hielt den Atem an. Schöner hätte ich es mir nicht wünschen können. In der Montage würde dies später eine wunderbare Einführung für den Wolkenbruch in der Stadt bilden, den ich zwei Jahre zuvor gefilmt hatte – nach allem, was Don Julian mir damals in Interviews über sein spirituelles Band mit der Santa Neblina erzählt hatte. Ab und zu schien die Sonne noch schwach durch eine offene Stelle im Nebel, um sofort wieder hinter der dicken, weißgrauen Masse über uns zu verschwinden.

»Ich will noch kurz auf die Ebene«, sagte ich zu Juan. »Vielleicht schmilzt die Sonne später den Nebel fort.« Damit konnte die Regenszene schön beendet werden. »Ich möchte oben auf einem der Hügel stehen. Das Licht muss fantastisch sein, wenn die Sonne durch die obersten Nebellagen bricht.«

Juan nickte lächelnd. Wir schlugen einander vor Freude auf die Schultern und trugen die Geräte wieder ins Auto.

Entlang von Wagenspuren ging es nun ein ordentliches Stück durch die Hügel des weiten Geländes, das mit einer dicken Silbergrasart bewachsen war. Wo die Spur verlief, war die Erde tiefschwarz. Der Hohlweg war fast einen halben Meter tief ausgeschlissen. Links und rechts der Straße gab der Nebel eine Ebene mit zurückhaltender gelber Farbe preis. Als wir ausstiegen und das Gelände erklommen, reichte das nasse Pfeifengras uns teilweise bis an die Taille. Das Gelände war sehr uneben. »Klettere du schon mal auf die Hügelspitze«, sagte Juan, »dann fahre ich das Auto ein Stück weg. Sonst kann kein Auto hier vorbei. Vielleicht ist der Weg an einer anderen Stelle breiter und nicht so tief.«

Es war natürlich die Frage, ob überhaupt je ein Auto durch dieses einsame Gebiet fuhr. Aber Juan wollte den Cherokee nicht unbewacht zurücklassen. Es war Markttag in San Francisco El Alto, und der zog allerlei Volk an. Wir gingen besser kein Risiko ein. Also kletterte ich allein den Hügel vor uns empor, während ich unter mir den Cherokee wegfahren hörte.

Eine merkwürdige Stille ließ sich nieder. Kein Vogel sang, die Welt war in Nebel eingepackt und hermetisch abgeschlossen. Ich trug mein Stativ auf der Schulter, die Kamera hielt ich in meiner rechten Hand. Außerdem trug ich noch eine Schultertasche mit meinem Lichtmesser und einer zusätzlichen Filmrolle sowie einen Plastiksack, um die Kamera vor zu viel Feuchtigkeit schützen zu können. Der Hügel erwies sich als wesentlich höher, als ich vermutet hatte. Es war ein ziemlicher Anstieg und sehr ermüdend. Ich musste meine Knie hoch anheben, und ab und zu fiel ich fast, da sich zwischen den gelben Sträuchern manchmal unerwartete Kuhlen verbargen. Immer weiter führte mich der Hügel nach oben, immer weiter weg von Juan und dem Auto ...

So kämpfte ich etwa eine halbe Stunde und erreichte schließlich den Gipfel. Wenn es nicht so neblig gewesen wäre, hätte ich wahrscheinlich eine fantastische Aussicht über diese Hochebene gehabt, hätte kilometerweit über das Bergland schauen können. Jetzt war die Sicht auf knappe hundert Meter beschränkt. Plötzlich hielt ich erschrocken inne. Vor mir sah ich ein paar Schemen durch den Nebel hasten. Dann verschwanden die Gestalten im Nichts. Ich hörte Frauenstimmen, die einander aufgeregt etwas in einer Maya-Sprache zuriefen. Vermutlich waren es Schäferinnen, die auf dieser Höhe ihre Schafe weideten.

»Warten Sie bitte, haben Sie keine Angst vor mir«, rief ich auf Spanisch, das ich inzwischen etwas besser konnte als beim letzten Mal. Aber die Maya-Frauen liefen davon. Natürlich trauten sie der Sache nicht: ein Weißer, der mit merkwürdigen Geräten in dieser gottverlassenen Wildnis auf einmal auf sie zukommt.

Nach Luft schnappend blieb ich stehen, meine Beine zitterten vor Ermüdung. Eigentlich machte ich mir ziemliche Sorgen, Sorgen, die ich während des Laufens noch von mir hatte fern halten können: »Was, wenn der Nebel sich nicht verzieht (wonach es eigentlich aussah), sondern immer dichter wird? Oder noch schlimmer, wenn diese schweren, immer nasser werdenden Wolken in Regen übergehen?«

Ich hatte zu wenig Schutzmaterial mitgenommen, um meine kostbaren Geräte abdecken zu können. Und mich selbst hatte der Nebel inzwischen völlig durchnässt. Und dann diese Frauen, die in Todesangst vor mir weggelaufen waren. Vielleicht hatten sie mein Stativ ja für ein Gewehr gehalten. In dieser Gegend war das absolut kein seltener Anblick ... Und ich war hier völlig allein. Was, wenn die Frauen, die hier wahrscheinlich irgendwo wohnten, jetzt ihre Männer alarmierten, weil ein merkwürdiger Kerl durch die Wildnis lief? Hatte Juan nicht gesagt, dass der Markt in San Francisco El Alto auch allerlei schräge Vögel anzog? Ich musste gegen ein aufkommendes Gefühl der Panik ankämpfen, da der Nebel mich immer dichter einzuschließen begann, eine Panik, die noch größer wurde, als ich mich umsah und mich nicht mehr genau erinnern konnte, aus welcher Richtung ich nun eigentlich gekommen war ...

Ich musste den Berg wieder hinunter, aber an welcher Seite dieses hohen und breiten Berges stand Juan und wartete auf mich? War er vorwärts gefahren oder zurück? Ich holte tief Atem und versuchte ruhig zu bleiben, ruhig nachzudenken, was ich am besten tun könnte. Aber davon konnte keine Rede sein, als ich plötzlich zu meiner eigenen Überraschung aus voller Brust anfing zu rufen: »Juan! Juan, *donde estas*?« Die Welt blieb totenstill, die weißen Mauern wichen keinen Daumenbreit, sie ließen keinen Blick und keinen Ton entweichen. Unsicher beschloss ich, den Berg hinabzusteigen. Ich hatte den Hügel über den linken Hang bestiegen. Wenn ich jetzt an der rechten Seite wieder hinunterstieg, würde ich automatisch wieder auf die Straße kommen. Und wenn ich dann der Spur folgte, würde ich irgendwann von selbst wieder zum Auto kommen.

Der Abstieg erwies sich als noch anstrengender als der Aufstieg. Durch das hohe Pfeifengras konnte ich kaum sehen, wohin ich meine Füße setzte. Würde ich auf eine Schlange treten? Ach, Unsinn, so hoch oben in den Bergen gibt es keine Schlangen. Oder doch? Ich beschloss, mir um Schlangen keine Sorgen zu machen. Meine Geräte klapperten beim Laufen. In anderen Dschungeln hatte ich gelernt, dass Schlangen meist vor Lärm fliehen, wie es fast alle Tiere tun.

Das Panikgefühl in meinem Unterbauch wurde schwächer, kam aber mit voller Kraft zurück, als das Gelände unter meinen Füßen nach einer ganzen Weile wieder flacher wurde und ich in der Ferne noch immer keine Straße entdeckte! Musste ich noch über den nächsten Hügel, lag die verdammte Straße dahinter? Müde schleppte ich mich mit meinen schweren Geräten weiter, bis ich über die kleine Anhöhe geklettert war und ... keine Straße sah.

Verwirrt drehte ich mich um. Musste ich wieder zurückgehen? Oder besser weitergehen? Musste ich nach links? Wo war ich? »Juan!«, schrie ich nochmals. »Juan! Juan! Juan!« Ich drehte mich um und lief ein Stück in die Richtung, aus der ich gekommen war. Der Nebel hielt mich gefangen, ich verlor jedes Gefühl der Orientierung. Immer wieder änderte ich meinen Kurs, um wieder anzuhalten, zu rufen und wieder eine andere Richtung einzuschlagen. Wo war Juan? Warum hupte er jetzt nicht wie im Film, wo Szenen dieser Art immer gut enden, weil irgendwer laut hupt? »Juan!«

Plötzlich begriff ich, dass ich mich nicht nur hoffnungslos verirrt hatte, sondern auch, wie allein ich war, allein in einer Wildnis, von der ich nicht wusste, wie weitläufig sie war. Allein in einem lebensgefährlichen Land. Mit Bergen voller Ex-Paramilitaristen, die sich vor einer Polizei versteckten, die viel zu korrupt war, als dass sie etwas gegen sie unternehmen würde, die – im

Gegenteil – häufiger sogar für einen Teil der Beute mit ihnen zusammenarbeitete. In einem Land, in dem fast jeder Waffen trug, stiefelte ich hier mit einem schweren Stativ auf meiner Schulter durch die Gegend, das im Nebel wie ein Gewehr aussah ... Plötzlich wusste ich, dass dies mein *Test* war, dass dies der Gedanke war, den ich heute Morgen hatte von mir wegschieben wollen. Warum? Sollte ich jetzt lernen, keine Angst zu haben? *Und gehst du durch das Tal des Todes* ... Aber was für einen Sinn hatte es, mich hier zu verirren, während es doch noch so viele Dinge gab, die ich filmen musste. Was für eine Prüfung kreuzte hier meinen Weg?

Natürlich tauchten keine ätherischen Gestalten aus dem Nebel auf, Erscheinungen aus anderen Dimensionen, um mir eine Antwort auf meine Frage zu geben. So funktioniert es nicht. Die Antworten hat man doch meist in dieser Realität zu suchen. Und schon tauchte aus dem Nebel irgendein Etwas auf, ich hörte Geschnüffel, sah den Schatten eines Tieres. Ein Schaf. Määäh ... blökte es laut in den Nebel und zog von dannen. Nicht wirklich eine eindeutige Antwort auf meine Frage ...

Sollte ich weitergehen oder hier warten, bis sich der Nebel verzog? Ich stolperte weiter in der Hoffnung, dass der tiefe, schwarze Sandweg in dem gelben Gras auftauchen würde. So irrte ich, wie es mir schien, stundenlang umher. Ich verlor jegliches Gefühl für Raum und Zeit, stapfte wie in einem Traum vorwärts. Meine rechte Hand, die die Kamera hielt, war jetzt so verkrampft, dass ich sie beinah nicht mehr fühlte. Müde wanderte ich in einer merkwürdigen Trance weiter. Ich dachte nicht mehr, ich schleppte mich nur weiter und wusste nicht, wohin.

Es hätten Stunden oder auch nur wenige Minuten verstrichen sein können, als plötzlich vor mir aus dem Nebel eine merkwürdige Gestalt auftauchte. Ein Kreuz ... Es sah aus wie ein Kreuz, aber der Querbalken hatte eine merkwürdige, wunderliche Form. Als ich näher kam, sah ich, dass es tatsächlich ein Kreuz war. Ein Holzpfahl stand aufrecht in der schwarzen, lockeren Erde zwischen den Graspollen. Quer auf dem Balken, auf etwa Dreiviertel der Höhe, hing ein runder Pfahl, der mit dickem Tau festgeknotet war. Aber das Merkwürdige an diesem Kreuz waren die schwarzen Federn, die an dem Querpfahl hingen. Über die gesamte Länge waren große Vogelfedern festgeknotet. Sie baumelten ein wenig hin und her, wenn sie zart von den Nebelschleiern berührt wurden. Auf und unten an den schwarzen Federn hingen äußerst kleine weiß-durchsichtige Wassertropfen. Das Ganze sah aus wie der Flügel eines riesigen schwarzen Vogels, einer Harpyie, die kurz ihre Flügel ins Wasser getaucht hatte. Was für ein bizarrer Anblick war dies, hier in diesem nebelweißen Raum ...

Ich hielt den Atem an und schluckte, konnte meine Augen nicht von der Szenerie abwenden. Plötzlich kam mir diese ganze Situation absurd vor, als ob ich in einem endlosen, verrückten Wild-West-Film herumirrte. Ich hatte mich auf indianischem Gebiet verirrt und wusste absolut nicht, ob die hier lebenden Stämme mir freundlich oder feindlich gesinnt sein würden. Ich lief rückwärts, das Kreuz wurde kleiner und schemenhafter, verschwand wieder im Nebel. Ich drehte mich um, lief jetzt etwas schneller und sah mich noch einmal um. Fast unkenntlich hing der geflügelte Arm dort in der Ferne. Warum stand das Kreuz da? Was bedeutete das?

Plötzlich erklangen hohe Stimmen im Nebel. Stimmen über mir, gar nicht so weit weg. Es wurde etwas heller, die Sicht weitete sich, und als ich in Richtung der Stimmen zu gehen begann, tauchte aus dem Nebel eine Anhöhe vor mir auf. Ich konnte nun ein paar Reetdächer auf der Neigung schräg vor mir ausmachen. Ein Biwak, eine Art Schutzhütte. Wieder hörte ich Stimmen, hohe Frauenstimmen, sie sprachen in gedämpftem, aber aufgeregtem Ton. Halb versteckt hinter der Schutzhütte, etwa zweihundert Meter von mir entfernt, sah ich plötzlich einige junge Maya-Frauen, die mich beobachteten und auf mich zeigten.

Dann rief eine etwas, das offenbar an mich gerichtet war, in einem harten, stechenden Ton, der feindlich, misstrauisch klang. Wahrscheinlich warnte sie mich, nicht näher zu kommen. Ich blieb stehen, legte meine schwere Last auf den Boden und hielt beide Hände in ihre Richtung, als Zeichen, dass ich nichts Gefährliches in Händen hielt.

»Helfen Sie mir bitte. Ich habe mich verlaufen.« Keine Antwort, das Geflüster ging weiter. Ich wiederholte meine Bitte.

»*No!*«, rief eine der Frauen zurück. Im Hintergrund flüsterten sie weiter.

»Liebe Frau, haben Sie keine Angst. Bitte, ich laufe hier schon seit Stunden umher. Ich weiß nicht, wo der Weg nach San Francisco El Alto ist. Sagen Sie mir bitte, wie ich hier wegkomme?«

Keine Antwort, nur Geflüster und Gestarre hinter der Schutzhütte.

»Darf ich nach oben kommen, dann können wir besser sprechen?«

»*No!*«

Ich wusste, dass es keinen Sinn hatte, in ihre Richtung zu gehen. Sie würden genauso schnell weglaufen wie die Frauen vorhin. Hoffnungslos, hilflos drehte ich mich um, zuckte mit den Schultern, nahm meine Kamera wieder in meine verkrampfte Hand und blieb verzweifelt stehen. Wohin jetzt? Ich lief zweihundert Meter in die andere Richtung. Welche Richtung? Die Situation war wirklich hoffnungslos. Scheinbar war ich in die Richtung zurückgelaufen, aus der ich gekommen war, denn in der Ferne tauchte wieder das geheimnisvolle schwarze Kreuz auf. Unwillkürlich ging ich dorthin, als ob ich von ihm angezogen würde. Einige Meter vor ihm blieb ich stehen. Mein Kopf war leer. Ich fühlte, wie meine Knie vor Müdigkeit zitterten. Es schien, als ob das Kreuz mich überallhin als Symbol begleitete, all die Zeit, die ich mit der Erstellung dieses Films beschäftigt war. Unwillkürlich musste ich wieder an das Maya-Kreuz als Symbol für Raum und Zeit denken.

Während ich es mit trockenem Mund anstarrte, sah ich plötzlich Don Julian vor mir, während er mit seinen Regenritualen beschäftigt war. Szenen aus meinem Film erschienen vor meinem inneren Auge, als ob sie riesengroß auf die weiße Nebelwand hinter dem schwarzen Kreuz projiziert würden. Es schien, als ob ich Don Julian wieder vor mir knien sah, vor der Grube, die er gegraben und mit süßen Broten, Obst und Schokolade gefüllt hatte, während rundum Hunderte Kerzen in der Erde brannten, ein brennender Kreis um den Rand der Grube. Sehr deutlich, ganz aus der Nähe sah ich sein altes Gesicht vor mir, das freundliche, tief durchfurchte Antlitz und um seinen Kopf das kräftig rote Schamanentuch. Sah, wie er mit halb geschlossenen Augen zum Gebet für den heiligen Nebel ansetzte, die Namen der spirituellen Naturwesen nannte, die heiligen Kräfte, die die Santa Neblina beseelen, die sich mit dem Nebel um das Schicksal und Wohlsein der Erde kümmern.

Chac, Tlaloc – Namen von uralten Maya-Göttern, die in diesem fremden Land schon seit Tausenden von Jahren von unzähligen Maya-Generationen ausgesprochen werden. Aber auch Santiago, St. Michael, Santa Mahon, die Namen der katholischen Heiligen oder Engel, die die Spanier bei ihren Eroberungszügen durch das Maya-Reich mitgebracht hatten. Für Don Julian waren sie eins geworden: verschiedene Namen für dieselben Mächte. Und ich hörte wieder seine Erklärungen: »Chac ist der Gott des Wassers, er ist derselbe wie Sankt Michael. Santiago beherrscht die Lagune, in der der Nebel entsteht, Santa Mahon schiebt von dort den Nebel weg, und Sankt Michael entscheidet, wann und wo die Nebelwolken das Wasser fallen lassen dürfen.«

Und plötzlich wurde mir klar, dass ich umgeben war von Santa Neblina, verschluckt vom heiligen Nebel. Santiago, ich musste dauernd an Santiago denken, denn nun stand mir die Trance-Sitzung mit dem Geist Santiago wieder klar vor Augen. Ich erinnerte mich an die gefilmte Szene, als er von Gloria Besitz nahm und durch sie zu sprechen begann, um Don Julian beim

Aufrufen des Nebels, bei den Regenritualen zu beraten. Ich erinnerte, wie ich auf seine Bitte neben ihr gekniet hatte. Und ich erinnerte mich an die Worte, die dieses Medium mit ihrer fremden Stimme zu mir gesagt hatte: »Ich werde dir die Kraft der Lagune geben. Ich werde dir die Kraft der Natur geben, denn die beherrsche ich. Du weißt sehr gut, wovon ich spreche. Ich werde dir die Kraft geben, deine Arbeit fortzusetzen und dein Leben, das ist es, was ich sage.«

An all das erinnerte ich mich jetzt, während ich vor diesem Kreuz im Nebel stand. Während die Tropfen an den Enden der schwarzen Federn länger wurden, um schließlich loszulassen und nach unten zu fallen, dachte ich an Santiago. Ich musste den Geist von Santiago anrufen, denn in der Sitzung war ich mit ihm verbunden gewesen. Santiago musste mich hier herausführen.

Mein Blick war noch immer auf das Kreuz gerichtet, während ich meine Kamera und mein Stativ hinlegte und Anstalten machte, mich hinzuknien. Bevor ich niederkniete, schaute ich mich jedoch noch schnell um, ob mich auch niemand sah. Ein fremdartiges Schamgefühl überkam mich. Wieder spürte ich, wie abendländisch ich doch in diesen Dingen war. Für einen Maya ist es die normalste Sache der Welt, mit rituellen Gesten und Handlungen die höheren Mächte anzurufen und um Hilfe in der irdischen Dimension zu bitten. Für mich jedoch fühlte es sich sehr merkwürdig an, so ungewöhnlich, mich ganz alleine irgendwo in einem Feld hinzuknien und das Wort an etwas zu richten, das ich nicht sehen konnte.

Ich kannte schließlich selbst keine Rituale, bis auf die von den katholischen Messen aus längst vergangenen Zeiten. Knien – das hatte ich bereits als kleiner Junge gehasst. Meiner Meinung nach brauchte der Mensch bei religiösen Dingen nicht zu knien, sondern sollte stolz aufrecht stehen. Das Knien war schließlich erst im 11. Jahrhundert n.Chr. von der katholischen Kirche erfunden wurden, um den Menschen kleiner zu machen, kleiner als er wirklich ist. Aber dieses Knien war in diesem Augenblick die einzige rituelle Form, die mir einfiel, um der Geisteswelt zu signalisieren: Hier bin ich, ich bin am Ende meines Wissens und bitte um Hilfe.

»*Santiago, ayudame, por favor*. Hilf mir, bitte«, bat ich zögerlich. Das war das Letzte, das ich tun konnte. Es war auch das Letzte, zu dem ich mich – wie so häufig – endlich entschied: die spirituelle Welt, die Maya-Kräfte um Hilfe zu bitten, wenn ich alle Wege der materiellen Ebene ausprobiert hatte und zu Tode erschöpft aufgeben musste. So blieb ich kurz sitzen, ruhte aus, während die Sonne etwas kräftiger durch den Nebel zu scheinen begann. Ich wurde etwas ruhiger, schloss kurz meine Augen. Lange Zeit blieb ich so bewegungslos sitzen.

Als ich mich, völlig steif, aber ein wenig ausgeruht, wieder aufrichtete und meine Ausrüstung nahm, schlug mein Herz plötzlich schneller. Denn ich hörte Männerstimmen, die in meine Richtung kamen. Aus den weißen, sonnigen Nebelfeldern tauchten auf einmal drei Gestalten in der Ferne auf. Ich sah einen älteren Mann mit zwei jungen Männern auf mich zukommen. Schnell legte ich meine Ausrüstung wieder hin und lief ein Stück davon weg. Sie sollten nicht denken, dass ich bewaffnet sei. Ich hatte keine Ahnung, wie sie mir gegenüber auftreten würden: aggressiv oder freundlich. Aber ich musste sie fragen, wie ich hier wieder wegkommen konnte.

Während sie näher kamen, sah ich, dass sie recht entspannt waren und keinen unfreundlichen Ausdruck im Gesicht hatten. »*Buenas dias*«, rief ich ihnen schnell zu. »Ich habe mich verirrt. Wie komme ich wieder auf den Weg, auf dem Autos fahren?«

Der Älteste, wahrscheinlich der Vater der beiden Jüngeren, hielt vor mir an und wies in die Richtung, die ich zu allerletzt für die richtige gehalten hätte. Tja, was nun? Mein Spanisch war nicht gut genug, um bis ins Detail zu erklären, was alles danebengehen könnte, wenn ich wieder alleine losziehen würde. Daher fragte ich, ob nicht jemand mitgehen wollte, um mir den Weg

zu zeigen. Der alte Mann grinste freundlich und schlug sich dreimal auf den Bauch. »*Tengo hambre*. Ich habe Hunger. Wir gehen essen.«

Ich dachte schnell nach. Ich musste in jedem Falle dafür sorgen,
dass sie mich hier nicht alleine ließen. »Wartet. Ich kann euch
bezahlen, wenn ihr mich hier herausbringt. Mein Freund wartet
am Auto auf mich. Im Auto habe ich Geld.« Aus Vorsicht sagte
ich nicht, dass ich selbst auch noch Geld in der Tasche hatte.

»Wir haben Hunger, *amigo*. Warum kommst du nicht mit uns
mit in mein Haus? Vielleicht kannst du von dort einfacher den
Weg zurückfinden?«

Ich sah kurz die beiden Jungen an, die mich prüfend betrachteten. Konnte ich ihnen vertrauen? »Wohnen Sie in der Nähe einer Straße, auf der Autos fahren?« Wahrscheinlich verstand er
meine Frage nicht, denn er begann weiterzugehen. »Wartet! Don
Cirilo Alejandro Perez Oxlaj, kennen Sie ihn? Er wohnt in San
Francisco El Alto. Ich arbeite mit ihm zusammen an einem Film
über die Maya-Prophezeiungen.« Ich zeigte auf meine Kamera.
War mein Spanisch gut genug gewesen? Begriff er, was ich
meinte?

Der Mann lächelte mir zu, zeigte in die Richtung, in die er
vorher schon gezeigt hatte. »*Si si, Don Cirilo Oxlaj, San Francisco El Alto. Vamos.*«

Seinen Worten entnahm ich, dass wir zu seinem Haus gehen
und unterwegs zu der Straße kommen würden, die zum Haus
von Wandernder Wolf führte. Aber das war ein weiter Weg.

Der arme Juan hatte wahrscheinlich inzwischen mit einer
Suchaktion nach mir begonnen. Vielleicht konnte ich Don Cirilo
oder Cezar später bitten, mit dem Auto an die Stelle zurückzu-
fahren. Vielleicht war Juan aber auch zu Don Cirilos Haus zurückgekehrt. Es schien mir das Beste, so schnell wie möglich zu
Wandernder Wolf zu kommen – dann würden wir schon weiter-
sehen.

Ich glaubte, dass ich diesen drei Männern vertrauen konnte, aber ob dieser Mann vollständig begriff, wohin ich wollte, wusste ich nicht genau. Ich hatte jedenfalls keine andere Wahl, als mich ihnen anzuschließen. Seine zwei Söhne übernahmen mein schweres Gepäck. Und während wir gingen und ich erleichtert meine verkrampfte rechte Hand massierte, unterhielten wir uns so gut es ging. Unser Weg führte bergab, und schnell waren wir unterhalb der Nebelgrenze. Ich fühlte mich immer entspannter und sprach den Mann ständig mit Francisco an, weil ich aus irgendeinem Grunde annahm, das sei sein Name. Bis der Mann auf einmal mein Geplapper unterbrach. Er hielt an, drehte sich halb zu mir um und sagte: »Mein Name ist nicht Francisco. Ich heiße Santiago.« Danach ging er weiter.

Nun blieb ich fassungslos stehen, mit offenem Mund, während sich die drei von mir entfernten. Aber das war ... fantastisch! Santiago ... Santiago! Ich grinste übers ganze Gesicht und fing dann lauthals an zu lachen. Ich ging weiter, schneller jetzt, um sie wieder einzuholen. »Aber, aber ... Sie sind Santiago!«

»Sí, sí«, sagte der Mann, »Ich bin Santiago.«

Er lachte kurz mit mir, betrachtete mich aber gleichzeitig etwas befremdet. Eine ganze Reihe von Dingen begann auf einmal Sinn zu ergeben. »Ha, ha, ha, Santiago! Oh ja, ja, Santiago! Ha, ha, ha.«

Der Mann ging weiter. Diese komischen Gringos, die mit ihren merkwürdigen Geräten auf dem Rücken durch die Gegend liefen ... Alles kam mir plötzlich wie ein fantastischer Witz vor. Wir gingen immer weiter bergab. Ich grinste immer noch, als wir durch Urwaldstücke mit riesig hohen Bäumen den Weg zu Santiagos Häuschen in den Bergen einschlugen. Und Santiago bestand darauf, dass ich erst vernünftig aß, bevor ich weiter zum Haus von Don Cirilo reisen würde.

Don Cirilo begrüßte mich mit einem forschenden Lächeln um den Mund und einem freundlichen Zwinkern in den Augen, als ich nach all der Zeit wieder vor ihm stand. Als ob er sich heimlich über irgendetwas freute. Die Atmosphäre zwischen uns beiden war verändert, es schien, als ob etwas von der Kluft, die vor zwei Jahren zwischen uns gelegen hatte, verschwunden war. Ich sprach jetzt auch einigermaßen Spanisch, sodass wir direkt miteinander kommunizieren konnten.

Und selbst Don Cezar schien mir gegenüber offener. Wahrscheinlich hatte er von all den Bemühungen gehört, die ich in der Zwischenzeit unternommen hatte. Dennoch war ich vor ihm noch etwas auf der Hut. Aber nachdem ich mich fast direkt nach meiner Ankunft in der Maya-Hochebene so glorreich verirrt hatte, konnte ich, was ihn betraf, keinen Schaden mehr anrichten. Er erzählte jedem, der es hören wollte, grinsend die Geschichte von »*el gringo perdido*«, der von Santiago gerettet worden war.

Der arme Juan Bauer hatte sich riesige Sorgen gemacht, als ich vom Nebel verschluckt worden und nicht mehr zum Vorschein gekommen war. Stundenlang hatte er gewartet, gerufen, gehupt und gesucht. Dann war er ratlos zum Haus von Don Cirilo gefahren, um gemeinsam mit ihm den verlorenen Gringo zu suchen. Noch heute kann ich mich gleichzeitig schuldig fühlen und angesichts des Ausdrucks auf seinem Gesicht freuen, als er aus dem Cherokee sprang und mich vor Don Cirilos Haus wiedersah. Nachdem ich ihm die Geschichte meiner Rettung erzählt hatte, bestand er darauf, das Haus dieses Santiago zu suchen, meinte aber lachend, dass ich es niemals wiederfinden würde, da es ein Geist gewesen sei, der mich gerettet habe.

Aber die Familie von Santiago in ihrem einfachen Bretterhäuschen auf dem modrigen Gelände aus rotem Lehm mit den Schweinen, Hühnern und Ziegen, irgendwo ein paar Täler vom Tal der Familie Perez-Oxlaj entfernt, stand mir noch deutlich vor Augen. Santiago hatte mir in einem kleinen Schuppen voller Stolz seine alte Nähmaschine gezeigt, mit der er Kleidung nähte, die er auf den Markt nach San Francisco El Alto bringen wollte. Nach der einheimischen Mahlzeit klapperte dann sein alter Lieferwagen ins Tal, und hinten, auf den Kleidern sitzend, die er auf seiner alten Nähmaschine genäht hatte, wurde ich ordnungsgemäß vor dem Grundstück von Don Cirilo abgeliefert. Und genau wie Cezar erzählte nun auch Juan jedem in Guatemala fröhlich die Geschichte meiner Suche im Nebel.

Die allerletzten Aufnahmen mit Wandernder Wolf wollte ich in Tikal machen, an den Tausende Jahre alten Pyramiden, die seine Vorfahren gebaut und auf eine so rätselhafte Weise plötzlich zurückgelassen hatten, sodass sie dem alles überwuchernden Dschungel zum Opfer fielen. Das sollte im Film die Stelle werden, an der das Wissen der heutigen Mayas für den abendländischen Zuschauer in die Perspektive der fernen Vorfahren gesetzt wird, der großen, hoch entwickelten Architekten dieser wunderbaren Bauwerke, die mit ihren Spitzen hoch über den Bäumen des Urwalds thronten.

Tikal war eine Tagesreise vom Wohnort von Don Cirilo entfernt. Wir würden mit dem Auto vom Hochland aus die weitläufige Tiefebene der Peten durchqueren, ein dschungelreiches, sehr dünn bevölkertes Gebiet, wo wir am See von Peten bei Freunden von Juan in einer fantastischen »Dschungel-Lodge« übernachten konnten. »Zurzeit ist es recht unruhig in Peten«, bemerkte Juan. Selbst der Park Tikal war gefährlich und wurde von Banditen heimgesucht. Nachdem Juan per Telefon mit seinen Freunden Kontakt aufgenommen hatte, erzählte er mir, dass vor drei Tagen im Park ein Überfall auf ein amerikanisches Touristenpaar ausgeübt worden war. Die brutalen Banditen waren einfach in das im Park liegende Hotel eingedrungen.

Am Tag darauf, vorgestern also, hatte es wieder einen Überfall gegeben, dieses Mal an den Pyramiden. »Ein Pärchen wurde überfallen, als es sich in der Nähe einiger Pyramiden befand. Das Mädchen wurde mehrmals von den Gangstern vergewaltigt, der Junge mit einem Pistolenschuss in den Bauch niedergestreckt. Die Kugel ging quer durch seinen Körper und trat an seinem Rücken wieder aus. Der Junge hat überlebt, ist aber für den Rest seines Lebens gelähmt.«

Es war eine der vielen grausigen Geschichten, die man in diesem gewalttätigen Land immer wieder hörte. Ich versuchte, mich selbst zu beruhigen, indem ich Juan antwortete: »Wenn gerade erst ein solcher Überfall stattgefunden hat, ist wahrscheinlich mehr Polizei in der Umgebung als sonst.« Nach meinem Abenteuer im Nebel fühlte ich mich sicher, in der Hand guter Schutzengel. Ich hatte keine Lust mehr, ängstlich zu sein.

Don Cirilo hatte kurz zuvor eine Nierenoperation gehabt, und wir wollten ihm die anstrengende Autofahrt durch die schwüle Tiefebene lieber ersparen. Darum vereinbarten wir, dass er einen Tag später mit dem Flugzeug auf dem Flughafen von Flores ankommen sollte, einem Städtchen am See von Peten. Dort würden wir ihn abholen, um von Flores aus für die Filmaufnahmen zur Pyramidenstadt zu fahren.

Wir beluden also den Cherokee mit unseren Geräten und machten uns auf den langen Weg, der vor uns lag. Obwohl ich mich inzwischen ziemlich an die Unsicherheit und die Unvorhersehbarkeit dieses Landes gewöhnt hatte, gelang es Juan, mir doch noch einen Schrecken einzujagen, als er mich bat, aus einer dünnen Papiertüte, die bereits seit Beginn der Reise zwischen meinem Sitz und dem Fahrersitz lag, ein Bonbon zu holen. Zu meiner Überraschung fühlte ich darin das harte Metall einer schweren Pistole.

»Juan! Du wohnst verdammt noch mal in Guatemala-Stadt, und dort trägst du nie eine Pistole. Und jetzt, wo wir nach Tikal fahren, hast du eine Waffe bei dir!« Während ich ihn fragend ansah, antwortete er mit einem entschuldigenden Grinsen: »Weißt du, wir müssen später durch ein sehr einsames Gebiet, in dem häufig Autos angehalten werden.« Ich schüttelte den Kopf, sah mich schon in Gedanken auf die Reifen der Wagen maskierter Verfolger schießen. Was für eine Aufgabe war dies doch, diese spirituelle Entdeckungsreise.

Und es sah auch noch fast so aus, als ob wir uns auf den letzten Meilen dieser endlosen Reise tatsächlich schießend unseren Weg bahnen müssten. Als wir nach vielen Stunden in Rio Dulce, dem letzten Ort vor dem weiten Niemandsland, anhielten, um etwas zu essen, schien es, als wenn wir in eine Falle liefen, so spürbar war die Atmosphäre drohender Gefahr, die auf einmal in der Luft hing. Meine Nackenhaare sträubten sich. Wir waren über den hölzernen Steg eines Restaurants gegangen, das wie eine Insel ein kleines Stück vom Ufer entfernt auf einem kreisrunden Bretterboden im See des Rio Dulce schwamm. Große Fische sprangen wie ausgehungerte Piranhas aus dem Wasser, wenn Essensreste von den Tischen fielen – oder wenn diese extra von den vielen Männern ins Wasser geworfen wurden, die den äußeren Ring der Tischchen besetzt hielten. Während wir zwischen den Tischen hindurchliefen, wurde ich mir der bedrückenden Stille bewusst, die überall im Restaurant herrschte.

Auch Juan hatte dies bemerkt; ich sah, wie er sich unruhig umschaute. Erst dann erkannten wir, was diese Situation eigentlich so abnormal wirken ließ: Die Männer an dem äußersten Ring der Tische waren alle schwer bewaffnet. Sie trugen große Pistolen, deutlich sichtbar in ihren Halftern oder nonchalant vor ihnen auf dem Tisch deponiert. Zwei Männer saßen nicht, sie standen und schauten fortwährend mit eiskalten Blicken um sich, als ob sie die Lage überwachten. Warum? Als wir in der Mitte des Kreises Platz nahmen, fragte ich Juan, was dies zu bedeuten hätte. Er zuckte mit den Schultern.

»Ich weiß es nicht. Das hier ist nicht normal.« Neben uns saß an einem langen Tisch eine Gruppe älterer amerikanischer Touristen, die wahrscheinlich zu dem Bus auf dem Parkplatz gehörten. Daneben, in der Mitte des Restaurants, speiste eine guatemaltekische Familie, der Mann in einem gepflegten schwarzen Anzug, offenbar ein Geschäftsmann. Wollten die Männer dieses Restaurant überfallen?

»Ich denke nicht, dass es Banditen sind, Juan«, wurde mir plötzlich klar. »Die würden sich nie so offensichtlich mit ihren Waffen zeigen, sondern sie versteckt halten.« Als wir die Serviererin fragten, was all die bewaffneten Männer hier täten, zuckte sie mit den Schultern: »Ich denke, sie werden gleich gehen. Was möchtet ihr essen?«

Während wir die Karte studierten, glitt mein Blick immer wieder zu den beiden stehenden Männern, die nicht weit von unserem Tischchen entfernt waren. Was für einen Gesichtsausdruck sie hatten. Kein Lächeln erschien auf ihrem Gesicht, wenn sie miteinander sprachen oder als einer von ihnen mit seinem Kinn in Richtung des Mannes im schwarzen Anzug nickte, der mit seiner Frau und seinen zwei Kindern Anstalten machte, aufzustehen und das Restaurant zu verlassen.

»Es sind Bodyguards«, sagte Juan schließlich, als die gesamte Meute gleichzeitig aufstand und sich vor und hinter die kleine Familie scharte, die den Steg hinunterging. »Das muss ein sehr wichtiger Mann sein. So viele Leibwächter, und dann dieses demonstrative Präsentieren der Revolver. Damit möchten sie natürlich potenzielle Entführer abschrecken.«

»Fürchterlich, so leben zu müssen. Dann ist man doch ein Gefangener seines Besitzes?«

Juan nickte, während er einen Schluck von dem Bier trank, das inzwischen serviert worden war. »Es sind genau diese Leibwächter, die ihn, seine Frau oder seine Kinder irgendwann entführen. Sie kennen alle Schwachstellen und können in aller Ruhe ihre Pläne schmieden.«

»Schrecklich.« Ich dachte darüber nach, wie diese reiche Familie wie ängstliche Gefangene ihr Leben leben musste. Wer arm ist, ist in Guatemala nicht zu beneiden. Aber wer reich ist, ebenso wenig.

Es ist bezeichnend, dass in diesem so spirituellen Land auch gleichzeitig die dunklen Mächte überall vertreten sind. Denn wo

Licht ist, ist auch Schatten. Und dieser Kampf zwischen Licht und Dunkel wird auf spirituellem Niveau vielleicht nirgendwo auf diesem Planeten so hart ausgetragen wie in diesem Land der Vulkane. Vielleicht sind die Mayas darum als alte Seelen aus dem Universum zu diesem Kampf auf die Erde gekommen, da sie die physischen Umstände dieses Orts ertragen können; durch ihr unverletzbares Vertrauen in die spirituellen Mächte und durch ihr Bewusstsein, dass Leben und Tod eine Einheit bilden, dass der Tod lediglich eine Transformation bedeutet, eine Geburt in einer anderen Dimension.

Oder hat dieses Land ein negatives Karma durch die vielen Menschenopfer, die auch die Mayas hier in früheren Zeiten gebracht zu haben scheinen? Denn die frühe Maya-Zeit schien in ihrer Blütezeit Jahrhunderte lang zwar eine absolut friedliche Gemeinschaft gewesen zu sein. Aber um die Zeit 500 bis 800 n.Chr. begann der Einfluss der Tolteken aus dem Nordwesten immer größer zu werden, und die rituellen Opfer von Menschenherzen für die Sonne spielten eine immer wichtigere Rolle, ebenso wie Kriege mit anderen Städten und Völkern. Als die späteren Kulturen der Azteken, der Tolteken und der post-klassischen Mayas entstanden, wurde dieses rituelle Opfer in immer größerem Ausmaß ausgeführt; bis schließlich zu Zeiten des aztekischen Kaisers Montezuma und der Ankunft von Cortez zu bestimmten Anlässen bis zu zwanzigtausend Menschen geopfert wurden – unvorstellbar!

War damit doch die Vorhersagung wahr geworden, dass Quetzalcoatl, die gefiederte Schlagne, der weiße Gott mit einem Bart, in der Person des spanischen Eroberers Cortez zurückkehrte, »um alles zu richten, das im aztekischen Reich verkehrt war«?

Ich musste daran denken, dass in den Religionen und spirituellen Orden die erhabensten Wahrheiten immer wieder geschickt in ihr absolutes Gegenteil verkehrt werden konnten. So beispielsweise »die Öffnung des Herzens für das Licht«, das bei einer wortwörtlichen Auslegung bedeutete, dass die Brust geöffnet und das noch lebende Herz der Sonne dargeboten wird.

Auch das Christentum kennt Beispiele, in denen bestimmte Aussagen zu seinem Vorteil ausgelegt wurden. Ich persönlich glaube beispielsweise, dass Christus niemals gesagt hat: »Gehet hin und mehret euch«, sondern: »Gehet hin und mehret mich« (indem die Menschen in spiritueller Hinsicht sich selbst und ihre göttliche Kraft entwickelten). Dieses Axiom wurde stattdessen die Grundlage für ein enormes Bevölkerungswachstum – und ist noch heute die Basis des kirchlichen Verbots der Geburtenkontrolle und der Verwendung von Verhütungsmitteln in der Dritten Welt, mit all seinen negativen Folgen.

Außerdem glaube ich, dass das Falten der Hände zum Gebet genau die entgegengesetzte Wirkung im Gespräch mit dem Schöpfer hat: Es sorgt dafür, dass das Gespräch mit dem Gott (in uns selbst) *nicht* stattfinden kann. Wer ein wenig Erfahrung mit Yoga und Meditation hat, weiß, dass durch das Kreuzen von Gliedern die kosmische Energie blockiert wird. Yogis und Zen-Priester legen die Fingerspitzen gegeneinander oder halten ihre Handflächen nach oben gekehrt, sodass durch das Bewusstsein der göttlichen Glückseligkeit das »Gespräch« mit dem Unterbewusstsein, die Kommunikation mit dem innersten Selbst entstehen kann.

Aber all solche Manipulationen können immer nur dann geschehen, wenn man jemand anderen als Vermittler zwischen sich selbst und dem Göttlichen akzeptiert, wenn man nicht selbst auf die Suche nach der göttlichen Quelle der Weisheit und der Kraft geht, die jedem von uns gegeben ist – als Leuchtboje auf unserer Reise durch den Kosmos. Und darum wiederhole ich es wieder und wieder: *Die Zeit der Gurus ist vorbei.* Darum haben wir die Pflicht, den erleuchteten Avataren unserer Zeit vielleicht für ihre Weisheit zu danken, sie aber direkt danach von ihrem Sockel zu stoßen und sie wieder ganz am Ende der Reihe anschließen zu lassen. Denn im Zeitalter des Wassermannes, in der Zeit der

Fünften Sonne, sind wir selbst unser Guru, da wir selbst einen direkten Kontakt mit der Quelle entwickelt haben.

Dies alles überlegte ich, während die verlassene Dschungellandschaft in beeindruckender Geschwindigkeit im Cherokee an uns vorbeiflog und Juan die schwere Pistole unter sein linkes Bein geklemmt hielt. Vorläufig befanden wir uns noch mitten in der Endphase der Vierten Sonne. Juan war fest entschlossen, in einer so hohen Geschwindigkeit wie möglich diese unendlich scheinende Einsamkeit zu durchqueren. Ich war ihm dankbar dafür, denn nach der staubigen, schwülen Autofahrt erreichten wir ohne Schwierigkeiten kurz vor dem Eintritt der Dunkelheit die Dschungel-Lodge. Und nur kurze Zeit später lagen wir unter einem strahlenden Sternenhimmel im lauwarmen Wasser des Sees von Peten.

Don Cirilo war in bester Stimmung, als wir ihn am nächsten Tag vom Flughafen abholten. Während wir die Strecke zur Pyramidenstadt im Urwald über eine perfekt befestigte Straße zurücklegten, kam ich mit Llorena, der uns begleitenden Gastgeberin, ins Gespräch. Wir sprachen über das Mysterium, warum die Mayas so plötzlich um 800 n.Chr. ihre Pyramidenstädte (die im gesamten Yucatan verteilt lagen) verlassen hatten und – wie die Wissenschaftler es immer umschrieben – »verschwunden« waren.

Neue Forschungen hatten ergeben, dass die Pyramidenstädte damals in einer fast baumlosen Umgebung gelegen haben mussten – eine Tatsache, die in dem üppig bewachsenen Urwald, den wir durchquerten, nur schwer vorstellbar war. Eine gängige These besagte, dass durch Klimaveränderungen und ein zu großes Wachstum der Städte der trockene Boden ausgemergelt war und die Städte sich entvölkerten. Eine andere populäre Meinung war, dass die Bevölkerung der vielen Kriege, die die Herrscher von Tikal mit anderen Städten geführt hatten, müde geworden und geflohen war. Ich fragte mich, ob es ähnliche Beispiele in der

Weltgeschichte für große, blühende Städte gab, die weit voneinander entfernt in einem weitläufigen Land lagen und in nur wenigen Jahren von allen Bewohnern verlassen wurden, um nie mehr bewohnt zu werden. Es war tatsächlich ein Rätsel.

»Aber die Mayas sind nie wirklich verschwunden«, gab ich zu bedenken. »Es leben doch noch immer rund sechs Millionen Mayas in dieser Region?«

»Das sind keine echten Mayas«, antwortete Llorena.

»Wann ist man denn ein ›echter Maya‹«, mischte sich Don Cirilo in das Gespräch ein. »Unser Kalender zeigt jedes Mal, welche Veränderungen auftreten, wenn eine Ära vorüber ist. So wie am Ende von Baktun 9. Ihr Wissenschaftler fragt euch noch heute, warum die Mayas damals auf so mysteriöse Art und Weise verschwunden sind. Nun, die Antwort findet ihr im Maya-Kalender. Die Mayas sind nicht verschwunden. Wir sind noch immer hier. Wir sind noch immer dieselben.«

»Die Zeit ist nicht fern,
dass die Kinder der Zeit,
die Kinder des Feuers,
die Kinder der Sonne
wieder regieren werden – nach dem Jahr Null.«

Don Cirilo regte sich nun sichtbar auf. »Es ist eine Gemeinheit der Historiker, die immer wieder schreiben, dass die Mayas verschwunden sind. Wir Mayas wissen einfach, wann eine Ära vorbei ist. Es ist genauso wie bei den Ameisen, die ihre Löcher verlassen, weil sie spüren, dass ein Regenschauer naht, der ihre Gänge fluten wird. Wir haben unsere Pyramidenstädte verlassen und wieder ein einfaches Leben angenommen, aber wir sind dadurch ganz und gar nicht verschwunden. Unsere Rituale sind dieselben, unser Kalenderwissen ist dasselbe, und unsere Kenntnis der Prophezeiungen ist dieselbe. Darum nennen wir uns noch immer Mayas, und darum sind wir auch noch immer Mayas.

Wir sind nicht verschwunden, wir sind noch immer dieselben, und wir haben nichts verloren. Aber der Wissenschaftler, der hierher kommt, um dies alles zu untersuchen, der fragt uns nicht, oder er glaubt uns nicht. Er zitiert lieber, was sein Kollege aufgeschrieben hat. Es wird immer von den Nachfahren der Mayas gesprochen. Das ist in Ordnung, es ist schließlich ihre Wissenschaft, aber es hat nichts mit ›unserem Wissen‹ zu tun, unserem Wissen, das in der Tradition verankert ist. Und das ist das Mysterium der verschwundenen Mayas: dass sie nie verschwunden sind. Sie sind nur nicht mehr für die Gelehrten sichtbar, weil die nie richtig sehen gelernt haben. Seht her, ich sitze vor eurer Nase, oder glaubt ihr nicht, dass ich in diesem Auto sitze?«

Don Cirilo schaute wieder auf die Straße und schüttelte den Kopf: »Ihr Abendländler glaubt erst etwas, wenn es jemand in einem Buch aufgeschrieben hat.«

Ich hatte mir vorgestellt, dass Wandernder Wolf zum Abschluss des Films eine der hohen Treppen, die zur Spitze einer Pyramide führte, als eine Art symbolischen Abschluss seiner lebenslangen Wanderung besteigen sollte. Und dass er auf der Spitze der Pyramide hoch oben über dem Urwald und verbunden mit der Kultur seiner Ahnen das Wissen über die Zukunft der Menschheit und der Erde mitteilen sollte, das die Maya-Kultur besitzt. Infolge seiner Operation war Wandernder Wolf allerdings nicht in der Lage, die sehr steilen Pyramidenstufen zu besteigen. Aber als ich ihm mit der Kamera folgte, während er eine kleine Steintreppe erklomm, die zum Plaza Mayor dieser uralten, verlassenen Dschungelstadt führte – dasselbe rituelle Mittelfeld, auf dem 1995 zum ersten Mal alle Indianerstämme aus ganz Amerika zusammengekommen waren –, tauchte auf einmal in meinem Sucher hinter Wandernder Wolf der riesige Tempel der Masken auf, eine der beiden einander gegenüberliegenden Pyramiden, in denen sich in früheren Jahrhunderten die Mayas in Scharen versammelten.

Als der Maya-Priester nun ehrfürchtig sein Haupt vor der gigantischen Steintreppe beugte, die zur Spitze der Pyramide führte, ging mein Blickfeld automatisch die hohen steilen Stufen hinauf, während ich in Gedanken hörte, wie er wieder die eine Maya-Prophezeiung aussprach: *Auf dass sie sich alle erheben, nicht eine, nicht zwei Gruppen dürfen zurückbleiben.* Ich hatte das Gefühl, dass wir genau für diese fantastischen Aufnahmen unsere lange Reise unternommen hatten.

Ich beschloss, noch ein paar Aufnahmen von der Spitze der höchsten Pyramide von Tikal aus zu machen. Während ich nach oben kletterte und die beeindruckenden Leistungen der antiken Mayas bestaunte und unter meinen nach Halt suchenden Händen spürte, kam mir die im Westen unterrichtete Geschichtsschreibung auf einmal wie ein einziger großer Mythos vor, in dem leidenschaftlich an Begründungen mit großen Unvollkommenheiten festgehalten wird, nur um das gefestigte Weltbild zu erhalten. Ein Mythos, dem mit der Beschreibung der menschlichen Geschichte in unzähligen Grund- und weiterführenden Schulen in der ganzen Welt gefolgt wird. Dort, auf der Spitze der Maya-Pyramide, spürte ich, dass die Geschichte, das Epos der Menschheit, ganz anders und viel komplizierter aussehen musste, als uns immer vorgegaukelt wurde.

In unserem Schulunterricht finden sich noch immer die Spuren der christlichen und kolonialen Vorherrschaft des Westens in der Welt. So werden wir mit einem Bild der menschlichen Entwicklung erzogen, die sich – ebenso wie die Entwicklung der Zeit – wie eine gerade evolutionäre Linie vollzieht: beginnend bei dem primitiven Menschen über den Mittleren Osten und die westliche Zivilisation, wobei immer eine Zivilisationsform »vorne« in der menschlichen Entwicklung liegt.

Wenn man die Existenz des Menschen auf einer Zeitschiene in das Verhältnis zum Alter des Lebens hier auf diesem Planeten setzt, wird gern der Vergleich mit den 24 Stunden eines Tages gemacht, in denen der Mensch erst zwei Minuten vor Mitternacht das Lebenslicht erblickt. Dennoch lebt dieser Mensch in diesen zwei Minuten inzwischen schon rund drei Millionen Jahre auf der Erde, zumindest als Verwender von Werkzeugen. Unser historisches Bildungswesen erzählt uns, dass der Mensch erst vor rund siebentausend Jahren plötzlich – nach all den Zehntausenden von Jahren – von einem Leben als Nomade zu einer sedentären Landwirtschaft überging. Aus diesen primitiven Bauernkulturen entwickelten sich nacheinander die babylonische/syrische, die ägyptische, die griechische, die römische und die westliche Zivilisation (die chinesische Entwicklung lasse ich kurz außer Betracht), die ihre Ideen über die Welt verbreiteten.

Warum der Mensch dies nach dieser schwindelerregend langen Zeit tat, ist ein großes Mysterium. Es ist eine Tatsache. Aber niemand kann erklären (und darum geschieht es auch niemals), wie es möglich ist, dass in dieser kurzen Zeitspanne der menschlichen Existenz sich diese Veränderungen auf einmal fast gleichzeitig in der ganzen Welt vollzogen, und zwar bei Kulturen, die niemals miteinander Kontakt hatten. Nach der allgemein akzeptierten Lesart wurde der Maisanbau auf dem amerikanischen Kontinent um 3200 v.Chr. »entdeckt«. Die Kartoffelzucht in Neu-Guinea scheint erst vor rund fünfhundert Jahren in Gang gekommen zu sein, während beide Gebiete erst viel später in Kontakt mit anderen Landwirtschaft betreibenden Gebieten der Welt kamen. Diese »Gleichzeitigkeit« ist merkwürdig: Bei all den Millionen Jahren, die der Mensch schon lebt, machen ein paar tausend Jahre schließlich kaum einen Unterschied aus.

Man könnte vor diesem Hintergrund sagen, dass die Papuas, die Indianer und die Kulturen des Westens auf einmal, unabhängig voneinander und gleichzeitig, mit der Nutzung des Landes im Rahmen einer permanenten Landwirtschaftskultur begannen.

Schon bald darauf wurde eine scheinbar unvermeidliche Ketten-reaktion ausgelöst – die unerklärliche und gigantische Wissens-explosion über (Städte-)Architektur und Pyramidenbau, Nut-zung neuer Materialien, Wissen über Astronomie und Astrologie, höhere Mathematik und Schreibkunst, die ebenfalls auf beiden Kontinenten gleichzeitig stattgefunden zu haben scheint. In man-cher Hinsicht lagen die amerikanischen Kulturen sogar vor den europäischen. Dort entwickelten sich Städte mit einer Einwoh-nerzahl, einem Umfang und einer Organisationsstruktur, die im kontemporären Westen nicht ihresgleichen fanden. Warum ent-wickelten sich primitive, häufig äußerst konservative Bauern plötzlich so extrem?

Unser nicht durch die Bildung, sondern von Hollywood ge-speistes Wissen über indianische Kulturen präsentiert den meis-ten von uns jedoch noch immer das Bild der Bisons jagenden no-madischen Stämme, die viel tiefer auf der Evolutionsleiter standen als die westlichen Völker, die diesen Kontinent vor rund fünfhundert Jahren plötzlich »eroberten«. Korrekt dagegen ist, anzuerkennen, dass sich Zivilisationen auf beiden Seiten des Ozeans rasend schnell entwickelten. Und sie erreichten nicht nur Leistungen wie eben beschrieben, sondern entwickelten auf merkwürdige Art und Weise auch vergleichbare philosophische Ideen über den Einfluss des nächtlichen Sternenhimmels auf das irdische Leben. Es sind vor allem die großen Übereinstimmun-gen zwischen diesen »Histories of Ideas«, die vielleicht noch am rätselhaftesten sind.

Auf der Spitze der Pyramide stehend sah ich, wie die kleinere Spitze des Templo del Mundo Perdido (Pyramide der verlorenen Welt) und die Pyramiden um den Plaza Mayor sich über das Dschungeldach erhoben. Und während ich meinen Blick über den weiten Urwald unter dem blauen Himmelszelt schweifen ließ, er-innerte ich mich plötzlich an einige Worte von Don Julian: »Und sie sagten, dass wir Kannibalen wären, dass wir nackt wären und nichts wüssten. Aber unsere Pyramiden waren Sternwarten.«

Mir wurde klar, dass den Mayas vor Tausenden von Jahren nur dieses Hilfsmittel zur Verfügung stand: eine Pyramidenspitze, etwas oberhalb des Urwalds in derselben Höhe unter der Milchstraße, genau wie die, auf der ich mich jetzt befand. Wie groß und erhaben diese Pyramiden über die Baumkronen hinausragten ... und ich fühlte mich noch immer unendlich nichtig, wie ein Sandkorn in der unendlichen Tiefe des blauen Himmelszeltes über mir.

Erstaunliche Observationen hatten die antiken Mayas an diesen Orten vorgenommen. Die Umlaufbahn der Venus, die die Mayas tausend Jahre vor den Astronomen des Westens sowohl als Abendstern als auch als Morgenstern erkannt hatten. Die Venus wurde 3113 v.Chr. »geboren«, als sie kurz vor dem Morgengrauen zu Beginn der Vierten Ära wieder über dem Horizont auftauchte. Der Stern kündigt seither die Ankunft der Sonne an, die Geburt des Lichts. Am Ende der Vierten Sonne, genau 5200 Maya-Jahre später, ist die Venus abends nicht mehr über dem Horizont zu sehen, sondern schon bevor die Sonne hinter ihm verschwindet. Diese Zyklen der Geburt und des Todes der Venus passen genau in die *Lange Zählung*. Viele Zyklen der Venus gemeinsam bilden die Grundlage dieser *Langen Zählung*. Von derartigen Observationen ausgehend, hinterließen die alten Mayas den künftigen Generationen – also uns – die Jahreszahl 2012.

Aber kurz nach dem letzten Tag dieses Zyklus' wird die Venus als Morgenstern, als Stern der Morgenröte, wieder die neue Ankunft der Sonne ankündigen – die der Fünften Sonne. Jene Menschen, die sie sehen werden, werden wissen, dass die Erde erneut mit einem neuen Zyklus von 5200 Maya-Jahren begonnen hat.

Auf diesen Pyramidenspitzen hatten die Mayas mit ihren Observationen auch Sonnen- und Mondfinsternisse berechnet, die Tausende Jahre später in der Zeit stattfanden. Sie wurden auf Tierhäuten aufgezeichnet, und drei dieser Pergamentrollen überlebten den großen Scheiterhaufen von Bischof Diego de Llanda.

Es waren Observationen von sehr hoher mathematischer und geometrischer Ordnung, die aber dennoch von dieser Stelle aus gemacht wurden.

Aber woher hatten die Mayas um Himmelswillen all ihr beeindruckendes Wissen im Bereich der Astronomie, das erst in jüngster Zeit ab und zu dank des Hubble-Teleskops und der heutigen Raumfahrt bestätigt wird? Woher kam die Faszination für und die exakte Beschreibung der Plejaden – einer Sternengruppe, die mit bloßem Auge von der Erde aus kaum sichtbar ist? Woher wussten die Mayas, dass unser Sonnensystem sich um Alcyone dreht – einen der Sterne aus der Plejadengruppe? Worauf stützte Wandernder Wolf sich, als er bei der NASA über die Tatsache sprach, dass es Wasser auf dem Mond gibt, Wasser im gesamten Universum? Dass es überall im Kosmos Planeten gibt?*

Wandernder Wolf hatte von einer zentralen magnetischen Achse durch unsere Milchstraße gesprochen, einer magnetischen Achse, die der Erde im Jahr 2012 einen Stoß versetzen würde. Ich versuchte, mir unser Milchstraßensystem wie einen riesigen Spielzeugkreisel vorzustellen, so ein Ding, mit dem ich als Dreijähriger auf dem Hof hinter dem Hause meiner Eltern gespielt hatte. Dieser Kreisel hatte einen gedrehten eisernen Kern, der ein paar Mal »aufgepumpt« werden musste, ehe er sich schnell und mit einem hohen, singenden Ton im Kreis drehte. Wenn ich tief in meine Erinnerung lausche, kann ich das Ding noch singen hören. Es schien mir eigentlich völlig vorstellbar, dass unser Milchstraßensystem, dieser Kreisel, eine vertikale magnetische Achse enthält, um die sich alle Sterne, Sonnensysteme und Planeten drehen. Unsere Erde selbst hat schließlich auch eine magnetische Achse, und »etwas« muss all die Milliarden Sterne und Planeten doch zusammenhalten?

---

* Kurz nach meiner Rückkehr wurde tatsächlich gemeldet, dass Planeten außerhalb unseres Sonnensystems entdeckt worden waren; vor dieser Zeit durfte eine solche Behauptung nicht aufgestellt werden, da es keine konkreten Beweise dafür gab. Auch wurde inzwischen Wasser in Form von Eis auf dem Mond gefunden.

In die dünne Schicht Sand oben auf der Pyramide zeichnete ich mit meinem Finger die Form eines Kreisels, der die Galaxis darstellen sollte. Dann zog ich eine vertikale Linie durch die dicke Mitte des Kreisels, und eine dicke horizontale Linie verteilte die Milchstraße in eine nördliche und eine südliche Halbkugel. Die Erde würde 2012 die Ekliptik der Milchstraße, dieses Äquators, passieren. Wenn wir uns die vertikale, zentralmagnetische Achse als einen ganz normalen Stabmagneten vorstellen, dann liegen die stärksten magnetischen Felder an den beiden Enden, also am Nord- und am Südpol der Milchstraße, genau wie bei der magnetischen Achse der Erde. Könnte es sein, dass unsere Erdachse 2012 kippt, um sich bei der Überquerung des galaktischen Äquators von der einen zur anderen Halbkugel auf den anderen magnetischen Pol zu richten?*

Ich starrte nachdenklich auf die Zeichnung auf dem Boden vor mir und entdeckte, dass in dem Staub zu meinen Füßen das Symbol des Kreuzes im Kreis lag. Wie waren diese Menschen auf einer solchen Pyramide auf all diese Ideen gekommen? Und auf das Entdecken und Beschreiben der lebensspendenden Energieströmungen aus dem All. Und das Unglaublichste von allem: auf die Lokalisierung der Quelle, in der sie entstehen – die Mitte der Galaxis, das Herz der Milchstraße? Die Mayas haben an Orten wie diesem solche Antworten finden müssen, wenn nicht – wie die heutigen Mayas behaupten – ihre Vorfahren aus dem mythischen, versunkenen Vorland Tulan diese Informationen schon von ihren plejadischen Vorfahren bekommen hatten – ein Wissen, das Tausende und Tausende Jahre älter war als die Maya-Kultur selbst und das vielleicht in anderen Formen auch die anderen Erdteile erreicht hatte.

---

* Der Staub, der durch diese Umpolung aufgeworfen werden würde, könnte vielleicht die drei Tage dauernde tintenschwarze Düsternis aus der Maya-Prophezeiung verursachen oder den »schwarzen Haarsack«, wie die Sonne während dieser 72 Stunden in anderen Prophezeiungen genannt wird.

Für die Beschreibung dieser kosmischen Quelle, aus der alles stammt und zu der alles fließt, verwendeten die Mayas den schon erwähnten Begriff *Hunab K'u*, Schöpfer von Maß und Bewegung. Den Mayas zufolge befindet sich die Hunab K'u im Zentrum unserer Milchstraße, dem galaktischen Zentrum, von wo aus die kosmische Energie in dreizehn Pulsierungen in das Universum geschleudert wird. Es handelt sich um ein riesiges schwarzes Loch, in dem sämtliche Energie, Zeit und Raum verschwindet. Ist Gott in diesem schwarzen Loch, der Quelle? Ist dieses schwarze Loch das Tor in die andere Dimension, in der die Toten nach dem Sterben verschwinden? Zeigt es sich in unserer Dimension als schwarzes Loch, aber in der Dimension nach dem Tod als ein leuchtender Tunnel – als der berühmte Tunnel, von dem so viele Nah-Tod-Erfahrungen berichten? Die Mayas glauben, dass aus diesem schwarzen Loch unser Milchstraßensystem geboren wurde.

»Natürlich«, murmelte ich, »ich bin Alpha und Omega.« Der Anfang und das Ende. Und auf einmal sah ich in dem unendlichen Raum über mir zwei miteinander verflochtene Spiralen, deren Mittelpunkt sowohl den Anfang als auch das Ende bildete. Die Zeit und die Anti-Zeit, Materie und Anti-Materie, nebeneinander existierend. In der Mitte die Quelle, ein- und ausatmend. Der Himmel, Gottes Wohnort, im Herzen der Milchstraße wie das Zentrum eines Gehirns. – Das Universum steckt schließlich auch im Kopf eines jeden Menschen.

Vor noch nicht allzu langer Zeit wurde das schwarze Loch in dem galaktischen Zentrum unserer Milchstraße tatsächlich von der Astrophysik entdeckt. Es befindet sich in der Nähe des Sternbildes Schütze, von wo aus enorme Radiowellen ins All geschickt werden.

Dieses riesige Loch in der Milchstraße, das übrigens nachts sichtbar ist, ist eine Art Nachtsonne, eine negative Sonne, die sich so rasend schnell dreht, dass alle Energie darin verschwindet. Ganze Sterne verschwinden darin, ihr Licht hat keine Chance, aus der sich drehenden Masse zu entfliehen. Ungefähr so wie unsere Sonne ihren radioaktiven Sonnenwind in das All schleudert, so wird am Rande dieses schwarzen Lochs immer wieder schöpfende Lebensenergie in die Milchstraße gepumpt – eine aufeinander folgende Reihe von 13 Pulsen, die nacheinander losgelassen werden und sich in die verschiedenen Richtungen der Milchstraße bewegen. Wie Wellen in einem Teich bewegen sich diese Energiebahnen zum Rand der Milchstraße und wieder zurück.

Das Muster der 13 Phasen übersetzt sich auf der Erde in energetische Zyklen von 13 Tagen, aber auch in 13 Monde (Monate), 13 Jahre. Bei den 13 Monden kommen wir ganz in die Nähe »unserer« energetischen (astrologischen) Zyklen von 12 Monaten. Und so finden wir tiefsinnige, unerklärliche Gemeinsamkeiten mit den Fantasien von Völkern, die sich zuvor – zumindest laut der offiziellen Geschichtsschreibung – Millionen Jahre ausschließlich mit Jagen, Fischen und dem Sammeln von Nahrung beschäftigten ... Dabei drängt sich die Frage auf, ob diesen Gemeinsamkeiten nicht viel ältere Zivilisationen zugrunde gelegen haben.

Die offizielle Geschichtsschreibung hält jedoch weiterhin an der »recht jungen« Entwicklung der Zivilisationen fest, die vor vier- bis fünftausend Jahren ihren Anfang nahmen. Dies steht im Gegensatz zum Denken in Weltzeitaltern vieler einheimischer Völker, die damit annehmen, dass vor unseren heutigen Zivilisationen viel ältere existierten. Zivilisationen, die zur Blüte kamen und wieder untergingen, in einer sich ständig wiederholenden Geschichte.

In jedem Falle gibt es auf beiden Kontinenten bemerkenswerte Übereinstimmungen in der Entwicklung der Zivilisationsformen, die Fragen über die Richtigkeit der etablierten Meinungen aufwerfen. Diese Übereinstimmungen wurden bis vor kurzem der Einfachheit halber »unter den Tisch gekehrt«. Noch vor einigen Jahren war es in akademischen Kreisen also absolut *»not done«*, hierüber ernsthaft nachzudenken, da dies dem gefestigten Dogma von zwei isolierten Kontinenten widersprach.

Ich nenne einige Beispiele: In den ägyptischen Pyramiden wurde in den Gräbern der Mumien Tabak gefunden, ein Stoff, der vor Kolumbus noch nicht auf dem europäischen Kontinent bekannt war. Auch das Alter der Pyramiden ist inzwischen umstritten, unter anderem wegen einer (von der etablierten Wissenschaft nicht anerkannten) Theorie, in der die kosmische Ausrichtung der Pyramiden von Gizeh in Ägypten näher untersucht wurde. Denn in Mittelamerika wurden Pyramiden gefunden, die in Bezug auf die Entfernung untereinander und die Position zueinander genauso ausgerichtet sind wie die drei Pyramiden von Gizeh – zumindest, wenn man den Größenunterschied berücksichtigt.

Auch wurden vor längerer Zeit norwegische Inschriften an nordamerikanischen Stränden gefunden, die aus der Zeit vor Kolumbus stammen. Und es gibt alte Seekarten, auf denen der amerikanische Kontinent eingezeichnet war und die Kolumbus wahrscheinlich verwendet hat. Aber in wissenschaftlichen Kreisen darf man erst seit wenigen Jahren laut sagen, dass Kolumbus nicht der erste Europäer war, der Fuß auf amerikanischen Boden setzte. Vor dieser Zeit wurde derjenige, der solche Ideen äußerte, noch immer in dieselbe Ecke wie Erich von Däniken und andere gedrängt. Auch darf man erst seit kurzer Zeit öffentlich an der Meinung zweifeln, dass vor 12.000 Jahren die ersten Amerikaner den amerikanischen Kontinent über die Beringstraße betraten (es existieren Funde von Höhlenmalereien in Brasilien, die 50.000 Jahre alt sei müssen).

Wessen Weltbild ist das richtige? Kann jemand sich den Frust der einheimischen Bewohner des amerikanischen Kontinents vorstellen, die immer schon behauptet haben, dass sie diesen Erdteil schon viel länger als 12.000 Jahre bewohnen?

Auf der riesigen Pyramide stehend, gestützt auf mein Filmstativ, fragte ich mich, ob »unser« Bild der zwei getrennten Erdteile, die sich vor fünfhundert Jahren noch völlig unabhängig voneinander entwickelten, nicht auf einem noch viel größeren Mythos beruht. Und dieser Mythos findet zu beiden Seiten des atlantischen Ozeans höchsten Anklang: bei den Mayas in ihrer Entstehungsgeschichte der versunkenen Ursprungsinsel *Tulan*, bei den Azteken mit dem mythischen Vorland *Atzland*, bei Plato mit der versunkenen Insel *Atlantis*. Dies könnte die gemeinsame Wiege unserer heutigen Zivilisation sein, von wo aus all dieses hoch entwickelte Wissen nach der großen Sintflut vor rund 12.000 Jahren (dem Ende der Zweiten Sonne) weitergegeben wurde und von wo aus die Völker über die ganze Welt verteilt ihre Zivilisationen wieder zur Blüte brachten.

Ich hörte in der Stille, die meinen Gedanken folgte, schon die Antwort aus der wissenschaftlichen Ecke: »Dafür wurde nie ein Beweis gefunden. Also existiert es nicht.« Ich frage mich, ob diese Schlussfolgerung, die auf wissenschaftlichem Denken beruht, eigentlich auf logischen Prämissen basiert: Wenn etwas nicht bewiesen ist, existiert es nicht.

Vor allem in der Sternenkunde gibt es zwischen den Zivilisationen auf beiden Kontinenten eine bestimmte gemeinschaftliche Basis, die sehr zufällig scheint. Wenn ich jedoch die Maya-Astrologie oder die indianische Astrologie in allgemeinen Punkten mit der »westlichen« Astrologie vergleiche, sind die Übereinstimmungen auffällig.

Zunächst ist da der gemeinschaftliche Grundgedanke, dass der Tag der Geburt von etwas oder jemandem entscheidend für den Lebensweg ist, dem diese Person folgen wird. Und dass jeder Tag unter dem Einfluss bestimmter Energien steht, die vom Kosmos aus auf die Erde einwirken. Es ist doch merkwürdig, wie viel Bedeutung beide Zivilisationen, unabhängig voneinander, der Richtungsbeschreibung im Kosmos beimessen. So unterteilt die westliche Astrologie den Himmel in zwölf Bereiche, die jeweils in eine Richtung des Universums (die Tierkreiszeichen) verweisen. Und so symbolisiert das indianische Medizinrad den Kosmos und sind auch die Richtungen dieses Medizinrades für die Entwicklung des Lebens auf der Erde von Bedeutung.

Ich habe einmal einen westlichen Astrologen erklären hören, dass nicht die Sterne aus bestimmten Sternbildern Einfluss auf die Erde haben, sondern die kosmische Richtung, in der die Sternbilder zu einem bestimmten Moment stehen. So ist es auch erklärlich, warum moderne Astrologen eigentlich noch immer eine Sternenkarte von vor zweitausend Jahren verwenden, als das astrologische Wissen zum ersten Mal aufgezeichnet wurde. Seit dieser Zeit ist jede Sternengruppe, jedes Tierkreiszeichen aus unserer Wahrnehmung heraus nämlich ein Zeichen aus dem Tierkreis (retrograd) weitergewandert. Am 21. März steht heute nicht mehr der Widder im Frühlingspunkt, sondern die Fische. Also: Nicht am Einfluss der Sternbilder selbst wird festgehalten, sondern am Einfluss der Richtung, in der ein bestimmtes Sternbild vor zweitausend Jahren stand.

Wissenschaftler sind geneigt, die Astrologie gerade dieses Punktes wegen zu verwerfen. Wenn Astrologen beispielsweise sagen, dass der Planet Mars im Sternbild Stier steht, steht in Wirklichkeit in diesem Augenblick der Planet Mars im Widder. Aber das Sternbild Widder steht heute an der Stelle, an der vor zweitausend Jahren das Sternbild Stier stand, man verweist also auf dieselbe Richtung und benennt tatsächlich genau dieselbe kosmische Energie.

Sonnen (Sterne) und Planeten sind eine Art Transformatoren der kosmischen Energie, die sich zu einem bestimmten Zeitpunkt in der Richtung befinden, von wo aus eine bestimmte schöpfende (oder zerstörende) Energie zur Erde strömt. An der einen Seite eines solchen Himmelskörpers ist die Energie genau umgekehrt wie an der anderen Seite.

Auch bei den Maya-Astrologen sind die Planetenstände von großer Bedeutung. Diese übereinstimmenden Grundprinzipien in

Bezug auf die kosmischen Richtungen und die Bewegungen im Kosmos hatten zu beiden Seiten des Ozeans, scheinbar unabhängig voneinander, in ein- und demselben Moment in der menschlichen Geschichte zu einem extrem ausgeklügelten System geführt, um das Leben auf der Erde, seine Entwicklung und seine Zukunft zu beschreiben – von den historischen Mustern für große Völkermassen bis hin zum kleinsten Individuum. An sich ist das schon eine bizarre Synchronizität, unabhängig von der Tatsache, wie sehr beide Vorbedingungen in der Grundlage miteinander übereinstimmen.*

Ist es Zufall, dass die Erwartungen und Prophezeiungen der indianischen Völker über ein neues bevorstehendes Zeitalter mit den gleich lautenden Erwartungen und Prophezeiungen der Buddhisten (die fünfte Welt oder die blaugrüne Welt), der Hindus (das Kali-Yuga), der Moslems, der Christen (die Endzeit, die Apokalypse, die Rückkehr Christi und das tausendjährige Reich des Friedens) sowie den Vorhersagen von Nostradamus und »unserer« Astrologie (Wassermannzeitalter) zusammenpassen?

Aber die Mayas halten als kosmische Zeitwächter mit ihrem Kalender die genaue Zeitbestimmung dieser Ereignisse wie einen Schlüssel in ihren Händen. Sie hatten und haben den »Plan«, den genauen Kalender, der diese menschliche Evolution beschreibt.

Ich spürte, dass meine Gedanken an dieser Stelle merkwürdige Sprünge machten. Sie versuchten, das Ganze zu begreifen, den Kreis zu schließen. Erneut kam das rätselhafte Phänomen »Zeit« in meine Gedanken; die Zeit als großer Katalysator der Veränderungen; die Beschleunigung der Zeit, die jetzt fast in ihre Endphase gekommen ist. Die Zeit, die ein Kreis ist. Gedankenverloren schaute ich wieder auf die Ellipse in der dünnen Sandschicht.

* Die chinesische und andere Formen der Astrologie lasse ich in meinem Vergleich außer Acht, da ich darüber zu wenig weiß.

> »Es wird wieder Menschen geben,
> die die Erde lieben, die den Frieden lieben,
> die ihre Brüder respektieren, ihre Brüder die Steine,
> ihre Brüder die Bäume, ihre Brüder die Tiere
> und Großvater Sonne und Großmutter Mond.«

Warum teilten die Syrier vor Tausenden von Jahren den Kreis eigentlich in 360 Grad und nicht in 400 Teile? Oder in 365 Grad, die genaue Anzahl der Tage des Jahres – analog zum Kreis, den die Erde jedes Jahr beschreibt? Warum kam an der anderen Seite des Ozeans, im *Haab*-Jahr der Mayas, auch die Zahl 360 als Bezeichnung für ein Jahr vor, und dazu fünf Tage außerhalb der Zeit? War diese merkwürdige, nicht logische Gemeinsamkeit ein Hinweis auf ein älteres Wissen, das von einer Zivilisation stammte, die noch ein Jahr mit genau 360 Tagen gekannt hatte? Ein Wissen, das den Bauern überliefert wurde, die auf einmal höhere Mathematik betrieben? Konnte es sein, dass zu Zeiten von Tulan, Aztlan oder Atlantis die Erde sich in genau 360 Tagen um die Sonne gedreht hat und dass sich in dieser Zeit das Kalenderwissen entwickelt hat?

Meine Gedanken schienen sich nun zu überschlagen. Ich wollte das Rätsel unbedingt ergründen. 360 Tage, die Quersumme ist 9, 3 x 3 – die göttliche Zahl. Der Mond reiste damals noch in einer etwas größeren Bahn um die Erde, und zwar in 30 Tagen. In 12 x 30 Tagen, also 360 Tagen, genau ein Sonnenjahr. Alles teilbar durch 3: ein Tag mit 24 x 60 Minuten. Die Mondrotationen und der Umlauf der Sonne in einem exakten Gleichgewicht zueinander, der Kosmos in göttlicher Balance. Aber dann müsste die Bahn der Erde um die Sonne kleiner gewesen sein.

Und damit wäre es wärmer auf der Erde geworden, während es doch gerade viel kälter in der Eiszeit vor der großen Sintflut gewesen war. Oder hatte die Bahn damals eine andere Form?

Ich zeichnete nun eine Sonne in die Mitte des Kreises und zog einen runden Zirkel darum. Wenn die Bahn um die Sonne beispielsweise völlig rund gewesen wäre und nicht ellipsenförmig wie heute, dann wäre die durchschnittliche Temperatur bei einer runden Bahn niedriger gewesen, weil in einer Ellipse der größte Teil der eingedrückten Zirkelform näher zur Mitte hin liegt. Und die Ellipse war etwas lang gezogen, sodass die Erde fünf Tage länger durch das Universum schwebte, ehe sie wieder zu ihrem Ausgangspunkt zurückkam. Die Schwerkraft hatte zugenommen, weil die Zirkelbahn länger wurde, was eine höhere Zentrifugalkraft zur Folge hatte.

Aber durch die gestiegene Schwerkraft war auch der Mond näher an die Erde gekommen, sodass er künftig in 28 Tagen seine Umlaufbahn bereiste. Und dort hatte das Ungleichgewicht der Zeit begonnen, das sich jetzt seinem Ende näherte. Der Umlauf des Mondes konnte auf keinerlei Weise in den Umlauf der Sonne eingepasst werden. Schließlich hatte dieses Ungleichgewicht den Mayas den Kopf gekostet. Wir befinden uns buchstäblich in der Endzeit.

Erneut tauchte das Symbol des Kreuzes vor mir auf: Das Kreuz, das seine Mitte verloren hat, und der Mensch, der daran gekreuzigt wurde, der sein Leiden auf sich nahm. Der Zeitbalken musste wieder in die Mitte kommen, das Kreuz im Kreis der Hopis.

Vielleicht werden Erde, Mond und Sonne nach 2012 tatsächlich wieder ein neues Gleichgewicht finden. Aber welcher enorme Tumult, welche große Kraft hatte derartige Veränderungen vor 12.000 Jahren bewirken können? Wandernder Wolf hatte von einem Zusammenstoß zwischen Mars und Venus gesprochen, wonach ein großes Stück in den Atlantischen Ozean gestürzt war. Auch manche Geologen nehmen heutzutage an, dass um jene

Zeit ein enormer Komet in den Atlantischen Ozean gestürzt sein muss, der die Eiszeit beendete.

Hatte sich dadurch die Umlaufbahn der Erde verändert? War vor diesem Ereignis die Zeit noch genau im Gleichgewicht mit dem Göttlichen gewesen? Und war dieser alte Kalender eigentlich die Grundlage für unseren Kalender und den der Mayas, zu dem jede Kultur ihre eigenen Lösungen erdacht hatte? Langsam erhob ich mich. Mir war schwindelig von all den Gedanken. Was wusste schließlich ich davon?

Dort oben auf der Pyramide schaute ich über die Spitzen des Regenwaldes zu den Wolken hinauf, die sich sehr langsam über die Erde schoben und ihren Schatten auf der Erde mit derselben Trägheit mit sich führten. Ich schaute zu den Bäumen, die schon Milliarden Jahre länger diese Erde bewohnten als wir, die Menschen, und wurde von selbst wieder ruhiger. Ich dachte daran, dass unsere Vergangenheit eigentlich unwichtig ist, dass wir vielleicht nie unsere ganze Vergangenheit kennen werden. Plötzlich wurde mir der wunderbare Gesang der Vögel bewusst, der sich aus diesem Dach des Waldes erhob.

Und auf einmal fühlte ich mich emotional tief mit dieser Welt verbunden, als ich mir vorstellte, wie schön diese Vögel kurz vor der Morgendämmerung sangen. Die Morgendämmerung, die wie eine vorwärts gleitende, geflügelte Schlange über die Dunkelheit der Erde kriecht – immer vom Gesang der Vögel angekündigt, die spüren, dass das Licht sich nähert. Wie ein ununterbrochener Staffellauf des schönsten vorstellbaren Gesangs, der um die ganze Erde geht, endlos um die Erde reist, um immer wieder und überall anzukündigen: Es wird Licht, es wird Licht, das Licht kommt. Hunderte, Millionen, Milliarden Jahre lang reist dieser Gesang der Vögel bereits vor dem Licht her, wie ein Ring um die Erde, und führt zurück zum Beginn der Zeit. Ich erlebte es in diesem Augenblick.

Lass es Licht werden, lass die Morgendämmerung kommen, damit die Menschen in Frieden und Glückseligkeit leben können.

Die Worte der Mayas rührten mich tief. Ich genoss diesen Moment intensiv, bevor ich die steile Treppe wieder hinabstieg. Zu Wandernder Wolf, Juan, Llorena. Zur Welt.

Wir saßen am Ufer des Sees von Peten für das allerletzte Interview mit Wandernder Wolf. Ich dachte, dass es wirklich ein glücklicher Einfall von mir gewesen war, Wandernder Wolf zu den Pyramiden seiner Vorfahren mitzunehmen. Es schien, als wären wir gemeinsam auf einer Urlaubsreise, so entspannt war die Atmosphäre den ganzen Tag lang zwischen Juan, Don Cirilo, Llorena und mir gewesen. Oder lag es daran, dass ich da oben bei den Pyramiden nach all meinen Erfahrungen mit den heutigen Mayas nun auch endlich physischen Kontakt mit der Größe ihrer Vergangenheit gehabt hatte? Wandernder Wolf setzte sich auf einen Baumstamm, der halb über dem Wasser des Sees von Peten hing. Ich fragte ihn, was die indianischen Völker eigentlich genau mit ihrer Andeutung meinen, dass nach dem Ende der Vierten Sonne ein goldenes Zeitalter anbrechen würde.

Und er sagte: »Viele sprechen darüber, dass wir in einer Zeit der Harmonie leben werden, natürlich ... Aber das ist nach dem Jahr Null. Viele Menschen sagen viele Dinge. Aber vor allem die Evangelicos. Jede Minute sagen sie mindestens einmal, dass die Welt untergeht. Aber man wird sehen, wer die Wahrheit sagt und wer nicht. Wir befinden uns jetzt in der Zeit des Erwachens. Viele Menschen wachen auf und sehen, dass sie sich falsch orientiert haben. Nach dem Jahr Null wird die Menschheit sich vereinigen. Es wird Respekt für die Erde und Respekt füreinander geben. Wenn wir die Vorfahren respektieren, die Bäume, die Tiere ... zumindest, wenn dies bis dahin nicht alles verschwunden ist. Es wird eine Zeit der Harmonie sein oder eine Zeit neuer Ideen, um zu lernen, wie wir in Harmonie mit uns selbst, mit Mutter Erde und mit unserem Schöpfer leben können.«

»Warum wurde das Gleichgewicht gestört? Hängt das mit dem verkehrten Kalender des Westens zusammen?«

»Das ist einer der Gründe. Wozu dient ein Kalender? Bei uns bestimmt er unser ganzes Leben. Er erzählt uns alles, über das Leben auf der Erde, wann wir säen und ernten müssen, aber auch über das Leben im Kosmos. Der Kalender ist daher völlig auf die Gesetze des Kosmos abgestimmt. Man könnte sagen, dass unser Leben ein astronomisches Leben ist. Wie häufig kommt ein Komet? Wir wissen, welcher Komet wann kommt. Vielleicht wissen die Gelehrten es noch nicht, aber in unserem Kalender wissen wir es. Also kann man eigentlich sagen, dass unser Leben ein astronomisches Leben ist.«

Während wir nachdenklich auf die Oberfläche des Sees starrten, sprach Wandernder Wolf weiter: »Sehen Sie sich den Kalender des Westens an. Dieser Kalender bedeutet Dollars verdienen. Reichtum anhäufen, auch wenn damit die Natur vernichtet wird. Jeder will handeln, in Gold und Silber. Das ist ihr Kalender. Für sie kommt es nicht darauf an, was für ein Tag es ist. Jeder Tag bedeutet: Gewinne machen.«

Ich holte tief Atem. Jetzt war es an der Zeit, die eine, wichtige Frage zu stellen: »Gibt es denn noch etwas, das wir dagegen tun können? Wenn diese Vorhersagungen schon seit Tausenden von Jahren feststehen, kann dann die Menschheit jetzt noch etwas tun, um die Dinge zu verändern?«

Wandernder Wolf schüttelte den Kopf. »Unser Kalender ist ein Gesetz, das das Gewohnheitsrecht der Mayas ist. Er ist ein Gesetz, das vor Tausenden, Millionen von Jahren von unseren Vorfahren von den Plejaden mitgebracht wurde. Sie kamen zu viert. Mahuc-Utah, Balam-Acap, Balam-Quitzé, Ique-Balam – das sind die vier plejadischen Vorfahren, die den Mayas erschienen. Sie haben uns die großen Gesetze des Universums hinterlassen. Man kann sie nicht verändern, nicht ergänzen, nicht kürzen.

Wir haben dieses Gesetz bekommen, und in diesem Gesetz befinden wir uns jetzt. Liebe für unseren Vater, unseren Schöpfer. Liebe für uns selbst. Liebe für die Natur. Wir, die Menschen, die Tiere, die Pflanzen haben dieselben Gefühle, dieselbe Liebe und dieselben Bedürfnisse. Unsere Brüder, die Bäume, oder unsere Vorfahren, die Bäume ... wenn es keinen Wind oder Regen gibt, haben sie keine Nahrung. Wenn der Wind und der Regen kommen, können sie sich entwickeln. Und so ist es auch mit den Menschen: Wir brauchen die Sonne, das Wasser, Mutter Erde und die Luft. Alle Wesen, die auf dem Angesicht der Erde sind, müssen einander respektieren, da wir alle von demselben Schöpfer abstammen.

Es ist keine Frage der Schuld. Wir alle benutzen Autos, Geräte und Dinge, die die Welt verschmutzen, auch die Einheimischen. Aber wir können das Positive anstreben: Sonnenenergie, Windenergie, Dinge, die keinen Schmutz verursachen. Jedes Ende eines großen Zyklus' geht mit großer Naturgewalt. Einst war das nicht so schlimm, zu den Zeiten, als die Menschen der Natur noch nahe waren. Aber wir haben unseren Kontakt zur Natur verloren, wir können sie nicht mehr nutzen. Die meisten Menschen wissen nicht einmal mehr, wie und woher sie ihr Essen bekommen. Alles, was man tun kann, um den Kontakt mit der Natur wiederherzustellen, ist gut. Alles, was wir tun können, um die Natur, die Erde, zu verteidigen, sollten wir tun. Dann hat diese Erfahrung Sinn, und es gibt Hoffnung auf Leben nach dem Jahr Null. Die großen Führer betrügen das Volk der Macht zuliebe. Aber jeder kann seine eigene Wahl treffen, streben nach dem, was in seiner eigenen Macht liegt. Aber die Dinge werden kommen, wie sie vorhergesagt sind.

Ich habe schon gesagt, dass sich das Klima in den verschiedenen Regionen verändert. Und durch diese Veränderungen muss auch das Essen, unsere Nahrung sich ändern – die Art, wie wir überleben. Das sind die Klimaveränderungen, die nach dem Jahr Null kommen werden. Das ist eine Tatsache, die Veränderungen kommen. Wir säen jetzt Mais, aber es kann sein, dass hier in zwanzig Jahren kein Mais mehr angebaut werden kann. Aber Sie wissen, wie die Inuit leben. Sie können schließlich auch leben. Oder in Chile, dort haben die Menschen ganz andere Gewächse, dennoch leben sie. Man muss sich einfach den Veränderungen anpassen, die richtige Art zu leben finden.

Im Westen wird alles aus Büchern studiert, aber es gibt keine Bücher, in denen das steht. Zu denken, dass dies in Büchern steht, ist eigentlich ein Stück Unwissenheit. Das ist Ihre Welt: Alles muss in einem Buch stehen. Wir studieren nicht mit Büchern, sondern bei uns gibt es eine mündlich weitergegebene Tradition, vom Mund zum Ohr, und das sagt man weiter. Für den Westen ist es schwer, das zu verstehen; es gibt nur wenige, die dies verstehen. Es gibt aber welche, die es verstehen, denn nicht bei jedem ist das Herz durch den Ehrgeiz erstickt. Es gibt Menschen mit einer Seele, die sie von ihrem Vater bekommen haben, und die darüber nachdenken, wie man die Natur erhalten kann.«

Eine persönliche Frage lag mir noch am Herzen. Jetzt schien mir eine gute Gelegenheit zu sein, diese Frage zu stellen.

»Don Cirilo, ehe ich wieder hierher kam, gab es für mich und meine Familie eine sehr schwere Zeit. Es war fraglich, ob ich überhaupt wieder nach Guatemala reisen könnte. Ich habe Ihnen damals einen Brief geschickt, in dem ich Sie bat, ein Ritual für das Gelingen der Finanzierung dieses Films auszuführen. Haben Sie eigentlich auf diese Bitte reagiert?«

Wandernder Wolf wendete mir nun sein Gesicht zu und schaute mir direkt in die Augen, und ich sah, wie Fröhlichkeit über sein Gesicht glitt, ein kleines Strahlen in seinen Augen. »Nachdem ich deinen Brief gelesen habe, bin ich abends auf einen Berg gegangen und habe ein Ritual ausgeführt, genau so, wie du es dir erbeten hast. Aber du, Wieko, du hast zwei Jahre gewartet, bevor du mir diesen Brief geschickt hast. Denn du glaubtest es nicht, du glaubtest nicht, dass es wirklich alles so funktioniert. Aber jetzt, jetzt glaubst du es wohl, oder? Jetzt weißt du, wie diese Dinge funktionieren.«

Bei diesen Worten zog wirklich ein breites Grinsen über sein Gesicht, und er begann zu kichern.

Ich war überrascht; erst jetzt sah ich ein, dass er tatsächlich Recht hatte. Ich hatte zwei Jahre lang Himmel und Hölle in Bewegung gesetzt, um meinen Film fertig stellen zu können, oder – nein, eigentlich hatte ich nur die Erde in Bewegung gesetzt –, der Himmel war außerhalb meines Blickfeldes geblieben. All die Zeit hatte ich mich mit dieser Materie beschäftigt, aber in meinem Handeln war ich dennoch die ganze Zeit über der Abendländer geblieben. Ich fragte mich, ob ich mich in diesem Leben jemals ändern würde.

Don Cirilo war aufgestanden und bestieg den Hügel zu unserer Lodge. Ab und zu hörte ich ihn noch kichern und sah ihn den Kopf schütteln, den alten Herrn. Er hatte mich ganz allein meinen Weg gehen sehen, und scheinbar amüsierte ihn das Ergebnis ganz erheblich.

Während Juan das Mikrofonkabel aufrollte und näher kam, sagte er mit einem Lächeln zu mir: »Das war das erste Mal, dass er ›du‹ zu dir sagte statt ›Sie‹. Ich glaube, dass du endlich den Abstand in dir selbst überwunden hast.«

Ich nickte vorsichtig, es fühlte sich an, als ob mir irgendjemand einen Streich gespielt hätte, mir war nur noch nicht klar, wer. Ich fühlte, wie ich auf einmal richtig fröhlich wurde, fühlte mich befreit. Ich legte meine Kamera hin, zog meine Kleidung aus und tauchte ein in das klare Wasser des Sees von Peten. Kurz danach folgte Juan meinem Beispiel. Und während wir ein gutes Stück von der Küste fortschwammen und uns von dem herrlich lauwarmen Wasser tragen ließen, überkam mich ein Gefühl, als ob ich zum ersten Mal seit Jahren wieder richtig Ferien hätte. Etwa so wie ein Kind am letzten Schultag.

13
Adler, Vogel, Weiser

TZI'KIN (MEN)

Tzi'kin ist das Symbol für das höhere Bewusstsein.
Tzi'kin ist auch der planetare Geist,
der Träger der Hoffnung, großer Visionen
und des mondialen Bewusstseins.
Tzi'kin gibt den irdischen Ereignissen
eine eigene, weit reichende und eigensinnige
Perspektive.

Endlich ging mein alter Traum in Erfüllung, als *The Year Zero* in Amsterdam zum internationalen Festival des Dokumentarfilms 2001 in Premiere ging. Ich kann nicht sagen, wie sehr es mich gerührt hatte, während der Probevorführung im Filmlabor das erste Mal den Film in dem großen 35mm Format zu sehen. Es kam mir so vor, als ob reines Gold von der Leinwand tropfte. Die intensiven Farben Guatemalas, die magische Atmosphäre, alles war da, schöner, als ich es jemals hatte träumen dürfen. Mein Filmerherz ging auf, und im Zug nach Hause weinte ich Tränen der Freude. Und jetzt, während sich der riesige Saal des City-Kinos bis an die Decke mit mehr als 750 Zuschauern füllte, blickte ich auf zu der riesigen weißen Leinwand vor mir, auf der gleich zum ersten Mal nach all der Zeit der Film in der Öffentlichkeit gezeigt werden würde, und war sehr bewegt. Mein jahrelanger Traum war endlich wahr geworden.

Wir saßen in der Mitte des Saales, Diana und ich, neben unseren beiden Söhnen, die sich ständig umschauten nach all den Menschen, die sich in den Plüschsitzen des Kinos um uns herum niederließen. Abwechselnd durchströmten mich Gefühle der Spannung und des Glücks, und während die Lampen langsam ihr Licht dämpften, gingen meine Gedanken zurück zu der allerletzten Phase bei der Herstellung dieses Films.

Nach meiner Rückkehr hatte ich noch fast den Rest des Jahres intensiv an der Fertigstellung des Films gearbeitet. Jeglicher Widerstand schien jetzt völlig aus mir verschwunden. Sehr ruhig, langsam, aber sicher, gingen wir Richtung Zielgerade. Es gab keinen Grund mehr zu zweifeln: Dieser Film ging, komme was wolle, in die Welt hinaus. In einer Atmosphäre der Harmonie und Kooperation ging ich gemeinsam mit dem erfahrenen und talentierten Redakteur Oskar de Waard erneut an die Montage des Films. Nach einigen weiteren Monaten Offline-Montage stand die Geschichte jetzt so sicher wie das Amen in der Kirche. War es Zufall, dass in der Post-Produktionsphase die Tonbearbeitung gleichzeitig und im selben Studio stattfand wie die für den Film über die Faszination über das Töten – den Film, der vom Filmfonds nach unserer Ablehnung so großzügig belohnt worden war? Es sah so aus, als ob beide Filme möglicherweise gleichzeitig als zwei der drei wichtigsten niederländischen Einsendungen im Rahmen des internationalen Filmwettbewerbs der IDFA erscheinen würden. Auf die Ironie getriebene Spitze, dachte ich. Ich war neugierig, welches Thema letzten Endes gewinnen würde.

Am 8. September des Jahres 2001 – drei Monate vor dem Erscheinen des Films – kam ein Fax von einer Organisation aus Südamerika, die sich mit eingeborenen Völkern beschäftigte.

Dem Fax zufolge schob sich die Erde ab dem 10. September in den so genannten Photonengürtel, was eine Periode großer Reinigung auf der Erde einläuten würde. Es wurde empfohlen, an diesem Tag ein Bad mit viel Salz zu nehmen. Murrend kletterte ich an jenem Tag mit den entsprechenden Bedenken zur Sicherheit dann doch mal in ein Bad mit Salz.

Einen Tag später bohrten sich zwei Flugzeuge in die Türme des World Trade Centers in New York. Afghanistan wurde als das Land ausgewählt, das bombardiert werden müsse. Und endlich kam weltweit in die Öffentlichkeit, weswegen ich mich vor Jahren in meinen Projekten über die Papuas in Neuguinea fast aufgerieben hatte und was afghanische Asylsucher mir schon viele Male erzählt hatten: dass die Geheimdienste sich in aller Welt mit der Sicherung der Öl- und Rohstoffzufuhr beschäftigten. Die CIA hatte zunächst die Mujaheddin in Afghanistan trainiert und mit Waffen unterstützt, um die Kommunisten zu vertreiben. Ein Teil der Vereinbarung war, dass die Mujaheddin nach der Machtübernahme die Pipeline von Usbekistan durch Afghanistan nach Pakistan sichern sollten, sodass die großen Ölfelder um das Kaspische Meer, die auch als Ölvorräte des 20. Jahrhunderts bezeichnet wurden, für den Transport über russisches Grundgebiet nicht von Amerikas Erzfeind Iran abhängig waren.

Als aber die Mujaheddin die Absprachen nicht einhielten, wurden in den Flüchtlingslagern an der pakistanisch-afghanischen Grenze die Taliban auf die Vertreibung der neuen Machthaber trainiert, und es wurde ein Regime, das Frauen alle Grundrechte nahm und unter nie da gewesener Grausamkeit und Terror das Land fünf Jahrhunderte zurückwarf, von der internationalen Politik akzeptiert. Und jetzt hatten diese Taten ihren karmischen Rückschlag in dem schrecklichen Angriff auf das symbolische Herz des zügellosen Kapitalismus gefunden.

Die Ereignisse zeigten neben dem blinden, fanatischen Hass der Moslem-Extremisten, wie weit der Westen unter der Vorherrschaft Amerikas zu gehen bereit ist, um seinen Lebensstil und seine wirtschaftliche Position in der Welt zu sichern und zu halten. Und es waren diese verborgenen Mechanismen, die durch den Anschlag unvermittelt an die Oberfläche kamen, Mechanismen, die schon vielen, vielen Kriegen und Diktaturen der jüngeren Vergangenheit zugrunde lagen: im Südamerika der siebziger Jahre, im Indonesien von Suharto, aber auch während eines immerwährenden Feldzugs gegen kleine eingeborene Völker, tief verborgen in den Urwäldern. Wo Gold-, Kupfer-, Eisenerz-, Hartholz- und Ölvorräte dafür sorgen, dass die letzten Naturvölker der Erde vor den von industriellen Großmächten ausgebildeten und bewaffneten Armeen fliehen. Für *unsere* Produkte, in *unseren* Geschäften.

Dieser Planet ist in einen ständigen Krieg verwickelt, einen ständigen Kampf um Energie. Wir dürfen uns vielleicht die Frage stellen, warum unsere westlichen, freien Medien so überzeugend darin scheitern, das Gesamtbild um einen Krieg dem Publikum zu zeigen, auch diese verborgenen Facetten der verschiedenen Kriege in der Welt ans Tageslicht zu bringen. Sollte das schlecht für die Kundschaft sein?

Es ist *diese* Welt, die 2012 ihr Ende finden wird, diese ungerechten Systeme, die einstürzen werden, und darüber werde ich jubeln. Ich wünsche mir aus tiefstem Herzen, dass die neue Zeit, was immer sie auch bringen mag, so schnell wie möglich da sein möge, wodurch diese weltweit verbreiteten Missstände zu einem kaum zu begreifenden Teil der Geschichte der menschlichen Rasse gehören werden. Denn ich möchte daran keinen Anteil mehr haben. Für das Ende eines so wahnsinnigen, ungerechten Systems will ich gerne meinem eigenen gut situierten Leben Adieu sagen. Möge 2012 für diese Welt der Gnadenstoß sein. Und mögen (wie ein Zitat aus unseren »eigenen« Prophezeiungen lautet) »die Sanftmütigen danach die Erde beerben«.

Meine Gedanken zum Beginn der Premiere lösten sich auf, als der erste Ton des Films einsetzte: das Rauschen des Meeres, über dessen Oberfläche Wandernder Wolf nachdenklich in die Ferne schaute und die Geschichte der Ursprungsinsel Tulan erzählte, die mit ihren beiden Pyramiden im Meer verschwand, nachdem zum Ende der Zweiten Sonne ein großer Brocken in den Atlantischen Ozean gestürzt war. Atemlos lauschte ich der Erzählung in dem stillen Saal, einer Erzählung, die ich schon Tausende Male im Schneideraum gehört und gesehen hatte. Jetzt aber schien es mir, als würde ich den Film zum ersten Mal sehen. Als ob er ganz ohne meine Hilfe entstanden sei.

Jedes Teil hatte seinen Platz gefunden, und die Atmosphäre in diesem dunklen Saal fühlte sich unbeschreiblich schön an, eine Atmosphäre der Einheit und Verbundenheit, die fast spürbar durch die Menge strömte. Als im Film der Moment kam, an dem nach der langen Trockenheit in Guatemala die ersten Regentropfen fielen – am Tag der Hand, dem Tag des Verständnisses und der Vollendung, dem Tag, der tatsächlich im Maya-Kalender dem Regen geweiht ist –, wurde es wirklich totenstill, sodass die haarfeinen Tropfen aus dem Nebel unnütz und kaum hörbar in den Kinosaal zu fallen schienen.

Die letzten Buchstaben des Nachspanns verschwanden, und im Dunkel blieb es kurz still. Dann brach tosender Applaus aus, der noch lange anhielt, nachdem die Lampen längst wieder angegangen waren. Dieser Applaus zeigte mir, dass die Zuschauer den Film verstanden hatten. Eine größere Belohnung war nicht vorstellbar.

Zurück im Hotelzimmer, lebten Diana und ich in Hochstimmung: Wir feierten den Erfolg ausgelassen mit einer großen Flasche Champagner. Neben dem Hotelbett lag auf dem Nachtschränkchen eine Bibel. Angesäuselt beschloss ich, die Bibel als eine Art chinesisches I-Ging-Buch zu nutzen. Ich klemmte es zwischen meine Handflächen und fragte in Gedanken: »Wird dieser Film erfolgreich sein?« Danach ließ ich es in meinen Schoß fallen. Das Buch öffnete sich bei der Parabel des Sämannes.

*Ein Sämann ging aufs Feld, um zu säen. Und als er säte, fiel
ein Teil der Körner auf den Weg, und die Vögel kamen und fra-
ßen sie. Ein anderer Teil fiel auf felsigen Boden, wo es nur wenig
Erde gab, und ging sofort auf, weil das Erdreich nicht tief genug
war, als aber die Sonne hochstieg, wurde die Saat versengt, und
weil sie keine Wurzeln hatte, verdorrte sie. Wieder ein anderer
Teil fiel in die Dornen, und die Dornen wuchsen und erstickten
die Saat, und sie brachte keine Frucht. Ein anderer Teil schließlich fiel auf guten Boden und brachte Frucht. Er ging auf und
vermehrte sich und trug dreißigfach und sechzigfach und hun-
dertfach.*

Fast wurde ich wieder völlig nüchtern, nachdem ich diese Parabel
gelesen hatte, die so exakt auf diese Situation zu passen schien. Ich
hatte im Rausch der Premiere nicht mehr daran gedacht, dass der
Boden vielleicht nicht unbedingt überall fruchtbar sein würde.

In den folgenden Tagen musste ich noch oft an die Parabel
denken. *The Year Zero* ging unter den vielen Teilnehmern des
Filmfestivals über Krieg und Gewalt fast unter, denen die Presse
im Allgemeinen die größte Aufmerksamkeit schenkte. Nachdem
ich einige dieser Filme gesehen hatte, erkannte ich keinen Unterschied mehr zwischen weinenden Frauen und Opfererzählungen
aus Bosnien, Ruanda, dem Mittleren Osten oder woher auch immer. Der niederländische Film über Kriegsfaszination und den
»Spaß am Töten« kam sogar in die Abendnachrichten. Dennoch
ging der Hauptpreis schließlich an eine ausländische Produktion,
ein Portrait eines Kriegsfotografen.

The Year Zero wurde der am meisten verschwiegene Film des
IDFA. Ich jedoch hegte die Erinnerung an eine fantastische Premiere, die mir niemand mehr nehmen konnte. Aber der alte
Traum, an diesem Filmfestival teilzunehmen, hatte sich als
schwere Enttäuschung erwiesen.

Zum Glück kam der Film einen Monat später in die Kinos.
Wandernder Wolf, Don Julian und Juan Bauer waren eingela-

den, speziell dafür in die Niederlande zu kommen. Ich brannte vor Verlangen, ihre Meinung über diesen Film zu hören. Ihre Anwesenheit würde hoffentlich ein ordentliches Medieninteresse verursachen und für die dringend erforderliche PR sorgen. Ich hätte es fantastisch gefunden, wenn sie in unserem alten Bauernhof hätten übernachten könnten – aber das wurde immer fraglicher.

Und gerade als wir uns vorgenommen hatten, in das erstbeste Haus in der weiteren Umgebung zu ziehen, das wir finden würden, konnten wir ganz zufällig ein winziges Ferienhaus mieten, das in der Nähe eines kleinen Dorfes in den Wäldern lag. Die Wälder waren Teil eines recht weitläufigen und wunderschönen Naturgebiets, das ich wie meine Westentasche kannte, da ich es in meinem Leben regelmäßig aufgesucht hatte, um neue Energie zu tanken. Es war eine vorübergehende Lösung, aber sie befreite uns aus unserer misslichen Lage. Kurz nach Weihnachten zogen wir fieberhaft um, um bis zur Ankunft unserer Gäste Anfang Januar alles fertig zu haben. Wir mussten mehr als die Hälfte unserer Sachen einlagern oder abgeben, da das Haus nur aus einem Raum mit vier winzig kleinen Zimmerchen bestand, mitten im Wald. Aber auch das fühlte sich wie eine Erleichterung an. Der Mensch schleppt so viel Zeug in seinem Leben mit sich.

»Die Hälfte unseres Traums ist schon wahr geworden«, sagte Diana lächelnd zu mir, als wir zufrieden die wenigen Quadratmeter betrachteten, die wir mit unserer Familie beziehen würden. »Wir wohnen jetzt im Wald, in der Natur.« Ich hatte allerdings kaum Zeit, auszupacken, denn Juan, Don Cirilo und Don Julian waren bereits angekommen und standen am Flughafen Schiphol. Es wurde eine hektische, aber herzliche Begrüßung – trotz der Januarkälte. Ich teilte Wollmützen und warme Jacken aus, die sie selbst noch im Auto anbehielten, obwohl die Heizung bullerte. Es war klar, dass in unserem neuen Häuschen kein Platz für sie war, aber zum Glück konnten sie für die Nacht in einem Kloster in der Nähe untergebracht werden.

Es war eine ungewöhnliche Sache, dass diese beiden Mayas aus ihrer vertrauten Umgebung fortgereist waren und nun ganz normal an unserem Küchentisch Kaffee tranken. Don Julian fragte ständig nach den Namen aller Bäume und Pflanzen, die er sah. »Buche«, sagte ich dann oder »Eiche«. Ich vermutete, dass ihm diese Information nicht viel nützte, aber bei manchen Pflanzen leuchteten seine Augen als Zeichen der Wiedererkennung auf. Er zeigte auf die Sansevieria vor dem Wohnzimmerfenster, hinter dem der Wald in seiner stillen Würde sichtbar war.

»Diese Pflanzen enthalten eine gute Medizin gegen Schlangenbisse.« Dann lachte er wieder sein krähenhaftes Lachen, bei dem der letzte Zahn in seinem Mund sichtbar wurde. Ich dachte bei mir, dass dieser Mann wahrscheinlich eine lebende Pflanzen-Enzyklopädie war.

Don Cirilo war anfangs still und nutzte jede Minute, um so viel wie möglich zu schlafen. Aber er genoss sichtlich unser Zusammensein hier, mit Juan, der sich wie ein besorgter Vater um die beiden, vor allem aber um Don Julian kümmern zu müssen glaubte. Don Julian marschierte zwar brav mit der Wollmütze auf dem Kopf durch unsere Winterlandschaft, aber die dicke Jacke, die ich ihm gegeben hatte, hatte er lose über seinen rechten Arm gehängt. Es war rührend, wie Juan diesem großen, aber inzwischen doch recht alt gewordenen Maya-Schamanen hier im feuchten Januarwind immer wieder die Jacke anzog, den großen Reißverschluss bis zum Hals zuzog und dabei mahnende Worte sprach, worauf erneut das krähende, fröhliche Lachen von Don Julian zu hören war. »Ein alter Bauer muss viel aushalten können«, sagte er dann.

In einem nahegelegenen Kino, wo der Film am nächsten Tag gezeigt werden sollte, sahen Don Cirilo, Don Julian und Juan zum ersten Mal das Endresultat. Nach dem Film nickten sie still, sichtbar zufrieden. »Das ist genau das, was wir Mayas in diesem Moment erzählen möchten. *Es bueno*, es ist gut«, sagte Don Cirilo schlicht und rührte weiter in seinem Kaffee.

Das Publikum kam in großen Scharen zu den Vorführungen, die in Maastricht, Nimwegen und Amsterdam in dieser Woche starteten. Überall waren die Säle in kürzester Zeit ausverkauft, obwohl die Medien (außer denen in meiner Heimat Limburg) dem Film und der Anwesenheit der beiden Mayas noch immer sehr wenig Aufmerksamkeit schenkten. Und die Rezensionen, die erschienen, waren alles andere als lobend. Unsere flotten Filmrezensenten beurteilten von ihrem Schreibtisch aus, dass per definitionem alles, was in dem Film gesagt wurde, unwahr sein musste, ohne jemals einen Maya oder mich gesprochen zu haben oder sich auch nur eine Minute in die Maya-Kultur vertieft zu haben. Wieder einmal musste ich an den indianischen Glauben denken, dass die weiße Rasse die karmische Aufgabe der Arroganz hier auf Erden zu verarbeiten hatte.

Die Reaktionen des Publikums waren völlig entgegengesetzt zu denen der Rezensenten. Besucher zeigten sich tief betroffen und beeindruckt von dem Film, hatten viele Fragen, und es kamen tief schürfende Diskussionen in Gang. Ständig wurde die Frage gestellt, ob man noch etwas tun könne, ob der Prozess der zunehmenden Naturgewalt durch den Menschen noch aufzuhalten sei. Die Antworten von Wandernder Wolf jedoch verwiesen immer wieder auf die Entscheidung zugunsten der Natur, den Respekt vor den Tieren. Er legte allen ans Herz, keine Angst zu haben. Die Veränderungen würden kommen, aber sie sollten Vertrauen in den Lauf der Dinge haben.

Genau wie bei den Aufnahmen für den Film bekam ich auch jetzt nicht wirklich eine klare und für mein Gefühl befriedigende Antwort auf diese eine Frage. Auch der Film enthält keine klare Antwort. Ich habe mich gefragt, warum das so ist. Ich kann nicht mehr tun, als meine eigene Meinung hierzu zu äußern.

Meiner Ansicht nach liegt die Antwort auf die Frage, ob noch etwas getan werden kann, wenn diese Veränderungen vorherbestimmt sind, in jedem Einzelnen von uns. Die Zeit ruft uns mehr denn je dazu auf, selbst die Verantwortung zu übernehmen. Tief in unseren Herzen wissen wir schon länger, dass wir auf eine verkehrte Art und Weise mit der Erde, mit der Natur umgehen, und manche von uns reagierten früh und trafen andere Entscheidungen in Bezug auf ihr Konsumverhalten und ihre Haltung zur Natur. Wenn wir uns aber weiter hinter den führenden Instanzen/Regierungen/Politikern und Wissenschaftlern verstecken und die Verantwortung für unsere Entscheidungen weiterhin auf sie abschieben, dann reicht das nicht aus – ebenso wenig wie die Bitte an die Mayas, dass sie uns sagen sollen, was wir tun sollten.

Yes, *we are all individuals,* riefen sie alle im Chor. Um es nochmals zu betonen: Die Zeit der Gurus ist vorbei. Jeder muss auf seine eigene innere Weisheit hören, nachdenken und selbst entscheiden, was er isst, welche Tiere er isst, welche Artikel er konsumiert; er muss die Folgen des eigenen Verhaltens für die Erde und für andere in jeder Hinsicht bedenken, in der gesamten Existenz.

Fragen Sie nicht, was die Welt für Sie tun kann, sondern was *Sie* in diesem Augenblick für die Welt tun können. Schauen Sie nicht, was der Nachbar macht: Wenn er Öl in den Ausguss kippt, während Sie brav Ihre Batterien zum chemischen Abfall geben und sich fragen, ob das überhaupt Sinn hat. Es ist *seine* Verantwortung, nicht Ihre. Jeder Mensch trägt die Verantwortung für *sein* Stückchen Erde. Streben Sie nach dem Äußersten, was innerhalb Ihrer eigenen Möglichkeiten liegt: Das ist genug. Es ist oft mehr, als Sie denken, aber seien Sie auch nicht zu streng mit sich. Denken Sie daran, dass Verhaltensänderungen immer langsam vor sich gehen.

In diesem Augenblick ist Ihre *Absicht* am wichtigsten, viel wichtiger als der von Ihnen selbst eingeschätzte Effekt Ihrer Taten. Denn vielleicht liegt die ultimative Entscheidung in dieser Zeit darin, dass jeder Mensch persönlich mit seinen Intentionen zeigen muss, ob er/sie die Welt verdient oder nicht. Deshalb sind Ihre wahren Absichten das Wichtigste. Denn sie entwickeln Ihren Geist und bestimmen das Niveau Ihrer eigenen Entwicklung,

Ihrer Schwingung. Akzeptieren Sie dabei, dass wir Menschen häufig unperfekte Wesen sind. Übertreiben Sie nicht mit Schuldgefühlen, sondern streben Sie trotzdem immer nach dem Höchsten, nach dem, was Ihnen Ihr Höheres Selbst, Ihre eigene Weisheit eingibt.

Meine Frau und ich haben damit angefangen, uns und unseren Kindern beizubringen, wie man selbst Lebensmittel anbaut. Denn das ist ein so grundsätzliches Wissen, das eigentlich in keiner Grundschule fehlen sollte. Und selbst wenn dieses elementare Wissen zu überleben auf dieser Erde nach 2012 nicht wieder erforderlich sein sollte, würde ich es doch nicht missen wollen. Weil es mein Band mit dieser Erde, diesem prächtigen Planeten, verstärkt.

Der niederländische Fernsehsender NCRV widmete dem Film und der Anwesenheit der Mayas in den Niederlanden ein zehnminütiges Special. Zum Glück wussten diese Programmmacher nicht alles besser als die beiden Indianer, sodass sie in der begrenzten Zeit doch die Gelegenheit bekamen, ihre Vision unserer Zukunft zu erläutern. Eine wunderschöne Sendung war das Ergebnis, die mehr als 200.000 Menschen sahen. Das, was ich gehofft hatte, geschah: Der Schneeball kam nun endlich ins Rollen. Immer mehr Menschen erfuhren von den Botschaften der Mayas, der Indianer. Was sie letztes Endes damit taten, war ihre eigene Entscheidung. Meinen Anteil, meine Aufgabe als Brückenperson hatte ich in jedem Falle erfüllt. Ich war meinem Versprechen, das ich im Amazonasgebiet den indianischen Völkern gegeben hatte, ihre Sichtweise der Welt weiterzugeben, nachgekommen.

Häufig wollte der Strom an Fragen in den Kinosälen kein Ende nehmen. Manche Menschen sahen der Zukunft mit Angstgefühlen entgegen. »Hab keine Angst. Hab Vertrauen«, sagte Don Cirilo dann schlicht. »*El Padre* weiß, was das Beste für dich ist.«

Ich kann mir vorstellen, dass dies für Mayas eine befriedigende Antwort sein kann. Für viele Westliche, mich eingeschlossen, ist sie das nicht wirklich. Und wieder kann ich nicht anders: Ich muss meine eigenen Überlegungen dazu aufschreiben. Wenn ich die Welt, wie sie jetzt ist, betrachte, glaube ich nicht, dass diese Welt sich *ohne* eine große Katastrophe verändern kann. Zu viele Menschen, zu viele Mächte haben zu viel Interesse an der Instandhaltung des Status Quo. Und wie immer in der Natur muss erst das Alte sterben, bevor etwas Neues geboren werden kann. Dabei gibt es so unglaublich viele Menschen, die sich in der letzten Zeit immer mehr der spirituellen Dimension hinter dem Sein und des Sinns des Lebens auf dieser Erde bewusst werden und leidenschaftlich eine andere Lebensform und andere menschliche Beziehungen anstreben; nicht mehr auf Angst und Konfrontation basierend, sondern auf Zusammengehörigkeit und Harmonie.

Vielleicht ist diese Zeit die Zeit der persönlichen Entscheidung zwischen Geist (Einheit) und Materie (Abgeschiedenheit, Dualität). Je nach persönlicher Entwicklung des Einzelnen werden die Menschen ihre Entscheidung treffen.

Aber ich sehe auch andere Signale in der heutigen Welt, wie den wachsenden Rechtsruck und die Neigung europäischer Länder, ihre Grenzen gegenüber Kriegsflüchtlingen aus aller Welt zu schließen, sowie das überwiegende patriotische Denken und den Versuch seitens der Vereinigten Staaten, sich internationalen Vereinbarungen im Zusammenhang mit der Erwärmung der Erde zu entziehen. Ich erwarte, dass ein großer Teil der Menschheit sich weiterhin hinter solchen Ideen verstecken wird und dass die gigantische, unsere Natur zerstörende Maschinerie, die die kapitalistische Lebensweise wie ein siebenköpfiges Monster ins Leben gerufen hat, nicht mehr zum Stoppen zu bringen ist, *es sei denn* durch weltweite Katastrophen.

Natürlich kann sich die Situation im Laufe von einigen Jahren noch drastisch ändern, aber wir hatten vor dreißig Jahren nach den Berichten des *Club of Rome* in jedem Falle mehr Zeit und mehr Gelegenheit, anders mit der Welt umzugehen, als wir es heute tun. Wir haben uns damals nicht dafür entschieden. Aber wer weiß, was die kommenden Jahre der Welt noch an Bewusstsein bescheren werden.

Jemand fragte mich, ob gerade das zunehmende Denken an Katastrophen nicht gerade solche Katastrophen hervorrufen könne, mit anderen Worten: War es angesichts der Kraft der Gedanken sinnvoll, die Vorhersagen der Indianer zu verbreiten? Auch das ist eine Frage, über die ich bei der Erstellung dieses Films (und beim Schreiben dieses Buches) häufig nachgedacht habe. Ich hätte die Vorhersagen abschwächen oder für diesen Zweck nur die positiven Aspekte der Vorhersagen betonen können. Aber dann hätte ich zu wenig Respekt vor der Vision der Mayas gezeigt und meinerseits ihre Sichtweise für meine Zwecke manipuliert. Und deshalb habe ich mich schließlich für eine ausgeglichene Widergabe sowohl der negativen als auch der positiven Zukunftserwartungen entschieden.

All denjenigen, denen der Gedanke an die Veränderungen bis 2012 Angst einflößt, möchte ich die folgende Frage stellen, die ich auch mir selber stelle: Würde ich denn wollen, dass die heutige Situation in der Welt unverändert bleibt? Dass *mir* die großen Katastrophen erspart bleiben, während das Unrecht, die Ausbeutung und die Zerstörung der Natur und zahlloser Völker und Armen der Erde ungehemmt weitergehen können?

Denn die Katastrophen, von denen die Mayas sprechen und die ja bereits schon jetzt immer häufiger geschehen, haben sich eigentlich seit jeher ereignet. Der einzige Unterschied ist der, dass wir im reichen Westen trotz dieser Katastrophen unsere Lebensweise fortsetzen konnten und dass dies irgendwann wahrscheinlich nicht mehr der Fall sein wird. Große Erdbeben, große Überflutungen, Orkane. Große Hungersnöte, Trockenheiten. Die weit verbreitete Krankheit Aids, die zurzeit fast den gesamten afrikanischen Kontinent zerrüttet. Guatemala, wo die Mayas nach Jahren des Krieges jetzt auch noch Hunger leiden müssen wegen des Klimas, das immer trockener wird. Honduras, wo sich der fürchterliche Orkan Mitch in entstehenden Matschströmen über so viele Menschen ergoss. – Für diese Menschen ist die Apokalypse bereits Realität geworden. Warum treffen diese Katastrophen doch immer die Allerärmsten? Warum nicht den reichen Westen?

Niemand kann noch – wie es vor wenigen Jahren der Fall war – leugnen, dass die Natur sich verändert. Ich weiß nicht, ob ich, meine Familie, meine Nächsten, zu denjenigen gehören, die diesen Wechsel der Zeiten physisch überleben werden. Manche Menschen fragten, ob Orte vorhergesagt wurden, die nicht von Katastrophen heimgesucht werden würden. Leider gibt es solche Vorhersagen nicht: Es würde vielleicht dort auch zu voll werden. Ich glaube auch nicht, dass es darum geht. Denn alles ist schon vorherbestimmt. Und aus einer kosmischen Perspektive gesehen, endet ein Leben ohnehin nicht mit diesem einen Leben.

Glaubt man allerdings, dass es das einzige ist, neigt man vielleicht auch dazu, sich an Materie zu klammern, weil sie dann die einzige Sicherheit zu sein scheint, die es gibt. Aber gerade diese (Schein-)Sicherheit geht verloren. Allerdings waren auch die Antworten von Wandernder Wolf auf die Frage, ob die Materie in ihrer Gänze verloren gehen würde, nicht eindeutig. Manchmal antwortete er, dass die Fabriken verschwinden und die gesamte Ökonomie und das Geldsystem vor dem Jahr Null zum Stillstand kommen würden. Ein anderes Mal sagte er, dass für manche der Übergang mit einem Jahreswechsel vergleichbar sein würde. Bleibt ein Teil unseres Wissens, unserer Technologie und vielleicht unseres monetären Systems in der Periode nach der Fünften Sonne erhalten? Ich muss die Antwort schuldig bleiben; ich glaube, dass auch die Mayas dies nicht genau wissen.

Etwas allerdings gibt mir Hoffnung: Die Vorhersagen ähneln einer Medaille mit zwei Seiten, einer positiven und einer negativen Seite. Die negative Seite, die Naturkatastrophen, erwartet uns sowieso. Der Meeresspiegel steigt bereits, die Polkappen schmelzen. Die Regenverläufe haben sich bereits verändert, das wird jetzt auch von den meteorologischen Instituten anerkannt. Extreme Wetterumstände gibt es immer häufiger. Die Begründung, die heute (noch) im Westen gilt, ist eine Art Addition der bislang gemessenen Veränderungen: Temperatur, Niederschlagsmengen, Wassermengen, die ein Fluss verarbeiten kann. Auf der Grundlage solcher Additionen wird emsig nach Wasserauffanggebieten gesucht, und die Medien beruhigen mit der Meldung, dass der Temperaturanstieg in unserem Teil der Welt nicht unbedingt nachteilig für die Wirtschaft sein muss.

Doch der Gedanke geht davon aus, dass die Natur eine einfache, fast mechanische Addition einzelner Teile ist. Ich muss an den Schmetterling denken, der mit seinem Flügelschlag im Atlantischen Ozean im Pazifik einen Wirbelsturm verursacht. Wann lernen wir es endlich? Die Natur ist keine vorhersagbare, beherrschbare Angelegenheit, mit der man nach Belieben experimentieren kann. Die Natur hat ihre eigenen Gesetze, denen wir untergeordnet sind – und nicht umgekehrt.

Für mich bleibt ein glorreicher Gedanke bestehen: Wenn die Katastrophen auf die vorhergesagte Art und Weise eintreffen und der Rauch sich verzieht, ist gleichzeitig die Neue Welt in Sicht. Dann endlich wird die himmelschreiend ungerechte Verteilung des Überflusses, den diese Erde uns Menschen eigentlich zu bieten hat, beendet sein. Dann endlich sind wir wirklich auf dem Weg in eine neue, weltweite Kultur, ein neues gelobtes Land für Jedermann. Dann ist die Regenbogennation, in der es keinen Platz mehr gibt für Rassismus, Ausbeutung, sektirerisches Denken und Gewalt, wirklich sehr nahe.

Der Film wurde ein großer Kinoerfolg: In den großen Städten der Niederlande stand *The Year Zero* durchschnittlich zehn bis zwölf Wochen auf dem Programm und zog jeden Tag viel Publikum an. Die Mund-zu-Mund-Reklame bewies wieder einmal, in welch umfangreichem und breitem Ausmaß die Menschen an solchen Themen interessiert sind. Jetzt heißt es Daumen drücken und hoffen, dass die Botschaften der Mayas weiter in die Welt reisen können.*

Nun, da ich so gut wie am Ende dieses Teils meiner spirituellen Reise angekommen war, konnte ich zurückblicken, um meinen langen, langen Weg zu überschauen. Und so wurde das Schreiben dieses Buches gleichzeitig sowohl ein persönliches Protokoll meiner dilettantischen Experimente als auch eine Reflexion des gesamten Weges, den ich zurückgelegt hatte.

Kann ich jetzt eine Schlussfolgerung mit all dem, was das Leben mir auf den Weg gelegt hat, verbinden, während ich mich selbst gleichzeitig als Testperson und Beobachter meines eigenen Lebens auf dieses Experiment eingelassen habe?

Anfangs stand ich dem Ganzen ambivalent gegenüber. Es war zweifellos wahr, dass der Zufall mich von Anfang an über ergründliche Wege zum Ziel geführt hat. Der Film ist schließlich entstanden. Aber mein Leben war damit noch nicht vorüber und – so widersprüchlich das vielleicht auch im Hinblick auf das Hauptziel bei der Erstellung dieses Films klingen mag – ich konnte (vorläufig zumindest) noch nicht sagen, dass sich meine persönliche Situation in materieller Hinsicht verbessert hatte.

Ich bringe meine ganze Geschichte häufiger ganz bewusst auf meine persönliche Situation zurück, um zu zeigen, dass ich genauso mit der Materie kämpfe wie viele von uns, und dass mein Weg daher auch nicht erhabener oder glückseliger ist als der eines anderen. Wir waren noch immer nur einen Scheck vom Bankrott entfernt. Die erfolgreichen Vorführungen brachten zwar Geld ein, aber nicht so, dass uns das vorläufig wirklich aus unseren Geldnöten helfen würde. Oder ein Haus bescheren würde. Denn über unserem Kopf hing schon wieder die Drohung, eine andere Unterkunft suchen zu müssen, da wir diesen wunderschönen Ort nur vorübergehend bewohnen durften. Ich

---

* Natürlich trägt die deutsche Übersetzung dieses Buches einige Jahre später ebenfalls dazu bei.

begriff, dass das Leben niemals wirklich mit seinen Prüfungen aufhört ...

Doch dann, als der Sommer zurückkehrte, wurde uns plötzlich ein Häuschen am Anfang des Waldrandes zum Kauf angeboten, ganz in der Nähe, wo wir damals wohnten. Es war das ehemalige Haus eines bekannten, verstorbenen Dichters und Autors, das jetzt von seiner jüngsten Tochter verkauft wurde.

An jenem Nachmittag, an dem wir das Haus besichtigten, spielte die Synchronizität wieder einmal in all ihren unbegreiflichen Erscheinungsformen ihre Spielchen. Es zeigte sich, dass meine Frau und die Tochter des Dichters beide Diana hießen. Ihr Mann arbeitete als Tontechniker beim Fernsehen, sodass wir direkt auf das Filmen zu sprechen kamen. In meinen Beschreibungen von den Mayas und ihrer besonderen Kultur erkannte die Tochter den Geist ihres Vaters, wie sie mir erzählte. Ich würde also mein Buch an keinem besseren Ort schreiben können, als auf der Veranda dieses verstorbenen Dichters. Auch gab es viele Parallelen zwischen Dianas und meinem Leben und dem ihrer Eltern, die ebenfalls viel gereist waren. Sogar unsere Telefonnummern stimmten fast überein: Nur die Reihenfolge der Zahlen war unterschiedlich.

Aber als wir dann an der Vorderseite des Hauses standen, das so wunderschön zwischen den Bäumen des Waldes lag, bekam ich wirklich eine Gänsehaut. Wir schauten gleichzeitig auf den Sandweg, der weiter in den Wald hineinführte. »Es ist unglaublich, aber dies ist unser Haus«, sagte Diana leise. »Das ist genau der Ort, von dem wir immer geträumt haben. Dort ist der Sandweg, da sind die hohen Eichen. Wir wohnen am Rande eines weitläufigen Naturgebiets, in der Nähe eines kleinen Dorfes, und sieh nur, es ist auch noch ein Holzhaus.«

Obwohl es viele Bewerber gab, konnten wir das Haus zu einem fairen, für uns bezahlbaren Preis kaufen. Diese Menschen waren davon überzeugt, im Sinne ihrer verstorbenen Eltern zu handeln, als sie uns das Haus übergaben. Ich beschloss, meine

Filmaktivitäten vorläufig mit einem Teilzeitjob zu kombinieren. Und Dianas Reiki-Praxis lief immer besser, sodass wir in finanzieller Hinsicht mehr Ruhe bekamen. Und eine Hypothek. So einfach kann das Leben also auch sein.

Es mag bürgerlich und banal klingen, dass nicht nur die heftigen, merkwürdigen und abenteuerlichen Erlebnisse letzten Endes diese Einsichten brachten (obwohl sie natürlich ein Bestandteil davon sind), sondern dass ich dafür auch noch diesen Ort finden musste, ganz einfach ein eigenes Dach über dem Kopf, wo ich ich selbst sein kann, mit der Sonne und dem Wind in den Bäumen und den Stimmen der Kinder im kühlen Wald, zu dem unser Garten gehört.

Nun, während ich diese letzten Worte auf der Veranda hinter unserem Haus schreibe, sieht es so aus, als ob ich nach einer langen Reise endlich heimgekommen bin. Es erfüllt mich mit Liebe, wenn ich an stillen Abenden dem geheimnisvollen Rauschen Tausender von Blättern in den Bäumen lausche. Sie erzählen mir die vielen Geheimnisse, die die Menschen umgeben, Geheimnisse, von denen wir häufig nichts wissen.

Aus dem Waldrand strömt die vitalisierende Energie der Natur zu mir, und ich weiß, dass ich an diesem Ort leben, atmen und mich wirklich zu Hause fühlen kann. Irgendwie sorge ich mich nicht mehr um das, was das Morgen bringen wird, sondern habe ein unzerstörbares Vertrauen in den richtigen Lauf der Dinge für mich und die Welt bekommen. Ich habe gelernt, dass das Leben immer aus Momenten besteht. Und ich begreife, dass wir auf diese Art und Weise doch gesegnet werden, belohnt werden für all die Jahre der Aufopferung; und dass die Belohnung des Universums nicht immer aus der Ecke kommt, aus der *du* denkst, dass sie kommen müsste. Denn was du säst, das wirst du ernten.

Der Film mit den Botschaften der Indianer reist noch immer um die Welt – und nun auch das Buch. Hoffentlich werden sie bis zum Jahr 2012 noch viele Menschen erreichen können.

Und da ist noch etwas, was ich jedem mitzugeben hoffe im Hinblick auf die Veränderungsprozesse, durch die wir alle hindurchmüssen: Vertrauen, Vertrauen, Vertrauen. Vertrauen Sie darauf, dass es zwischen Himmel und Erde viel mehr gibt, als Sie und ich jemals begreifen werden. Und dass alles so ist, wie es sein muss. Angst ist unsere Hölle, Vertrauen das Paradies. Nicht die Umstände bestimmen unser Glück, sondern die Art und Weise, mit der wir die Umstände akzeptieren. Das ist die Schlussfolgerung meines Experiments. Wir sind wieder ganz nah daran, worum es eigentlich geht ...

»Wir besitzen noch viele Geschichten
und Legenden unserer Vorfahren,
und die handeln alle davon,
dass alles Geist und Leben in sich trägt.
Wir sind eins mit Mutter Erde,
und dieses Wissen möchten wir
jedem anbieten, der dies
in dieser Zeit der Wende sucht.«

Wandernder Wolf, Maya-Schamane

The Year Zero, ein Film über Maya-Vorhersagen, ist erhältlich auf DVD (83 Min.,
mit deutschen Untertiteln) gegen Überweisung von 28,50 Euro (incl. Versandkosten):

Konto-Nr. 224 274 100, Deutsche Bank PGK-AG,

BLZ: 320 700 24, Begünstigter: Lenssen L.J.L.

Für Österreich / Schweiz:

IBAN: DE 17 320 700 240 2242741 00

Bitte vermerken Sie unbedingt unter Verwendungszweck:

Best.-Nr.: TYZ. Ihre vollständige Anschrift: Name, Vorname, Straße, PLZ, Ort,
Telefonnummer.

Wenn Sie uns vorab an *wieklenssen@home.nl* eine E-Mail schicken, genügen auf
dem Überweisungsformular Name, Vorname und Best.-Nr.

Die Lieferung der DVD erfolgt innerhalb 3 Wochen nach Bestelleingang.

Siehe auch **www.wieklenssenfilm.nl**